全国农村合作金融机构业务培训教材

金融稽核与审计

主　编　许　莉
副主编　王家华　李兆东

中国金融出版社

责任编辑：罗邦敏　李淑静
责任校对：张志文
责任印制：陈晓川

图书在版编目（CIP）数据

金融稽核与审计（Jinrong Jihe yu Shenji）/许莉主编．—北京：中国金融出版社，2012.3
（全国农村合作金融机构业务培训教材）
ISBN 978-7-5049-6067-2

Ⅰ．①金…　Ⅱ．①许…　Ⅲ．①金融—银行稽核②金融审计　Ⅳ．①F830.2②F239.65

中国版本图书馆CIP数据核字（2011）第165833号

出版发行　中国金融出版社
社址　北京市丰台区益泽路2号
市场开发部　（010)63266347，63805472，63439533（传真）
网上书店　http://www.chinafph.com
（010)63286832，63365686（传真）
读者服务部　（010)66070833，62568380
邮编　100071
经销　新华书店
印刷　利兴印刷有限公司
尺寸　185毫米×260毫米
印张　18.25
字数　414千
版次　2012年3月第1版
印次　2014年3月第3次印刷
定价　36.00元
ISBN 978-7-5049-6067-2/F.5627

《全国农村合作金融机构业务培训教材》
丛书编委会

总　序

农村信用社自1951年成立以来，历经60年艰辛发展历程，走过了一条不平凡的发展之路。在党中央、国务院正确领导下，农村信用社以服务“三农”为宗旨，自身实力迅速壮大，已成为我国金融系统的重要力量，是名副其实的农村金融主力军。特别是以2003年6月国务院颁布《深化农村信用社改革试点方案》为标志，新一轮农村信用社改革全面展开，农村信用社深化改革和经营发展进入了快车道。几年来，以产权制度为核心的改革成绩斐然，农村信用社、农村合作银行、农村商业银行（以下简称农村合作金融机构）并存，声名鹊起，共襄盛举，共同发展，共同繁荣。

截至2011年6月末，全国农村合作金融机构营业网点近8万家，从业人员78万人，资产12.04万亿元，负债11.37万亿元，存款9.58万亿元，贷款6.43万亿元。存款、贷款规模攀居全国银行业金融机构第4位和第2位，成为我国城乡金融机构网点最多、分布最广、“三农”贷款投放最多、农村普惠金融服务贡献度最大的金融机构。

银行业的竞争和发展，归根结底是人才的问题，才兴业兴，才尽业衰，已昭示了银行发展的永恒真理。伴随农村合作金融机构发展的突飞猛进，面对经营管理、创新的多重压力，员工素质、能力不适应的矛盾日益突出，已成为农村合作金融机构走向现代银行之路的瓶颈，“短板效应”为业界所共识。但是，囿于现有管理体制的现状，员工培训合力不够，层次不高，且缺乏系统性和全面性，培训效果不佳，难以达到规范化、标准化。针对这种现状，我们以服务股东及成员单位为宗旨，充分利用自身优势，组织全国部分高等院校专家、教授，编写《全国农村合作金融机构业务培训教材》丛书（以下简称《丛书》）一套18种。该《丛书》具有以下几个特点：一是覆盖面广。《丛书》内容涉及会计、信贷、财务、管理、审计、营销、法律、科技、新兴业务、人力资源、服务礼仪、应用写作等各专业、各个方面，可谓包罗万象，几近百科。二是实用性强。《丛书》体例新颖，线条清晰，通俗易懂，适合农村合作金融机构员工自学和培训，特别是每种教材附有若干套试题，存放于农信银远程学习系统，供员工自学与培训时自考自检。三是方便自学。《丛书》课件在农信银远程学习系统上将陆续推出，员工登录系统后即可学习，不受时间和场地限制，解决了员工自学培训中的工学矛盾。

汇通城乡，服务股东，普惠“三农”，成就梦想，是农信银资金清算中心永恒不变的价值理念。组织编写《丛书》是我们所尽的菲薄之力，相信它是撬动支点之力，必将推动全国农村合作金融机构的诺亚方舟。让员工培训、人才培养的大戏高潮迭起，演绎辉煌！

《全国农村合作金融机构业务培训教材》丛书编委会
2011 年 11 月 25 日

前　言

改革开放以来，我国国民经济取得了巨大的成就，综合国力大大增强，我国农村经济也得到了长足的进步，服务于农村经济的农村金融系统也有了很大的发展，特别是近年来，农村金融信贷总量快速上升，以农村合作金融机构为主体的农村金融机构覆盖率高，对农村经济发展作出了重要贡献。在这一发展过程中，为适应农村金融服务的需要，农村合作金融机构自身也在经历着重要的变革。首先是发展模式与公司治理的变革。随着形势的变化，有的农信社发展成为农村商业银行，有的发展成为农村合作银行。其次是规模与产品的变化。随着农村经济的发展，农村金融信贷总量快速上升，特别是发达地区的农村信用社系统，其金融产品已突破传统的信贷产品，在中间业务、国际业务等方面都有了很大的突破。再次是农村合作金融机构管理框架的变化。分支机构越来越多，管理层级延长，有些农村商业银行开始异地开立支行。这些变化给农村合作金融机构的风险管理与内部控制提出越来越高的要求，特别是随着经济的全球化进程，任何形式的金融危机与金融风险都有可能传染到农村合作金融机构。农村合作金融机构一方面面临来自内部管理的风险，另一方面也面临来自外部环境的风险压力，加强农村合作金融机构的风险管理与内部控制越来越重要。

金融机构是经营风险的企业，正是因为金融机构的风险管理与内部控制工作越来越重要，稽核工作作为金融机构重要的风险管理与内部控制手段，也越来越引起金融机构的高度重视。

金融稽核始于18世纪末19世纪初，由于资本主义金融业自由竞争日趋激烈，出现了“金融恐慌”，导致并加深了经济危机。政府和货币当局对金融业实施监督显得十分必要。美国国会1864年通过《国民银行法》，规定由财政部货币监理署代表联邦政府行使对国民银行的监督检查职能。1933年，美国正式颁布《银行法》，标志着美国形成了较完整的中央银行稽核体系。到20世纪中期，日本、意大利、联邦德国、英国、法国等一些发达国家的中央银行也建立了对商业银行的稽核制度。

随着金融全球化以及《巴塞尔协议》在世界多数国家的实行，各国金融稽核监督的内容已日渐趋于一致。对金融机构资本金的充足性、资产质量、经营管理能力、盈利性和资产流动性等方面的检查监督，已逐步成为各国金融稽核监督部门实施监督检查的主要内容，并且对这些内容监督评价的标准也日趋一致。如美国稽核监督的主要内容是业务经营的合规性、资本的充足性、资产的流动性和盈利状况、银行的会计监督和内部控制制度及执行情况等，其中，对信贷资产质量的检查是美国银行监理部门进行稽核监督的重点。英格兰银行则主要将资本充足性、资产流动性、风险控制情况、开业许可证以及危机发生后处理情况等作为稽核监督的主要内容。此外，法国、新加坡等国稽核监督的内容也与此基本相同。

中国金融业发展虽然比西方资本主义国家晚，但银行稽核却是银行的一项传统业务。清末1911年的大清银行总行即设有稽核职位。中华民国时期，1928年成立的湖北省银行、江西裕民银行内设有稽核科（室）。1935年南京国民政府颁布的《中央银行法》规定，中央银行设监事会，负责对账目、准备金、发行兑换券及预算决算的稽核。

1949年中华人民共和国成立后，在海外的中国银行分支机构一直保持着总稽核制度。中国人民银行等也曾建立了会计部门内部的稽核制度。1983年《国务院关于中国人民银行专门行使中央银行职能的决定》明确规定中国人民银行负责稽核各金融机构的业务工作，1986年在《中华人民共和国银行管理暂行条例》中又作了进一步的规定。经过第七个五年计划的实施，中国的金融稽核体系基本建立，至1990年底，已拥有稽核干部2万余人。2003年12月，《中华人民共和国银行业监督管理法》以及修订后的《中华人民共和国中国人民银行法》和《中华人民共和国商业银行法》颁布，中国人民银行不再对银行业金融机构进行监督管理，改由国务院银行业监督管理机构负责对其进行监督管理，监管方式包括非现场监管和现场检查，同时要求各商业银行对分支机构应当进行经常性的稽核和检查监督。之后，各商业银行纷纷建立健全金融稽核机构，制定金融稽核规章制度，开展金融稽核活动。

随着农村合作金融机构发展的不断变化，其金融稽核在内涵与外延上也在发生着重要的变化。正是在这一背景下，我们以与时俱进的、创新的精神研究了农村合作金融机构发展对风险管理、审计的要求，揭示了农村合作金融机构过去、当前和将来潜在的风险，向读者介绍了农村合作金融机构先进的稽核思维、稽核理念和稽核方法，用与时俱进的精神探索农村合作金融机构稽核的未来和发展方向，着重介绍农村合作金融机构稽核的方法与手段。

《金融稽核与审计》是编者长期审计工作理论和实践的探索和总结。结合大量的案例分析，本教材既有理论又有实务，既排除空洞又避免拘泥于细节，尽量做到通俗性、实践性和理论性的统一，能够使读者了解银农村合作金融机构管理的过去，着重运用于现在，受益于将来，希望本教材能成为广大农村金融工作者的良师益友。

本教材首先介绍金融稽核的定义与特点，分析了金融稽核最新的变化与发展，接着介绍了金融稽核的主要方法，然后分别从资产业务、负债业务、中间业务、资金业务、会计核算业务等方面的稽核内容与方法进行了理论与实务相结合的分析与论述，最后从财务审计、计算机审计以及农村合作金融机构的风险管理与内部控制角度提出了新的思路与方法。

本教材适用面较广，是农村合作金融机构系统经营管理者、内部稽核人员、会计辅导检查人员和农村合作金融机构系统外部监管部门（如银监会、审计部门、会计师事务所等）审计工作人员的参考书，是农村合作金融机构系统内部稽核业务的培训教材，是有志于从事农村合作金融机构系统工作的大中专院校学生理想的选修课教材，也是研究农村合作金融机构系统内部管理和运作的科研工作者及其他人员的参考书。

本教材由南京审计学院、“审计学国家级教学团队”、现代审计发展研究中心核心成员许莉教授任主编，负责全书规划，王家华博士、李兆东博士任副主编，拟定写作大纲初稿，编写组成员共同讨论修订，分工写作。第一章、第二章由戚振东博士编写，第三章、第五章由王家华博士编写，第四章由许莉教授、曹严礼副教授编写，第六章由许莉教授编写，第七章由程丽丽副教授编写，第八章由李华副教授编写，第九章由卢家元博士编写，第十章由李兆东博士编写，许莉教授对全书进行总纂、修改与定稿。

另外，本教材在写作过程中得到了农信银清算中心的专家与老师的指导，并得到了中国金融出版社编辑同志的帮助，同时，一些观点由网上的参考资料、数据和案例整理而成，没有能够一一标列出处，在此一并表示感谢。

当然，由于时间紧、任务重，加上金融业务发展的快速变化，本教材中所列的观点难免有不足或纰漏的地方，敬请广大读者批评指正！

编者

2011 年 11 月 29 日

目　录

全书架构图

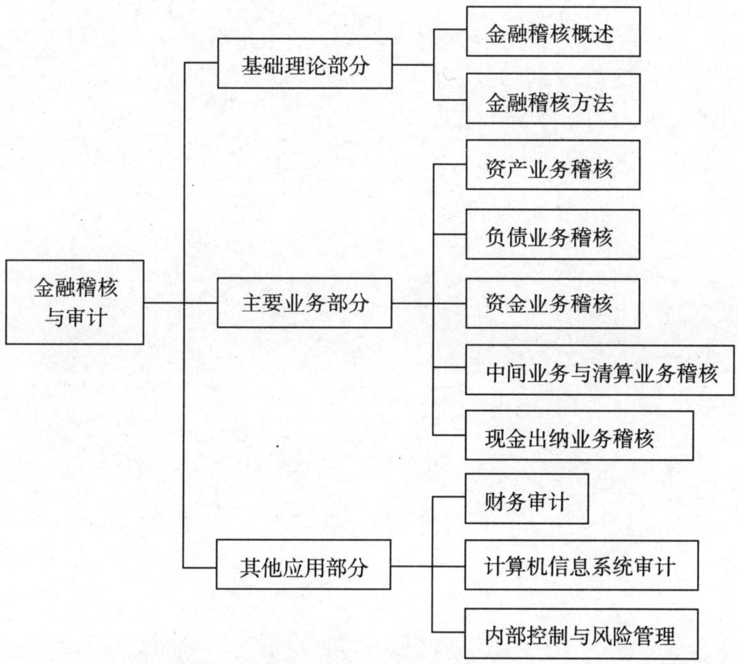
金融稽核与审计
基础理论部分
金融稽核概述
金融稽核方法
主要业务部分
资产业务稽核
负债业务稽核
资金业务稽核
中间业务与清算业务稽核
现金出纳业务稽核
其他应用部分
财务审计
计算机信息系统审计
内部控制与风险管理

第一章　金融稽核概述

【本章概要】

农村合作金融机构按照国家金融监管政策、法律法规、金融机构管理制度等规定，设立独立的稽核部门，配备具有专业胜任能力的稽核人员，通过系统化和规范化的方法，对其所开展的金融业务活动、财务收支活动以及有关的经营管理活动进行稽核检查，以促进农村合作金融机构防范和抵御风险，促使其健康发展。农村合作金融机构开展的金融稽核具有经济监督、经济鉴证、经济评价、检查职能和建设职能。农村合作金融机构稽核部门的独立性和权威性由国家、农村合作金融机构等的相关管理法规予以规定。金融稽核在稽核目标、独立性、业务范围等方面与社会审计有所区别。

【要点提示】

- 金融稽核的定义、目标、内容以及金融稽核的沿革和特点；
- 金融稽核的对象和职能、金融稽核机构设立及相应的职责和权限、金融稽核人员的专业胜任能力等；
- 稽核审计与社会财务报表审计的区别和联系。

【内容架构】

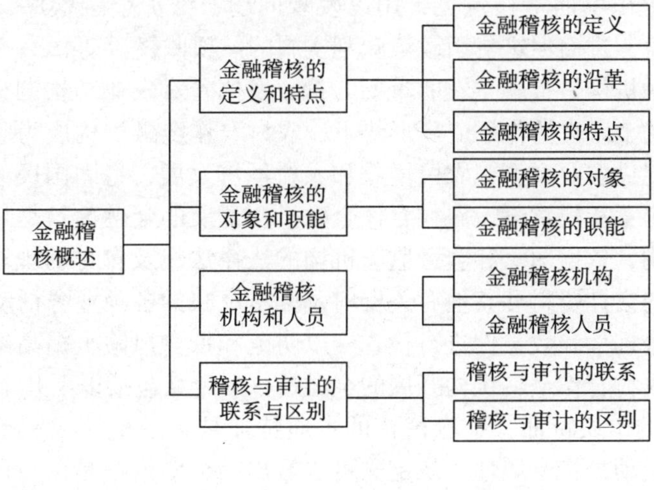

第一节 金融稽核的定义和特点

一、金融稽核的定义

对于金融稽核的定义，存在广义理解和狭义理解两种观点。广义的金融稽核观认为，金融稽核是金融监督的形式之一，是金融管理机构设立专门的组织机构，按照一定的工作程序，运用经济手段和行政手段对各类金融机构的金融业务活动，财务收支活动的真实性、合法性和经济效益进行监督和检查，以及对金融机构执行国家金融方针政策的情况进行监督和检查，并将有关信息反馈给金融管理机构，以纠正违规违纪行为，维护金融秩序，并提出完善金融机构运营管理法规措施的意见和建议，为领导决策服务。

狭义的金融稽核观认为，金融稽核是一种经济监督、协调手段，是银行和非银行金融机构规范日常业务活动，旨在防范和化解风险，提升资金运营效益、提高资金安全性的一种自律性手段，是内部审计在金融行业内的替代性称谓。这种观点对金融稽核的典型定义为：金融稽核（financial auditing）是指金融机构内部独立于各业务部门的专职机构，依据国家和金融监管机构的法律法规及自身规章制度，对本单位或下属分支机构的会计资料和其他有关资料及其所反映的各项业务活动和财务收支的合法性、真实性、合理性和效益性进行监督检查，以防范和抵御风险，加强金融宏观管理和调控，促进被稽核单位改善管理、提高经济效益的一种经济再监督活动。除非特别指明，本教材所指金融稽核即是这种狭义的观点。

对金融稽核的定义还可以从金融稽核活动描述的角度来定义，如金融稽核是指金融系统内部专设的职能机构及人员，采用专门的程序和技术手段，收集充分而有效的证据，按照确定的标准，对金融部门及其机构履行职责情况进行独立的审查和评价，并向机构经营管理层提出书面稽核意见，用以发现问题，维护金融秩序，促进改善经营管理，提高经济效益，进而促进货币政策顺利实施的一项监督活动。

农村合作金融机构是金融支农的重要力量，发挥着对农业结构调整、农村经济繁荣和农民收入增长的金融支持作用。新形势下，农村合作金融机构成为联系广大农民群众的金融纽带，为促进农业增产、农民增收和农村经济发展，稳固国民经济发展基础，管理好通胀预期作出了积极贡献。农村合作金融机构开展的金融稽核是指农村合作金融机构设立的专职机构，依据国家和金融监管机构的法律法规及自身的规章制度，对本单位或下属分支机构的会计资料和其他有关资料及其所反映的各项业务活动和财务收支的合法性、真实性、合理性和效益性进行检查，以防范和抵御风险，提高经济效益的一种经济再监督活动。农村合作金融机构开展的金融稽核的定义包括以下几个方面的含义。

1. 金融稽核的本质特征。金融稽核的本质特征是金融稽核区别于其他经济管理活动、非经济监督活动的特有属性，从定义可以看出，金融稽核是由专门机构和人员，以行政手段和经济手段进行的经济监督，是一种相对独立的经济监督和评价活动。金融稽核是一种独立、客观的监督、评价和咨询活动，是农村合作金融机构内部控制的重要组成部分。独立性是金融稽核的本质特征，是稽核过程和意见客观的基础。金融稽核通过系统化和规范化的方法，审查评价并改善农村合作金融机构经营活动、风险状况、内部控制和公司治理效果，促进农村合作金融机构稳健发展。

2. 金融稽核的主体。金融稽核的主体是指金融稽核机构和稽核人员，即金融稽核监督的执行者。金融稽核的业务性质和特征及其所面临的复杂环境等决定农村合作金融稽核必须由专门设立的、相对独立的稽核机构和稽核人员履行。按照国家相关法律和金融管理规章制度规定，农村合作金融机构专门设立稽核部门或稽核人员岗位，配备相对独立的稽核人员行使稽核职能。

3. 金融稽核的范围。通过强化农村合作金融机构的稽核监督，能够保证国家有关农村金融体制改革和农村金融工作方针政策的有效实施，促进农村金融事业的健康发展，为农村经济主体和个人提供更多、更方便的金融商品和金融服务，扩大农村金融服务范围，提高我国农村金融体系的效率和竞争力，从而促进农业和农村经济的发展。农村合作金融机构为达成稽核目标，需要对本单位或下属分支机构的会计资料和其他有关资料及其所反映的各项业务活动和财务收支的合法性、真实性、合理性和效益性进行检查。由此看来，其金融稽核的范围不仅包括各项业务活动和财务收支活动，也包括农村合作金融机构的内部控制及各项管理制度程序和措施、风险评估程序、信息系统管理，以及机构运营绩效和管理人员履职情况等。通过稽核，以督促农村合作金融机构稳健经营，确保国家农村金融法律法规得到遵循，维护农村金融体系安全有序运行，保障存款人利益，

4. 金融稽核的目的。金融稽核目标或称金融稽核目的，是指通过金融稽核实践活动所期望达到的理想境地和结果。金融稽核目标也可以说是人们对金融稽核实践活动结果的一种设计，所以，它决定着金融稽核实践的方式和方法。农村合作金融机构开展金融稽核的目的是防范和抵御风险，加强金融宏观管理和调控，促进被稽核单位改善管理，提高经济效益，促进我国农村金融资本市场稳定和农村经济社会事业健康、持续、稳定发展。

农村合作金融机构所能够提供的充分的资金供给和金融支持，是我国农业和农村经济健康持续发展的有力保障。其金融稽核的目标是，保证国家有关经济金融法律法规、方针政策、监管部门规章的贯彻执行，在农村合作金融机构风险框架内，使风险控制在可接受的水平下，改善农村合作金融机构的运营，增加其价值。农村合作金融机构稽核是整顿农村金融秩序，稳步推进农村金融改革，严格控制信用总量，切实加强农村金融监管的重要手段。

二、金融稽核的沿革

（一）金融稽核的历史沿革

金融稽核是金融业发展到一定阶段的产物，它是在银行所有权与经营管理权相分离以及金融业多层次经营管理分权体制所形成的一定的经济权责关系下，基于经济监督的

需要而产生和发展起来的监督制约机制。起初的稽核在金融机构内部是作为会计分支，是作为一种纠错防弊的监督手段，用来检查账务处理是否真实、正确、完整、及时，检查财务收支是否符合财经制度规定。18 世纪末至 19 世纪初，由于资本主义金融业自由竞争日趋激烈，出现了“金融恐慌”，导致并加深了经济危机。政府和货币当局对金融业实施监督显得十分必要。美国国会 1864 年通过《国民银行法》，规定由财政部货币监理署代表联邦政府行使对国民银行的监督检查职能。1933 年，美国正式颁布《银行法》，标志着美国形成较完整的中央银行稽核体系。到 20 世纪中期，日本、意大利、联邦德国、英国、法国等一些发达国家的中央银行也建立了对商业银行的稽核制度。

巴塞尔银行监管委员会的“Internal Audit in Banks and the Supervisor's Relationship with Auditors：A Survey”调查研究发现，各国银行对于内部稽核职责的定位，粗略地可以划分为以下几种观点：检查及评估内部控制制度的适当性和有效性；检查审核风险管理程序以及风险评估方法程序的运作及有效性；检查审核管理和财务信息系统，包括电子信息系统和电子金融服务；检查审核会计记录及财务报告的正确性和可靠性；检查审核资产保全措施；检查审核风险评估与资本计提系统，并且检查审核建置的系统确能遵循法规的需求、行为规范及政策与程序；评估经营管理的经济性和效率性；验证交易与个别内部控制程序运作；办理专案调查。

随着金融全球化以及《巴塞尔协议》在世界多数国家的实行，各国金融稽核监督的内容已日渐趋于一致。对金融机构资本金的充足性、资产质量、经营管理能力、盈利性和资产流动性等方面的检查监督，已逐步成为各国金融稽核监督部门实施监督检查的主要内容，并且对这些内容监督评价的标准也日趋一致。如美国稽核监督的主要内容是业务经营的合规性、资本的充足性、资产的流动性和盈利状况、银行的会计监督和内部控制制度及执行情况等，其中，对信贷资产质量的检查是美国银行监理部门进行稽核监督的重点。英格兰银行则主要将资本充足性、资产流动性、风险控制情况、开业许可证以及危机发生后的处理情况等作为稽核监督的主要内容。此外，法国、新加坡等国稽核监督的内容也与此基本相同。

中国金融业发展虽然比西方资本主义国家晚，但银行稽核却是银行经营管理的一项传统业务。清末 1911 年的大清银行总行即设有稽核职位。中华民国时期，1928 年成立的湖北省银行、江西裕民银行内设有稽核科（室）。1935 年南京国民政府颁布的《中央银行法》规定，中央银行设监事会，负责对账目、准备金、发行兑换券及预算决算的稽核。

1949 年中华人民共和国成立后，在海外的中国银行分支机构一直保持着总稽核制度。中国人民银行等也曾建立了会计部门内部的稽核制度。1983 年《国务院关于中国人民银行专门行使中央银行职能的决定》明确规定中国人民银行负责稽核各金融机构的业务工作，1986 年在《中华人民共和国银行管理暂行条例》中又作了进一步的规定。经过第七个五年计划的实施，中国的金融稽核体系基本建立，至 1990 年底，已拥有稽核干部 2 万余人。2003 年 12 月，《中华人民共和国银行业监督管理法》以及修订后的《中华人民共和国中国人民银行法》和《中华人民共和国商业银行法》颁布，中国人民银行不再对银行业金融机构进行监督管理，改由国务院银行业监督管理机构负责对其进行监督管理，监管方式包括非现场监管和现场检查，同时要求各商业银行对分支机构应当进行经常性的稽核和检查监督。

农村信用社是我国农村合作金融的主体。中国银监会2005年发布《加强农村信用社稽核工作指导意见》（以下简称《意见》）指出，农村信用社稽核工作是农村信用社对其业务经营管理活动的各项自律、自控机制进行的再监督，是农村信用社自我监督、主动防范、查错除弊、规避风险的重要手段。农村信用社务必高度重视稽核工作，进一步建立健全稽核体系，完善稽核制度，努力实现稽核工作规范化、程序标准化；创新稽核方法，加强电子化稽核手段的运用，注重现场稽核和非现场稽核的有机结合；落实稽核责任，严格问责制度，提高稽核工作的效率和质量。农村信用社稽核工作即是通过“查、帮、纠、处”等手段，达到强化农村信用社的内部管理，促进国家有关金融方针、政策、法律、法规以及各项规章制度的有效落实，防范金融风险，保障农村信用社安全稳健、规范有序运行。

2006年6月27日，中国银监会印发了《银行业金融机构内部审计指引》（银监发〔2006〕51号），该指引指出“为促进银行业金融机构完善公司治理，加强内部控制，健全内部审计体系，依据《中华人民共和国银行业监督管理法》、《中华人民共和国商业银行法》、《中华人民共和国公司法》、《中华人民共和国审计法》和《中华人民共和国审计法实施条例》等法律法规，制定本指引”。指引适用于在中华人民共和国境内设立的政策性银行和商业银行。经中国银监会批准设立的其他金融机构可参照执行该指引。指引同时对银行业金融机构金融稽核（内部审计）的机构和人员、职责和权限、质量控制、报告制度、考核与问责等作出说明。

（二）《巴塞尔新资本协议》下的内部稽核

为应对金融环境及经营风险日益复杂化、改正传统资本协议缺点及鼓励银行加强风险管理，巴塞尔银行监管委员会于1999年6月发布《巴塞尔新资本协议》第一版草案，历经多次修订，于2004年6月正式颁布。新协议修订幅度很大，对各国银行业及金融监管机构均产生了重大影响，各国银行对内部稽核的角色和任务进行了重新定位，加强和提升了内部稽核能力，并相应改变了稽核范围及其方法。

巴塞尔银行监管委员会对于评估银行内部控制制度制定了十三项指导准则，其中关于内部稽核的准则如下：

监理及纠正，原则11：银行内部控制制度应具备有效且全面性的内部稽核功能，由受过适当训练且称职的人员超然独立执行稽核工作。内部稽核功能作为监视内部控制制度的一部分，其稽核结果应直接向董事会或审计委员会及高级经营阶层报告。

内部稽核功能是持续不断地监督内部控制制度的重要一环，因为其对制定政策和程序的适当性及其遵循情形提供超然独立的评估。内部控制功能应独立于银行日常运作，且功能对于银行及其分行与支行机构内的所有活动攸关重要。

由于内部稽核必须对运营活动直接向董事会或审计委员会及高级经营阶层提供公正不偏的检查报告，同时由于此项功能的重要性，所以内部稽核必须拥有称职及受过适当训练的人员，他们清楚了解本身担任的角色及职责。内部稽核检查、审核及验证银行内部控制的频率和范围，必须与银行营运活动的性质、复杂程度及其风险保持一致。

内部稽核直接向董事会、审计委员会或高级经营阶层报告是非常重要的。内部稽核提供给董事会公正的报告，使公司治理得以适当的运作，报告不至于被相关经营管理层所误导，并应借由董事会或最高级经营阶层决定内部稽核的报酬及预算资源以强化内部稽核的超然独立功能，不可让内部稽核业务由受到影响的经理阶层所决定。

由巴塞尔银行监管委员会的文件可知，新资本协议下对稽核单位的要求，除了增加稽核单位应当对风险管理流程的设计和执行提供独立评估的内容（包括检查审核分析模型建立的流程、风险管理系统的适当性和可靠性）外，还增加了提高内部稽核在组织内部的地位和报告层级的内容。因此说，《巴塞尔新资本协议》下的内部稽核强调了风险管理。

《巴塞尔新资本协议》下的内部稽核单位需要了解银行经营所面临的市场、信用、作业、流动性、战略、信誉等风险，以利于进行全面且有效的内部稽核。市场风险（market risk）是指因市场情况的改变造成银行所持有的部位发生损失的风险；信用风险（credit risk）是指由于交易的一方无法或不愿意履约所产生损失的风险；作业风险（operational risk）是由于系统不良、管理疏忽、控制不当、欺诈及人员失误所产生的损失（包括法律风险）；流动性风险（liquidity risk）就金融商品而言是指金融商品无法在合理的价格内迅速卖出或转移而产生损失的风险；战略风险（strategic risk）是指，因高级经营阶层经营决策错误使银行遭受损失的风险；信誉风险（reputation risk）是指由于媒体（公众）负面的评价，导致银行与客户关系终止及中断而产生损失的风险。上述各种风险评估技术、风险管理程序及资本计提作业均不相同，内部稽核人员必须主动、积极提升专业能力，才能够胜任内部稽核工作。

经营环境的复杂、金融商品的创新等导致银行的风险来源从单纯的财务方面，扩大到包括市场、信用、流动性、作业、战略、信誉等方面，风险管理成为金融机构日常运营管理的重要组成部分，内部稽核在执行监督程序时，应与金融机构风险管理程序结合，才能建立有效的内部控制制度。金融稽核应当改变过去那种稽核方向多以业务分类为导向，且多集中于作业风险有关事宜，未完整评估全行风险管理及资本计提配置作业的稽核程序，应当转变为以风险为导向的稽核制度，预先了解银行真实风险全貌，将核查重点放在银行经营风险最大的部分，以提升稽核效率。

以风险为导向的内部稽核，还必须要改变传统的仅限于观察和检查内部控制机制的运作及其结果，以审查评价内部控制有效性的内部稽核方式，应将稽核过程与银行的经营战略策略相结合，使稽核的结果更能针对与经营战略策略目标相关的问题，并将稽核资源配置在风险较高的领域，才能协助被稽核单位通过稽核创造更高的价值。

三、金融稽核的特点

金融稽核与经济管理活动、非经济监督活动以及其他专业性监督活动相比较，主要具有以下几个方面的特点。

（一）相对独立性

独立性是金融稽核的本质特点，没有独立性，其权威性难以体现。各国金融稽核制度都强调独立性，并从立法上给予肯定和保障。在金融稽核部门的隶属关系上，有的国家的稽核部门完全独立。如前联邦德国的联邦监督局就是一个独立的联邦准部级机关。有的国家的稽核部门隶属于国会和王室，向王室和国会报告工作，如英格兰银行每年发表的执行《银行法》情况的年度报告都需按时向王室报送且拥有监督机构。在日本，财务大臣和日本银行共同履行稽核监督的职能，特别是财务大臣在金融机构的审批、管理和稽核监督方面拥有很大的权力，该权力由国家法规分别赋予。总之，金融稽核的独立性是金融稽核监督部门行使职权、充分发挥监管作用的重要保证。金融稽核的独立性由相关法规和稽核章程所规定。

我国农村合作金融机构根据有关法律法规的规定，可以设置专门机构或专职人员独立地行使内部审计监督权，独立地进行审查和评价。按照国家相关规定，农村信用社省级联社要单独设立稽核（审计）专门机构，理事会要设立稽核（审计）委员会；办事处、地市联社应设立独立的稽核检查部门，根据实际需要配备专职稽核人员；县（市）联社应单独设立稽核科室，配备足够的专职稽核人员，以独立行使稽核职能。

金融稽核的独立性又是相对的，是一种反独立于被稽核单位的独立。金融稽核机构毕竟是建立在金融部门内部的专职机构，作为一个职能部门，要在本部门、本单位主要负责人的领导下开展工作，因此，金融稽核机构不能独立于本部门、本单位之外，凌驾于本部门、本单位主要负责人之上，不受本部门、本单位的任何约束，而是应该置于本部门、本单位主要负责人之下，独立地行使内部审计监督权，所以，金融稽核的独立性又是相对的。金融稽核机构的相对独立性使得其能够根据本部门、本单位领导的要求加强某方面管理，及时组织力量进行有针对性的审查和评价，还可以根据群众反映和揭发的问题，及时地进行专项稽核，等等。金融稽核的相对独立性也要求稽核人员在行使稽核职权时，应当着眼于单位的整体利益。

（二）权威性

金融稽核的权威性是指金融稽核在行使监督核查及处理问题方面具有使人信从的力量和威望。金融稽核的权威性贯穿于稽核工作的全过程，体现于稽核工作的各个环节。金融稽核的权威性来自国家法律法规对稽核组织的地位和职责的授权。金融稽核组织地位越高，职责上授权越大，稽核的权威性就越强。金融稽核的权威性还来自于其相对独立的地位。金融稽核的权威性体现为在履行职责过程中，拥有核查权、质询权、处理处分权、信息反馈权等。金融稽核人员要以客观公正的立场、实事求是的工作态度认真履行金融稽核职责，以维护和提高金融稽核的权威性。金融稽核的权威性还由相关法规和稽核章程所规定。金融稽核的权威性是稽核结论处理决定执行和稽核目标实现的保证。

农村合作金融机构稽核的权威性主要体现在稽核机构职能和稽核人员的权限法规赋予等方面。《意见》指出，稽核人员在执行稽核工作中，为完成稽核任务和达成稽核目标，拥有以下主要职权：要求被稽核单位提供情况，查阅被稽核单位的业务、财务、会计、出纳等有关凭证、账表和文件资料的权力；检查被稽核单位的库存现金、有价证券、重要空白凭证等，必要时有权采取先封后查措施的权力；责成被稽核单位停止或纠正违反国家金融方针、政策、法律、法规的业务活动以及违反财经纪律的业务收支的权力；参加被稽核单位的有关会议，对稽核发现的问题有权进行调查，并索取有关资料，必要时可以越级反映的权力；对不适合做某项业务的工作人员，稽核人员有权向其领导提出建议予以调整的权力；对具有违规行为的责任人，稽核人员根据有关规定有权给予处理，对具有重大违规行为的责任人，稽核人员有权提出处理意见的权力。

（三）广泛性

金融稽核的广泛性是指金融稽核的范围上、内容上具有广泛性特征。首先，金融稽核的广泛性体现在金融稽核范围广。从金融稽核的范围上看，有存款、贷款、结算、货币发行、现金收支等银行业务，有承保、理赔等保险业务，有委托、代理等信托业务，有买进、卖出等证券业务，还有内部基金、财务收支业务、内部控制制度建立和运行等业务。其次，金融稽核的广泛性还体现在稽核内容多。从稽核内容上来看，既有党和国家的金融方针、政策的贯彻落实，也有金融机构运营效率、效果，也包括信贷、货币发行、外汇买卖、财务收支计划的执行情况等。

农村合作金融机构开展的金融稽核，内容也涵盖了农村合作金融机构管理制度、开展的各类业务以及日常运营管理活动的各个环节。如按照有关规定，农信社稽核工作主要任务包括检查监督国家有关金融方针、政策、法律、法规的贯彻和落实，对违反国家金融方针、政策、法律、法规等行为及时予以揭露、制止，并提出处理意见或建议；检查监督内部各项管理制度、业务操作规程的执行情况，对执制不严、管理缺位、违章操作等现象及时予以纠正，并提出整改和处理意见；检查监督业务经营、风险控制、财务收支等情况，适时评估风险状况，及时发现风险隐患，并提出整改和处理意见；检查监督内控制度的建立健全及完善情况，评价内控的有效性，并对落实内控机制，防范和化解风险措施提出进一步改进的意见。

（四）前瞻性

金融稽核不仅要对金融部门的人、财、物和各项业务活动进行监督核查，必要时还要对客户（主要是指借款人）的产、供、销经营管理过程进行核查评价，前瞻性地评估金融业务的风险和安全性。这主要是由信贷资金、外汇收支和现金管理以及保险等业务的运动规律所决定的。

金融稽核的特点表现在贷款从银行贷出所经过的供、产、销整个周期运动的过程中，如稽核贷款的合法、安全和效益，由于企业贷款用于生产和商品流转，是同供、产、销、购、存、调等物资运动紧密结合的，因此，需要实地调查企业经营，分析行业环境、预测企业经营前景等，才能评价贷款的风险程度和逾期可能性。农村合作金融机构开展的金融稽核，一个重要工作内容就是根据农村合作金融机构运营所面临的内外部环境因素，适时评估风险状况，发现可能引发问题的潜在风险因素，并提出整个和处理意见，防范和化解风险，因此具有前瞻性特定。

（五）服务的内向性

无论是西方国家的内部审计还是我国的内部审计，都是作为部门、单位领导的参谋和助手，在本部门、本单位主要负责人的领导下，对本部门、本单位进行内部审计监督。通过实施金融稽核监督，总结成功的经验，同时，及时地揭露存在的问题及其原因，并有针对性地提出建设性的意见和建议，以便领导者据以作出正确的决策，促使本部门、本单位不断加强经营管理，提高经济效益。因此，相对独立的金融稽核部门所开展的金融稽核具有服务内向性的特征。

农村合作金融机构开展的金融稽核是以服务于农村合作金融机构健康运营和价值增值为目的的，服务对象为农村合作金融机构，对农村合作金融机构经营发挥参谋助手的作用，具有服务上的内向性。农村合作金融机构为有效发挥金融稽核的内向性特征，首先，要在各级农村合作金融机构中设立相应部门或岗位，配备金融稽核力量。其次，农村合作金融机构要有利于金融稽核服务功能的发挥，采取多种形式、多种方式的金融稽核工作。同时，为发挥金融稽核的服务功能，金融稽核机构要积极总结、交流、推广科学的管理方法和好的工作经验，分析典型稽核案例，提高稽核工作质量和纠错除弊的能力，通过金融稽核，针对基层农村合作金融机构业务发展与经营管理过程中出现的新情况、新问题，适时提出意见和建议。

（六）微观监督与宏观监督的统一性

金融稽核代表金融部门、单位的领导实施内部审计监督，为强化金融系统内部的经营管理，提高经济效益服务，这是微观监督的性质，也是金融稽核的主要工作内容。与此同时，金融稽核还应从国家整体利益出发，对本部门、本单位是否遵守国家的法律、法规和金融方针、政策以及各项规章制度进行审查，这又具有宏观监督的性质。所以，微观监督与宏观监督的统一，是我国金融稽核的重要特征。

农村合作金融机构开展的金融稽核要检查监督国家有关金融和农村金融方针、政策、法律、法规的贯彻和落实情况，对违反国家金融方针、政策、法律、法规等行为要及时予以揭露、制止，并提出处理意见和建议，从而保障国家有关金融规定得到落实，体现了金融稽核的宏观监督特征。农村合作金融机构开展的金融稽核还包括对农村合作金融机构内部各项管理制度、业务操作规程、内部控制制度建立执行、业务经营、风险控制、财务收支等情况进行监督检查；金融稽核要针对基层农村合作金融机构业务发展与经营管理过程中出现的新情况、新问题，适时评估风险状况，从而防范和化解风险，促进农村合作金融机构健康有序经营和价值增值，这体现了农村合作金融机构稽核的微观监督特征。

第二节　金融稽核的对象和职能

一、金融稽核的对象

金融稽核对象即是要回答“稽核谁”和“稽核什么”两个问题。“稽核谁”，是指稽核监督的实体范围，属于稽核对象的外延，它要讨论的是哪些部门、哪些机构是稽核的对象。从整体上说，稽核监督的实体包括所有的金融机构。“稽核什么”，是指稽核监督的客体，属于稽核对象的内涵。正确认识金融稽核的对象，有利于对金融稽核概念的正确理解、金融稽核方法的正确运用和金融稽核职能的进一步发展。

从金融稽核监督的客体角度来看，金融稽核对象即是对金融稽核监督的内容和范围的概括，可以概括为被稽核单位的财务收支及其经营管理活动。具体地说，包括下列两个方面的内容。

（一）被稽核单位的财务收支及其有关的经营管理活动

从技术角度来说，稽核实际上是对已经发生的经济活动记录的真实性、经济活动的合法性和效益性所进行的审查评价。稽核报告可以说是在判定经济活动自身的基础上，对照相关标准（审计依据）所给出的符合程度的意见。因此，无论何种稽核，都要求以被稽核单位客观存在的财务收支及其有关的经营管理活动为稽核对象，对被稽核单位是否公允、合法、合理进行稽查和评价，以便对其所承担经济责任是否认真履行进行确定、解除和监督。

农村合作金融机构稽核的对象是各级农村合作金融机构所开展的金融业务活动、财务收支活动以及有关的经营管理活动。农村合作金融机构应当研究制定各项稽核规章制度，对其各项经营管理活动进行稽核监督。按照有关规定，上级金融机构要对辖内稽核工作进行规划、部署并实施检查、监督、评价和指导；组织布置辖内农村合作金融机构开展专项稽核，对其财务收支情况进行常规稽核；农村合作金融机构要按职工管理权限，对高管人员在任或离任、离岗进行常规稽核。基层农村合作金融机构主要是对其基层营业部、业务网点进行常规稽核，并对农村合作金融机构的内控和风险进行评价。

（二）被稽核单位的财务报表和其他有关资料

被稽核单位的财务收支及其有关经营管理需要通过财务报表和其他有关资料等信息载体反映出来。因此，稽核对象还包括记载和反映被稽核单位财务收支、提供会计信息载体的会计凭证、账簿、报表等会计资料以及有关计划、预算、经济合同等其他经营管理相关资料。作为被稽核单位的经营管理活动信息的载体，除上述会计资料、计划统计资料等资料以外，还有经营目标、预测资料、决策方案、经济活动分析资料、技术资料等其他资料，以及电子计算机存储的信息等信息载体。以上这些都是金融稽核的具体对象。

综上所述，金融稽核的对象是指被稽核单位的财务收支及其有关的经营管理活动以及作为这些经济活动信息载体的财务报表和其他有关资料。金融稽核的过程就是通过对被稽核单位的经济活动信息载体（即财务报表和其他有关经营管理相关资料）进行审查评价，从而判定被稽核单位经济活动的真实性、合法性和效益性。因此，财务报表和其他有关资料是稽核对象的现象，其反映的被稽核单位的财务收支及其有关的经济管理活动才是稽核对象的本质。

农村合作金融机构稽核的对象包括农村合作金融机构的财务收支活动以及相关的财

务、经营管理资料。农村合作金融机构对其营业部、业务网点进行常规稽核，并对内控和风险进行评价，通过核查固定资产购建和管理、呆账贷款认定和核销、年终决算等，审核监督有关财务收支的真实性、合规性；通过对贷款程序性文件等进行审核，核查当期新增贷款投向的合理性、手续的合规性、抵质押的有效性以及责任落实情况；通过对财务收支、贷款管理程序文件等进行检查，审查监督大额贷款及农户信用贷款的发放、管理、回收，不良资产比例、资产负债比例的变化以及重要空白凭证的管理和使用。农村合作金融机构要通过金融稽核，确保安全保卫制度的落实、计算机系统运行和管理等日常管理合规有效；通过对有关文件、资料等的审查以及采取必要的稽核程序，对高管人员任职期间进行年度稽核、高管人员及重要岗位人员（信贷、会计等）进行离任稽核以及任职前稽核。

也有观点从对受托责任的检查控制角度来认识金融稽核的对象，认为金融企业的经济责任大体上包括以下几个方面的内容：实现既定的经营目标，保护财产的安全与完整；遵守法律、法规和贯彻金融方针、政策；正确提出会计和其他信息资料，加强经营管理，提高经济效益；建立健全的内部控制制度；其他经济责任。

二、金融稽核的职能

金融稽核的职能是稽核自身所固有的内在功能，它要回答的是金融稽核能够干什么的问题。稽核活动具有的职能是独立于人的意志之外，由社会经济发展的客观需要所决定的。稽核职能不是一成不变的，它随着客观环境的变化而发展、变化。研究稽核职能的目的在于从不同角度认识、理解稽核，以充分发挥稽核职能，更好地指导稽核实践，促进稽核工作作用的发挥。对于稽核审计的职能，国内外学术界和实务界都持有不同的观点，这些观点主要集中在稽核具有服务、管理、咨询等方面的职能。一般来说，金融稽核具有经济监督、经济鉴证、经济评价、检查和建设职能。

（一）经济监督

稽核工作的核心是通过审核检查，查明被审计事项的真相，然后对照一定的标准，作出被稽核单位金融管理活动是否真实、合法、有效的结论。农村合作金融机构稽核的经济监督职能，主要是指通过稽核，监察和督促被稽核单位的经济活动在规定的范围内、在正常的轨道上进行，监察和督促有关农村合作金融机构活动责任者按照规定履行农村金融管理责任，同时借以揭露违法违纪、稽查损失浪费、查明错误舞弊行为、判断管理业绩和追究农村金融管理责任等，从而促进农村合作金融机构对于农业发展和农民增收的金融支持作用的发挥。农村合作金融机构稽核从依法稽核到依法评价，再到依法处理，都体现了稽核的经济监督职能。

（二）经济鉴证

经济鉴证是指对经济活动的鉴定和证明。稽核的经济鉴证职能是指稽核机构和稽核人员对被稽核单位会计报表以及其他相关经济资料的检查和验证，确定其金融管理活动是否真实、合法、合规和有效率，并出具书面证明，以便为稽核的授权人和稽核的动议方提供准确的信息，辅助其进行正确决策的一种职能。

稽核的经济鉴证职能包括鉴定和证明两个方面。如对于稽核结论和处理决定的落实纠正情况的稽核、核查内部控制机制和保障措施是否健全完善的内部控制稽核，都属于经济鉴证职能的范围。对外资金融机构经营范围是否合规、资本金是否充足、资产质量状况等的稽核内容，是否按规定提足各项准备金及保持最低偿付能力的稽核，也都属于经济鉴证职能。

随着农民从事的产业日趋多元化和非农化，收入货币化程度的提高，农村金融市场呈现多元化、层次化、有效化趋势，农村合作金融机构的发展面临更广阔的市场空间和经营管理挑战。一些农村合作金融机构面临资产质量下降，风险加大的局面。农村合作金融机构开展的金融稽核，能够为有关决策者提供决策支持信息，以帮助改善农村合作金融机构经营外部环境，促进金融创新，建立健全各种管理、激励机制，从而促进农村合作金融机构健康发展。

（三）经济评价

稽核的经济评价职能是指稽核人员对被稽核单位的经济资料和经济活动进行审查，并依据一定的标准对查明的事实进行分析和判断，肯定成绩，指出问题，总结经验，寻求改善经营管理、提高效率效益的途径。稽核的经济评价职能包括评定和建议两个方面。评定是指通过金融稽核，对被稽核单位的金融管理活动的状况和成果进行核实。建议是指对照最佳管理实务或有关标准，对被稽核单位的金融管理活动提出改进和完善的意见和措施。经济评价职能将成为现代内部审计稽核的主要职能。

农村合作金融机构是支农资金流动的中介，是金融体系中资金流转顺利运行的保障。农村合作金融机构开展金融稽核，对农村合作金融机构资金融通、管理活动的真实、合法和效益进行评价，并相应提出改进管理建议和对策，将稽核信息传递给决策者，以对决策者进行决策支持。

（四）检查职能

金融稽核在部门、单位内部实行经济监督，就是对被稽核单位的经济活动进行检查。任何单位的经济活动，必须按一定的标准对其加以检查，才能弄清真相，明辨是非，揭示矛盾，改进工作。因此，检查是金融稽核的基本职能。特别是在当代金融机构规模日益扩大、组织结构日趋复杂的情况下，建立完善的金融稽核监督系统更显得重要。金融稽核的经济检查主要有以下几方面：

1. 检查单位各种业务经营活动的合法性和合规性。例如，对农村合作金融机构的存款、贷款、结算等业务活动进行检查，从宏观着眼，从微观入手，督促单位遵守国家政策、方针、法规、制度。

2. 检查单位内部各种经济活动的有效性和经济性。例如，检查农村合作金融机构经济活动是否与经营目标保持一致；检查单位内部各部门是否忠于职守，履行其所承担的经济责任；检查各部门的经济活动是否有较高的效率，是否取得预期的成果，是否厉行节约。

3. 检查反映经济活动资料的真实性。例如，对农村合作金融机构的会计资料进行检查，了解其内容是否真实、可靠，账实是否相符。

应该指出，与外部审计的经济监督不同的是，一般来说，金融稽核的检查职能必须借助于领导的支持，采取行政命令、明确授权、制定内部审计制度、组织安排等措施，才能保证内部审计检查职能的履行。

（五）建设职能

金融稽核人员在履行其职责时，不仅要对单位的经济活动进行制约与控制，而且还要加强管理、促进建设，这通常是用“建议”来进行的，金融稽核职能从预防性发展到加强管理的建设性。金融稽核要从单位的组织结构、管理体制、经营方针、政策和方法等方面进行审核、分析和评价，揭示经营过程中存在的弊病或薄弱环节，肯定管理上的优点和缺点，其目的是要协助单位领导寻找提高财务活动、经营管理活动的效率、效果和经济性的可能途径，挖掘潜力，以达到预期的经济效益。金融稽核机构和金融稽核人员在单位中较为超脱的地位和相对的独立性，为其能提出比较全面、中肯、可行的建议提供了有利条件，从而有助于加强管理。

金融稽核人员作为单位一员，置身于单位的活动之中，对单位领导的经营意识、领导风格和管理方法有比较深刻的认识，因此其建议可以采用各种方式进行，不必像外部审计那样只以正式报告的形式提出。总之，金融稽核人员应该利用其一切有利条件，积极提出建议，履行其既是审计监督者又是单位领导的参谋这样双重的义务和责任。

金融稽核的职能、作用和任务三者之间存在着紧密的联系。其中，稽核职能处于决定性地位，它决定着稽核的作用和任务，而稽核的作用和任务是稽核职能的表现形式和具体化。

第三节　金融稽核机构和人员

金融是现代经济的核心，农村金融是现代金融的重要组成部分，在农村经济发展中逐步处于核心地位，对农村资源的配置具有先导和运载效应，并从根本上决定着农村商品经济发展的程度，影响着整个国民经济的运行。稽核机构和稽核人员是稽核活动的实施主体，健全的稽核机构和合格的稽核人员是金融稽核有效完成的组织和人员保证。农村合作金融机构要按照相关法律法规、上级部门和本单位规章制度的规定，设立专门的稽核机构，配备专业稽核人员开展金融稽核。

一、金融稽核机构

金融稽核是金融行业对于内部审计的传统称谓。实践中，金融稽核的业务由金融机构的内部审计部门来完成。以下从内部审计机构设置的角度叙述金融稽核的机构设置。

（一）金融稽核（内部审计）机构

我国的内部审计机构是根据审计法规和其他财经法规的规定设置的，主要包括部门内部审计机构和单位内部审计机构。

1. 部门内部审计机构。国务院和县级以上地方各级人民政府各部门，应当建立内部审计监督制度，根据会计业务需要，分别设立审计机构并配备审计人员，在本部门主要负责人的领导下，负责所属单位和本行业的财务收支及其经济效益的审计。

2. 单位内部审计机构。大中型企事业单位应当建立内部审计监督制度，设立审计机构，在本单位董事会下设的审计委员会或主要负责人的领导下，负责本单位的财务收支及其经济效益的审计。内部审计机构在董事会下设的审计委员会或本单位主要负责人领导下开展内部审计工作。审计业务少的单位和小型企事业单位，可设置专职的内部审计人员，而不设独立的内部审计机构。

不管是部门内部审计机构还是单位内部审计机构，都有其专职业务，其性质和会计检查并不相同，因此必须单独设立，并且内部审计机构不应设在财会部门之内，受财会负责人的领导，因为这样设置机构难以开展内部审计工作。农村合作金融机构要按照国家有关法律法规，进一步建立健全稽核体系，建立健全稽核机构组织，配备相应稽核人员，完善稽核制度，努力实现稽核工作规范化、程序标准化。农村合作金融机构稽核部门独立承担稽核职能，其性质与会计检查不同，因此必须单独设立，并受董事会下设的审计委员会或本单位主要负责人的领导。农村合作金融机构的金融稽核部门不应当设立在财会部门之内，受财会负责人的领导，因为这样设置机构，使得稽核部门的独立性和权威性受到限制，不利于开展金融稽核工作。

农村合作金融机构稽核部门的设立由国家金融监管政策、法律法规、金融机构管理制度所规定，这些监管政策、法律法规、管理制度等也相应规定了农村合作金融机构稽核部门的独立性。例如，《中国银行业监督管理委员会办公厅关于印发〈加强农村信用社稽核工作指导意见〉的通知》（银监办发〔2005〕65号）规定，农村信用社应建立稽核部门，配备专职稽核工作人员，具体如下：省级联社要单独设立稽核（审计）专门机构，理事会要设立稽核（审计）委员会；办事处、地市联社应设立独立的稽核检查部门，根据实际需要配备专职稽核人员；县（市）联社应单独设立稽核科室，配备足够的专职稽核人员。

（二）金融稽核（内部审计）的职责权限

我国的部门和单位内部审计机构是依据审计法规和其他财经法规而建立的，为了便于其行使审计监督权，在法规中对其职责权限也作了明确规定。

1. 内部审计机构的职责。内部审计机构按照本单位董事会下设的审计委员会、主要负责人或者权力机构的要求，履行下列职责：对本单位及所属单位（含占控股地位或者主导地位的单位，下同）的财务收支及其有关的经济活动进行审计；对本单位及所属单位预算内、预算外资金的管理和使用情况进行审计；对本单位内设机构及所属单位领导人员的任期经济责任进行审计；对本单位及所属单位固定资产投资项目进行审计；对本单位及所属单位内部控制系统的健全性和有效性以及风险管理进行评审；对本单位及所属单位经济管理和效益情况进行审计；法律、法规规定以及本单位主要负责人或者权力机构要求办理的其他审计事项。

2. 内部审计机构的职权。单位董事会下设的审计委员会、主要负责人或者权力机构应当制定相应规定，确保内部审计机构具有履行职责所必需的权限，主要是：要求被审计单位按时报送生产、经营、财务收支计划，预算执行情况，决算，财务会计报告和其他有关文件、资料；参加本单位有关会议，召开与审计事项有关的会议；参与研究制定有关的规章制度，提出内部审计规章制度，由单位审定、公布、施行；检查有关生产、经营和财务活动的资料、文件和现场勘察实物。

稽核人员在执行稽核工作时，有权检查被稽核单位有关的计算机系统及其电子数据和资料；对与审计事项有关的问题向有关单位和个人进行调查，并取得证明材料；对正在进行的严重违法违规、严重损失浪费行为作出临时制止决定；对可能转移、隐匿、篡改、毁弃会计凭证、会计账簿、财务会计报告以及与经济活动有关的资料，经本单位董事会下设的审计委员会、主要负责人或者权力机构批准，有权予以暂时封存；提出纠正、处理违法违规行为的意见及改进经济管理、提高经济效益的建议；对违法违规以及造成损失浪费的单位和人员，给予通过批评或者提出追究责任的建议。

单位董事会下设的审计委员会、主要负责人或者权力机构在管理权限范围内，授予内部审计机构必要的处理、处罚权：被审计单位不配合内部审计工作、拒绝审计或者提供资料、提供虚假资料、拒不执行审计结论或者报复陷害内部审计人员的，单位董事会下设的审计委员会、主要负责人或者权力机构应当及时予以处理；构成犯罪的，移交司法机关追究刑事责任；被审计单位无正当理由拒不执行审计结论的，内部审计机构应当责令其限期改正；拒不改正的，报请本单位董事会下设的审计委员会或主要负责人依照有关规定予以处理；对被审计单位违反财经法规、造成严重损失浪费行为负有直接责任的主管人员和其他直接责任人员，构成犯罪的，依法追究刑事责任；不构成犯罪的，依照有关规定予以处理；报复陷害内部审计人员，构成犯罪的，依法追究刑事责任；不构成犯罪的，依照有关规定予以处理。

二、金融稽核人员

（一）金融稽核人员的行为规范

金融稽核人员应当以超然地位、客观的态度行使职权，不得干涉被稽核单位正常的经营管理活动；稽核人员有权向被稽核单位及有关单位要求提供与稽核事项有关的各项计划、程序、统计、处理记录等有关资料，被稽核单位应及时提供，并对所提供资料的完整性和真实性负责；稽核人员根据稽核结果应按照稽核方案规定的时间，在与被稽核单位充分沟通的基础上，出具稽核报告，提出稽核意见和建议。出具稽核报告的稽核人员或稽核小组应对报告内容的真实性负责。

值得指出的是，专业稽核人员是职能（function）稽核，而非责任（liability）稽核，稽核报告所检查或评估结果，并不能解除单位执行人员工作过失的责任。稽核人员从事稽核事项应当沟通各单位意见，协调解决问题，如遇重大事项，各方面意见有纷争时，应当依据金融机构稽核管理规定，汇总后，向金融机构分管或主管稽核工作的领导汇报，由他们作出裁决或决定。稽核人员在执行稽核任务时，如果遇到违法违规事项，应当按照金融机构稽核管理规定，提出处理意见报请主管领导批准实施或逐级上报有相应处理权限的主管领导予以处理。

金融稽核人员在进行金融稽核活动中应当秉守客观、独立、公正的原则，对获知的商业秘密等严加保密。所谓公正，即要求稽核人员应当诚实、勤勤恳恳并负责地开展工作；稽核人员应当遵守法律，依法稽核，按照法律及职业要求对稽核实施过程和稽核发现进行披露；稽核人员不得蓄意参与非法活动，或参与有损于稽核职业或其所在组织的行为。

金融稽核人员应当秉持客观的态度和立场参与金融稽核活动，不应参与可能妨碍或被认为是妨碍其公正评价的活动或关系，包括参与和组织利益相冲突的活动与关系；不接受可能妨碍或被认为是妨碍其客观公正地进行职业判断的任何财物或其他请送行为；稽核人员没有必要报告所有的事实，但应当披露已知的事实，如果不予披露，可能会歪曲检查工作报告的所有重大事实。

金融稽核人员应当对稽核过程中获得的机密的、特权的或专利的信息、商业秘密等保守秘密，即要求稽核人员应当谨慎地利用和保护履行职责过程中所获取的信息。稽核人员不应当利用信息牟取私利，或者以任何有悖于法律规定或有损组织法律和道德目标的方式使用信息。

（二）金融稽核人员的专业胜任能力

金融稽核人员应当具备专业胜任能力，即稽核人员应当只从事与其所具备的知识、技能和经营相适应的服务活动；稽核人员应当按照相关职业标准开展稽核服务；稽核人员还应当通过后续教育、专业知识培训等多种方式持续地提高专业胜任能力和服务的效果、质量。

经营环境的复杂、金融商品的创新等导致银行的风险来源从单纯的财务方面，扩大到包括市场、信用、流动性、作业、战略、信誉等方面，从国际大银行通用的风险管理结构来看，银行需要建立由营运单位、独立风险管理小组和内部稽核组成的三道防线，执行运营目标并将风险降到最低。内部稽核单位扮演第三道风险防线的角色，独立于营运单位及风险管理小组之外。因此稽核人员必须熟悉各种风险评估技术，具备模型运算的专业知识，才能够核查银行风险管理程序及资本计提作业是否健全，进而提出改进意见。

第四节　稽核与审计的联系与区别

一、稽核与审计的联系

对于稽核与审计的关系，理论界和实务界有两种观点，一种观点是对两者不加区分，认为稽核是审计在银行中的传统称谓。“稽核”一词的含义与“审计”的含义完全相同，商业银行对自身监督检查的内部审计就是内部稽核。另一种观点认为，稽核与审计不同。此观点认为，从我国商业银行的发展过程来看，内部稽核是银行会计部门对其会计、出纳业务再监督的审核活动，也称为事后稽核。而内部审计则是指银行对内部控制是否健全有效、财务信息是否真实完整进行审查、评价，以确保资源得到适当、经济和有效率的运用，并认为事后稽核局限于关注财务资料的真实性、准确性，目的是纠弊查错。内部审计指的是内部控制的相关环节，稽核指的是内部控制会计系统部分的相关环节。台湾著名审计学家林柄沧对“内部稽核”的解释是：“稽核工作的执行，系由一个组织，营利事业或非营利事业，内部的职员在组织内部进行。确认服务系对证据加以客观检查，以对组织的风险管理、控制或监理过程提供独立评估。”此种内部稽核有两个显著特点：一是内部稽核属于内部控制机制，但不管在目标上还是在内容构成上，都远远超出了传统内部控制制度的内容。二是内部稽核的目的不仅在于保证财产的安全、完整和资料的准确可靠，还将促进公司贯彻经营方针及提高经营效率。内部稽核是内部控制的重要手段，其自身也是内部控制的一环，属于内部控制中的“自我控制”部分。“内部稽核”一词在台湾内部稽核执业准则中为检查及评估内部控制制度的妥当性与有效性及营运活动的绩效性。

我们认为，从国内的发展来看，稽核已经不是传统意义上单纯的事后查错纠弊，现代金融企业的运营，稽核更多的功能是防范和控制风险，增加金融企业价值。从境外的发展来看，对于稽核和金融内部审计并没有加以区分，如我国台湾所称的国际金融稽核师（financial auditing）实际上也可以翻译为审计师。因此，稽核与内部审计实际不需要以文字进行区分。

二、稽核与审计的区别

按照现代审计的执行主体，审计可以划分为社会审计、政府审计和内部审计。随着审计在现代社会中的经济监督、经济鉴证、经济评价等职能为社会所广泛认可，审计对于促进资本市场稳定发展和经济社会建设的重要作用被人们所广泛接受。现代审计已经形成泾渭分明的政府审计、社会审计和内部审计“三驾马车，齐头并进”的发展局面。金融稽核即金融行业内对于内部审计的称谓，政府审计主要关注财政资金运用的真实性、合法性和效益性，与金融稽核和社会审计业务所面对的组织对象性质截然不同，因此，这里主要对金融稽核与社会审计加以区别。金融稽核与社会审计有着下列区别：

第一，两者目标不同，由此导致部署开展审计业务的逻辑起点不同。社会审计是一种市场交易行为，从理论上说，是企业的所有者委托审计人员对受托责任履行的检查控制，以使用独立的第三方评价意见（信息），作出对受托人的受托相关责任进行界定、检查和解除的决策。从实践上，更多的是受托人购买审计服务，以自证受托责任履行。而审计人员在其中所承担的责任是对受托责任履行情况的审核检查，并给出鉴证意见。委托人和受托人之间的利害冲突，导致审计人员鉴证意见的给出存在一定的风险。

注册会计师审计目标是对财务报表的合法性、公允性作出评价，现代社会中，随着审计诉讼案件频繁，审计人员承担审计责任案件越来越多。审计正逐渐发展为一种风险分担行为。社会审计开展审计业务逻辑起点更加看重审计可能承担的风险，并以此作为评价被审计单位内部控制、被审计单位会计信息系统和财务报表相关信息公允的判断依据。金融稽核的目的是评价和改善风险管理、控制和公司治理流程的有效性，帮助企业实现其目标。稽核部门作为企业组织内部的一个部门，更多关注的是通过对内部控制的审核检查、对企业风险管理程序措施、企业财务系统的检查评价，以此提升企业防范和管理风险的能力，提高企业运用资源的效率，改善企业经营管理。对于农村合作金融机构稽核工作来说，是通过“查、帮、纠、处”等手段，达到强化农村合作金融机构的内部管理，促进国家有关金融方针、政策、法律、法规以及各项规章制度的有效落实，防范金融风险，保障金融机构安全稳健、规范有序运行。因此它以发现企业运营中的风险、控制弱点等为出发点。

第二，两者的独立性不同。稽核强调稽核部门和稽核人员与被稽核部门之间的独立性，不强调稽核机构和稽核人员与领导人之间的独立性，因此稽核本质上是单向独立的。

金融稽核是由部门、单位内部设置的专职机构及人员独立地对本部门、本单位的财务收支及有关经济活动进行审查，用以健全内部控制、维护财经纪律、改善经营管理、提高经济效益的综合经济监督活动。稽核的本质在于，作为农村合作金融机构指挥者管理机能的一部分，对农村合作金融机构管理手段妥善与否、有无纰漏和是否经济有效，进行经常性的检查、分析和评价。农村合作金融机构按照国家相关规定，应建立稽核部门，配备专职稽核工作人员。如农村信用社稽核工作实行理事长负责制，稽核人员直接向理事会负责和报告工作。稽核的主要缺陷和特点是，由于在本单位领导下进行稽核活动，其独立性表现稍弱；但具有及时性、连续性、针对性、预防性等特点。

第三，业务范围不同。注册会计师审计主要侧重点是会计信息的质量和合规性，也就是对财务报告的合法性、公允性作出评价。注册会计师审计主要是财务报告审计，以财务报表审计拓展到代编财务信息，执行商定程序、财务咨询等活动。而稽核是以企业财务活动为基础，拓展到以管理领域为主的一种核查活动。稽核主要侧重点是企业经营活动的有效性、经济性、合规性，判断标准是日常运营管理公认的方针和程序。农村合作金融机构稽核工作主要任务有：检查监督国家有关金融方针、政策、法律、法规的贯彻和落实，揭露、制止违反国家金融方针、政策、法律、法规等行为，并提出处理意见或建议；检查监督内部各项管理制度、业务操作规程的执行情况，对执制不严、管理缺位、违章操作等现象及时予以纠正，并提出整改和处理意见；检查监督业务经营、风险控制、财务收支等情况，适时评估风险状况，及时发现风险隐患，并提出整改和处理意见；检查监督内控制度的建立健全及完善情况，评价内控的有效性，并对落实内控机制，防范和化解风险措施提出进一步改进的意见；积极总结、交流、推广科学的管理方法和好的工作经验，提高稽核工作质量和纠错除弊的能力；针对基层农村合作金融机构业务发展与经营管理过程中出现的新情况、新问题，适时提出意见和建议，发挥参谋助手的作用。

第四，稽核和审计对稽核人员和审计人员的专业胜任能力要求不同。由于稽核的目标是帮助企业实现目标，改善机构运作并增加价值，稽核判断标准是日常运营管理公认的方针和程序，故要求稽核人员具备一定的管理知识与水平。审计的主要关注点是财务报表的合法合规，审计判断标准是会计准则和相关法律法规，因此对审计人员的管理知识和能力要求较少。

阅读材料1－1 **国际清算银行内部审计章程**①

（2003年3月20日，1.0版）

本章程描述了内部审计职能的任务、独立和客观、职责范围和职责、职权、受托责任和标准。

任务（mission）

内部审计的任务是通过提供一个独立的、客观的鉴证功能，以及通过对最佳实践（best practice）的建议，以确保银行根据高标准的要求进行经营。采用系统和严格的方法，内部审计通过评估和改进风险管理、控制和治理程序的效果来帮助银行达成其经营目标。

独立和客观（independence and objectivity）

为确保独立性，内部审计直接向总经理和副总经理报告。另外，内部审计部门定期向由董事会任命的审计委员会报告。

为维持客观，内部审计并不参与日常控制程序（day－to－day control procedures）。相反，每一个业务单元对自己的内部控制和效率性负责。

职责范围和职责（scope and responsibilities）

内部审计工作职责范围包括审查（review）风险管理程序、内部控制系统、信息系统和治理程序。这些工作也包括定期进行的交易测试、最佳实践回顾、专项调查（special investigations）、监管要求评估、采取措施以防止和侦测舞弊。

为履行其职责，内部审计应当：

1. 识别和评估银行经营的潜在风险；
2. 审查是否建立了充分的确保与政策、计划、程序和经营目标相符合的控制机制；
3. 评估财务和管理信息以及产生这些信息的系统和经营（内部或外部）的可靠性和安全性；
4. 评估维护资产安全（safeguarding assets）的措施；
5. 审查已建立的各项程序和制度，提出改进建议；
6. 评价资源利用的经济性、效率性和效果性；
7. 选择相应的风险因素，审查确保银行的项目管理方法被遵循，特别是已采取充分的控制措施，以促进项目开发；
8. 跟踪审查，确保已经采取了有效的补救行动；
9. 执行管理层要求进行的其他评估、调查和审查任务。

职权（authority）

内部审计目标是在合理的成本下促进有效的控制。为达成这一目标，内部审计在其

① 资料来源：www.bis.org/banking/iacharter.pdf。

职责范围内被授予相应的职权：

1. 进入银行的所有业务领域，能接触到被认为是执行职责所必要的任何文件和记录；

2. 要求所有的职员和管理者在一个合理期间内提供可能需要的信息和解释。

部门负责人应当及时告知内部审计部门有关安全和（或）遵循规制和程序的任何重大事故。

受托责任（accountability）

内部审计应当与总经理和副总经理沟通以准备一个年度审计计划。审计计划建立在识别经营风险的风险模型和吸收直线管理者管理意见基础上。审计计划提供了风险评估、审计项目的优先顺序和审计项目将如何被实施的信息。

审计计划应当提供给总经理、副总经理和审计委员会审批。如果需要，审计计划在年度间应当根据需要被作出调整。审计计划的调整应当被总经理和副总经理批准并告知审计委员会。

内部审计负责审计计划中的审计项目的计划、执行审计、报告审计结果和后续审计，决定审计范围和审计时间。这些程序的细节在内部审计手册中定义。

审计现场工作应当被以职业的和按照时间要求的方式执行。审计结果的报告应当包括对审计事实和审计建议有效性的公开征求意见达成一致的过程。一份详细的审计报告和给管理者的信函应当总结审计的目标和范围以及审计发现和审计建议。在所有的情况下，都应当执行后续审计，以确保对于审计建议的充分应对。

内部审计应当提交给管理者和审计委员会一个关于揭露显著风险和控制问题的审计结果的审计年度报告。

这一节内容应当与外部审计相协调，以确保适当的审计职能覆盖和避免重复努力。

标准（standards）

内部审计坚持最佳职业实践标准（best professional practice），如内部审计师协会（the Institute of Internal Auditors）和信息系统审计和控制协会（the Information Systems Audit and Control Association）发布的最佳职业实践，以及巴塞尔银行监管委员会的相关报告和建议。

【复习思考题】

1. 什么是金融稽核？
2. 金融稽核的对象是什么？
3. 农村合作金融机构稽核的本质特征是什么？
4. 如何认识金融稽核的职能与作用？
5. 如何成为一名合格的金融稽核人员？
6. 结合你的工作实践谈谈你对稽核与审计的理解。
7. 阅读以下案例，思考从稽核的角度如何防范农村合作金融机构的职务犯罪。

案例1－1　　农村信用社职务犯罪案件的思考①

某县近年连续发生农村信用社职工利用职务便利实施的经济犯罪案件，对当地的社会稳定和经济建设产生了严重影响。农村信用社职工利用职务便利实施经济犯罪的主要表现形式有：

1. 冒用他人身份证，发放冒名贷款。行为人往往利用工作便利，冒用农户办理银行业务交付的身份证原件或复印件，私刻印章，以他人名义办理贷款挪作己用。

2. 收取储户存款不入账。行为人利用农户对自己的信任，以非正式储蓄存单加盖储蓄专用章后出具给农户，将资金挪作己用。如犯罪嫌疑人孙某利用其担任某信用社信贷员的职务便利，利用储蓄存单副本第五联以及农户借款借据收取储户存款不入账；犯罪嫌疑人赵某利用储蓄存单副本、现金收入传票收取储户存款不入账。

3. 收取农户归还贷款不入账。行为人往往在收到农户归还贷款时，不出具正规的还贷证明单，而是开具便条或收条给农户，将收回的贷款不上缴信用社入账，而是私下截留，归个人使用。

4. 利用职务便利，盗取储户存款。行为人利用自己职务上的便利，冒用储户姓名将储户存单（折）挂失补办或直接从储户存款中，将存款随意支取。如犯罪嫌疑人孙某冒用王某的姓名，提前支取王某定期八年的存款10 000元。

5. 利用职务便利，违法发放贷款。如犯罪嫌疑人徐某利用其担任某镇信用社会计的职务便利，模仿信用社主任及信贷员签名，私自发放贷款给他人使用。

【参考文献】

［1］刘德运：《内部审计原理与技术》，北京，中国经济出版社，2006。

［2］李凤鸣：《审计学原理》，上海，复旦大学出版社，2010。

［3］徐政旦、朱荣恩：《现代内部审计学》，北京，中国时代经济出版社，2005。

［4］朱荣恩：《审计学》，北京，高等教育出版社，2008。

［5］尹维劼：《现代企业内部审计精要》，北京，中信出版社，2006。

［6］河南金融管理干部学院课题组：《金融稽核若干基础理论问题研究》，载《金融管理科学》，1996（6）。

［7］沈惠霞：《金融稽核理论体系研究：兼论〈金融稽核〉教材的构建》，载《河南金融管理干部学院学报》，2001（3）。

---

① 资料来源：丁猛：《侦办农村信用社职务犯罪案件的思考》载《江南时报》，2007（7），http://paper.people.com.cn/jnsb/html/2007－07/28/content_13871841.htm。

第二章　金融稽核方法

【本章概要】

稽核证据是金融稽核的核心概念。采用适当的稽核方法，收集充分、适当的稽核证据，并恰当地在工作底稿中予以记载，是形成稽核意见的基础。稽核证据按照形态可以分为实物证据、书面证据、口头证据和环境证据。稽核人员可以采用现场稽核方式和非现场稽核方式。农村合作金融稽核还可以按照内容、在稽核前是否通知被稽核单位等划分为专项稽核和常规稽核、预告稽核和突击稽核等。围绕稽核证据的收集、整理和评价，稽核除可以采取程序和范围检查法等一般方法外，常用的稽核取证技术还包括审阅法、复核法、核对法、盘点法、调节法、函证法、观察法、鉴定法、询问法和分析性复核等方法。为有效组织稽核，稽核程序一般包括稽核准备、稽核实施、稽核报告和后续稽核阶段。

【要点提示】

- 稽核证据的定义、分类、整理与评价等；
- 稽核方式主要反映了稽核人员进行稽核的行为方式，按照执行地点、稽核内容、稽核主体是否告知被稽核单位、稽核手段等可以将稽核划分为不同种类；
- 金融稽核的一般方法和取证技术；
- 稽核准备、稽核实施、稽核报告以及后续稽核等各稽核阶段的工作内容和任务。

【内容架构】

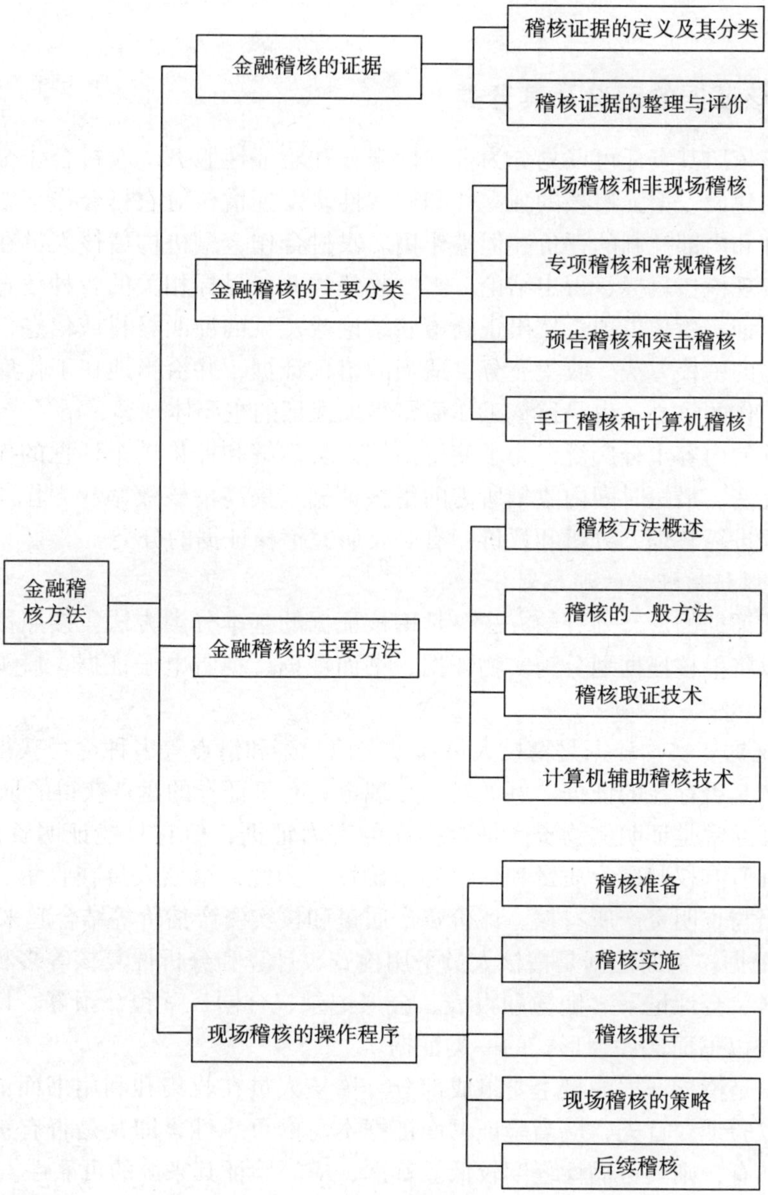
金融稽核方法
金融稽核的证据
稽核证据的定义及其分类
稽核证据的整理与评价
金融稽核的主要分类
现场稽核和非现场稽核
专项稽核和常规稽核
预告稽核和突击稽核
手工稽核和计算机稽核
金融稽核的主要方法
稽核方法概述
稽核的一般方法
稽核取证技术
计算机辅助稽核技术
现场稽核的操作程序
稽核准备
稽核实施
稽核报告
现场稽核的策略
后续稽核

第一节　金融稽核的证据

一、稽核证据的定义及其分类

金融稽核依照其责任可以划分为咨询性服务和验证性服务。农村合作金融机构应加强稽核队伍的建设，增强稽核的独立性和权威性，发挥稽核对农村合作金融机构法人治理、风险管理和内部控制的评价和促进作用。农村合作金融机构稽核人员在执行业务过程中，为了实现稽核目标、得出结论，需要收集和业务目标相关的各种信息。稽核人员收集的，用以证实稽核事项、作出正确稽核结论或意见的证明材料或信息，称为稽核证据。采用适当的稽核方法，收集充分、适当的稽核证据，并恰当地在工作底稿中予以记载，是稽核工作的核心，也是稽核工作质量得以保证的主要体现。

稽核证据的内容十分广泛，为了使得稽核人员理解和评价单个证据的作用，以最佳途径、最低耗费、最短时间内收集所需的稽核证据，提高稽核效率和工作质量，同时便于对稽核证据进行整理、分析和评价，有必要研究稽核证据的分类。

（一）按照稽核证据的形态划分

按照稽核证据的形态划分的方法，是稽核证据的基本分类方法。按照稽核证据的形态划分，可以将稽核证据划分为实物证据、书面证据、视听电子证据、口头证据和环境证据。

1. 实物证据。实物证据是稽核人员通过实地观察和清点等多种途径获得的用以证实某种实物资产是否存在的证据。例如对库存现金、有价证券的盘点获得的证据。

实物证据通常是证明实物资产是否存在的有力证据，但它只能证明资产的存在性，而不能证明其所有权归属、质量和估价的正确性。为此，稽核人员在收集、利用实物证据时，还应当与查明资产所有权、评价资产质量和核实资产估价等结合起来。

2. 书面证据。书面证据是稽核人员采用检查、计算和分析性复核等多种方式，通过审查书面资料、会计记录（账簿和报表、会议记录、合同、章程、预算、计划等其他文件）而取得的以书面文件为形式的一类证据。

书面证据是稽核证据的最主要组成部分。稽核人员在收集和利用书面证据时，应对其可靠性加以验证。首先，应当验证书面证据本身的可靠性，即其是否有被涂改或伪造的可能性，如有，则其可靠性程度较低。其次，应当验证其来源的可靠性。

3. 视听电子证据。视听电子证据是运用录音、录像、计算机储存的资料能证明被审计事项的证据。

4. 口头证据。口头证据是稽核人员采用询问方式提出问题，由有关人员作出口头陈述或答复而形成的证据，或称言辞证据。它包括质询的口头答复、被调查人的陈述和书面证明材料等。稽核人员发现某种线索，向有关人员调查，被调查人写出的书面证明材料，虽然具有书面形式，但是，其实质仍是言辞证据。

稽核人员应当对各种重要言辞尽快完善记录，并要注明是何人、何时、何地、在何种情况下所做的口头陈述，必要时还应获得被询问者的签名确认。对同一事项不同人的口头证据如果能相互印证或一致的，这类言辞证据具有较高的可靠性。

5. 环境证据。环境证据是稽核人员用观察、调查等方式而取得的对被稽核事项产生影响的各种环境事实。例如稽核人员通过调查、评价内部控制，了解管理人员的工作能力以及农村合作金融机构所处的经济环境、经营条件和发展趋势等，都可获得环境证据。

环境证据一般不属于基本证据，但它有助于稽核人员深入了解农村合作金融机构及其经济活动所处的环境，是稽核人员进行判断所必须掌握的资料。

（二）按照证据的来源划分

稽核证据按照其来源划分，可以分为内部证据、外部证据和亲历证据。

1. 内部证据。内部证据是指由被稽核单位内部各种经营管理活动所形成的保存于单位内部的证据。它是稽核人员在被稽核单位取得的，填制地点在被稽核单位。如内部书证、原件等。

2. 外部证据。外部证据是指稽核人员取得的由被稽核单位外部第三者提供的各种证据。外部证据填制地点在被稽核单位外部，主要包括外部有关单位提供的业务询证资料、书面证明，从外部取得实物证据以及外部有关人员的陈述等。

3. 亲历证据。亲历证据是指稽核人员目击或亲自参加检查测试所获得的证据。如通过鉴定实物、现场观察、计算分析等所取得的证据。亲历证据可信程度高，具有很强的证据力。实际工作中，除参加盘点或监盘中获得的证据外，还有直接从第三方取得的确切证据、稽核人员自行编制计算表计算或复算的计算证据，以及稽核人员通过数据分析所获得的分析证据等。

（三）按照取证方式划分

根据取证人员在取证过程中所采取的不同方式划分，可以将稽核证据划分为检查证据、调查证据、鉴定证据和其他证据。

1. 检查证据。检查证据是稽核人员在稽核过程中，采用审阅、核对、分析、监盘等方法获得的各种会计资料及其他信用资料等。

2. 调查证据。调查证据是指稽核人员针对某些被稽核事项，向有关部门和人员进行调查时获得的陈述材料和出具的资料。

3. 鉴定证据。针对某种事项、实物或资料，稽核人员要求有必要进行鉴定的部门进行鉴定，所取得的鉴定结论即为鉴定证据。

4. 其他证据。在上述证据之外的各种证据，如稽核人员在稽核工作中的各种记录、分析对比资料等。

此外，按照稽核证据相关程度划分，有直接证据和间接证据；按照证据重要性划分，有基本证据、辅助证据等。

二、稽核证据的整理与评价

稽核工作最终以稽核意见或稽核报告的形式体现稽核成果，稽核意见的基础即是建立在对于稽核证据的评价基础上，因此说，对于稽核证据的收集、整理和评价贯穿于整个稽核过程。稽核人员在收集稽核证据时，必须考虑稽核证据满足什么样的标准才能够支持稽核结论。即稽核人员通过应用不同的证据收集办法（详见本章第三节内容）收集和整理稽核证据后，应当对稽核证据满足作出稽核结论的支持程度加以判定。一般来说，稽核人员应当收集充分、可靠、相关的稽核证据，方能作出正确的稽核意见或结论。

（一）稽核证据的充分性

稽核证据的充分性是对稽核证据数量的考量，是指证据数量足以证实稽核事项，作出稽核结论和建议。稽核证据的充分性又称为足够性，是能够支持稽核人员得出稽核结论的最低数量要求。稽核证据的数量并非越多越好，为了有效率地稽核，证据只要能证明事项真相和说明稽核意见即为满足充分性。因此，不同稽核项目所需的证据数量会因具体情况不同而不同。

稽核人员在判断稽核证据的充分性时，应当考虑的因素包括稽核风险、具体稽核项目的重要程度、稽核人员的经验、是否发现错误或舞弊、稽核证据的类型与取证途径等。

（二）稽核证据的相关性

所谓相关性，是指稽核证据和稽核目标之间具有一定的逻辑关系，即稽核证据与稽核目标有联系。有证据力的稽核证据必须具有相关性，证据的相关性越强，其质量越好。

证据的相关性包括三个层次的内容，一是稽核证据与该项稽核的目的相关；二是指稽核证据与某稽核事项的具体目标相关；三是指证实同一目标的全部证据之间能够相互印证，具有内在联系，形成证据链，产生一种联系证明力。稽核人员在稽核过程中，必须紧紧围绕稽核目标和稽核范围来收集稽核证据，尽量避免获取无关的、不适当的证据。

（三）稽核证据的可靠性

稽核证据的可靠性是指证据能够反映稽核事项的客观事实。稽核证据的可靠性受到证据的来源、客观性、形态等多种因素的影响，稽核人员应当根据具体情况进行分析，一般来说，书面证据比口头证据可靠；外部证据比内部证据可靠；稽核人员通过直接进行实物检查、观察、计算和盘点获得的证据比间接取得的证据可靠；被稽核单位内部控制较好时的内部证据比内部控制较差时获得的内部证据可靠；检查原始文件提供的证据比检查副本提供的证据可靠；在环境自由的情况下取得的证据比妥协求全的情况下取得的证据可靠；从没有偏见、知识全面的人员那里获得的证据，比从有偏见、知识不全面的人那里获得的证据可靠。

稽核证据的可靠性程度通常受下列因素的影响：首先，提供者的独立程度。一般说来，证据的可靠程度与被稽核单位对其支配力成反比，与证据提供者的独立程度成正比。其次，证据本身的证据力。直接证实的证据比间接证实的证据具有更高的证据力。最后，证据提供者的有关知识。一般来说，一个人所提供的证据可靠程度与其专业水平高低、所具备的知识呈正向关系。

稽核人员应当以获得的稽核证据、工作底稿及其所作出的分析，作为提出稽核发现和建议的依据。稽核工作底稿可以采取统一格式，也可以使用自定格式，但一般来说，无论采取何种形式，工作底稿应当包括稽核事项、稽核目的说明、稽核证据评价、稽核意见及说明、执行人和复核人签章、填制日期等主要内容。

第二节 金融稽核的主要分类

金融稽核的目的是通过实施在稽核计划中被详细解释的稽核程序来协助完成任务，是为实现稽核目标所做的工作。不同的稽核方式也可以作为不同的稽核种类来对待，但稽核方式主要反映了稽核人员进行稽核的行为方式。依据金融稽核的不同分类标准，可以将金融稽核划分为不同稽核种类。

一、现场稽核和非现场稽核

按照金融稽核的地点划分，可分为现场稽核和非现场稽核。这是最基本、最常用的分类。其中，现场稽核是金融稽核所采取的主要方式。

（一）现场稽核

现场稽核是指通过设置稽核小组，进驻被稽核单位，收集证据，作出稽核意见的稽核方式。现场稽核程序分为：稽核准备、稽核实施、稽核报告、稽核处理、稽核档案归档五个阶段。在日本，日本银行和财务大臣要求银行以向其报送有关业务和财务状况的报告和资料的形式对银行进行监督，并且如有必要，还派人员去银行营业所或其他金融机构进行检查，即是进行的现场稽核；在英国，英格兰银行也指派人员对获准机构进行现场稽核，亦即在将报送稽核中所发现的问题作为警报后，派检查人员实施现场稽核。本章第四节将对现场稽核的操作程序作专门介绍。

（二）非现场稽核

非现场稽核是指稽核部门连续不断地收集各经营数据、资料，按一定程度来汇总、分析、预测、监督其经营状况和发展趋势的一种稽核方式。它是指按照稽核检查的操作程序，由稽核部门对被稽核单位提供的数据资料和相关材料，在不到现场的情况下进行稽核监督的一种方式。

非现场稽核是通过对财务报表、报告、指标和其他相关资料的分析，确定需优先考虑进行现场稽核与检查的金融机构，检查执行金融政策的情况，评估经营管理水平，发现潜在经营风险与问题，并督促解决。

1. 非现场稽核的主要内容。

（1）合规性检查。它是通过对财务报表和其他资料的分析，检查各项指标是否符合监管当局制定的审慎政策及有关规定。资本充足率、流动性、贷款集中、呆账准备金等方面的审慎比率，检查遵循审慎政策及其他规定的情况。

（2）风险性检查。它是通过对资料数据进行对比分析、趋势分析或者计量模型分析，评估风险状况。选取一组或几组监测指标，如杠杆资本率、资产收益率、存款比率等，对这些指标进行分析。

2. 非现场稽核的重要性。

首先，非现场稽核是审计稽核工作的重要组成部分。非现场稽核，是指按照稽核检查的操作程序，由稽核部门对被稽核单位提供的数据资料和相关材料，在不到现场的情况下进行稽核监督的一种方式。利用非现场稽核，扩大稽核覆盖范围，加大稽核信息反馈，能够及时发现被稽核单位已经存在或可能发生的问题，最大限度减少商业银行等金融机构的风险和损失，真正发挥稽核部门的职能和作用。

其次，非现场稽核可以降低稽核成本，提高工作效率。稽核审计方法经历了账项基础审计、制度基础审计和风险导向审计，风险导向审计是当今主流的注册会计师审计方法，它要求审计人员以重大错报风险的识别、评估和应对为审计工作的主线，以提高审计效率和效果。非现场稽核注重风险分析、评估，是更高层次的风险导向审计。非现场稽核主要依据被稽核单位提供的报表、数据资料、业务经营分析和总结等，或是通过报表系统、信贷管理系统等接口，进行定性分析和定量分析，开展经营合规性稽核和经营风险性稽核。如通过非现场报表稽核，可以了解流动性风险、资产负债、贷款规模、贷款结构、贷款投向和经营效益等情况；通过报表管理系统，可以了解贷款授权授信制度执行，是否存在超权限、垒大户、借新还旧等违规情况和异常情况；不仅为现场稽核提供相关数据，提高稽核的针对性和有效性，而且可以随时进行监督，了解经营情况，具有灵活性、方便性，节约了时间，提高了稽核效率。

二、专项稽核和常规稽核

按照金融稽核的内容划分，可分为专项稽核和常规稽核。

专项稽核是指对金融工作内容或是金融机构内部控制制度建立健全执行情况等进行的稽核。专项稽核可以是针对特殊的稽核对象所进行的稽核，也可以是针对某种业务工作所进行的稽核。它一般具有不定期、针对性较强等特征。

常规稽核是定期开展的对金融机构的各业务部门业务经营及管理工作进行稽核监督，旨在维护财经秩序、揭露金融工作中违法违规行为的稽核。专项稽核内容在一定环境下，可以转化为常规稽核，同时，也可以就常规稽核内的有关内容组织开展专项稽核。如2006年中国银行将反洗钱工作纳入常规稽核项目，以加大稽核力度，增加稽核频率，强化全行反洗钱工作能力和水平。

三、预告稽核和突击稽核

按照稽核主体在进行稽核前是否通知被稽核单位划分，可分为预告稽核和突击稽核。

（一）预告稽核

预告稽核是指稽核部门在进行稽核前通知被稽核单位或被稽核者的稽核。预告通知的目的，是使被稽核者了解稽核的目的、日期、范围及主要内容，以做好必要的准备工作。稽核部门按照稽核工作计划，在稽核前向被稽核单位下达稽核通知书，即属该种稽核。预告稽核的优点在于，由于事前的通知，能够使得被稽核单位做好资料、人员等准备，以便在现场稽核时，能够降低稽核组织成本，提高稽核效率。预告稽核的缺点在于，被稽核单位可能对于违规违法等行为做好伪装和掩盖，从而不易发现事实真相。

（二）突击稽核

突击稽核是指在进行稽核前不预先通知的一种稽核。不通知的目的是使被稽核单位来不及弄虚作假，掩饰事项，这样能够有利于发现事实真相，取得良好的稽核结果。突击稽核，一般都属于不定期稽核，有时也与其他稽核同时进行。突击稽核，是一种更多侧重于揭露性的稽核，事前应当保密，常用于合规和财经法纪稽核。

四、手工稽核和计算机稽核

按照稽核主体所使用的稽核手段划分，可分为手工稽核和计算机稽核。

（一）手工稽核

手工稽核或手工操作稽核是指对采用手工工具的传统复式簿记、制度流程等所进行的稽核。如果被稽核单位的会计事项是按照复试簿记的采用手工方式记录的，稽核人员在进行稽核时，一般也应采用手工操作的方式。

（二）计算机稽核

计算机稽核是对采用电子计算机进行资料处理记账方式所进行的稽核。电子计算机在会计和管理中的应用，使得稽核证据取证、稽核环境等发生了很大变化，稽核人员仅依靠传统的手工操作方法，已达不到稽核目的。计算机稽核正逐渐成为金融稽核的主要方式。

按照金融稽核的组织方式，还可以将金融稽核划分成委托稽核和自行稽核。所谓委托稽核，是由被稽核单位或稽核主管机关，指定或委托社会中介、其他稽核部门等开展的稽核活动。自行稽核是稽核单位或稽核主管机关对被稽核单位开展的稽核活动。按稽核范围的不同，可分为全面稽核和有限度稽核。有限度稽核是指针对业绩不良的某方面进行的针对性稽核。

第三节 金融稽核的主要方法

一、稽核方法概述

稽核方法是指稽核人员为了行使稽核职能、完成稽核任务、达成稽核目标，在整个稽核过程中获取稽核证据、作出稽核结论等所采取的方式、方法和手段的总称。稽核方法运用贯穿于稽核的整个过程，科学地选择稽核技术方法对于降低稽核成本，提高稽核效率，做出正确稽核结论具有重要作用。

广义的稽核方法包括稽核规划方法、稽核实施方法和稽核管理方法。稽核规划方法，是指对全部稽核活动或具体稽核项目进行合理组织和安排时所采用的各种措施和手段。其主要内容包括计划制订方法、程序确定方法、方案设计方法等。计划制订方法涉及稽核总体目标以及对稽核活动时间安排，包括稽核整体策略计划方法、稽核具体计划方法；程序确定方法主要指对一般稽核步骤的设计问题，包括对稽核准备、实施与结束工作的具体安排；方案设计方法涉及对具体稽核项目进行稽核的要点、稽核顺序、稽核时间、人员分工等问题。

稽核实施方法，是指对被稽核单位或被稽核项目进行具体稽核时所采用的各种程序、措施和手段，包括收集证据时所采用的方式和技术的稽核技术；对稽核记录文件的设计、填制与审阅的稽核记录方法；根据查明的事实真相，对照稽核标准加以判断的稽核评价方法；对稽核报告进行设计、编写与审定的稽核报告方法等。

稽核管理方法，是指对稽核主体活动及稽核过程进行控制和调节的各种措施和手段，其目的在于避免稽核风险，提高稽核质量和稽核效率，保证各种稽核资源得到有效的使用。稽核管理范围广、对象多、业务复杂，管理内容较多，手段多种多样，最主要的有稽核主体、稽核质量和稽核信息等方面的管理。稽核主体管理方法，主要是指对稽核机构和稽核人员的管理方法，如稽核机构设置、人员编制、岗位责任、人员培训考核等管理方法。稽核质量管理方法，主要是指稽核质量标准制定、质量控制与考核管理办法，如质量目标管理、稽核过程监控等，其目的在于制约影响质量的各种消极因素，以提高稽核质量。稽核信息管理方法，是指对稽核信息收集、处理、存储与应用的各种措施和手段，如信息管理的一般方法、稽核统计方法、稽核档案管理方法等，其目的在于保证稽核信息资源得到有效的开发利用，以更好地发挥稽核在金融机构运营管理中的作用。

二、稽核的一般方法

稽核的一般方法，也称稽核的基本方法，是指与检查取证的程序和范围有关的方法，可以分为程序检查法和范围检查法两类。程序检查法是指与稽核取证的顺序有关的方法，包括顺查法、逆查法和直查法。范围检查法是指与稽核查证的范围有关的方法，包括详查法和抽查法。

（一）程序检查法

对于程序检查法，按照检查顺序与会计业务处理程序的顺序相同与否，可以划分为顺查法、逆查法和直查法。

1. 顺查法。顺查法是指按照会计业务处理的先后顺序依次进行检查的方法，也称为正查法。会计业务处理程序为：首先取得经济业务的原始凭证，然后根据审核无误的原始凭证登记记账凭证；根据记账凭证分别记入日记账、明细账和总账；最后根据日记账、明细账和总账登记编制会计报表。顺查法稽核程序与会计业务处理顺序基本一致，其具体步骤为：

（1）审阅和分析原始凭证，旨在查明反映的经济业务活动原始凭证是否真实、合法、可靠。

（2）审阅记账凭证并与原始凭证核对，旨在查明记账是否合法、正确以及与原始凭证是否相符；当然在农村合作金融机构的会计业务核算上有大量的原始凭证直接代替记账凭证。

（3）审阅明细账（登记簿）、日记账并与记账凭证（或原始凭证）核对，旨在查明明细账、日记账记录是否真实、正确以及与凭证是否相符。

（4）审阅总账并与相关明细账、日记账余额核对，旨在查明总账记录是否正确以及与明细账、日记账是否相符。

（5）审阅和分析会计报表并与有关总账和明细账核对，旨在查明会计报表的正确性以及与账簿记录是否相符。

（6）根据会计记录抽查盘点实物和核对债权债务，以验证债权债务是否正确、财产是否完整。

顺查法主要通过对凭证、账簿和报表的审阅与核对，借以发现问题，查找原因并查明真相。采用顺查法的取证方式，审查仔细而全面，很少有疏漏，并且容易发现会计记录及财务处理上的弊端，因而能够取得较为准确的稽核结论。但是顺查法费时、费力，成本也高，效率相对较低，同时也很难把握稽核的重点，是一种“只见树木不见森林”的稽核方法。因而一般适用于规模小、业务量少，或管理混乱、存在严重问题的被稽核单位，也适用于特别重要或特别危险的被稽核项目。

2. 逆查法。逆查法亦称倒查法，是指按照与会计业务处理程序完全相反的方向，依次进行检查的方法。逆查法基本做法与顺查法相反，其步骤如下：

（1）审阅和分析会计报表，旨在确定会计报表的整体合理性和发现稽核线索以及稽核的重点领域；

（2）根据会计报表分析所确定的重点审查项目，检查总账和相关的明细账（登记簿）、日记账，旨在从账项记录上查明问题的来龙去脉；

（3）审阅和分析总账并与相关明细账（登记簿）、日记账核对，旨在发现总账上可能存在的问题并通过明细账和日记账进行验证；

（4）审阅和分析明细账、日记账并与记账凭证和原始凭证核对，旨在发现明细账、日记账上可能存在的问题并通过明细账、日记账进行验证；

（5）审阅和分析记账凭证并与原始凭证核对，旨在发现记账凭证上存在的问题并通过原始凭证进行验证；

（6）审阅和分析原始凭证并抽查有关财产物资及债权债务，旨在确定被查事项的真相。

阅读材料 2－1　　　　会计虚假凭证的识别[①]

一些单位和部门为了一定目的，虚构经济活动，做假会计凭证，进而造假账。稽核人员只有在了解伪造会计凭证目的、特点的基础上方能有效地发现舞弊。

一、伪造会计凭证的目的

一是隐瞒利润，偷逃税款，制作假凭证来虚增成本。如造假工资表等增加成本支

① 资料来源：http：//www. ck100. com/shiwu/2010 12/99816. htm/。

出，或是将财经法规、会计制度中不能报销的发票变换成可算进成本的运输费、修理费、低值易耗品费等发票。

二是为完成利润指标做假凭证来虚增利润。如随意开具销货发票，编造虚假销售，从而虚增应收账款。

三是开具各种假发票套取现金，用于各种不合规的开支。

四是将国有资金转化成投资兴办的有个人参股的有限责任公司，从中牟取利益，而造假凭证。或是将其下属单位购买资产的发票拿到行政或国有企事业单位做账报销。

五是为形成小金库或小团体私分公款制造假凭证。可见虚假会计凭证是审计工作的大敌，审计人员必须要能够做到对虚假会计凭证进行准确识别。而要识别虚假会计凭证就要掌握它的特点。

二、伪造的虚假凭证的特点

一是凭证的日期、数量、单位、单价、品种、规格、收款人填写不规范，或干脆不填写，金额一般为某个整数，收款单位印章不清楚。

二是日期与发票的连续号码不相称，同一个单位开出的同一种发票，日期在前的号码却在后，日期在后的号码反而在前。

三是工资、奖金或其他各种补助费表上领取人签字的字迹差不多，或一人代领多人，或人事工资部门下达的工资单与财务部门实际发放的工资单不一致。

四是发票的内容与相对应的科目不对路。

五是大量的发票与该单位的正常业务不符。

六是审批手续不齐全，有的是财务人员自行审批，有的只有审批人而无经办人，购买物品无仓库专门验收人签字等。

七是内容、金额、时间、收入、支出违反一般常理。

三、识别虚假会计凭证方法

一是在理念上，审计人员应做到凭借职业敏感大胆地假设联想，并能够集中精力仔细查阅凭证，不要因资料多等原因而急躁，确信自己在头脑中能够记得很多，要知道如能进入审计状态，自然会前后联想，融会贯通，效果才会较好。

二是在查阅大量的凭证中要有侧重。应确定好审核、重点审核和抽样审核等多种方法，可根据实际情况灵活掌握。一般来说，凭证数量较少而时间又允许的话，可逐一审核；若凭证数量较多而时间又允许的话，可进行重点审核，重点是审核时间和金额，时间的重点应放在年终或该单位重大事情的前后月份；金额的重点应放在连续、大额、几笔相加得一个大的整数上。

三是通过审核发现一些有疑问的凭证后，进行一套系统的核对。

第一，直接核对询问。即直接向财务、经办、审批人员及其有关人员提出询问，请其解释，直到解除疑点为止，但不要多说，尽量让对方多说，寻找突破口，一项经济业务的凭证签字人可能知情，也可能不知情，假凭证更是如此，先找谁，后找谁只能灵活对待，但有一点必须做到，单独核对询问。

第二，走访、座谈核对，当场取证。即有针对性地走访有关单位或找有关人员进行座谈了解，取得第一手资料，往往能收到事半功倍的效果。

第三，证、物核对。也就是按照所怀疑有问题凭证上标明的日期、品名、规格、数量、价格等来查看实物，看是否真实，核对可分买方或卖方，无论同哪一方核对，在核对前心中要有数，对核对的实物要有一定的了解，以防张冠李戴。

第四，比较核定。就是将可疑凭证中所载明列支的项目、金额与前后年度、前后月份以及左右单位类似项目的金额发生情况进行核算比较，从而揭开虚假会计凭证的庐山真面目。在必要时，还可请有关专业人员，参照国家制定的有关标准来确定。

第五，快速、直接、不失时机地延伸审计或调查。

逆查法主要通过审阅和分析的技术，首先确定稽核的重点和关键领域，根据重点和疑点，进行追踪核查，是一种“先见森林后见树木”的稽核方法。因此，逆查法比顺查法不仅取证的范围小，而且有核查重点，能够节约稽核的时间和成本，提高稽核工作效率。逆查法依据稽核人员的经验判断进行核查，而不对被稽核单位资料进行全面系统核查，因而有可能遗漏金融业务活动中各种错弊。

3. 直查法。相对于顺查法从原始凭证和逆查法从会计报表开始查起，直查法直接从有关明细账的审阅和分析开始，在检查根据特定稽核目标所确定的明细账后，可根据需要审核记账凭证及所附的原始凭证，或审核总账与报表等。由于明细账可以较为全面而准确地说明每笔经济业务的来龙去脉，它既反映了记账凭证户原始凭证的内容，又是记录总账和编制报表的依据，有桥梁作用。因此通过直接审阅和分析明细账，有利于判断问题，抓住问题关键。

直查法首先是要确定与稽核目标相关的明细账，如果明细账与稽核目标无关，则将造成稽核资源浪费，影响稽核工作的效率；若未能将与稽核目标有关的明细账确定在审查范围之内，则稽核目标也难以达成。一般来说，要由有经验的稽核人员，根据经济活动本身的内在联系或逻辑关系判别确定与稽核目标相关的明细账。对于明细账的审阅和分析来说，主要包括：审阅明细账的设置是否符合会计制度的要求和本单位的实际情况；审阅账户的格式是否符合要求，采用的形式是否合理；审阅明细账的摘要是否清楚，有无含糊不清或过简的情况；审阅明细账发生额是否合理，有无超出常规的现象；审阅明细账余额是否合理，有无异常情况或超出预期情况发生；审阅其他如有无提前结账、红字冲销记录、更正记录补充记录及转记是否正常等事项；对明细账中的有关实物和金额进行必要的复核。

根据明细账审阅与分析发现的疑点和线索，稽核人员应当运用逆查法追踪核对记账凭证及其所附原始凭证，以查明账证、证证是否相符。也可以采用顺查法核对账账、账表，以查明账账、账表之间是否一致。核对账账、账据、账实、账表、账款后，稽核人员要对凭证与账表进行综合分析，以彻底判断经济活动情况的真实性、合法性和合理性。

直查法的最大优点在于能够根据实际审阅和分析结果需要，向两边延伸，有利于抓住重点。

（二）范围检查法

范围检查法是指稽核查证的范围的方法，包括详查法、抽查法。

1. 详查法。详查法是指对被稽核单位一定时期内的所有会计凭证、会计账簿和财务报表或某一项目的全部会计资料或涉及的金融管理业务活动进行详细审查的方法。

详查法的特征是，对所审查的被稽核单位一定时期的会计凭证、会计账簿和财务报表等会计资料和其所反映的财务收支及有关经济活动作全面、详细的审查，巨细无遗，以查明被稽核单位或稽核项目所存在的各种差错和舞弊。详查法的主要优点是能全面查清被稽核单位所存在的问题，特别是对弄虚作假、营私舞弊等违反财经法纪行为，一般不易疏漏，以保证稽核质量。其缺点是工作量太大，耗费人力和时间过多，稽核成本高，故难以普遍采用，只能用于规模较小的企事业单位或特定情况。

2. 抽查法。抽查法又称抽样法，是指从被稽核单位定期的全部会计资料、业务资料或内部控制以及金融业务管理活动抽取一部分进行审查。从详查法发展到抽查法，是现代稽核的一个重要发展。

抽查法是现代审计稽核的一大进步，就是在评审被审计单位内部控制系统的基础上实施抽样审查，并根据审查结果推断总体的一种方法。按照审计抽样的发展历史，先后出现过任意抽样、判断抽样和统计抽样三种类型。任意抽样是指对样本的选取，如抽样规模、技术和内容等均无规律可循。判断抽样是根据经验判断，有目的地从特定总体中抽取部分样本进行审查的抽样方法。判断抽样一定程度上克服了任意抽样的审查结果缺乏科学性和可靠性的缺点，但过多地依赖抽样人的经验和主观判断，由此统计抽样正逐渐为人们所选择。统计抽样是运用概率论原理，遵循随机原则，从总体中抽取一部分有效样本进行审查，然后以样本的审查结果来推断总体的抽样方法。

按照抽样方法的具体应用对象不同，可以将统计抽样分为属性抽样和变量抽样。属性抽样是用于内部控制测试方面的统计抽样方法。在控制测试中，稽核人员只要求作出某种属性的总体发生率是多少的结论，而不必作出总体错误数额大小的估计，以了解和评估内部控制系统是否有效或一贯执行，并与前期相比较，核实内部控制系统正在改善还是恶化。属性抽样一般应当包括：确定预计差错率；确定精确度；确定可靠程度；确定样本数量；选择样本；评价抽样结果，推断总体特征的步骤。属性抽样不能提供货币价值的资料，不适用于变量总体。

变量抽样是用于实质性测试方面的统计抽样方法，它通过检查稽核项目数据的真实性和正确性，来取得作出稽核结论所需的直接证据。稽核人员可以运用变量抽样技术来估计例如应收利息、应收账款等总体金额。变量抽样有平均值估计、差异估计和比率估计等多种形式。以平均值估计为例子进行说明变量抽样步骤。平均值估计是利用样本平均值估计总体平均值，然后对总体金额仅推断估计的一种变量抽样方法，其步骤如下：确定稽核的总体范围；拟定所需精确度和可靠程度，并将估计总体所需精确度换算成单位平均精确度；估计总体标准离差；根据要求的可靠程度确定标准正太离差系数；计算所需样本容量；选取样本；审查样本，计算审定样本的实际平均数；以样本的平均数作为总体平均数的估计，对总体的总金额进行区间估计；得出稽核结论等。

抽查法的特征是，根据被稽核期的稽核对象总体的具体情况和稽核的目的与要求选取具有代表性的样本，然后根据抽取样本的审查结果来推断总体，或推断其余未抽查部分。抽查法的主要优点是能明确审查重点，省时省力，具有效率高、成本低和事半功倍的效果，其缺点是稽核结果过分信赖抽查样本的合理性，如果抽样不合理，或缺乏代表性，抽查结果往往不能发现问题，甚至以偏概全，作出错误的稽核结论。特别是对于发生频率较低的舞弊行为，较难发现。因此，这种方法仅用于内部控制系统较健全、会计基础较好的农村合作金融机构。

阅读材料2-2　　舞弊动因理论①

审计人员为了防止或侦测舞弊，必须首先了解导致舞弊的原因。舞弊动因理论主要有冰山理论、GONE理论和三角理论。Albrecht（1996）认为，任何一个舞弊都是由偷盗行为（theft act）、隐藏（concealment）和转化（conversion）构成。Ramos（2003）认为，舞弊（fraud）发生是由动机、机会和合理化借口（rationalization）引起。Peat & Marwick & Mtchell（PMM）Foundation支持了一项由信息系统学、会计学、组织行为学、心理学和犯罪学等多个学科知识背景的研究者进行的有关舞弊动机的研究（Romney, Albrecht and Cherrington, 1980）。研究的目的是对相关学科领域有关欺诈的研究进行总的回顾，识别可能导致欺诈的个体和组织因素，建立一个包括已经识别的所有变量的舞弊（fraud）解释模型。研究历时两年时间，包括对1 500多篇研究舞弊的参考文献等进行查阅，对大量的企业、政府机构、监狱、会计师事务所等进行调查、回顾，以及收集大量案例、访谈欺诈案例当事人等。根据会计学者罗梅尼（Marshall E. Romney）等三人的研究，舞弊是个体的人品和外部环境两种力量相互作用的结果，具体来说，主要有：（1）情况压力（situational pressures）；（2）舞弊机会（opportunities to commit fraud）；（3）个体特征（personal characteristics）。他们由此建立了一个解释舞弊的舞弊动因模型，提供了一个能够帮助注册会计师侦测舞弊的问卷。具有高水平个体正直和诚实个性特征，同时有较为有限的从事欺诈的机会或从事舞弊的压力将呈现最诚实的行为；从事舞弊的可能性随个体特征不太诚实、遭遇情况压力、有舞弊机会等增加。这三个变量的交互影响，导致舞弊发生的原理如下图所示。如图所示，天平上头有三个横杆（代表影响舞弊动因的三个变量，从上往下依次为情况压力、舞弊机会和个体特征），每一个横杆上各有一个秤锤，可以单独向左右移动，这三个秤锤的位置及大小组合，决定了天平的哪一边重，也即天平倾斜的方向。

如果一个人的人品好，也没有情况压力和舞弊机会，则舞弊不会发生。反之，如果一个人的人品不好，在受到情况压力时，如果有舞弊机会，则舞弊发生的可能性大大增加。这是两种极端情况，实际的舞弊可能介于两者之间。这三个舞弊动因因素中，最重要的变量是人。但是，如果一个人的人品很好，他是否能抗拒情况的压力和舞弊机会的

---

① 参考Romney M. B., Albrecht W. S. and D. J. Cherrington："Auditors and the Detection of Fraud", *Journal of Accountancy*, 1980（5）：63-69；（台湾）林柄沧：《如何避免审计失败》，北京，中国时代经济出版社，2003。

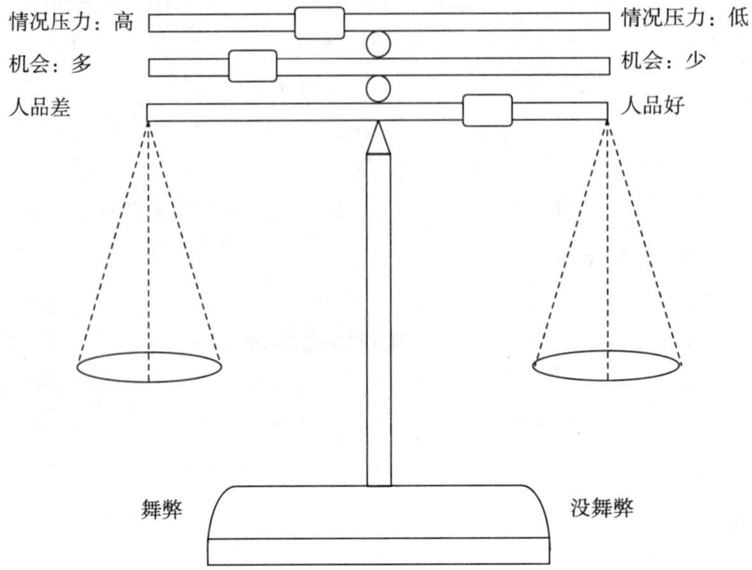

诱惑？在多大程度上能抗拒情况的压力和舞弊机会的诱惑？值得指出的是，上述舞弊动因模型并没有说明单因素的作用力量，比如不能回答，如果一个人人品很好，能否抵得住或抵得住多大程度的情况压力和机会的诱惑。在任何时点，导致舞弊的三个变量，作用程度并不一定相等，但其作用（图中秤锤的重量）却随时累积，一直到作用强度达到某一程度时即开始舞弊。可以肯定的是，当舞弊发生时，至少说明这三个变量的累积达到了一个“质”的程度。

（1）情况压力。事实上，任何类型的企业舞弊行为都源于压力，只是具体形式不同而已。企业舞弊的压力大体上可以分为两种类型：经济压力和工作压力。经济压力是指管理者或业务经办人员由于经济上的困难而产生的舞弊动机，包括意外财产损失、高额负债、应急需要、贪婪以及虚荣等；工作压力包括失去工作的威胁、提升受阻、对领导不满等，它也会促使当事人通过舞弊的手段来应付考核或者从公司的资产中进行补偿。

（2）舞弊机会。舞弊机会要素是指舞弊者具有既可进行舞弊，又能掩盖起来不被发现，或者能够逃避惩罚的条件。机会要素的存在，使得舞弊动机的实现成为可能。机会的表现形式有：①缺乏内部控制。有效的内部控制制度是预防和发现银行职员舞弊的最重要方法之一。无效的内部控制往往是舞弊的温床。②信息不对称。信息不对称是指欺骗者比被欺骗者拥有信息优势，被欺骗者往往无法察觉自己处于被欺骗的境地，或者发觉的成本太高、不经济。③会计和审计制度不健全。会计、审计的缺陷为企业舞弊提供了广阔的空间。会计的缺陷使得舞弊具有很大的欺骗性，而审计的缺陷则使得舞弊能够以合法的面目堂而皇之地登堂入室。④缺乏惩罚措施。缺乏惩罚措施是指舞弊行为被发现后往往不会受到应有的惩罚，对舞弊者缺乏威慑力。⑤无知或能力不足。监管人员或者被欺骗对象在某些方面无知、缺乏能力，也会给舞弊者造成可乘之机。

（3）个体特征。舞弊主要在于舞弊者其自身的内在因素，心理因素是发生舞弊的重要因素。一般舞弊的心理可以归纳为攀比心理、效仿心理、虚荣心理、交易心理（如做官不发财，请我也不来；我帮他的忙，他应感谢我）、贪欲心理、抗拒心理（由于感觉受到不公平对待，所产生的逆反心理，如“看你还能把我怎么办”）等。

三、稽核取证技术

稽核取证技术按照适用对象分为证实客观事物的方法、书面资料审查的方法以及内部控制描述和稽核的方法。内部控制描述和稽核的方法在本书的第十章阐述，本节仅阐述证实客观事物和书面资料审查的方法。

（一）审阅法

审阅法是指通过对被稽核单位有关方面资料进行仔细观察和阅读来取得稽核证据的一种稽核技术方法。通过有关法规、政策、理论、方法等稽核标准或依据对书面资料进行审阅，借以鉴别资料本身所反映的经济活动是否真实、正确、合法、合理及有效。审阅法不仅可以取得一些直接证据，同时还可以取得一些间接证据，如通过审阅可以找出可能存在的问题和疑点，作为进一步审查的线索。审阅法主要用于对各种书面资料的审查，以取得书面证据。书面资料主要包括会计资料和其他经济信息资料及管理资料。

1. 会计资料的审阅。会计资料包括会计凭证、会计账簿和会计报表，对它们的审阅应注意如下要点：

（1）会计资料本身外在形式是否符合会计原理的要求和有关制度的规定；

（2）会计资料记录是否符合要求；

（3）会计资料尤其是外来原始凭证反映的经济活动是否真实、正确、合法和合理；

（4）有关书面资料之间的勾稽关系是否存在、正确。

具体说来，对原始凭证的审阅，主要看原始凭证上反映的经济业务是否符合规定。存、贷款及中间业务结算凭证记载的日期、数量、单价、金额等是否清晰准确，数字是否相符。如有不符合规定的情况或有涂改字迹、数字的情况，则柜面人员不得受理。还要审阅填发原始凭证的单位名称、地址和印章，审查凭证的各项手续是否完整。

对记账凭证的审阅，主要审阅记账凭证是否附有合法的原始凭证；记账凭证的记载是否符合会计准则的规定，是否依据会计原理填制，所记账户名称和会计分录是否正确，有无错用科目或错记方向的情况；主管人员、审核人员、记账人员、填制人员的签名等要素是否填列齐全，字迹是否清楚整洁，是否有涂改、刮擦等情况。

对账簿的审阅，主要是审阅明细记录的内容是否真实、正确，其账户对应关系是否正确、合理，有无串户或舞弊，特别是注意审阅应收应付账款、应收利息、坏账准备、呆账准备、银行承兑汇票减值准备、社内往来、同业往来等容易错弊和经常反映会计转账事项的账簿。

对财务报表的审阅，主要是审阅报表项目是否按制度规定编制；其对应关系是否正确，双方合计数是否相符，并按各报表之间有关项目的勾稽关系，核对相关的数据是否一致；审阅各项目是否合理、合规、合法，有无违反财经纪律的现象，有无异常变化现象。

2. 其他经济信息资料及管理资料的审阅。对会计资料以外的其他资料进行审阅，往往是为了获取进一步的信息。至于到底需要审阅哪些经济信息资料，则应视稽核时的具体情况而定，如重要空白凭证登记簿、发出/收到委托收款结算凭证登记簿、承兑银行汇票的相关记录及会议纪要、贷审会记录等。管理资料包括有关法规文件、内部规章制度、计划预算资料、考勤记录、休假制度、“三分管”制度、贷款“三查”及风险管理制度等。

（二）复核法

复核法，又称重新计算法，是稽核人员对被稽核单位的原始凭证及会计记录中数据的验算或另行计算。稽核人员在进行稽核时，往往要对被稽核单位的凭证、账簿和报表中的数字进行计算，以验证其是否正确。稽核人员的计算可根据需要进行，不一定按照稽核单位原来的计算顺序进行；计算过程中，不仅要注意计算结果是否正确，还要注意过账、转账等方面的差错。计算还包括对会计资料中有关项目的加总或其他运算。其中加总既包括横向数字的加总，也包括纵向数字的加总。

1. 会计数据的复核。会计数据的复核主要是指对有关会计资料提供的数据进行的复核。包括：

（1）会计凭证复核。复核原始凭证上的数据、单价与金额的计算有无错误，涉及多个子项的原始凭证，注意复核其合计是否正确，对于外来的原始凭证更应注意审查，以防有诈；复核记账凭证所附原始凭证的金额合计是否正确；复核记账凭证汇总表（科目汇总表）是否正确；复核转账凭证上转记金额计算是否正确等。

（2）会计账簿复核。复核明细账、日记账、总账的本期借贷方发生额的计算是否正确；复核各账户余额的计算有无错误，尤其是应注意现金日记账和现金的复核与核对；复核有关明细账余额之和的计算有无错误。

（3）会计报表复核。复核资资产负债表中的小计数、合计数及总计数的计算是否正确；复核损益表及其主营业务收支明细表、利润分配表中的利润总额、净利润及利润分配等有关数据的计算有无错误；复核现金流量表有关项目的计算、小计数、合计数有无错误；复核其他明细表有关栏和行的合计，以及最后的总计计算有无错误；复核各报表补充资料中有关指标的计算是否正确。

2. 其他数据的复核。主要是对一些重要指标的复核，如存贷比率、不良资产率、资本充足率、核心资本充足率等。必要时，还应对有关预测、决策等数据进行复核。

复核法虽然是一种较为简单的技术方法，但是要想取得良好的效果，必须善于抓住重点、找准关键的数据，同时必须小心谨慎、反复验算，绝不可过于自信和轻信。

（三）核对法

核对法是指将书面资料的相关记录之间，或是书面资料的记录与实物之间，进行相互核对以验证其是否相符的一种稽核技术方法。核对法亦是稽核技术方法中较为重要的技术方法。按照复试记账的原理核算的结果，资料之间会形成一种相互制约关系，若被稽核单位的有关人员，存在无意的工作差错或是故意的舞弊行为，都会使得制约关系失去平衡。因此，通过对相关资料之间的核对，就能发现可能存在的种种问题。

在稽核中，需要相互核对的内容很多，但概括起来，主要有三个方面，即会计资料间的核对、会计资料与其他资料的核对以及有关资料记录与实物的核对。通常可归纳为：账账、账款、账据、账实、账表及内外账务“六相符”的核对。

1. 会计资料之间的核对。主要包括：

（1）核对现金账户余额与库存现金是否相符；

（2）核对汇总记账凭证与分录记账凭证合计，视其是否相符；

（3）核对记账凭证与明细账、日记账及总账，查明账证是否相符；

（4）核对总账与所属明细账余额之和，查明账账是否相符；

（5）核对报表与有关总账和明细账，查明账表是否相符；

（6）核对有关报表，查明报表间的相关项目，或是总表的有关指标与明细账之间是否相符；

（7）核对账务与开户单位的账户是否相符等。

2. 会计资料与其他资料的核对。核对其他原始记录，即将会计资料同其他原始记录进行相互核对，查明有无问题。这些重要的原始记录包括现金出入库记录、职工名册、职工调动记录、考勤记录及有关人员的信函。在进行某些专案稽核时，这种会计资料同其他原始记录之间的相互核对尤为重要。

3. 有关资料记录与实物的核对。报表或账目反映的有关财产物资是否确实存在，是财产所有者普遍关心的问题。因此，核对账面上的记录与实物之间是否相符，是核对的重要内容。核对时，应将有关盘点资料同其账面记录进行核对，或是将稽核时的实地盘点获得的结果同其账面记录核对。为了取得满意的核对效果，核对前，应对将用来核对的资料本身的可靠性进行复核；核对过程中应特别细心，并要运用各种符号对是否核对过、是否有疑问加以识别；对复核中发现的差异、疑点、线索等要逐一详细记录，必要时要运用其他稽核技术及时查明问题。

上述三种方法主要用于记录或文件检查，即稽核人员对被稽核单位内部或外部生成的，以纸质、电子或其他介质形式存在的记录或文件进行检查，以获取可靠程度不同的稽核证据。

阅读材料2－3　　　　稽核符号①

稽核人员在稽核过程中，对被稽核单位的各种记录和自己的工作底稿进行核对、复核时，可以通过做一些记号，记录已经做过工作和初步审计发现，可以避免返工、重复核对，提高稽核效率。常用的稽核符号可以是：

（1）“√”表示此笔数字记录已经校对，符号画在数字前。使用在原始分录的记录内，用以表示和发票或其他凭证核对。

① 周慎、李学诗、张剑：《审计方法概论》，北京，中国审计出版社，1992。

(2)“√”表示合计数已核对过，并相乘或相加过，符号画在金额的左边。

(3)“?”表示该笔记录或数额有疑问，有待进一步查清。

(4)“?̸”表示问题已解决，在“?”上加一斜线。

(5)“√”用在分类账内，用以表示原始分录和记账的追踪已核对，符号画在分类账金额的右边。

(6)“.”在支票簿内，使用于流通在外的支票金额的旁边。

(7)“⊙”在支票簿内，使用于金额旁边，以表示付讫支票业经核对。

(8)“S”用在试算表内，用以表示尚需编制明细表。

(9)“$”，当上述明细表编妥，在“S”上加一斜线。

(10)“∧”表示某项意见需要修改后才能接受。

(11)“△”表示某项意见已修正，在“∧”下加一横线。

(12)“-”表示此数是本期最后的审核项目，符号画在某笔记录的数额下面。

(13)“=”表示该数与明细数相符，符号画在总计数之下。

(四) 盘点法

盘点法又称实物清查法，是指对被稽核单位各项财产物资进行实地盘查，以确定其数量、品种、规格及其金额等实际状况，借以证实有关实物账户的余额是否真实、正确，从中收集实物证据的一种方法。

盘点法按其组织方式，分为直接盘点和监督盘点两种。直接盘点是由稽核人员亲自到现场盘点实物，证实书面资料与有关的财产物资实物是否相符的方法。在直接盘点方式下，对于容易出现舞弊行为的现金、银行存款和贵金属，应采用突击性的盘点。突击性盘点是指事先不告知经管财产的人员在什么时间进行盘点，以防止经管人员在盘点前，对财产保管工作中的挪用、盗窃及其他弊端加以掩饰。实践中，稽核人员应当要求财产经管人员清理财物，结清账目，并提醒财产经管人员确保所经手的财物的完整性和账目的真实性，然后进行盘点。对于农村合作金融机构的内部财务核算所涉及的固定资产等，可采用抽查性的盘点。抽查性的盘点，是指不对所有的财产物资都进行盘点，而只是对一部分财产物资进行抽查核实，以便检查日常盘点工作质量的优劣，检验盘点记录是否真实和正确，查明账产物资是否安全、完整，有无损坏或被挪用、贪污和盗窃等情况。

监督盘点是指，稽核人员不亲自进行盘点，而是由经管财产人员及其他有关人员进行实物盘点清查，稽核人员只是在一旁对实物盘点进行监督，如发现疑点可以要求复盘核实。在监督盘点方式下，也可以采用突击性盘点和抽查性盘点形式。监督盘点一般用于数量较大的实物，如固定资产、低值易耗品等。财产经管人员进行盘点后，稽核人员应当根据观察的情况进行复查盘点。抽查的样本一般不应低于盘点物总量的10%，并予以记录。如果抽查发现差错过大，则应当要求重新盘点。

(五) 调节法

调节法是指审查稽核某一经济项目时，为了验证其数字是否正确，而对其中某些因素进行必要的增减调节，从而求得所需要证实的数据的一种稽核技术方法。如银行存款账户余额和银行对账单所列余额不一致时，应查找原因后进行账务调节。

在稽核过程中，往往出现现成的数据和需要证实的数据不一致，为了证实数据是否正确，可通过调整有关数据，从而求得需要证实的数据，即采用调节法。运用调节法还可以证实财产物资是否账实相符。当盘点日与书面资料结存日不同时，结合实物盘点，将盘点日期与结存日期之间新发生的出入数量用来以结存日期有关财产物资的结存数进行调节，以验证或推算结存日期有关财产物资的应结存数。

（六）函证法

函证法是指稽核人员根据稽核的具体需要，设计出一定格式的函件并寄给有关单位和人员，根据对方的回答来获取某些资料，或对某问题予以证实的一种稽核技术方法。

函证按要求对方回答方式的不同，又有积极函证和消极函证两种。积极函证，是指不管在什么情况下，都要求对方直接以书面文件的形式对函证的内容向稽核人员作出答复。消极函证，是指对于函证的内容，只有当对方存有异议时，才要求对方直接以书面文件形式向稽核人员作出答复。至于在何种情况下采用积极函证或消极函证，一般视函证业务事项的具体情况而定。积极函证方式适用于以下场合：

1. 函证业务事项较为重要。一方面可以从该业务事项的金额大小来衡量，另一方面可以从该业务事项涉及的问题性质来衡量。

2. 函证业务事项极为有限。

3. 函证业务事项延续的时间极长。

4. 对函证业务事项还存有较多疑点。

在采用消极函证的方式下，只要在规定的期限内未收到他方的答复函，则默认函证业务事项的实际情况，与被稽核单位有关记录一致。

阅读材料 2－4　　　　稽核分析判断方法

稽核是一个收集、整理和评价稽核证据的过程，在此过程中要应用大量的职业判断，以推断经济行为事实和稽核意见定性。稽核判断是稽核人员根据专业知识和经验，通过识别和比较，对稽核事项和自身行为所作的估计、断定或选择。随着经济环境的日益复杂和多变，经济不确定性不断增加，抽样方法广泛应用，被稽核单位会计方面选择空间增大，都对稽核从业人员专业判断能力提出了更高的要求，稽核判断的重要性日渐显著。稽核判断具有主观性、经验性、风险性和连续性等特征。稽核判断过程是稽核人员的心智过程，可以运用的方法主要有：

1. 直觉判断法。直接判断法是稽核人员运用已有的知识结构对当前需要判断的事项作出分析和推论。直觉判断法也可以说是一种经验判断法，其运用是建立在审计人员丰富的实践经验基础之上的。这种判断方法可以有效地运用稽核人员的经验，具有成本较低、效率高的优点。但与此同时，该种判断方法科学性较低，判断过程不可以模仿或复制，也易受稽核人员的性格、感情等因素影响。

2. 比较判断法。比较判断法是审计人员运用类比的原理，把需要判断的项目与类似的项目进行对比分析，从而分析其差异，并做出意见的判断方法。比较判断法一般来说，与归纳判断法、演绎判断法等一样，需要借助一定的分析工具，因此科学性和准确性相对直觉判断法要高，但与此同时，方法的应用要受到稽核人员的专业素养等因素的影响。

3. 归纳判断法。归纳判断法是从个别特殊事件中推出一般结论的审计判断方法。现代审计中，审计人员通过抽样，从总体中选取一定数量的样本进行测试，并根据样本测试结果推断总体特征。

4. 演绎判断法。演绎判断法是从一般原理出发推演出个别结论的思维方法；从一般法律法规、会计原则和审计准则的要求，针对具体经济业务推断出具体业务是否合法、公允的结论，是从一般到特殊的判断方法。

（七）观察法

观察法是指稽核人员察看相关人员正在从事的活动或执行的程序，来取得稽核证据的一种技术方法。如稽核人员进入被稽核单位以后，对被稽核单位所处的外部环境和内部环境进行观察，了解其安全保卫情况，借以取得环境证据；稽核人员对被稽核单位的柜面实际操作进行观察借以了解各项内部控制制度的执行情况，发现问题和证实问题，并取得证据；稽核人员对被稽核单位的现金、财产物资进行观察，了解其存放、保管和使用状况，借以确定盘点重点、证实账簿记录、充实证据资料。

观察法除应用于对被稽核单位经营环境的了解以外，还应用于内部控制制度的遵循测试和财产物资管理的调查，如有关业务的处理是否遵守了既定的程序，是否办理了应办的手续，等等。观察法结合盘点法、询问法使用，会取得更佳的效果。观察法提供的稽核证据仅限于观察发生的时点，并且可能影响对相关人员从事活动或执行程序的真实情况的了解。

（八）鉴定法

鉴定法是指当对于需要证实的经济活动、书面资料及财产物资超出稽核人员专业技术时，由稽核人员另聘有关专家运用相应专门技术和知识加以鉴定证实的办法，如稽核人员需要对原始凭证的真伪鉴定等。

应用鉴定法，应判断相关人员、机构能否保持独立性，与被鉴定事项所涉及的有关方面有无利害关系；鉴定后应正式出具鉴定报告并签名，以明确责任。需要指出的是，鉴定虽由稽核人员聘请的有关专家作出，但鉴定的结果由稽核人员承担。因此，实际中，稽核人员应当综合考虑专家的专业技术能力、诚信、态度等因素，审慎地聘请专家。

阅读材料2－5　　　　虚假发票的鉴别①

虚假发票包括虚假发票和虚假内容，两者不同的是后者发票本身是正规发票，但两

① 资料来源：http：//www. chinaacc. com/new/403/404/415/2006/5/bi2310203159625600214640－0. htm。

者都造成了虚假经济信息。虚假发票可以从五方面入手予以鉴别。

一、印章

从印章入手发现的虚假发票大致有以下几种类型：

1. 印章模糊不清或无印章。有的经营部门在出具假发票时，为推卸责任和自我保护，故意不将印章印清或拒绝盖章。

2. 使用已废弃的公章。如有的单位已关闭，但公章却没有依法收缴销毁，为开具虚假发票提供了方便。

3. 印章经营范围与开票内容不符。比如，发票开具内容是汽车修理，但盖的却是某副食品商店的章；开具内容是办公用品，但印章却是某商场服装专柜的销售专用章。

4. 税务部门代开发票只盖代开发票专用章，而没有经营单位的财务专用章或个体经营者私章。

二、发票的规范程度

发票的开具应符合《中华人民共和国发票管理办法》的有关规定，假发票可能在许多方面不具有规范性，如有的发票没有开具购货单位、不开具日期等。

三、发票的开具内容

虚假发票开具内容主要有“办公用品”、“副食”、“劳保用品”、“汽油”、“维修费”等，如果这几方面的支出奇高，就有可能存在开具虚假发票的问题。如果这类发票集中在每年的1月、2月和9月、10月即春节和中秋节期间，应重点注意是否有用开具虚假发票掩盖了滥发福利和公款送礼的事实。

四、票号和日期等的逻辑关系

发票票号和开票日期存在逻辑关系，如果不存在逻辑关系，则应当关注是否是假发票。如从某一购货单位开具的购货发票，票号是连续的，但日期却相差甚远；有的发票票号连续或票号不连续但是同一本上的发票，而印章却是不同的购货单位；同一天从某一购货单位开具购货内容相同发票，但发票票号相差甚远或不是同一本上的。

五、对照发票的行业类别

有的被审单位在开具虚假发票时忽视了对行业类别的对照，造成发票的行业类别与经营行为产生矛盾。比如有的发票开具内容是“购置办公用品”，而使用的却是建筑行业的发票；有的发票开具内容是“房屋维修”，而使用的却是商品零售行业的发票；等等。

（九）分析性复核法

分析性复核法是稽核人员对被稽核单位重要的相关比率或趋势进行分析和比较，包括调查异常变动以及这些重要比率或趋势与预期数额和相关信息的差异。对于异常变动项目，稽核人员应重新考虑其所采用的稽核方法是否合适；必要时，应追加适当的稽核程序，以获取相应的稽核证据。分析性复核是一项技术性较高、说服力较强的取证手段，它要求稽核人员具有较高的专业判断能力和稽核经验，并运用一定的方式和程序，确保检查风险降至可接受水平。常用的分析性复核法主要有比较分析法、平衡分析法和趋势分析法。

1. 比较分析法。比较分析法是指直接通过对有关项目之间的对比，来揭示其中的差异，并分析判断其差异形成原因的一种分析技术方法。按对比时所用指标的不同，又分绝对数比较分析和相对数比较分析两种。绝对数比较分析，是指直接以有关项目之间的总额进行对比，来揭示其中差异所在并进行分析判断的一种分析技术。这种比较，可以揭示出有关被稽核项目的增减变动有无异常、是否合情合理、是否存在问题。相对数比较分析，又称比率分析，它是通过计算出被稽核项目的百分比、比率或比重结构等相对数指标，然后根据相对数指标的对比，来揭示其中的差异并分析判断有无问题的一种分析技术。相对数比较分析较绝对数比较分析更便于发现问题。

在具体应用比较分析法时，还应注意以下各点：（1）对比之前，应首先确认被稽核项目有关资料的准确性；（2）对比的各项目之间，必须具有可比性；（3）应对比哪些内容，应根据比较的目的而定；（4）比较揭示的差异，应加以记录并附加分析说明，为决定采用其他稽核技术所用。

2. 平衡分析法。平衡分析法是指根据复式记账原理和会计制度的规定，以及经济活动之间的内在依存关系，对应该存在内在制约关系的有关项目进行计算或测定，以检查制约关系是否存在并揭示其中有无问题的一种分析技术。由于这种分析技术通常是通过对存在依存制约关系的数据计算或测定来进行，因而也有人称它为“制度数据约定法”或“控制计算法”。

平衡分析实际上是比较分析的一种转化形式，平衡分析主要应用于存在内在依存制约关系的数量或金额指标，而用直接比较分析难以奏效的场合。在具体应用平衡分析方法时，还应注意以下各点：（1）对有关指标先进行复核，验证本身是否正确；（2）分析前，应找出项目之间存在的依存制约关系；（3）应掌握一些生产经营活动的基本常识，以利于对依存制约关系的发现。

3. 趋势分析法。趋势分析法，亦称动态分析法，是指从发展的观点来分析研究经济活动在时间上的变动情况，从而揭示其增减变动的幅度及其发展趋势是否正常、合理、有无问题的一种分析技术方法。趋势分析技术是从各个不同时期的综合比较来揭示其中的规律性，并预测未来。因此，采用这种分析技术便于掌握被稽核单位经济活动的发展前景和趋向性问题，并提出一些建设性的意见和建议。

分析性复核法的实质是结合稽核人员的专业知识、生活常识等，对被稽核事项的变动或有关关系作出是否异常的判断。其一般步骤为：识别需要运用分析性复核的事项或交易；确定变动或关系期望值；确定可接受的差异额；计算分析稽核事项或交易的实际值，并与期望值相比较；识别需要进一步调查分析的差异；调查异常数值或数据关系；评估分析性复核程序的结果。

（十）询问法

询问法或称面询法，是指稽核人员针对某个或某些问题通过直接找有关人员进行面谈，以取得必要的资料或对某一问题予以证实的一种稽核技术方法。

按询问对象的不同，询问法可分为知情人的询问和当事人的询问两种。对知情人的询问，是指通过找有关知晓某一问题具体情况的人员进行面谈，来获得资料或证实问题；对当事人的询问，是指找有关问题的直接负责人进行面谈，来获取资料或核实问题。按询问的方式不同，又可分为个别询问和集体询问两种。

阅读材料2－6　　稽核沟通方法

稽核人员在采用询问等审计方法取证时，需要与取证对象进行有效沟通。在稽核过程中，稽核人员也需与被审计单位进行各种形式的沟通。掌握沟通方法，能够提高沟通效率，从而提高稽核效率、效果。

稽核沟通方法按照沟通环节可以分为：事前沟通、事中沟通和事后沟通。事前沟通包括下发审计通知书、张贴审计告示、座谈会等；事中沟通包括个别谈话、资料交流、意见交流等；事后沟通包括结果沟通、审计报告意见征求、管理建议书、审计决定书、审计通报等。

按照沟通方式可以分为口头沟通、书面沟通。口头沟通有询问、会谈、调查、讨论、会议、征求意见等；书面沟通有问卷调查、审计通知书、内外审计协调报告、管理建议书、审计报告等。

沟通主要类型有语言沟通（书面语言和口头语言）、非语言沟通（肢体行为、眼神与动作）、人员沟通（审计人员与相关人员沟通，主要方式是倾听）、组织沟通（审计部门与上、下、左、右、内、外等部门沟通）。

（十一）稽核评价方法

以上主要是从财务审计、稽核的角度介绍了取证的方法，随着农村合作金融机构内部审计的发展，还将有内部控制审计、绩效审计、管理审计等相应的检查、调查、评价方法，如调查表法（问卷法）、绘制业务流程图法、检查证据法、综合分析法等。

1. 调查表法（问卷法）。按照内部控制的一般要求，考虑恰当的控制模式，将需要调查的全部内容以提问的方式列出并制成固定式样的表格，然后由被调查有关部门和人员回答，以此了解制度的方法即为调查表法。

对于控制评价调查问卷，一般可选用以下四种回答方式：

“是”（Yes）	4
“非”（No）	3
“部分”（Partial）	2
“不适用”（N/A）	1

对于风险评估调查问卷，一般可选用以下五种回答方式：

“非常同意”（SA）	4.0
“同意”（A）	3.0
“不同意”（D）	2.0
“非常不同意”（SD）	1.0
“不知道”（DK）	

为了便于汇总和得出可直观的调查结论，可以用分值表示不同的回答内容，根据问卷回答内容的分值汇总，就可以确定被调查问题的状况。

2. 绘制业务流程图法。业务流程图是利用图解形式描述存款、贷款、结算、资金清算等各业务环节处理程序的一种图式。它显示了凭证传递、处理、保存及其相互关系，从而直观地表达了银行内部控制制度的实际情况。

绘图可以用两种不同的方法。一是按照业务处理的先后顺序绘制成纵式的流程图，基本做法是：将每一项业务的处理按先后次序，用直线串联起来；再对每一处理步骤的具体做法用图式进一步描绘，包括处理业务发生的凭证、对凭证的分类、记录、归集等。这种纵式的图解虽简明扼要，便于阅读，但难以反映部门之间的联系。二是以业务处理过程涉及的部门为基础绘制成横式流程图，基本做法是：将每一业务处理所涉及的所有部门原则上按先后顺序从左到右排列，再对每一部门的业务处理内容及顺序从上至下排列，最后用流程线将各部门之间的联系连接起来。

3. 检查证据法。检查证据法又称结合会计资料检查法，即内部审计人员通过对抽取的部分处理过的凭证或资料的审核检查，查明应有的内部控制措施是否存在，是否发挥作用的方法。如一张报销单据应该有领导的审批、会计的复核和出纳付款记录，如果该报销单据未经领导批准，会计复核未能发现其中的差错，出纳付款后未加盖“付讫”的戳记，则现金报销的内部控制功能未能发挥。

4. 综合评价法。综合评价法又称多变量综合评价方法，或简称综合评价方法。其基本思想是将多个指标转化为一个能够反映综合情况的指标来进行评价。现代综合评价方法包括主成分分析法、数据包络分析法、模糊评价法等。

综上可见，审计方法有自己的系统结构，而且各种审计方法相互依存、相互作用。随着社会需求的多样性，审计目标的多元化，不同的审计对象需要不同的审计技术、方法与程序。正确地运用审计方法，有利于节约审计成本、提高审计效率和审计质量，是保证发挥稽核监督职能作用、实现稽核目标的重要条件。审计人员要将选择审计方法作为一项系统工程来看待，具体的稽核方法应依据稽核对象和稽核目标，考虑所需证据的类型、采用的稽核组织方式，以及稽核结论的保证程度和审计成本，结合各种技术方法的特点加以选择运用。简而言之，稽核人员应当根据审计目标，结合审计实际情况灵活选用稽核方法。

四、计算机辅助稽核技术

在经营环境日益复杂的情况下，政策、策略、管理、财务、营运的任何疏忽，都有可能导致金融机构的经营失败，单以传统人工实地金融稽核，已经无法满足要求。同时，作为金融机构防护的“第二道防线”，金融稽核不能仅局限于营运和财务方法，必须承担全面风险监理职责，因此，在执行全面风险监理的方法上，应使用计算机及稽核软件作为稽核工具，实施同步检测（synchronization）和（或）模拟检测（simulaition），确定信息的正确性、可靠性和安全性，开展系统稽核（system review）、数据稽核（information flow review）和绩效稽核（performance review）。具体技术如下。

（一）数据采集与转换技术

稽核数据采集与转换，是运用计算机技术对被稽核单位的财务数据（电子数据）、业务数据（电子数据）进行采集，并转换成稽核人员可运用和操作控制的数据。数据采集方式可以分为两类，分别是通用的数据采集和专用的数据采集。

通用的数据采集指的是数据访问，将被稽核单位需要稽核的电子数据事先转换成文本文件、Excel、数据库文件格式（可支持 SQL server、Oracle、Sybase 等数据，库格式）中的任一种格式，系统从这些文件格式中，直接进行数据采集。

专用的数据采集是针对具体的财务或业务软件系统专门制作接口进行采集。它是建立在已知对象系统数据字典与系统结构的前提之上的。专用数据采集工具能够根据稽核工作的具体要求，确定需要采集对方财务业务信息系统中的哪些数据，然后通过专门的数据采集程序将这些数据采集下来。

通用的数据转换是指一类数据转换工具，它能够完成数据转换中的简单变换（类型变换、日期时间格式变换、代码变换和值域变换）以及一部分数据清洗工作。这类工具类似于数据仓库中的数据抽取工具，但是它更加适合于计算机稽核的实际需要。专用的数据转换是指将对象系统中采集的数据转换和整理成为后续数据分析处理工具要求的格式或稽核人员易于理解的符合一定标准的格式，如将财务系统中的数据转换成为账册的形式、报表的形式等。对于不同的数据来源，要求尽可能采用相对统一的向导界面，引导用户完成数据采集和转换工作。

（二）稽核预警技术

稽核预警技术是对采集与转换的被审单位数据，在设定一定预警指标和预警方法后，按照系统指令进行数据筛选、判断和运算，形成稽核人员需要的数据。比如对可能的稽核疑点或重点数据进行预警，预警后的结果备稽核人员专业判断，从而帮助稽核人员准确、迅速确定怀疑目标，提高稽核工作效率，再如对于没有疑点的数据，可以帮助稽核人员进行分析，撰写综合报告及稽核信息、进行统计分析及工作总结等。

（三）数据算比查技术

数据算比查是稽核的基本手段之一。手工稽核中，在业务量比较大的情况下，翻阅查询各种明细账簿、记账凭证往往比较困难，只能依据经验判断抽取一些样本进行检查，因而造成一些稽核风险。而在计算机辅助稽核中，利用稽核软件在数据检索、计算、对比方面所具有的强大能力，使得这些工作从处理能力、处理效率上都有了质的飞跃。

1. 会计数据的重算。会计报表的信息从业务发生记录开始，经过会计记录核算，然后形成各种会计报表，其间经过多个系统、多个部门的处理。技术上的失误和各部门利益不同导致的虚报和瞒报，都会造成信息失真。稽核人员可以利用稽核软件对所获得的业务数据、会计核算数据、会计报表数据按照与被稽核单位相同或相似的处理方法重新计算，验证被稽核单位提供数据的真实性和正确性。

2. 会计记录的检查核对。会计核算数据中包含了详细记录每笔会计核算业务的流水账或明细账数据。包括每笔业务的记账期间、凭证号、摘要、记账方向、金额以及借贷方所记录账目的科目等信息。稽核人员可以依据相关制度规定设置检索条件，对这些数据进行筛选，并检查核实，从而检查相关政策与法规的执行情况。或将某些具有内在联系的数据，按照勾稽关系进行检查核实。

（四）稽核数据分析技术

稽核数据分析技术是通过分析财务数据之间及财务数据和非财务数据之间的关系，取得稽核证据的技术，也被称为分析性复核，或称分析程序、经营业绩指标分析复核、比较稽核等。稽核数据分析技术范围较广，从简单的比例分析到复杂的结构分析或比较分析等。它们之间的共同点是利用间接测试，从关系模型中得到稽核证据的价值。

国际通行的财务审计准则规定审计分析是必不可少的审计方法之一，我国也开发了一些审计分析技术功能强大的审计软件，可以用到金融稽核工作中。

（五）远程联网稽核技术

联网稽核，也称远程稽核或非现场稽核，它是通过广域网络（或专用线路）远程访问、调用被稽核单位的相关电子数据资料等途径进行稽核的一种方法。联网稽核主要是相对于现场稽核而言的，但它并不能完全替代现场稽核。联网稽核通过调集、分析稽核对象的相关业务数据，发现管理、经营中存在的问题以及有关资金、资源的运用状况，其目的是为现场稽核提供线索和资料，为制订稽核计划、安排稽核资源以及领导决策提供支持，从而提高现场稽核的效率和降低现场稽核的成本。联网稽核系统的设计和实现应遵循可靠、先进、安全、实用的原则，各子系统和功能按模块化设计组合的方式，以利于系统的顺利升级和扩展。远程联网稽核的功能实现，主要通过以下系统的具体功能：

1. 远程通信。远程通信的主要功能包括建立与被稽核单位服务器或主机的线路对接，身份及密码验证，数据加密、解密，传输控制，实时通信以及解除连接等。其目的是建立一条安全可靠、稳定通畅的数据传输通道，保证稽核资料传输的保密性和高效性。

2. 数据适时采集。数据采集是远程稽核的基础，被稽核单位及稽核部门通过已加密的传输通道来上传和接收数据。该模块将来自被稽核单位的数据（如财务报表、总账数据等）导入稽核部门的系统中，并经过整理和转化，形成便于稽核人员分析和查询的数据格式。

3. 稽核分析和稽核预警。该模块是远程稽核系统的核心，主要功能是对从被稽核单位采集来的数据进行分析，自动查找稽核对象中潜在的问题、疑点和异常情况，并得出初步意见。远程联网稽核侧重于潜在问题和可疑数据的提取和分析，为稽核人员查找疑点提供分析服务。

4. 系统管理。系统管理包括系统维护、参数修改、权限及密码设置（能防止非法用户进入系统和非授权用户进行非法操作）和身份管理等功能。

阅读材料 2－7　　　　应用软件使用中常见的作假手法

随着计算机技术的发展与运用，越来越多的单位采用了计算机核算方式。在使用一些会计应用软件时，主要的过程就是输入会计数据，经过计算机处理，生成用户需要的信息。那么在使用应用软件时，所涉及的作假方面主要在输入、输出和商议程序上。

（一）篡改输入数据

这是计算机作假中最简单、最安全、最常见的方法。数据一般要经过采集、记录、传递、编码、检查、转换等环节进入计算机系统，任何与之有关的人员，或能够接触处理过程的人员都有可能篡改数据，篡改会计数据主要有下列几种方式：

1. 输入虚假的会计数据。某企业2000年底为了完成计划利润，遂在12月份的会计核算时，直接以虚假的数据输入计算机，以达到其虚增利润的目的。

2. 修改数据。这种方式往往是绕过计算机会计系统，直接对会计数据文件进行修改。

例如，我国首例计算机舞弊案，即工商银行大连市分行某办事处计算机会计系统管理员伙同他人利用计算机修改账目文件，截留企事业单位的贷款利息，以达到贪污的目的。

3. 删除数据。有些单位的操作员串通库管人员，从存货系统中删除某个存货数据，然后再设法从仓库取走其存货。

（二）修改输出数据

有些企业直接在输出结果上做文章。如某企业2010年度根据计算机会计系统生成的报表出现了亏损，该企业为了体现良好的公司业绩，就直接对报表数据进行了修改，以此来达到目的。

第四节 现场稽核的操作程序

现场稽核是指通过设置稽核小组，进驻被稽核单位，进行收集证据，作出稽核意见的稽核方式。现场稽核岗位设置为：稽核组组长（必要时设副组长，协助组长开展工作，下同）、主稽核、稽核员、复核及稽核档案管理岗等。其中复核岗由主稽核或组长兼任，稽核档案管理岗由组长指定专人兼任。现场稽核的操作程序如下。

一、稽核准备

稽核准备阶段是有效执行稽核工作的准备阶段，是指从确定稽核项目开始，到制订出书面的项目稽核计划为止的这一过程。计划阶段被认为是整个稽核过程的起点，其工作的周密细致程度直接影响到项目稽核工作的质量和效果。

稽核准备阶段包括：组建稽核组，稽核前调查，编制报批稽核方案，稽核前培训及发送稽核通知书。

（一）组建稽核组

根据年度稽核工作计划或行领导交办的稽核事项，组成相应的稽核小组，一般由3人（含）以上组成。稽核组实行组长负责制，组长一般由稽核机构领导指定；主稽核和稽核人员的人选，由组长根据稽核任务的需要提出建议，报稽核机构领导审批。

对于进驻被稽核单位的稽核小组，应当由稽核组组长、主稽核人员、稽核人员构成。稽核组组长承担以下岗位职责：（1）负责组织稽核方案的编制、报批；（2）负责组织稽核前调查；（3）负责组织稽核组的稽核前培训，对培训内容、方法和效果负责把关；（4）负责对稽核实施进度、质量、问题的定性、稽核报告的撰写等工作的指导监督和审核把关；（5）担任现场稽核进点会谈主谈人，主持稽核组工作总结会谈；（6）负责对本组稽核归档资料的必要性、完整性进行审核；（7）负责稽核实施过程中的其他协调工作。主稽核人员岗位职责包括：（1）负责稽核方案、稽核通知书、稽核报告、稽核意见书、稽核决定书等的起草工作；（2）根据稽核工作要求和参加人员情况，负责提出具体人员分工意见，并报组长审核；（3）根据稽核内容，负责拟订稽核前培训方案；（4）负责稽核实施进度和质量的控制；（5）受组长委托，担任进点会谈和稽核组工作总结会谈的主谈人。稽核人员岗位职责是，按稽核方案、人员分工及组长、主稽核的安排，对所负责的部分进行稽核；按要求形成稽核工作底稿并签字；及时反映稽核实施中存在的问题，并按组长和主稽核的要求对有关问题进行核实；负责保管和移交稽核工作底稿等有关资料。

对于拟开展的稽核，稽核小组还应当指派人员承担对于稽核工作的复核和稽核档案的保管工作。复核人员要承担对现场稽核实施中形成的稽核工作底稿以及证明性文件资料进行复核，重点复核数据的准确性、证据的充分性和定性的适当性，对于业已复核的稽核工作底稿，复核人员应当签字。

（二）稽核前调查

稽核组可根据稽核任务的需要和对有关情况的了解程度，决定并实施对有关事项进行稽核前调查。稽核前调查的内容包括被稽核单位经营环境和经营状况、被稽核单位的管理者组织机构设置、管理层经营风格和经营理念、主要开展的业务类型和范围等内容。在稽核调查的基础上，初步考虑重要性和稽核风险。

（三）编制报批稽核方案

稽核方案是对拟开展的稽核工作的时间、资源分配等的安排计划，包括稽核实施时间安排、稽核组人员分工等。稽核组根据稽核工作计划或行领导指示及稽核前掌握的有关信息，在分析被稽核部门（单位）基本情况的基础上，编制稽核方案（明确具体的稽核任务、范围、重点、时限等）并报批。经批准的稽核方案是稽核机构对稽核组的授权，也是检查现场稽核执行情况、考核稽核工作质量的主要依据。

稽核方案的编制应当做到目标明确、内容具体、重点突出，人员分工应做到岗位落实、责任明确，时间安排应具体准确；稽核方案需报稽核机构领导审批；重大稽核项目的稽核方案需经稽核机构专题会议讨论，报主管行领导批准。已经批准的稽核方案是稽核工作开展的主要依据。

（四）稽核前培训

在稽核组成立后至进点前，稽核组组长可根据稽核任务的需要，组织对稽核组的培训。学习有关规章制度、专业知识，明确稽核方案及相关责任等，做好稽核前的知识、技术及心理准备。

（五）发送稽核通知书

主稽核起草的稽核通知书，经稽核组组长审定后，报稽核机构负责人签发，并按规范的发文程序发送。稽核组一般应于进点前 3 ~ 5 日，向被稽核单位送达稽核通知书。特殊稽核业务可在实施稽核时送达。

作为内部职员的稽核人员对所审查的经营管理活动及其成果较为熟悉，也可以较方便地取得有关被稽核活动及其控制等方面的资料。因此，上述计划阶段的工作并非每一个稽核部门和每一个稽核项目所必需，稽核人员可以根据实际情况决定具体的计划工作内容，并可以结合日常工作来完成。

二、稽核实施

稽核实施阶段是指稽核项目经过充分的准备之后，针对高风险领域或显示可能存在重在问题的领域进行稽核的阶段，也是将项目稽核计划付诸实施，化作实际行动的阶段。稽核实施是收集、整理稽核证据的过程，是完成稽核任务，实现稽核目标的关键阶段，只有认真负责，深入细致地做好实施阶段工作，才能对被稽核单位做出客观公正的稽核评价意见。

在稽核的实施过程中，稽核人员要深入稽核计划项目中规定的稽核领域，采用适当的稽核技术和方法，对现场调查中确定的缺陷或问题进行深入细致的分析研究，获取充分适当的稽核证据，揭示稽核发现的原因和结果，做出稽核结论和意见，并提出有价值的稽核建议或改进措施。从某种意义上讲，稽核的实施阶段是一个检查和评价信息的过程，即收集、分析和解释与既定业务目标相关的信息，并将其写入稽核工作底稿，形成文件化记录，以证实稽核发现、结论和建议。

稽核实施阶段的核心是证据，稽核实施就是围绕审计证据来进行的。在检查和评价信息的过程中，应该收集与业务目标和范围相关的一切事项的信息。信息应该是充分的、可信的、相关的并且是有用的，它能够为稽核结果提供有力的证据。在可行的情况下，应该事先选定稽核程序，包括运用的测试和抽样技术，必要时对之加以扩大或修改。必须监督信息的收集、分析、解释和记录成文的过程，以便合理地保证稽核人员独立达到业务目标。记录稽核事项的工作底稿应由稽核人员编制，记录取得的信息、作出的分析和职业判断，应该能证实上报的稽核结果和建议。

在稽核实施阶段，稽核人员应当与被稽核单位就稽核相关内容展开交流沟通。稽核组按照稽核通知书指定的日期进入被稽核部门（单位），与被稽核部门（单位）负责人和有关人员举行进点会谈。稽核组组长或主稽核为主谈人，提交稽核通知书原件（指未发送正式书面稽核通知的情况），介绍本次稽核的目的、内容、范围、日程安排及对被稽核部门（单位）的要求；稽核小组还应当听取被稽核部门（单位）按稽核通知书要求介绍有关情况，并提供书面汇报材料及相关资料等。

在进点会谈过程中，应当注意以下几点要求：（1）稽核组需事先拟定会谈提纲；（2）会谈时以主谈人为主，其他成员经主谈人允许可作补充；（3）主谈人负责把握会谈的内容和时间；（4）主谈人应指定专人负责做好会谈记录等。

稽核组可根据需要调阅被稽核部门（单位）内部控制制度及经营管理等业务资料（包括管理报表、业务记录、原始凭证、会计账簿等）；被稽核部门（单位）不得拒绝或提供虚假、不完整的资料。必要时稽核组可要求被稽核部门（单位）就所提供资料的真实性作出书面承诺。资料调阅工作由担任稽核档案管理岗的人员负责，统一办理调阅、清退手续。调阅资料时填写资料调阅清单一式两份，经双方责任人签名后，由稽核组和被稽核部门（单位）分别保存。资料调阅清单应当为固定格式，格式可以由稽核部门自行设计。一般地说，资料调阅清单应当注明被稽核单位名称、资料名称、资料数量、资料日期、调阅日期、调阅人签名、归还日期、收回人签名等内容。

稽核实施阶段中，稽核人员在进点会谈后，主要完成以下工作：（1）实施稽核测试，收集证据；（2）分析与评价证据；（3）分类整理加工和记录证据，编制业务工作底稿；（4）重估风险；（5）（稽核小组或稽核人员认为有必要时）修改项目稽核计划，执行扩大性测试；（6）汇总稽核证据，编制稽核发现汇总表；（7）采取适当方式征求客户意见。

稽核档案管理岗岗位职责包括：负责稽核组调阅资料的统一调阅和清退工作，在资料调阅单上签字，并在调阅期内负责对调阅资料的妥善保管；负责对稽核组形成的稽核工作档案资料进行收集整理，按规定的时间、内容和方法进行归档，并移交有关部门。

三、稽核报告

稽核工作的最终结果表现为稽核报告。稽核的报告阶段也叫稽核终结阶段，这个阶段是内部稽核工作总结稽核结论的过程。内部稽核人员经过规划、实施这个阶段的工作，应将稽核中发现的情况和问题进行客观公正的评价，作出稽核结论，酝酿提出改进建议和处理意见，并将这些内容以书面形式写成稽核报告，提请单位和负责人审批。此外，在稽核机构内部，还应总结稽核工作的经验教训，以期改进今后的工作。

稽核的终结阶段，主要有以下六方面的工作：整理各种记录，分级复核稽核工作底稿，酝酿稽核意见；集中审查意见，起草稽核报告；采取适当方式最后征求被稽核单位意见，进行结果沟通，修改稽核报告；稽核报告经过必要修改，送交稽核机构负责人复核；上报稽核报告，通过贯彻执行；整理稽核资料，建立稽核档案；回顾稽核工作，总结经验教训。

四、现场稽核的策略

稽核人员应当重视现场稽核，以获取充分、适当的证据，以完成对稽核对象的评价。为此，稽核人员应当制订严密的计划，完成初步调查和编制稽核计划，策略性的计划因素包括：（1）人员要求；（2）对外部资源的需要；（3）稽核人员的组织；（4）权利和职责；（5）现场稽核工作计划；（6）外勤工作时间安排；（7）外勤工作方法；（8）记录方法；（9）报告的编制；（10）应急计划。

稽核策略是计划制订过程中必不可少的组成部分，它适用于所有稽核工作，而不论稽核工作的业务量大小。对于一些业务量较少的稽核任务，稽核策略在人员组成、权利与责任及个人因素等方面都有较低的要求。虽然还存在一些其他因素，但上面内容是最重要的。在稽核工作开始时，就应该足够详细地编制这些因素，并使得计划保持一定的灵活性，以便在工作中进行修改。以上这些因素详细描述如下：

1. 人员要求。对具体实施稽核的人员数量和资格进行规划，规划要确认这些人拥有实施稽核工作所需要的技能、经验和行为准则，还应该包括这些资源的内部来源和内部稽核人员将要实施的具体工作。尤其重要的是，对来自做支持性工作人员所要求的特殊支持技能的确认，如统计学、精算师一级高级信息技术人员。

2. 对外部资源的需要。如果内部培养的稽核人员不具备特定的专业知识，就必须从外部获得，需要从外部获得的专业知识通常有工程学、经济学、医学、社会工作、心理学、教育学、经营分析等相关知识。这些资源应该得到确认，并且稽核小组要对这些资源需要的程度进行评估。要尽可能地对外部资源的成本和何时、何地需要这些服务以及它们符合预算的程度进行评估，以提前做好准备。

3. 稽核人员的组织。根据工作的复杂性和需要，确认稽核人员的组织领导结构，要制订稽核组织的领导计划，计划应该确认稽核组织的不同部分将实施何种稽核方式，以及建立恰当的稽核结构，如从职能、地点、组织等方面进行稽核。

4. 权利和职责。稽核策略中应当明确稽核人员和被稽核单位人员的相关权利和职责。定义职责的各个方面，如人事管理、技能管理、管理方向以及财务项目。它包括权利分配，并详细描述稽核团队中的一线专业稽核人员的授权。

5. 外勤工作计划。稽核项目应当被科学地计划成有次序的活动项目，有次序的活动之间是相互关联的，以保证存在一个有顺序的工作流程。这样，被分派某一特定工作的成员不得不等待另一团队的工作完成之后才能完成自己的工作，可以利用例如计划评审技术或关键路径法这样的分析系统。

6. 外勤工作时间安排。正确的安排工作顺序和工作时间是外勤工作的基本要求。估计的时间应当包括对经营方面的考虑，例如，内外团队交流的考虑、非经营性的考虑以及对稽核外勤工作报告草稿记录和编写的考虑。对不同的稽核工作类型来说，当能够确认的时候，对活动必要性的估计要根据经验和可以依靠的经营标准。如计划评审技术工作可以利用计算机完成，那么估计值或实际时间的变化就要提供给计算机程序，并且马上对整个估计值进行修改。

7. 外勤工作方法（见稽核一般方法和稽核取证技术）。

8. 记录方法。这一因素涉及证据的积累和工作底稿的编制。它要求对外勤工作方法的结果和最终的稽核工作进行预测。在记录过程中不仅要保持仔细与谨慎，而且要注意，如果存在诉讼或采取法律行动的可能性，证据就必须以法律认可的形式进行收集与记录，而且必须以能够被接受的合法方式加以传递。稽核人员应当及时地要求有关人员对稽核事实进行签字确认。此外，证据必须能够支持针对稽核发现提出的建议。稽核人员必须预测到对提出建议的抵制情况，同时拥有足够的证据和事实来处理这样的抵制。

如果应用计算机工作底稿，则必须采用适当的软件程序。该程序必须能够考虑到收集的证据类型以及要求的电子和硬件拷贝格式。

9. 报告的编制。初步调查通常要确认稽核工作指向的重要领域。稽核人员应当对稽核报告的整体结构进行规划，一般是按时间顺序陈述稽核发现及其他报告要素的粗略概要。同时，还要对报告的细部结构、各种稽核发现的陈述方法进行规划。并不是所遇的稽核发现都需要对发现因素进行完整的编制。很多时候，在稽核工作的前期几乎就已完成对报告的全面规划。

报告在设计时必须仔细考虑报告使用者，报告使用者的理解能力和反应情况是报告设计和内容安排中需要考虑的内容。适合提供给运营者的报告可能不止一份。稽核报告在正式提交上级或公布前，稽核小组或稽核部门应当与被稽核单位进行充分沟通交流，确保双方在稽核报告主要事实或重大问题上达成一致意见。通常交流沟通是一个多次反复的过程。稽核报告可以采用格式文件，也可以根据稽核项目组织报告撰写，这取决于稽核目的、稽核发现等内容。一般来说稽核报告应当包括稽核目的、稽核实施过程、稽核采用的方法、稽核收集证据的描述、稽核发现以及稽核结论和意见等。值得指出的是，稽核报告应当与已制定的稽核策略或稽核方案具有一致性。

10. 应急计划。稽核人员制订稽核计划时，应当考虑如何应对偶然事件的发生，计划应当为最好、平均和最坏情况做好准备。通常，在稽核过程中，可能会遇到以下意外情况：员工短缺（生病、离开、调离等）；不能获得稽核的材料；已计划的情况是不重要的线索；关于存在舞弊、渎职、不法行为的线索；计算机故障或软件问题；最高管理层干涉（有关稽核范围、接触的材料或人员、稽核方法等）；稽核资源的撤回；工作程序显示计划的稽核工作将要超出预算。稽核人员应当制订活动备选方案，以便能够应对发生上述任何一种情况时，都拥有一套可供立即选择、能够执行的活动方案。

五、后续稽核

报送稽核报告、向被稽核单位陈述稽核结果以及被稽核单位提出反馈意见的这一系列工作完成以后，稽核过程似乎就结束了。然而并非如此，稽核人员不能认为出具了稽核报告就算完成了任务。为了保证稽核工作的效率性和效果性，后续稽核是必不可少的。稽核人员对于稽核过程中发现的违纪违规或存在重大风险问题，应当依据稽核规定予以处理或出具稽核意见或决定，稽核意见或决定报请批准下达后，被稽核单位应当按照稽核意见或决定进行整改。稽核部门可视具体情况决定是否实施后续稽核。在稽核实务中，作为完整稽核过程的一个阶段，后续跟踪意味对报告反映的问题进行跟踪检查，直到被稽核单位采取了纠正行动或承担了不采取措施而面临的相关的风险，使稽核人员感到满意为止。

通常，为了保障后续稽核的效果，一次恰当的后续稽核的过程包含的步骤和工作内容如下：（1）要求被稽核单位在规定的时间框架内作出反应（要求被稽核者提交反馈意见：积极的、消极的）；（2）稽核部门对被稽核部门作出的反应进行评价；（3）对反馈不充分及没有反馈的要与被稽核部门进行探讨；（4）（适当的情况下）采取适当稽核程序；（5）通过电话、面谈、测试、检查、现场观察等核证管理层的行动和反应（针对重要事项）；（6）重新评价控制风险的高低；（7）编写并提交后续稽核报告；（8）将稽核人员不满意的反应和措施升级报告给恰当的管理层；（9）确定管理层对风险的接受。

需要注意的是，只有在稽核结论对被稽核部门不利的情况下，被稽核单位的反馈信息才可以信赖，被稽核单位对其有利稽核结论的支持，并不能证明稽核结论的正确性以及所收集的稽核证据的充分适当性，除非稽核是为证实某些可疑情况。因此，关键是稽核人员必须弄清被稽核单位支持或反对稽核结论的动机。

【复习思考题】

1. 什么是金融稽核证据？收集稽核证据的取证技术包括哪些？怎样评价稽核证据？
2. 金融稽核证据收集的一般方法是什么？
3. 简述审阅法、复核法、核对法、盘点法、观察法的含义和各自审查范围，以及实施时各自应注意的问题。
4. 如何对会计资料进行审阅、复核和核对？
5. 什么是计算机辅助审计技术？有何作用？
6. 分析性复核法有哪几种？在农村合作金融机构的稽核中有什么用途？
7. 结合《内部审计具体准则》，认识金融稽核操作程序。
8. 如何认识后续稽核的角色与任务？
9. 阅读案例2－1，回答思考题。

案例2－1　　温州银行“内鬼”骗贷1 600万元①

温州银行塘下支行一起骗贷案，涉及金额高达1 600多万元。2011年4月中旬，犯罪嫌疑人黄某在事发之后已经被警方逮捕。黄某今年31岁，在温州银行工作近7年，算得上是一名资历较深的信贷员，主要负责银行信贷业务。

2008年，黄某的铁杆朋友陈某急需800万元，在当地一家典当行借款，其中200万元债务由黄某出面担保。

2010年，陈某在债务到期后没有偿还能力，典当行便向黄某逼债。无奈之下，黄某伙同陈某利用职务之便，伪造房地产证、土地证及抵押证的方式尝试向银行骗贷。

“伪造的贷款证件是在火车站弄到的。去年6月份的时候，带着假的房地产证件，陈某以家电公司的名义向温州银行塘下支行提出了抵押贷款申请，经办人就是黄某。”知情人透露，通过黄某在银行内的运作，两人第一次拿到银行发放的贷款额度高达600万元，资金主要是用来还债。

随后，尝到甜头的两人一发不可收拾，短短不到半年的时间，黄某就用同样的手段，7次与陈某一起骗贷，涉案总金额超过了1 600万元。

① 资料来源：http：//finance. ce. cn/sub/2011/wzyhpda/。

思考：从稽核的角度，运用舞弊动因理论分析判断黄某办理信贷业务时的疑点。

【参考文献】

[1] 刘德运：《内部审计原理与技术》，北京，中国经济出版社，2006。
[2] 李凤鸣：《审计学原理》，上海，复旦大学出版社，2010。
[3] 徐政旦、朱荣恩：《现代内部审计学》，北京，中国时代经济出版社，2005。
[4] 朱荣恩：《审计学》，北京，高等教育出版社，2008。
[5] 尹维劼：《现代企业内部审计精要》，北京，中信出版社，2006。
[6] 邵钧砚：《对审计专业判断能力的思考》，*China's Foreign Trade*，2011（14）。
[7] 戚振东：《试析审计判断的特征》，载《安徽广播电视大学学报》，2003（4）。
[8] 河南金融管理干部学院课题组：《金融稽核若干基础理论问题研究》，载《金融管理科学》，1996（6）。
[9] 沈惠霞：《金融稽核理论体系研究：兼论〈金融稽核〉教材的构建》，载《河南金融管理干部学院学报》，2001（3）。
[10] 周慎、李学诗、张剑：《审计方法概论》，北京，中国审计出版社，1992。

第三章　资产业务稽核

【本章概要】

金融企业的资产是过去的交易、事项形成并由企业拥有或控制的能以货币计量的经济资源，主要包括各项贷款、贴现、投资、现金、固定资产、无形资产、各种债券与库存、应收款及其他资产等。

资产可以给企业带来经济效益。它可以是实物形态，也可以是非实物形态。对这些资产项目进行真实性、合法性、安全性和效益性的检查监督，就是资产业务的稽核。

资产的内容复杂，范围广泛，而在金融企业，最主要的资产是各项贷款，故本章主要讲述信贷资产业务的稽核，并兼顾固定资产、无形资产和其他资产业务的稽核。

【要点提示】

- 资产业务中的信贷资产业务及非信贷资产业务；
- 信贷资产业务内控质量稽核程序与要点；
- 分类信贷资产业务稽核程序与要点；
- 非信贷资产业务稽核程序与要点。

【内容架构】

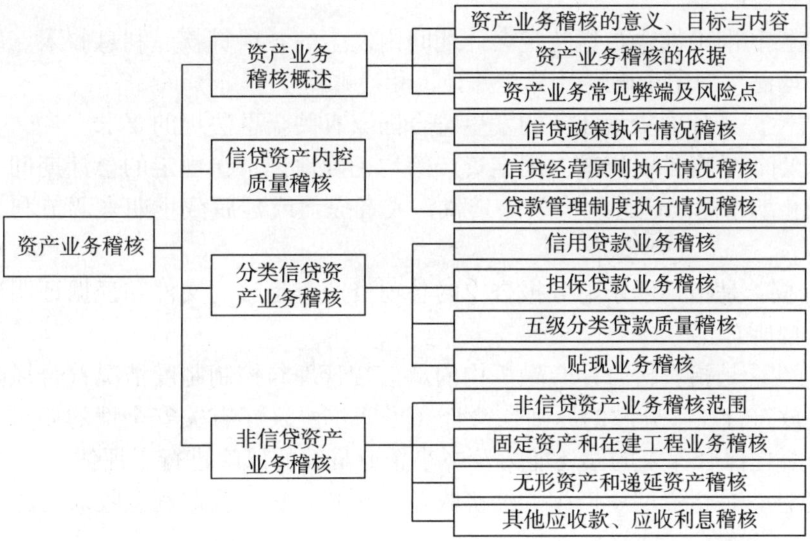

第一节 资产业务稽核概述

一、资产业务稽核的意义

资产质量的好坏，直接影响到农村合作金融机构的盈利能力。其中信贷资产是金融部门的主要资产业务，也是商业银行、农村合作金融机构及其他金融企业运用资金的渠道和取得收入的主要途径。因此，加强资产业务的管理，有利于金融机构加速资金周转，提高资金使用效率，实现盈利性目标。对信贷资产等资产业务进行稽核，对于保证金融机构在信贷活动中贯彻执行国家的方针政策、支持发展市场经济和现代化建设的资金需要，保障信贷资产安全及金融业稳健经营，促进金融机构和借款单位加强经营管理，提高信贷资产的使用效率，促进金融机构加强信贷监督，发挥其对宏观经济的调控作用等，都具有十分重要的意义。

此外，对资产业务进行稽核对于保证商业银行及其他金融机构资金流动性、安全性、盈利性，防范和化解金融风险具有特别重要的现实意义。在稽核时主要审查金融机构资产业务内部控制的健全性、完善性和执行情况，即被稽核单位是否建立健全了资产业务的内部控制制度，并且是否有效地执行了内部控制制度等。

二、资产业务稽核的目标

从内部审计的角度看，资产业务稽核的总体目标是：真实性、合法性、安全性和效益性。其具体目标主要是真实性、完整性和正确性、合法性、截止期、所有权、安全性、效益性。

1. 真实性，是指财务报告及有关账簿中所反映的各项贷款、资产真实存在，无虚假贷款，无借新还旧等。

2. 完整性和准确性，是指特定会计期间内发生的各项贷款、利息收入、应收利息及其他资产等均已按规定正确地计算，并计入相应账簿。

3. 合法性，是各项贷款业务的发生符合国家有关金融法规的要求。

4. 截止期，是指各项贷款、固定资产等均正确地记录在规定的会计期间。检查有无通过调整截止期来隐瞒超计划发放的贷款，或者提前或延后截止期来调节利息收入的问题。

5. 所有权，是指列示于财务报告中的各项资产有足够的文件和证据证明确实为农村合作金融机构所有。

6. 安全性，是指农村合作金融机构内部信贷管理与控制制度情况符合风险管理的要求，贷款发放符合风险分散的原则，符合《巴塞尔协议》有关安全性的要求，对抵押物的变现能力、担保联保人的偿还能力及中小企业贷款的风险进行了评估。

7. 效益性，是指资产所产生的经济收益，尤其是贷款获取利息收入的能力。

三、资产业务稽核的内容

（一）信贷资产的稽核

信贷资产是农村合作金融机构资产的主要组成部分，加强对信贷资产业务的稽核，有利于促进金融机构正确贯彻国家的信贷政策，提高其信贷资产质量，增强盈利能力，提高其经营管理水平。在稽核时主要应注意检查其信贷政策、信贷原则、信贷管理制度的执行情况等。

（二）固定资产的稽核

固定资产是保证农村合作金融机构业务正常经营的重要的物质条件。加强对固定资产的稽核，有利于促进金融机构妥善管理好各项固定资产，维护其资产的完整性。在稽核时应着重检查固定资产增减是否正常，计价是否准确，保管是否得当。

（三）无形资产和其他资产的稽核

除信贷资产以外，还包括无形资产、现金等。在稽核时要根据有关资产管理制度及有关规定，对无形资产的取得、摊销、处置，对其他资产经营的合规性、合法性、效益性进行检查和监督。

四、资产业务稽核的依据

资产业务稽核的依据主要包括《银行业监督管理法》、《中国人民银行法》、《商业银行法》、《会计法》、《票据法》、《贷款通则》、《担保法》等法律、法规、制度、办法及有关规定。

五、资产业务常见弊端及风险点

1. 未严格遵循贷款政策、贷款原则，贷款投放不合规。

2. 借新还旧，以贷还贷，粉饰财务会计报表。为了降低不良贷款比例，完成某些考核指标，有些行社通过多次更换借据、借新还旧的形式，将不良贷款从形式上变成正常贷款并计算利息，隐瞒逾期贷款信息造成虚假还贷还息现象。

3. 违反贷款操作规程，贷款审批制度执行不严格。不开审贷会或大额贷款未按程序履行审批手续，没有坚持审贷分离、会办制度。

4. 贷前调查未尽职，未对借款人的还款能力、还款来源进行全面调查，或借款人信息不完全、不准确，形成贷款偿还风险。

5. 贷款内部控制不严。中小企业贷款的发放手续不合规，内部人将借款人偿还的贷款本息有意记错账户，以截留和挪用借款人归还的本息等。

6. 贷款利息计算不符合规定。如：有的银行不按规定计收罚息、利率用错；表内、表外利息记载不规范，甚至有的行社利用利息计算及表内、表外应收利息的记载来调节盈亏。

7. 核销贷款不符合规定。

第二节 信贷资产内控质量稽核

信贷资产的稽核是稽核部门根据国家金融法规、政策和制度，对信贷资产的合规性、合法性、效益性以及财务核算的真实性所进行的核实和评价活动。信贷资产是金融机构资产的主要内容，金融机构的利润主要从信贷资产业务上取得。如果金融机构对信贷资产管理不善，会给其经营带来很大的风险。信贷资产的管理主要从金融机构信贷政策、信贷原则和信贷制度执行情况着手进行。因此，通过对信贷资产的稽核揭示金融企业信贷管理中的薄弱环节，提高信贷资产质量，从而增强防范和化解金融风险的能力。

一、信贷政策执行情况的稽核

信贷政策是党和国家一定时期的经济政策在信贷资金管理方面的具体体现，是金融机构分配信贷资金、组织和管理信贷活动的指导方针。在我国，金融机构的信贷资金是占主导地位的信用形式，贷款是国民经济中生产建设资金的主要来源之一。信贷资金总额及其构成，能较好地反映国民经济总体及其构成情况。信贷资金总额的变动，是引起货币资金总量变动的重要原因，信贷资金总额在很大程度上说明货币流通状况。因此，为了实现国家货币政策目标，金融机构在具体办理信贷业务过程中，必须认真贯彻执行信贷政策。

结合当前信贷政策的调整与变化，审查信贷政策的执行情况，主要应检查贷款的投向、贷款的投放量和贷款利率政策的执行情况。

（一）贷款投向的稽核

国家的产业政策和信贷政策要求信贷资金的投向要实行倾斜政策，因此，对贷款投向进行稽核时，要审查国家要求重点支持发展的行业、企业和产品是否给予了积极的贷款支持，对国家严格限制的行业、企业和产品是否进行了严格的控制或停止贷款。对贷款投向的稽核主要程序是：

1. 调阅信贷统计报表和贷款申请、审批书等档案材料，审查贷款投向是否符合国家的产业政策和信贷政策，执行国家信贷投向的指导性计划是否严格；对国家要求重点支持发展的行业、企业和产品是否给予了积极的贷款支持；对国家严格限制的行业、企业和产品是否进行了严格的控制或停止贷款；是否根据出口企业结汇情况，优先支持国外有市场、出口创汇好的企业。

2. 调阅贷款台账，对比信用度评估表，审查金融机构是否在遵守国家有关法规的前提下，严格按信用等级发放贷款。检查的具体内容是：（1）是否把 A 级企业作为基本客户和可以贷款对象，把 BBB 级及其以下企业作为控制贷款对象。（2）贷款投放的重点，是否主要集中在 AA 级及其以上企业。（3）对 A 级企业的借款需求，是否在满足 AA 级及其以上企业贷款需求的前提下，根据企业还款能力和银行资金情况给予支持。（4）是否在严格掌握贷款条件的前提下，对 BBB 级企业的临时资金需要适当发放贷款，并以短期贷款和贴现银行承兑汇票为主；是否做到除贴现银行承兑汇票外，对其贷款不论额度大小，都经有权审批行的审贷委员会集体审批。（5）对 BB 级企业，是否除贴现银行承兑汇票外，原则上不增加新贷款，并压缩贷款存量，对特殊情况下需要增加贷款的是否经一级分行审批，在不增加全部 BB 级企业贷款余额的前提下，进行了一定的结构调整。（6）对 B 级企业，是否做到除可贴现他行承兑的银行承兑汇票外，不发放其他生产经营性贷款，并努力清收原有贷款。

3. 调阅贷款台账以及有关贷款档案资料，检查金融机构有无以流动资金贷款名义变相发放固定资产投资的问题；是否存在将已规定的专门用途的资金（如农副产品收购资金）挪作他用的问题；委托贷款或专项贷款等是否按规定投放等。

阅读材料 3－1

根据 2010 年银监会颁布的“三个办法，一个指引”的要求，商业银行对个人贷款用途应符合法律法规规定和国家有关政策，贷款人不得发放无指定用途的个人贷款。流动资金贷款不得用于固定资产、股权等投资，不得用于国家禁止生产、经营的领域和用途。流动资金贷款不得挪用，贷款人应按照合同约定检查、监督流动资金贷款的使用情况。对于固定资产贷款人应将固定资产贷款纳入对借款人及借款人所在集团客户的统一授信额度管理，并按区域、行业、贷款品种等维度建立固定资产贷款的风险限额管理制度。贷款人应与借款人约定明确、合法的贷款用途，并按照约定检查、监督贷款的使用情况，防止贷款被挪用。

对于 2010 年前后的经济背景，要审查金融机构是否向违法违规行为的房地产企业或项目发放贷款。对项目资本金不足、四证不齐等不合规的房地产企业或项目要严禁发放贷款。对有土地闲置、改变土地用途和性质、拖延开竣工时间、捂盘惜售等违法违规记录的房地产开发企业停止发贷款和贷款展期。要审查金融机构是否向“三高”等高能耗以及低效能的过剩产能以及“五小”企业贷款，是否向政府融资平台发放大量中长期贷款等。

（二）贷款投量的稽核

金融机构的贷款投量，既要做到不突破中央银行和上级行下达的贷款规模总量，又要遵循存贷款比例指标的有关规定；既要注意各类贷款的增长速度是否正常和合理，又要遵循规定的资产流动性比例指标；既要根据调整贷款结构的要求控制贷款的投放量，又要遵循单户贷款比例指标的规定；既要讲求贷款质量和公平竞争，满足借款人的合理和可行的资金需要，又要注意不得突破资产负债比例管理监控指标，特别是对股东贷款的比例指标。对偶有突破比例的现象，是否迅速进行纠正，并按规定加以处罚，以确保金融机构的稳健经营。

在具体稽核时，应从以下两个方面对金融机构贷款投量进行稽核。

1. 调阅金融机构年度会计报表、信贷统计表和资产负债比例执行情况年报，审查年度贷款余额和分项贷款余额是否符合资产负债比例管理的要求。主要指标有以下几个。

（1）存贷款比例指标。金融机构吸收各项存款，只具有使用权，其所有权仍属于存款人，存款人可以随时支取。因此，金融机构不能将吸收的存款全部用于发放贷款，必须留足库存现金、准备金、备付金存款等，能用于发放贷款的，最多不能超过规定的界限（目前规定为≤75%；农村信用社≤80%）。其考核指标计算公式为

实行贷款存量考核的金融机构：

$$存贷款比例指标=\frac{各项贷款旬末平均余额}{各项存款旬末平均余额}\times 100\%$$

实行贷款增量考核的金融机构：

$$存贷款比例指标=\frac{各项贷款旬末平均增加额}{各项存款旬末平均增加额}\times 100\%$$

存贷款比例是金融机构信贷资产总量控制的核心指标，超过规定比例即为超负荷经营，应予以限制。

（2）中长期贷款比例指标。为了限定中长期贷款的资金总量，防止过多地使用短期资金来发放中长期贷款，以保证中长期贷款与存款的匹配，从而确保金融机构信贷资产的流动性和安全性，1 年期以上的中长期贷款与 1 年期以上的存款余额比例不得超过规定的界限（目前规定为≤120%）。其考核指标计算公式为

$$中长期贷款比例=\frac{余期1年（含）以上的中长期贷款月末平均余额}{余期1年（含）以上的存款月末平均余额}\times 100\%$$

（3）单户贷款比例指标。为了分散风险，提高金融机构抵御和承受风险的能力，贷款投向和投量不宜过分集中，在稽核时还应注意检查被稽核单位单户贷款比例不得超过规定的界限（目前规定为：对同一借款客户的贷款余额，不得超过金融机构资本总额的15%；对最大十家客户发放的贷款总额，不得超过金融机构资本总额的 50%）。其考核指标计算公式为

$$单户贷款比例=\frac{对同一借款客户的贷款余额}{资本总额}\times 100\%$$

$$最大十家客户贷款比例=\frac{对最大十家客户发放的贷款总额}{资本总额}\times 100\%$$

（4）股东贷款比例指标。向股东贷款的条件，不得优于其他客户的同类贷款。对其贷款额度也必须控制在规定的范围内（目前规定为必须控制在该股东已缴纳股金的100% 的界限之内）。其考核指标计算公式为

$$股东贷款比例=\frac{对股东贷款余额}{该股东已缴纳股金金额}\times 100\%$$

2. 调阅农村合作金融机构所属分支机构年度会计报表、信贷统计表及上级行下达的贷款额度通知书，除检查贷款发放是否超过上述规定的比例外，还应注意是否有避开信贷规模、变相发放贷款的情况。如是否有以拆借形式发放贷款的现象，是否有以委托或假委托形式发放贷款的情况，是否利用往来科目、过渡性科目发放贷款，是否有以购买有价证券的形式变相发放贷款等情况。因为这些情况手法隐蔽、比较复杂，须用多种检查方法结合进行稽核，才能收到良好的效果。

（三）贷款利率政策执行情况的稽核

贷款利率是一定时期内贷款利息与本金的比例，它是国家利用经济手段管理经济的

重要杠杆。利率的管理权限在中央银行，各商业银行、农村合作金融机构和其他金融机构应当按照中央银行规定的贷款利率的上限、下限确定贷款利率。但由于贷款利率是金融机构利润的主要来源，其高低直接关系到金融机构的盈利，因而也就特别敏感；另外，一些农村合作金融机构为了多吸收存款，常常采取高利率或贴水等做法，这一部分“高进”的存款必须“高出”才能有赚头，这就使得一些农村合作金融机构采取种种违规手法，提高贷款利率，多收贷款利息，所以贷款利率的稽核就显得十分重要。在具体稽核时，应从以下几方面进行：

1. 对贷款利率执行标准进行稽核。在稽核中，调阅借款合同和借款借据，检查农村合作金融机构借款合同中的贷款利率是否符合国家规定的利率标准，固定资产贷款利率按规定不能上浮，是否有上浮情况发生；流动资金贷款利率浮动幅度是否超过了规定的标准；贷款展期后展期期限加上原期限达到新的利率档次的，是否从延期之日起，按新的利率档次计收利息；在发放的种种贷款中有无在利息收入之外收取其他费用和实物，以变相提高贷款利率的违规行为。

2. 对贷款利息计算进行稽核。稽核中调阅贷款利息计算清单，检查农村合作金融机构是否根据不同的贷款种类，不同的贷款方式选择适当的计息方法；计息期及计息积数的计算是否正确；适用利率是否合规；结息日未结清的贷款利息额，是否按实际拖欠天数，将欠息额视同本金计算复息等。

3. 对不良贷款加罚息制度执行情况进行稽核。在稽核中调阅逾期贷款明细账、应收利息明细账、贷款利息计算清单等资料，检查是否对逾期贷款、挤占挪用贷款进行了加罚息处理。如同一笔贷款既逾期又挤占挪用，应择其重，但不能并处。

4. 对贷款利率组织管理进行稽核。主要审查被稽核单位是否对利率进行了管理，遇到利率调整，是否及时以书面形式通知有关部门；贷款账户是否按贷款种类和不同利率档次分别设立，有无利率含糊不清的情况；利率文件、资料等档案管理是否完整等。

此外，还应注意的是，除国务院外，任何单位和个人均无权决定停息、减息和免息。当借款人为自然人或个体经济户、承包户时，尤其应加强这一方面的稽核。

二、信贷经营原则执行情况稽核

信贷经营原则即贷款原则，是金融机构在发放贷款及借款单位使用贷款时，必须遵循的基本原则，是贷款行为及其组织管理的基本准则。它制约着贷款投向、投量、种类和用途。

信贷经营原则应由中央银行根据信贷规律和实际国情制定，并根据国家经济体制和政策的变化而有所变动。现行信贷经营原则可概括为“三性”原则，即贷款的流动性原则、贷款的安全性原则、贷款的效益性原则。为了保证这些原则的贯彻执行，必须加强对信贷原则的稽核。

（一）贷款流动性原则的稽核

贷款流动性是指金融机构的信贷资金能按预定计划实现归还，或在无损状态下变成现金资产，以便随时应付客户提取存款、满足必要贷款需求。为了保证金融机构贷款的流动性，应注意从以下几方面进行稽核：

1. 审查被稽核单位是否保持一定比例的现金准备和短期有价证券。

2. 调阅信贷统计报表、会计报表和资产负债管理相关资料，检查贷款流动性考核指标的执行情况，并审查其真实性。如资本充足率是否达到8%及中长期贷款指标、流动资产指标、到期贷款回收率等是否控制在规定的比例界限之内等，同时，根据上述资料检查贷款资产结构的组合是否合理、有效，资产流动性和负债流动性是否匹配。

3. 调阅不良资产监控表、会计报表和资产负债管理相关资料，检查贷款发放后质量状况及形态变化趋势，对贷款的质量结构比例进行评估，确定其可靠性和合理性。

4. 检查有无积极创造主动负债的举措，如同业拆借、发行大额存单、向金融市场借款等。

（二）贷款安全性原则的稽核

安全性原则是指金融机构在业务经营中应尽量避免或减少贷款损失，保证信贷资金的安全。为了保证信贷资金的安全性，就应对金融机构在贷款的发放和使用过程中可能遇到的风险有所认识。贷款风险主要来自以下三个方面：一是借款人经营风险，这是信贷经营活动中最直接也是最主要的风险。借款人因经营不善导致无力还款，从而使金融机构面临收不回贷款本息的风险。二是贷款管理风险，这是由于金融机构工作上的失误致使信贷资金遭受损失和因违法犯罪行为的发生而使信贷资金遭受损失。三是经营环境风险，这是由于外部经营环境发生变化而导致的风险，如国家经济政策的改变，经济周期的变化，利率、汇率的波动，自然灾害等。贷款风险不仅危及贷款的安全性，还会影响到金融机构的经济效益。为了保证贷款的安全性，稽核时应从以下几方面进行。

1. 调阅信贷统计报表、会计报表和资产负债管理相关资料，检查贷款安全考核指标（不良贷款比率，逾期贷款比率，呆滞贷款、呆账贷款比率等）的执行情况，并审查其真实性。

2. 检查贷款的发放是否遵循了国家一定时期的产业政策和信贷政策，有无支持国家限制或禁止从事经营的行业和项目。

3. 抽取一定数量的贷款，调阅所选取样本的贷款档案等资料检查贷款是否经过贷前调查、评估，其评估报告可靠程度如何；检查贷款是否经过审批部门决策，是否超越权限和授信额度；检查贷款户用途的监控是否得到落实，违约处罚是否得到落实等。

4. 抽取一定数量的担保贷款，检查贷款担保制度的执行情况、担保合同的有效情况和合法性情况。检查时，应结合金融机构贷款发放计划、贷款合同等信贷档案资料，必要时还要走访借款人，以了解贷款发放和使用中，是否存在影响贷款按期还本付息的风险因素，以便采取相应的措施，保证贷款的安全性。

三、贷款管理制度执行情况稽核

贷款管理制度是管理信贷业务的规章制度和行为规范。通过对贷款管理制度的执行可以确定不同时期的贷款对象、种类、用途、利率和贷款计划以及贷款规模。贷款管理制度的基本内容包括办理贷款的目的和任务、贷款方针及原则、贷款对象和种类、贷款用途、贷款条件和手段、贷款政策和贷款监督、贷款人义务和处罚等。对贷款管理制度执行情况的稽核，主要应从以下几个方面展开。

（一）贷款对象和贷款条件的稽核

贷款对象是指借入贷款的单位和个人。凡企业法人、个体经济户或个人，只要具备了必要的贷款条件，都可能成为金融机构的贷款对象。贷款条件是指贷款对象在什么情况下才能真正成为借款人。作为金融机构的贷款对象，一般应具备下列条件：（1）必须是经工商行政管理部门或主管部门批准设立，并依法登记注册，具有营业执照；（2）必须具有法人地位和经营管理自主权，实行独立的经济核算；（3）必须拥有一定比例的注册资本和自有流动资金；（4）必须在银行开立有基本或一般存款账户；（5）必须有固定的营业地址；（6）个体户或农村承包经营户必须持有执照或承包协议（合同），并具有还款能力；（7）申请贷款的个人必须有合法的身份证明，从事正当职业，有还款能力和适当的担保；（8）原应付贷款利息和到期贷款已按期清偿；（9）借款人的对外股本权益性投资总额不得超过其资产净值的50%；（10）申请短期贷款的借款人的新增流动资产一般不得小于其新增流动负债，申请中长期贷款，新建项目借款人的所有者权益一般不得低于项目所需总投资的25%。

对贷款对象和贷款条件的审查，主要检查借款人是否符合上述条件的要求；是否督促自有流动资金不足的企业订出了补充流动资金的计划并监督补足；对有条件补足自有流动资金而又不补足的，是否采取了加收利息等经济制裁措施；是否对党政机关经商所办的企业发放了贷款，对已发放的贷款是否按期收回；是否对关、停企业发放了贷款；是否存在金融机构为抬高贷款基数有意放松条件突击放款的情况；是否对无收入来源或还款能力的事业单位或团体发放贷款。

（二）贷款合同和贷款期限的稽核

贷款是金融机构同借款人之间的授信与受信关系，款项贷放出去之后，必须连本带息收回来，所以在金融机构与借款人之间，必须订立书面合同。合同应当约定贷款种类、借款用途、金额、利率、还款期限、还款方式、违约责任和双方需要约定的其他事项。

贷款是需要偿还的，因而其期限必须事先有一个约定，双方严格遵守，不得任意延长。贷款期限的长短，可以根据贷款的不同性质以及企业的生产经营特点和管理水平的不同，采取不同的方法予以确定。

对贷款合同和期限的稽核，主要应从以下几个方面进行。

（1）每笔贷款是否都有合同、借据，合同与借据的内容是否一致；合同是否规范、完备、合法，特别是责任条款是否严密，意见表达是否准确，有无疏漏；合同与附件是否有不符甚至冲突的情况；抵押贷款在合同中是否注明抵押物的名称、规格、数量、价值、有效使用期限及质量完好程度和抵押物保管及处理方法等，抵押合同里的抵押物是否经过评估，最高可贷款额度是否在规定的折扣比例内，抵押物有无《担保法》中禁止的抵押担保物；保证合同是否与借款合同中的保证条款一致，是否合法有效，有关担保是否符合规定；质押合同里，质押物与贷款额核定是否合理，权利质押是否向有关部门进行登记；合同中的其他主要项目是否合理合规。

（2）贷款期限的确定是否依据借款人的生产经营周期，还款能力和金融机构的资金供给能力由借贷双方共同商议后确定，并在借款合同中载明。按规定，短期贷款的期限在1年以内（含1年）；中期贷款的期限为1～5年（含5年）；长期贷款的期限在5年以上；基本建设贷款的期限最长不超过15年；自营贷款期限最长一般不超过10年，超过10年的应当报中央银行备案；票据贴现的期限最长不得超过6个月。

（3）贷款的展期手续是否合规。金融机构发放的贷款，确因特殊原因不能按期归还的，应办贷款展期手续。在稽核时，应注意检查被稽核单位贷款的展期手续是否合规，短期贷款的展期期限是否超过原贷款期限，中长期贷款的展期期限累计不得超过原贷款期限的一半，长期贷款展期的期限累计不得超过3年；同时，还应检查借款人未申请展期或申请展期未得到批准的，是否将其贷款从到期日次日起，转入逾期贷款账户专户（或专门科目）管理。

（三）贷款"三查"制度执行情况的稽核

贷款"三查"制度是指"贷前调查、贷时审查、贷后检查"的信贷基本制度。贷前调查是金融机构正确掌握贷款发放的前提。金融机构应对开户单位有足够的和较深入的了解，只有这样，才能做到贷款时心中有数，避免和防止贷款的失误。为此，应注意对借款单位进行经常和定期的深入调查，收集企业的主要会计报表、统计报表和财务状况变动表，及时掌握借款人的有关经济数据。

贷时审查是在借款人提出借款申请时，要在原批准的借款计划基础上，按照党和国家的方针、政策和金融机构贷前调查掌握的基本情况，对本次放款的额度、用途、期限和将来收回贷款的可能性等，进行严格的审查，这一步是发放贷款的关键。

贷后检查是贷款发放后的延伸。贷款发放后，不能置之不理，必须跟踪贷款的使用情况和使用效益，对此进行严密的检查；分析企业的经济行为和财务活动是否正常和合理，贷款能否按期收回。如发现异常情况，应注意及时、果断地停止资金供应，并进行必要的信贷制裁。

对贷款"三查"制度执行情况进行稽核时，应主要检查以下几个方面。

1. 贷前调查情况的检查。

（1）查贷款申请书。看申请书要素是否齐全，数字是否准确，企业法人公章和法人代表签章是否真实有效；借款人及其保证人的基本情况填写是否完整。

（2）查评估表。看对借款人的信用等级评定是否符合程序，评定的依据和测算是否真实准确。

（3）查贷前调查资料。看信贷调查人员是否对借款人的经营活动情况进行了分析评估。包括财务分析、现金流量分析、担保分析、非财务因素分析等。考察借款人过去和现在资产状况及其构成，所有者权益及其构成，偿债能力、盈利能力，财务趋势与盈利趋势等，判断第一次还款能力是否充足，第二次还款来源是否合法有效，从而确定借款人还款的可能性。

2. 贷时审查情况的检查。

（1）检查贷款审批资料是否齐全、真实、准确。审批资料包括金融机构审贷会审贷决议和记录等。

（2）检查贷款项目是否按规定程序上报、审批。信贷管理部应对所有贷款调查资料进行审查，并对审查情况写出报告，反馈信贷业务部门。对于超过信贷部门批准限额的贷款，要在信用审查合格的基础上，报信用审查委员会审批。

（3）审查贷款的期限是否符合有关规定；贷款利率是否符合有关规定；贷款利率的浮动范围是否符合人民银行的规定。

（4）如果是抵（质）押贷款，要核查抵（质）押手续是否齐全、足值、合法。

3. 贷后检查情况的审查。

（1）查贷后检查表。看各项贷款是否进行了贷后检查，是否写出检查报告。当发生欠息、贷款逾期及金融机构垫付资金时，是否及时进行检查，并查出原因采取措施。

（2）查信贷台账。看是否对企业财务指标、信用等级、贷款风险与贷款担保情况以及企业改组、改制等造成贷款变化情况进行了详细检查落实。

（3）查企业财务报表。看还款来源与企业约定是否一致，是否有以下三个预警信号：第一，贷款目的与借款人原定计划不同；第二，与贷款目的不一致的偿付来源；第三，与借款人主营业务无关的贷款目的或偿付来源。

（4）查还款记录。看贷款是否能正常还本付息，是否根据本息逾期的时间、应收未收利息累计额以及挂账停息来判断借款人的还款意愿。

对贷款“三查”制度执行情况进行稽核的手段应以逆查为主，即先根据信贷业务中存在的问题与现状，分析问题存在的可能根源，再行查实取证，从而发现问题，提出处理意见。

阅读材料 3－2

2010 年银监会颁布的《个人贷款管理暂行办法》第十一条到第十七条对贷款调查作了详细的规定。

第十一条 个人贷款申请应具备以下条件：

（一）借款人为具有完全民事行为能力的中华人民共和国公民或符合国家有关规定的境外自然人；

（二）贷款用途明确合法；

（三）贷款申请数额、期限和币种合理；

（四）借款人具备还款意愿和还款能力；

（五）借款人信用状况良好，无重大不良信用记录；

（六）贷款人要求的其他条件。

第十二条 贷款人应要求借款人以书面形式提出个人贷款申请，并要求借款人提供能够证明其符合贷款条件的相关资料。

第十三条 贷款人受理借款人贷款申请后，应履行尽职调查职责，对个人贷款申请内容和相关情况的真实性、准确性、完整性进行调查核实，形成调查评价意见。

第十四条 贷款调查包括但不限于以下内容：

（一）借款人基本情况；

（二）借款人收入情况；

（三）借款用途；

（四）借款人还款来源、还款能力及还款方式；

（五）保证人担保意愿、担保能力或抵（质）押物价值及变现能力。

第十五条 贷款调查应以实地调查为主、间接调查为辅，采取现场核实、电话查问以及信息咨询等途径和方法。

第十六条 贷款人在不损害借款人合法权益和风险可控的前提下，可将贷款调查中的部分特定事项审慎委托第三方代为办理，但必须明确第三方的资质条件。

贷款人不得将贷款调查的全部事项委托第三方完成。

第十七条 贷款人应建立并严格执行贷款面谈制度。

通过电子银行渠道发放低风险质押贷款的，贷款人至少应当采取有效措施确定借款人真实身份。

2010 年银监会颁布的《流动资金贷款管理暂行办法》第十一条到第十三条对贷款调查作了详细的规定。

第十一条 流动资金贷款申请应具备以下条件：

（一）借款人依法设立；

（二）借款用途明确、合法；

（三）借款人生产经营合法、合规；

（四）借款人具有持续经营能力，有合法的还款来源；

（五）借款人信用状况良好，无重大不良信用记录；

（六）贷款人要求的其他条件。

第十二条 贷款人应对流动资金贷款申请材料的方式和具体内容提出要求，并要求借款人恪守诚实守信原则，承诺所提供材料真实、完整、有效。

第十三条 贷款人应采取现场与非现场相结合的形式履行尽职调查，形成书面报告，并对其内容的真实性、完整性和有效性负责。尽职调查包括但不限于以下内容：

（一）借款人的组织架构、公司治理、内部控制及法定代表人和经营管理团队的资信等情况；

（二）借款人的经营范围、核心主业、生产经营、贷款期内经营规划和重大投资计划等情况；

（三）借款人所在行业状况；

（四）借款人的应收账款、应付账款、存货等真实财务状况；

（五）借款人营运资金总需求和现有融资性负债情况；

（六）借款人关联方及关联交易等情况；

（七）贷款具体用途及与贷款用途相关的交易对手资金占用等情况；

（八）还款来源情况，包括生产经营产生的现金流、综合收益及其他合法收入等；

（九）对有担保的流动资金贷款，还需调查抵（质）押物的权属、价值和变现难易程度，或保证人的保证资格和能力等情况。

2010 年银监会颁布的《固定资产贷款管理暂行办法》第九条到第十一条对贷款调查作了详细的规定。

第九条 贷款人受理的固定资产贷款申请应具备以下条件：

（一）借款人依法经工商行政管理机关或主管机关核准登记；

（二）借款人信用状况良好，无重大不良记录；

（三）借款人为新设项目法人的，其控股股东应有良好的信用状况，无重大不良记录；

（四）国家对拟投资项目有投资主体资格和经营资质要求的，符合其要求；

（五）借款用途及还款来源明确、合法；

（六）项目符合国家的产业、土地、环保等相关政策，并按规定履行了固定资产投资项目的合法管理程序；

（七）符合国家有关投资项目资本金制度的规定；

（八）贷款人要求的其他条件。

第十条 贷款人应对借款人提供申请材料的方式和具体内容提出要求，并要求借款人恪守诚实守信原则，承诺所提供材料真实、完整、有效。

第十一条 贷款人应落实具体的责任部门和岗位，履行尽职调查并形成书面报告。尽职调查的主要内容包括：

（一）借款人及项目发起人等相关关系人的情况；

（二）贷款项目的情况；

（三）贷款担保情况；

（四）需要调查的其他内容。

尽职调查人员应当确保尽职调查报告内容的真实性、完整性和有效性。

（四）审贷分离、分级审批的贷款管理制度执行情况稽核

贷款的调查人员负责调查评估，贷款的审查人员负责贷款风险的审查，贷款的发放人员负责贷款的检查和清收，这样的一种审、贷、查三分离的制度，就是审、贷分离制度。

分级审批制度，就是根据业务量大小、管理水平和贷款风险度确定各级审批权限。超过审批权限的贷款，应报上级审批的制度。在稽核时应注意以下几个方面：

（1）看贷款人是否建立了审、贷分离及分级审批的贷款管理制度。

（2）是否体现了审、贷分离的原则。是否设置贷款调查、贷款审批和贷款发放三个不同岗位或职能，岗位或职能之间是否相互制约；是否将信用调查和贷款的审批权分开，从而保证贷款决策的科学性。

（3）是否对贷款风险度进行了复测，并提出意见，按规定权限报批；贷款审批有无

按规定的审批程序进行，是否体现了贷款审批一切环节之间的关系和上、下级报告关系，有无存在越级审批或未经信贷调查的审批。

(4) 贷款审批的分级授权额度同相应组织和审批人员所能承受的是否相对应；对贷款额度较大、期限较长、有一定风险的贷款项目是否由信贷人员进行调查，由信贷职能部门负责人批准发放；对贷款额度大、期限长、风险也较大的贷款项目，是否由信贷员签注调查意见，经金融机构集体研究批准发放；对贷款额度巨大、风险度很高、期限也很长的贷款项目，是否报上级金融机构批准发放。

(五) 贷款档案管理情况的稽核

贷款档案是信贷管理的重要组成部分，也是信贷资产稽核检查的基本依据和核心资料。稽核时应注意审查被稽核单位是否建立了贷款档案，贷款档案是否完整。具体可以从以下几个方面着手进行：

(1) 基本情况：包括贷款申请书、审批书、合同。

(2) 财务状况：包括借款人和担保人的连续的、不同时期的财务报表、财务分析。借款人和担保人信用分析报告、融资项目效益分析报告。

(3) 担保抵押文件：包括具有法律效力的抵押和担保文件，抵押品所有权的证明、保险单据。

(4) 分析报告：包括信贷人员对借款人的跟踪情况和定期的分析报告及年审报告。

(5) 备忘录：包括还款记录，借款人的业务前景、信息，借款人的行业总体趋势登记。

(6) 信函：包括与其他金融机构往来咨询的信函，与借款人其他债权人的往来信函。

(7) 项目档案资料：看发放的固定资产贷款是否符合有关规定；其他专项贷款资料是否齐全、合规。

(六) 贷款日常管理和催收制度执行情况的稽核

对贷款日常管理和催收制度执行情况的稽核，主要应从以下几个方面着手进行：

(1) 贷款发放出去后，信贷人员应经常走访借款人，了解他们的经营状况和财务状况，对重点大户确定专人负责；对固定资产贷款，还要看其他资金来源是否落实，总投资是否突破，费用开支是否按计划执行，项目进展是否顺利，项目投产后运转是否正常，是否达到预期效益指标，现金流量是否与预测数基本一致，能否保证贷款如期偿还。

(2) 被稽核单位是否建立了有效的贷款催收制度，并严格地执行该制度。主要看短期贷款到期一个星期之前，中长期贷款到期一个月之前。是否向借款人发送还本付息通知单，并对还款资金进行了检查落实；对逾期贷款是否发出了催收通知单，是否进行了加罚利息处理；对财务状况不好，不能按期还本付息的，风险大、还款意愿不强的贷款是否及时从担保单位扣收，是否在诉讼期内依法起诉。

(七) 信贷制裁执行情况的稽核

信贷制裁是指金融机构对那些不执行借款合同、违反财经纪律和信贷制度而又坚持不改的借款人，根据问题的程度和性质给予的经济制裁。其手段包括：(1) 对不合理占用的贷款加收利息；(2) 强制收回过期贷款的本息；(3) 提前收回用途不当的放款；(4) 停止或中断发放部分或全部贷款；等等。信贷制裁对促进企业改善经营管理，提高资金使用效益，加强宏观制度，调整产业结构和信贷结构，都具有重要意义。稽核时，主要应从信贷制裁范围和制裁措施等方面进行。

1. 审查信贷制裁的范围。审查借款人有以下情形之一的，贷款人是否对其进行制裁：(1) 借款人不按合同规定使用贷款；(2) 借款人利用贷款进行股本权益性投资；(3) 借款人利用贷款在有价证券、期货等方面从事投机经营；(4) 未依法取得房地产经营资格的借款人用贷款经营房地产业务；(5) 依法取得经营房地产资格的借款人用贷款从事房地产投机；(6) 借款人不按借款合同规定偿还贷款，牟取非法收入；(7) 向贷款人提供虚假或者隐瞒重要事实的资产负债表、损益表等资料；(8) 拒绝接受贷款人对其使用信贷资金情况和有关生产经营、财务活动的监督；(9) 擅自变更经营管理体制使贷款债务落空；等等。

2. 审查信贷制裁的措施。被稽核单位执行信贷制裁制度有无流于形式；对逾期贷款和挤占挪用贷款是否按规定加收罚息；对有违规现象的是否提前收回、停止发放部分或全部贷款；对构成犯罪的，贷款人是否依法追究刑事责任。

需要特别强调的是，对金融机构自己的董事、监事、管理人员、信贷业务人员及其亲属，以及他们所投资或担任高级管理职务的公司、企业和其他经济组织，在必要时也必须进行信贷制裁，不得例外。

第三节　分类信贷资产业务稽核

一、信用贷款业务稽核

信用贷款是无须提供抵押品，而仅凭借款人的信用发放的贷款。这种贷款必须以借款人向金融机构提供营业情况和业务状况报告为条件（其目的是便于金融机构了解、掌握借款人的信用状况），且通常利率较高。金融机构经过认真审查、评估，确认借款人资信良好，确能偿还贷款的，可以投放信用贷款。但由于这种贷款仅凭借款人的信用发放，故贷款风险较大。按《贷款通则》规定，发放信用贷款必须从严掌握，发放的范围和数量要逐步减少，贷款方式只适用于短期贷款，中长期贷款一般不能使用这种贷款方式。对信用贷款的稽核，主要应注意以下要点。

（一）审查信用贷款的用途

信用贷款包括流动资金贷款和固定资产贷款。流动资金贷款只能发放给借款人用于生产周转或商品流通经营范围以内购买适销适用的物资或商品，要防止和查处那些以流动资金贷款的名义发放固定资产贷款的行为。固定资产贷款是为了满足工商企业的新建、维修、更新、改造和扩大生产规模等对资金的需要而投放的贷款，主要包括基本建设贷款和技术改造贷款两大部分。在进行稽核时，应注意基本建设贷款只能用于列入计划之内的，以扩大生产能力（或新增效益）为目的的新建、扩建工程及有关项目；技术改造贷款只能用于企业对原有设施进行技术改造，或采用新技术、新设备，开发新产品，以及相配套的辅助生产、生活设施相关项目。

在具体稽核时，应审查被稽核单位有无以补偿贸易的形式，用流动资金贷款进行固定资产投资的情况；有无以流动资金贷款的名义炒买炒卖房地产、有价证券或兴办经济实体等情况；借款人有无将流动资金贷款用于购买债券的情况；有无以流动资金贷款弥补亏损，上缴税利的情况；固定资产贷款是否严格按原计划的规模、项目和规定的内容、投资总额、建设工期和合同的有关规定支用；是否存在挪用或转移贷款的问题；是否存在以更新改造资金进行基本建设和扩大长线产品生产能力的问题；是否存在以技术改造贷款搞基本建设的问题等。

（二）审查信用贷款的发放手续

对信用贷款发放手续进行稽核，主要应注意以下几个方面：一是进一步查阅贷款档案和借款借据，核对有关内容，看借款的金额、期限、利率是否正确、相符；二是审查款项的划转情况，看业务人员是否按合同规定期限将信贷资金转入借款人存款账户；有无贷款手续不完整就支付贷款的；有无截留、挪用、转移借款人所取得的贷款资金的情况等。

二、担保贷款业务稽核

担保贷款是指为了提高贷款偿还的可能性，降低资金损失的风险，由借款人或第三者对贷款本息的偿还提供的一种保证。担保贷款分为保证贷款、抵押贷款和质押贷款三种。在对担保贷款进行稽核时，除按信用贷款稽核的方式，对贷款的申请、贷前调查、贷时审查、贷后检查等情况进行审查以外，还必须结合保证、抵押、质押贷款的特点对有关内容进行审查。

（一）保证贷款的稽核

保证贷款是指以保证人的保证为基本条件而对借款人发放的贷款。按照《中华人民共和国担保法》规定的保证方式是，第三人承诺在借款人不能偿还贷款时，按其承担一般保证责任或连带责任向贷款人负责。即贷款发放时，由金融机构、借款人与第三者签订一个保证协议，当借款人违约或无力还款时，由保证人按照约定，履行债务或承担责任。稽核时，应着重从以下几个方面进行。

1. 保证人资格的审查。按照《中华人民共和国担保法》的规定，保证人应是具有代为清偿债务能力的法人、其他组织或公民。只有符合资格的保证人才具有签署保证的权力，金融机构的贷款安全才能得到法律的保障。在稽核时，应注意审查保证人的保证资格是否符合以下条件：

（1）保证人是否为具有代为清偿债务能力的法人、其他组织或者公民；是否经国务院批准为使用外国政府或者国际经济组织贷款进行转贷的国家机关，经企业法人授权的、可在授权范围内提供保证的企业法人的分支机构。

（2）是否将不得作为保证人的机关团体、事业单位等列为保证人的情况，如国家机关、学校、幼儿园、医院、企业法人的分支机构、职能部门等。

2. 保证行为是否具有法律效力。审查有无签订保证合同，保证合同的内容是否合法、合规、完整，保证的终止条件是否合法有效。是否存在下列无效保证：一是BBB级以下企业提供的保证（但确有偿还能力的除外）；二是无经营外汇担保业务许可证的金融机构为外汇借款人提供的保证。

3. 保证人的保证意愿是否真实。审查在签订保证合同时，金融机构是否明确了解保证人的保证意愿，查找保证人履行保证协议的历史记录；如果保证人过去有未履行保证义务的记录，金融机构是否对其有效性持审慎态度。

4. 保证人的代偿能力和资信情况审查。保证人的代偿能力和资信情况是保证人履约的基础，仅有履约愿望而无经济实力的保证人，不能真正履行保证责任；具有经济实力但资信状况差的保证人，也无法使保证贷款的安全性得到保障。因而要审查保证人的代为清偿债务能力及其资信情况。稽核时应注意下列几个方面：一是审查担保意向书内容是否完整，信贷人员核保意见和对保证人的资信评价是否准确；二是保证人身份证、法人执照和营业执照复印件是否有效，自然人、法人和法人代表及其委托者签约印鉴的真假；三是审查保证人经济情况或会计报表，看贷款担保意向书中有关项目填写的真实性，并通过计算，审核信贷人员测定保证人的资信程度和能力是否准确；四是审查保证人经济收入或贷款归还情况，了解保证人信用等级或资产风险度，保证人是否具有偿债能力；五是审查被稽核单位是否根据信贷政策的规定，在保证人提供保证时明确表述负连带责任保证。

5. 借款合同、保证合同的合法有效性审查。借款合同是主合同，保证合同是从合同，借款合同无效，保证合同也将丧失法律效力。因此，在审查合同的有效性时，二者应一同审查。具体应注意以下几个方面：一是审查合同是否完整、有效，看作为从合同的保证合同的签订，有无债权人采取欺诈、胁迫等手段，使保证人在违背真实意愿的情况下提供保证的情况。二是审查有无因保证责任的丧失而造成保证合同无效的情况，看有无主债务人转让债务或债务转移，而未经保证人同意或没有取得保证人书面同意证明的情况；有无借贷双方协议变更，借款合同未经保证人同意，没有取得书面文字依据的情况。三是审查签订合同的主体是否合格，借款人是否属不具备法人资格的企事业单位、社会团体和组织；是否属未经核准登记，领取营业执照而以个体名义经营者；签约人是否属于受限制行为能力的自然人、无法人或法人代表授权委托而代其签订者；签约人是否属超越授权委托范围的签订者。四是审查借款合同是否属违反法律和国家政策，不受法律保护的借款合同。五是审查合同文本是否遗漏签章、缺生效日期、无签约日期等重要要件不全的合同文本。六是审查保证合同内容、有效期是否明确且与主合同、借据约定期限相一致。

（二）抵押贷款的稽核

抵押贷款是指借款人或第三人在不转移财产所有权的情况下，将财产作为担保，金融机构占有抵押财产的担保权益，当借款人不履行借款合同时，金融机构有权将该财产以折价或者以拍卖、变卖财产的价款优先偿还贷款本息的一种贷款。稽核时，应着重从以下几个方面进行。

1. 审查抵押贷款的合同。

（1）审查合同是否符合法律规范，合同内容是否完备。合同中有无违反法律规定的内容；

（2）合同是否载明被担保的主债权的种类、数额，债务人应该履行债务的期限；

（3）抵押物的名称、数量、质量、状况、所在地权属或使用权属；

（4）订立合同时，抵押权人和抵押人在合同中是否存在违约约定，在债务履行期届满抵押权人未受清偿时，抵押物的所有权转移为债权人所有的情况。

2. 抵押物的审查。根据《中华人民共和国担保法》的规定，可以用做抵押的财产包括：

（1）抵押人所有的房屋和其他地上定着物；

（2）抵押人所有的机器、交通运输工具和其他财产；

（3）抵押人依法有权处分的国有土地使用权、房屋和其他地上定着物；

（4）抵押人依法有权处分的国有机器、交通运输工具和其他财产；

（5）抵押人依法承包并经发包方同意抵押的荒山、荒沟、荒丘、荒滩等荒地的土地使用权；

（6）依法可以抵押的其他财产（抵押人可将上面所列的财产一并抵押）。

审查抵押物应着重检查：

（1）抵押物的价值是否充分足够。金融机构在发放抵押贷款时，是否准确地掌握了抵押物的价值；由于抵押物在抵押期间，会出现损耗、贬值，在处理抵押物期间会发生费用，以及贷款应收利息、逾期加收罚息等原因，贷款额要在抵押物的估价与抵押贷款范围内加以确定，抵押贷款额度最多不得超过抵押物现值的70%。因此，在审查时，应检查抵押贷款额度确定是否合理；可发放贷款的最高限额，是否与贷款额度相适应，有无贷款保证不足现象。

（2）以房屋或土地使用权作抵押的，房屋与土地使用权是否搁在一起抵押，以避免不必要的、理不清的纠纷。

（3）乡（镇）、村办企业的土地使用权不得单独抵押。如果以乡（镇）、村办企业的厂房等建筑物抵押，则其占用范围内的土地使用权应同时抵押。

（4）下列财产不得作为抵押物，如有发现，应立即剔除。包括：土地所有权；耕地、宅基地、自留地、自留山等集体所有的土地使用权；学校、幼儿园、医院等以公益为目的的事业单位、社会团体的教育设施、医疗卫生设施或其他社会公益设施；所有权、使用权不明或者有争议的财产；依法被查封、扣押、监管的财产；依法不得用做抵押的其他财产。

3. 抵押登记合规性的审查。审查各种同意抵押的证明文件，信贷部门是否按《中华人民共和国担保法》的规定，到有关部门办理了登记手续。包括：无地上定着物的土地使用权，在核发土地使用权证书的土地管理部门登记；城市房地产或乡（镇）、村办企业的厂房等建筑，在县级以上的人民政府规定的部门登记；航空器、船舶、车辆，在运输工具的登记部门登记；林木在县级以上的林业主管部门登记；企业的设备和其他动产，在所在地的工商行政管理部门登记。

4. 抵押物管理与处理合规性的审查。审查被稽核单位对抵押物的管理是否符合规定。如抵押人的行为足以使抵押物价值减少，抵押权人有权要求抵押人停止其行为。如已造成抵押物价值减少，则抵押权人可以要求抵押人另行提供与减少的价值相当的担保。

审查被稽核单位对抵押物的处理是否符合规定。债务履行期届满，抵押权人未受清偿的，可以与抵押人协议以抵押物折价或以拍卖、变卖抵押物所得的价款受偿。抵押物折价或拍卖、变卖后，其价款超过债权数额的部分，归抵押人所有，不足的部分由债务人清偿。

（三）质押贷款的稽核

质押贷款是指借款人或者第三人将其动产或权利移交金融机构所有，将该动产或权利作为债权的担保的一种贷款。当借款人不履行借款合同时，金融机构有权将该动产或权利以折价或者以拍卖、变卖所得的价款优先偿还贷款本息。对质押贷款的稽核，除上述抵押贷款的稽核要点外，还需注意以下几个方面：

1. 对质押贷款合同的审查。借款人申请质押贷款，是否与被稽核单位订立了借款合同；合同中的内容如被担保的主债权种类、数额，债务人履行债务的期限，质物的名称、数量、质量、状况，质押担保的范围，质物移交的时间，当事人需要约定的其他事项等，是否填写清楚、齐全。

2. 对质押物的审查。

（1）质押物是否是法律法规允许质押的财产，质押贷款中可用于质押的质物有货物，汇票、支票、本票、债券、存款单、仓单、提单等权利凭证，依法可以转让的股份股权，依法可以转让的商标专用权、专利权、著作权等；

（2）质押物是否与贷款种类相适应，如动产质押通常不适应用于大额贷款；

（3）质物和质押行为是否符合法律规定，如质押财产是否按法律要求脱离债务人托管机构的控制；

（4）质物是否已投保并得到良好的维护；

（5）质物的价值及其变现的可行性，对质物的估价是否合理，由于质物很难以足够高的价格出售，所以对其估价应持保守态度；

（6）质押权利是否属于法律法规允许质押的权利；

（7）质押权利的权属及质押权利的价值及其变现的可行性等。

三、五级分类贷款质量稽核

1. 掌握贷款五级分类标准，调阅按“五级”分类口径统计的贷款明细表，审核在贷款风险清分时，是否把握以下主要环节：（1）正常贷款：没有损失，借款人依靠正常经营收入（第一还款来源）能够足额、按时偿还本息。（2）关注贷款：没有损失，借款人目前依靠正常经营收入尚能足额偿还本息，但经营过程中出现了一些不利于未来发展的不利因素，能否按时还款不十分确定，需引起关注。（3）次级贷款：没有损失，借款人依靠正常经营获得的收入不能保证足额还款，只能通过处理抵（质）押品，或诉诸保证企业才能收回本息，但抵（质）押品的价值或保证企业的能力均足以全额偿还本息。（4）可疑贷款：借款人无法正常归还贷款本息，即使执行了抵（质）押或诉诸保证人，也有一部分本息收不回来，肯定要发生一定的损失，但本息的损失程度不超过50%。（5）损失贷款：贷款本息几乎全部损失，即使执行了抵押担保，也只能收回极少部分本息，本息的损失程度大于50%。

2. 在对信贷资产质量进行分类、统计的基础上，采用复核法审查一些指标以反映信贷资产质量的情况。其中指标有：（1）次级贷款率；（2）可疑贷款率；（3）损失贷款率；（4）合理贷款率；（5）存贷款比率；（6）贷款抵押率；（7）贷款担保率；（8）贷款利息实收率；（9）不良贷款回收率；（10）贷款周转率。

3. 审查贷款质量的变化趋势。通过现场核实计算，将稽核期间金融机构不良贷款与历史同期数据对比，分析变化趋势；同时与同行业不良贷款比率进行对比，确定被稽核单位不良贷款风险程度。

4. 依据已核实的不良贷款检查统计表，逐个逐笔分析形成的原因，并进行分类、归纳、汇总统计，写出该部分内容的稽核总结报告。

分析形成不良贷款原因应从以下方面进行考虑：（1）国家经济政策发生变化造成的贷款本息损失；（2）银行管理上的原因造成贷款损失；（3）借款人的原因造成贷款本息损失；（4）地方政府干预造成贷款本息损失的金融占损失贷款本息的比重；（5）企业改制中不规范行为造成的贷款本息损失金额占损失贷款本息的比重。

四、贴现业务稽核

贴现业务是商业汇票持票人在汇票到期前因发生资金困难而将票据权利转让给金融机构，并贴付一定的利息，向金融机构取得资金的一种融资行为。从本质上讲，票据贴现是指贷款人以购买未到期商业票据的方式发放的贷款。

按我国现行支付结算制度的规定，贴现的票据只能是商业汇票；同时，贴现又具有放款的性质，故对贴现业务的稽核，应按《中华人民共和国票据法》、《支付结算办法》和现行信贷制度进行。主要应审查下列内容。

（一）贴现票据的合法性和合规性

审查贴现业务的原始资料，看贴现申请人是否为在被稽核单位开户的企业法人和其他组织；贴现申请人与出票人或者直接前手之间，是否有真实的商品交易关系（即票据的取得是否给付对价），是否提供了增值税发票和商品发运单复印件；票据是否真实；经过背书转让的票据，其背书转让行为是否合规；附有粘单的票据，粘单是否合规。

（二）贴现行的资格审查

商业汇票的贴现行除另有规定之外，必须是贴现申请人的开户行。且银行承兑汇票的贴现行必须是参加了全国或省辖联行的银行机构。非银行金融机构不得贴现银行承兑汇票。

（三）贴现审批手续的审查

是否按照信贷管理办法审查贴现票据，是否按规定办理票据贴现手续。对企业单位的资信情况和购销合同是否进行了足够的调查了解并认为符合条件要求等。

（四）贴现金额、利息、期限的审查

贴现金额计算是否正确，是否从票据金额扣除贴现利息后付给贴现申请人；贴现利息计算是否正确，贴现天数是否从贴现申请日起到票据到期日止；贴现最长期限是否控制在6个月之内。

（五）到期收回款项的审查

审查被稽核单位对贴现业务到期收回款项是否及时；贴现到期，如收款受阻，是否从贴现申请人账户中扣收，有无依法行使票据权利。

第四节 非信贷资产业务稽核

一、非信贷资产业务稽核范围

非信贷资产业务是指除各项贷款和票据贴现业务以外的所有资产业务，包括现金资产、拆出资产、短期投资和长期投资、在建工程和固定资产、递延资产和无形资产、低值易耗品、其他应收款等业务。现金业务稽核列入出纳业务稽核之内。

农村合作金融机构的拆出资产是指拆借给除农村合作金融机构和金融性公司以外的其他金融机构（含城市信用社）的短期资金。

农村合作金融机构的固定资产是指使用期限超过1年的房屋、建筑物、机器、机械、运输工具以及其他与生产、经营有关的设备、器具、工具等。不属于生产经营主要设备的物品，单位价值在2 000元以上，并且使用期限超过2年的，也应当作为固定资产。

固定资产项目反映所有固定资产原价，累计折旧项目反映固定资产累计折旧数额。固定资产增加包括购入、自行建造、其他单位投资转入、更新改造、接受捐赠、资产盘盈；固定资产减少包括出售、报废、投资转出、毁损和盘亏。

无形资产包括专利权、著作权、商标权、土地使用权、商誉、非专利技术等；长期待摊费用包括开办费、金融债券和股票发行费（扣除发行期间冻结资金所产生的利息收入及溢价发行后的余额）、以经营租赁方式租入的固定资产改良支出以及摊销期限在1年以上的其他待摊费用等。

其他应收款是指办理业务过程中发生的临时性应收、暂付其他单位或个人的款项，包括各种应收的垫款、罚金、按规定垫支的职工差旅费、存出保证金、业务周转金、待查错账、待处理出纳短款、管理费用备用金、暂付上级单位和所属单位的款项、其他应收暂付款项。

二、固定资产和在建工程业务稽核

（一）固定资产和在建工程增加的稽核

1. 对外购固定资产，通过核对购货合同、发票、保险单、发货凭证等文件，审查采购人的固定资产是否列入预算并经授权批准、是否向贷款企业购买、是否按正常交易价格交易。

2. 对自行建造的固定资产，应检查其竣工决算、验收和移交报告是否正确，与在建工程相关的记录是否核对相符；对已经投入使用但尚未办理竣工决算的固定资产，检查其是否已经按暂估价值入账并按规定计提折旧，竣工决算完成确定实际价值后是否及时进行调整。

3. 审查购建固定资产是否按规定建立大宗采购项目招标制度；分支机构的采购项目是否经合理授权；单项价值较大的采购项目是否坚持统一采购。

4. 对投资者投入的固定资产，应检查其入账价值与投资合同中关于固定资产作价的规定是否一致；须评估确认的固定资产是否有评估报告；固定资产交接手续是否齐全。

5. 对租入的固定资产，审查以经营租入方式形成的固定资产是否实行计划管理，并在年初编制租赁计划。

6. 对原固定资产进行改建、扩建，改变固定资产原有状态、功能、结构、增加补充固定资产设备和改良装置的，应检查是否将改扩建支出予以资本化，相应增加固定资产价值，有无违反规定作为修理费支出列入当期损益的情况。

7. 审查自用债务人抵债固定资产是否符合规定，是否有相应的固定资产购建指标，是否办理相应的固定资产购建手续；产权过户手续是否齐备，固定资产计价是否按法院裁决确定的价值，或借贷双方协商议定的价值，或借贷双方共同认可的权威部门评估确认的价值扣除法定抵债资产接收、管理和处置变现费用后的价值入账。

8. 对接受捐赠的固定资产、盘盈的固定资产等其他原因增加的固定资产，应检查相关的发票等原始凭证，了解市场同类资产价值或重置完全价值，以核对其计价及会计处理是否正确，法律手续是否齐全。

9. 对已经入账的固定资产，还应审查其价值变动是否正常，是否符合可以变动的下列情况：根据规定对固定资产价值重新估价；将固定资产的一部分拆除；根据实际价值调整原来的暂估价值；发现原记固定资产价值有错误。

（二）固定资产和在建工程减少的稽核

1. 审查固定资产减少是否有合法的授权批准文件。

2. 审查固定资产减少的会计记录是否符合有关规定，会计处理是否正确；涉及固定资产产权转移时是否按规定对固定资产价值进行评估，数额计算是否正确。

3. 与银行存款、营业外收入等有关账户核对，审查固定资产出售、报废等处置所产生的净损益是否真实，入账金额是否正确。

4. 审查是否存在未做会计记录的固定资产减少业务，如复核是否有本年新增加的固定资产替换了原有固定资产的情况；分析营业外收支等相关账户，查明有无处置固定资产所带来的收支；若发现某些固定资产长期不使用，应追查这些固定资产的处理情况；向固定资产管理部门查询固定资产结存情况，查明有无未做会计记录的固定资产减少业务。

（三）折旧费用稽核

1. 审查固定资产折旧政策和方法是否符合规定。

2. 审查所制定的固定资产折旧政策和方法是否符合国家有关财务会计制度的规定，确认其所采用的折旧方法能否在固定资产使用年限内合理分摊其成本，包括审查固定资产折旧提取的范围是否合规；审查固定资产折旧方法是否合规；审查固定资产折旧的会计处理是否合规。

3. 稽核固定资产折旧额计算是否准确。在稽核固定资产折旧政策与方法是否合规的基础上，主要审查：

（1）抽查各类固定资产中的重要项目，确认其折旧的计提是否正确无误，并追查至固定资产登记卡，特别应注意有无已提足折旧的固定资产继续使用时超提折旧的情况和在用固定资产不提或少提折旧的情况；

（2）对折旧计提的总体合理性进行复核，稽核人员对本年增加和减少的固定资产、使用年限长短不一和折旧方法不同的固定资产做适当调整，然后用被折旧的固定资产乘以本年的分类折旧率，来复算折旧计算是否正确；

（3）将累计折旧账户贷方的本年度计提折旧额与相应的成本费用中折旧费用明细账的借方相比较，以查明所计提折旧金额是否已全部进入当年经营费用，一旦发现差异，应及时追查原因；

（4）计算本期计提折旧额占固定资产原值的比率，并与上期比率比较，分析本期折旧计提额的合理性和正确性；计算累计折旧占固定资产原值的比率，评估固定资产账面的新旧程度是否与实际的新旧程度相近，并估计因闲置、报废等原因而可能发生的固定资产损失。

（四）修理费稽核

审查修理费用支出会计处理是否合规，对于修理费用发生不均衡的，是否在报主管财政机关备案的情况下采用待摊或预提办法；审查是否严格控制固定资产修理费用支出，有效地防止以修理费为名购建固定资产。

（五）账外固定资产和在建工程稽核

1. 通过检查租入固定资产合同、固定资产出租方营业收入是差额计税还是全额计税、租赁期满后资产残值是归承租方还是归行（社）所有，来查明被稽核单位有无以贷款的形式一次付清承租方租赁费，然后用费用支出冲销贷款的行为，有无自己虚设承租方办理假租赁等以租代购形成账外固定资产的问题；审查有无将租赁费用长期挂入“递延资产”和“其他应收款”等科目。

2. 通过审查相关的收入账户，查明有无采取利息收入、手续费收入等不入账，直接汇入其他指定账户用于购建固定资产或直接向对方收取固定资产以抵应付款项，以及取得的固定资产不入账的情况。

3. 通过审查固定资产修理费支出等费用支出账户，查明有无通过虚列支出方式套取资金用于购建固定资产的行为。

4. 审查有无在账外经营过程中购置大量固定资产不入大账的情况。

5. 通过审查抵押贷款抵押物登记情况，查明有无长期使用抵债固定资产特别是房屋、汽车等可满足自身需要的固定资产，并追查未及时组织拍卖变现而形成账外固定资产的原因。

6. 通过实地盘点固定资产实物，或要求固定资产管理部门提供固定资产清单和固定资产卡片，与财会部门固定资产明细账相核对，查明是否存在实存账无的账外固定资产，并进一步查明形成账外固定资产的原因。

7. 稽核有无违规超指标、超规模、超预算进行基本建设的情况。审查在建工程建设项目，是否按规定进行报批；审查基本建设资金来源和落实情况，对职工集体福利设施，审查其资金是否按规定只能在税后利润提取的公益金中开支，查明有无挤占其他资金的情况等。

三、无形资产和递延资产稽核

（一）无形资产的稽核

1. 无形资产取得的稽核。

（1）审查各项无形资产是否符合确认标准，有无违反规定将自创的非专利技术、自创商誉等确认为无形资产的情况。

（2）审查各项无形资产的增加是否合法、合规。

（3）审查各项无形资产入账价值是否正确、合规；审查是否按金融企业会计制度规定对无形资产正确估价入账。

2. 无形资产处置的稽核。

（1）通过取得无形资产转让、核销的原始凭证如转让合同、协议、核销批件等，必要时发函询证，以审查无形资产转让、核销是否真实。

（2）审查无形资产转让计价是否真实、合理，有无未经评估擅自低价转让造成无形资产流失的行为。

（3）审查已转让所有权的无形资产、核销无形资产是否按规定冲销其账面摊余价值并计入其他业务支出，无形资产转让收入是否及时入账计入其他业务收入并按规定缴纳税收，有无将转让收入长期挂入“往来账”科目甚至不入账形成“小金库”，以及仅转让使用权而将无形资产账面摊余价值冲销形成账外无形资产的情况。

3. 无形资产摊销的稽核。

（1）通过审阅有关无形资产的法规及其证书、查阅有关无形资产的合同协议和申请书等，了解无形资产有无法定的使用年限或规定受益年限，以查明各项无形资产的摊销期限是否符合无形资产有效使用期限的确定原则。

（2）审查无形资产摊销额的计算是否正确，是否按照平均摊销法进行摊销，有无违反规定加速摊销或随意摊销以调节损益的情况。

（3）审查无形资产摊销的会计处理是否正确。

（二）递延资产的稽核

1. 开办费的稽核。

（1）审查开办费各项费用支出内容是否正确，是否属于开办费支出。审查是否按规定将筹建期间发生的工作人员工资、办公费、差旅费、培训费、印刷费、律师费、注册登记费以及不计入固定资产和无形资产购建成本的汇兑净损失等支出计入开办费；有无违反规定将应由投资者负担的费用支出，为取得固定资产和无形资产所发生的支出，筹建期间应计入工程成本的汇兑损益、利息支出等计入开办费。

（2）审查开办费的摊销是否合规、正确。审查开办费摊销期限是否符合自营业之当月摊入成本的规定，有无延长开办费的摊销期限来人为调节损益的情况。

（3）审查开办费的发生和摊销账务处理是否合规。

2. 租入固定资产改良支出的稽核。

（1）审查租入固定资产改良支出是否真实、正确。通过查阅租入固定资产合同、发生改良工程的计划或记录，检查租入固定资产改良支出是否真实，有无将固定资产、无形资产的支出以及在建工程项目核算内容甚至将租入固定资产的租金挤进租入固定资产改良支出的情况，有无将本应由出租方承担的一般性机械修理费也列入改良支出由承租方承担的情况。

（2）审查租入固定资产改良支出摊销是否合规、正确。审查租入固定资产改良支出的摊销期限是否合规。

（3）审查租入固定资产改良支出和摊销账务处理是否合规。

四、其他应收款、应收利息稽核

1. 取得或编制其他应收款明细账，审查年初余额是否与上年度的财务报表数额一致；年末余额是否与当期财务报表、总账的数额一致；记录上述核对中发现的差异，结合对具体明细项目的稽核，对这些差异进行分析。

2. 对其他应收款中的内部往来，如业务周转金、管理费用、现金、暂付款项，利用账务核对、账实核对、内外账务核对的方法，查明原因。

3. 除上述内部往来的其他应收款外，对与外单位形成的债权，进行函证。审查是否存在利用该科目隐瞒收入、垫支基建和固定资产购建款、集体福利和职工的长期大额借款等行为。

4. 取得应收利息、坏账准备、已核销坏账档案及相关会计记录，稽核坏账核销是否符合条件，有无经过规定的报批程序，核销是否适当。

5. 对因结算而形成的待查账款，逐笔稽核期末余额的挂账账龄，对超过一定期限的挂账，要查明原因，尤其是注意有无故意占压资金乃至挪用资金等违法行为；对期末当天或前几天形成的待查账款，通过延伸稽核下一个年初待查账款的转销情况，查证有无人为挂账，调节报表或隐瞒收支等行为。

6. 对待处理出纳短款，稽核其挂账理由和被稽核单位有关出纳长短款的内部管理制度，判断其挂账是否合理合规。

案例 3－1　　冒名贷款

一、违规情况描述

2005 年 5 月 20 日，某联社信用社主任洪某审批，信贷员柳某经办，向刘某、沈某、王某、张某、季某、季某姐姐、陈某、汪某、曹某 9 人各发放贷款 4 万元，共计 36 万元，到期日均为 2006 年 5 月 3 日，现已逾期。该 9 笔贷款的借款申请书、借款合同、借款借据上的借款人与保证人的签名和指模均系同一人所为，属借冒名贷款。上述贷款资金中 7 笔 28 万元，当天通过现金转存入叶某个人账户（当天该户共存入 30 万元，其中转存 28 万元），叶某于 5 月 26 日支取现金。根据这一线索，经进一步查实，该信用社共有 30 笔 120 万元借冒名贷款。

上述做法不符合《关于切实加强信贷风险防范工作的若干意见》（×信联险〔200×〕××号）第三条第五项“加强信贷管理，规范信贷业务操作程序与行为……严禁借名、冒名、搭车贷款”的规定。

二、稽核方法

1. 稽核组抽查不良贷款发现：一是 2006 年 6 月上旬，该农村信用社贷款企业某有限公司已歇业，公司负责人刘某外出下落不明，而公司在该农村信用社还有巨额未清偿的贷款；二是 2005 年 5 月 20 日发放的 9 笔贷款，已于同一天逾期，审查合同材料，发现借款人与保证人的签名和指模均系同一人所为，且签名与上述公司负责人刘某的笔迹相似。因此，怀疑可能是借冒名贷款。

2. 通过计算机辅助稽核检索出所有的由刘某担保的贷款，调阅相关贷款档案，发现除上述 9 笔个人贷款的借款人与保证人的签名和指模均系同一人所为外，还有 21 笔个人贷款存在类似情况。调阅相关会计传票，进一步了解贷款资金去向。

3. 走访调查。走访相关借款人核实贷款真实情况，与农村信用社主任、副主任、相关信贷人员谈话，进一步核实问题，掌握违规情况，确认全部违规事实。

三、责任界定

由于该联社相关领导未直接参与上述冒名贷款，根据规定，稽核认为该联社分管信贷的副主任刘某应承担主管责任，联社理事长吴某、联社主任陈某均应承担领导责任。

四、稽核处理建议

根据规定，稽核建议对该联社甲信用社主任洪某、信贷员柳某给予开除处分，联社理事长吴某、联社主任陈某、副主任刘某给予记过处分。

案例 3－2　　贷款发放未执行亲属回避规定

一、违规情况描述

1. 2007 年 3 月 14 日，某联社营业部经联社理事长李某审批，业务科科长叶某、营业部主任吴某经办，向营业部主任吴某表姐的儿媳妇发放保证贷款 28 万元，期限至 2008 年 11 月 20 日。该笔借款合同上的借款人的签名系吴某代签。

2. 2007 年 8 月 10 日，某联社营业部经联社主任陈某审批，营业部主任吴某经办，向营业部主任吴某的姐姐发放保证贷款 25 万元，期限至 2008 年 8 月 5 日。该笔保证借款合同上保证人之一营业部主任吴某的丈夫签名由吴某代签（上述营业部吴某均为同一人）。

上述做法不符合《商业银行内部控制指引》（中国银行业监督管理委员会令 2007 年第 6 号）第四十七条“商业银行对关联方的授信，应当按照商业原则，以不优于对非关联方同类交易的条件进行。在对关联方的授信调查和审批过程中，商业银行内部相关人员应当回避”的规定。

二、稽核方法

1. 稽核时有人举报。稽核组进点时在该联社人流比较集中的食堂、上下班的过道张贴稽核告示，稽核时稽核组接到举报称“联社营业部管理比较混乱，营业部主任未能执行亲属回避，给自己亲属发放贷款”，并提供有贷款的营业部主任亲属名单。

2. 根据名单，稽核组调阅了相关的贷款档案，并与营业部主任进行谈话。在事实面前，营业部主任对在贷款发放时没有很好执行亲属回避制度的事实予以承认。

三、责任界定

由于该联社主要领导直接参与了上述两笔贷款的审批，根据规定，稽核认为，该联社理事长李某应对上述第一笔贷款承担直接责任，该联社主任陈某应对上述第二笔贷款承担直接责任，该联社其他领导无须对上述贷款承担责任。

四、稽核处理建议

根据规定，稽核建议对该联社理事长李某、联社主任陈某给予经济处罚各×××元；给予营业部主任吴某撤职处分，并给予经济处罚×××元。

案例 3-3　向资信不良借款人发放贷款

一、违规情况描述

2007 年 3 月 22 日，某联社营业部经联社风险管理小组（成员：联社主任顾某、联社副主任王某、联社副主任刘某、信贷科科长周某、信贷科副科长朱某）通过，营业部主任金某审批，副主任王某审查，信贷员严某经办，向某制衣有限公司（法定代表人卓某）发放保证贷款 500 万元。经查，贷款发放时，卓某为甲信用社客户张某担保贷款 180 万元（到期日 2005 年 2 月 25 日）已起诉。

上述做法不符合《商业银行内部控制指引》（中国银行业监督管理委员会令 2007 年第 6 号）第五十五条“商业银行应当建立完善的客户管理信息系统，全面和集中掌握客户的资信水平、经营财务状况、偿债能力和非财务因素等信息，对客户进行分类管理，对资信不良的借款人实施授信禁入”的规定。

二、稽核方法

1. 按金额大小排序，对已逾期担保贷款进行抽查，并调阅相关贷款档案，得知某制衣有限公司法人代表卓某为张某担保贷款已逾期不良，查阅张某存款分户账和相关凭证，跟踪贷款资金去向。

2. 调阅某制衣有限公司信贷档案、存款分户账，确认在卓某为张某担保贷款逾期的情况下，该联社营业部仍向某制衣有限公司发放贷款的违规事实。

三、责任界定

由于联社主任顾某、副主任王某、副主任刘某为风险管理小组成员，且在对上述贷款表决时投了赞同票，根据规定，稽核认为联社主任顾某、副主任王某、副主任刘某均须承担直接责任，联社理事长祝某应承担领导责任。

四、稽核处理建议

根据规定，稽核建议对该联社主任顾某、联社副主任王某、联社副主任刘某分别给予经济处罚×××元，给予信贷科科长周某、信贷科副科长朱某每人经济处罚×××元，分别给予营业部主任金某、副主任王某、信贷员严某经济处罚×××元、×××元、×××元，并给予A联社营业部主任金某警告处分。

案例3－4　以已出租的房屋作为抵押物，没有签订房屋出租补充协议

一、违规情况描述

2005年1月4日，某联社营业部经联社贷审会（成员：副主任陈某、信贷科科长张某、副科长季某、风险科科长刘某、财务科科长柳某）通过，营业部主任顾某审批，信贷员王某经办，与某供销大厦签订金额为3 000万元最高额抵押借款合同（至2007年4月28日，该供销大厦贷款余额1 560万元均已逾期6个月），以供销大厦所属×路×号5间房产、×路×号房产所有权和×路×号土地使用权作抵押，上述房产已于2004年12月31日由该供销大厦出租给某连锁有限公司，租期至2015年12月31日。营业部没有与借款人和承租人签订房屋出租补充协议。

上述做法不符合《中华人民共和国合同法》第二百二十九条“租赁物在租赁期间发生所有权变动的，不影响租赁合同的效力”和《贷款通则》第十条“贷款人应当对保证人的偿还能力，抵押物、质物的权属和价值以及实现抵押权、质权的可行性进行严格审查”及《关于印发新版借款合同、相关文本及操作使用说明的通知》（×信联业〔200×〕××号）附件三“六、信贷其他相关文本……22. 房屋出租补充协议，本三方协议由贷款人、抵押人、承租人共同签订。主要对于已租赁的房产抵押，防止抵押人提前收取租金给抵押物变现带来的影响”的规定。

二、稽核方法

1. 对已逾期贷款按余额从大到小进行排序，发现上述供销大厦已有逾期贷款1 560万元。

2. 调阅供销大厦贷款档案，发现供销大厦与某连锁有限公司的租赁协议，且协议签订日期早于供销大厦最高额抵押借款合同签订时间，由于租赁时间早于借款合同签订时间，租赁权可抗辩抵押权。如果贷款逾期，由于抵押物的租期至2015年12月31日，在抵押物的租赁到期日之前，联社很难对该抵押物处置。

三、责任界定

由于该联社副主任陈某为贷审会主任，且在上述贷款表决时投了赞成票，根据规定，稽核认为该联社理事长、主任均应承担领导责任，据规定，联社副主任陈某应承担直接责任。

四、稽核处理建议

根据规定，稽核建议给予该联社副主任陈某、信贷科科长张某、风险科科长刘某、财务科科长柳某、营业部主任顾某经济处罚各×××元，信贷员王某经济处罚×××元，同时给予联社副主任陈某警告处分，营业部主任顾某撤职处分。

案例3-5 向关系人发放信用贷款

一、违规情况描述

2006年4月26日，某联社营业部经联社贷审会（成员：联社副主任陈某、信贷科科长廖某、稽核科科长梅某、财务科科长陈某）通过，营业部主任王某审查，信贷员泮某经办，向某工艺品有限公司（法人代表练某，出资280万元，占公司注册资本的80%）发放信用贷款150万元，经查，练某为A联社第一届社员代表大会选举产生的理事会成员。

上述做法不符合《商业银行法》第四十条“商业银行不得向关系人发放信用贷款……前款所称关系人是指：（一）商业银行的董事、监事、管理人员、信贷业务人员及其近亲属；（二）前项所列人员投资或者担任高级管理职务的公司、企业和其他经济组织”的规定。

二、稽核方法

1. 获取该联社全辖贷款明细情况表及相关的关系人名单，将这两张表通过名称相同相关联，同时设定贷款方式为信用贷款，据此得出该联社向关系人发放信用贷款的明细表。

2. 设定贷款方式为信用贷款，按发放贷款金额大小对贷款明细表进行排序。

3. 根据上述步骤确定需要抽查的信用贷款，调阅相关档案。

三、责任界定

由于该联社副主任陈某为贷审会主任，且在上述贷款表决时投了赞同票，根据规定，稽核认为该联社理事长周某、营业部主任王某均应承担领导责任，联社副主任陈某应承担直接责任。

四、稽核处理建议

根据规定，稽核建议给予该联社副主任陈某经济处罚×××元，给予信贷科科长廖某、稽核科科长梅某、财务科科长陈某每人经济处罚×××元，信贷员泮某经济处罚×××元，给予营业部主任王某警告处分及经济处罚××元。

案例3-6 贷款资金用于验资

一、违规情况描述

2007年2月28日，某农村合作银行×××支行经总行贷审会（成员：副行长谢某、信贷部总经理郑某、副总经理周某、计划财务部总经理朱某、稽核部总经理沈某）通过，某支行行长张某审查，信贷员王某经办，向某保健用品有限公司（法定代表人郑某）发放保证贷款1 500万元，约定用途为购面料，期限至2008年2月21日。经审查，2007年3月5日，该保健用品有限公司将1 500万元资金转入张某个人结算户（其中500万元为该笔贷款资金）。同日，该笔1 500万元资金由张某个人结算户转至郑某个人结算户，再转入某担保有限公司账户用于单位验资。

上述做法不符合《贷款通则》第二十条“对借款人的限制……三、不得用贷款从事股本权益性投资，国家另有规定的除外”的规定。

二、稽核方法

1. 抽查贷款档案和存款账户，调取相关凭证，追踪贷款资金流向。

2. 调阅验资档案，进一步确认贷款资金是否用于验资。

三、责任界定

由于上述贷款定性为贷款移用于验资，属于贷后管理不到位，根据规定，稽核认为该行董事长曹某、行长汪某均应承担领导责任，副行长谢某承担主管责任。

四、稽核处理建议

根据规定，稽核建议给予该行副行长谢某经济处罚×××元，信贷部总经理郑某、副总经理周某、计划财务部总经理朱某、稽核部总经理沈某给予经济处罚各×××元，该支行行长张某经济处罚×××元，信贷员王某经济处罚×××元。

案例3－7　贷款合同文本填写不规范

一、违规情况描述

2007年2月9日，某联社某信用社主任刘某审批，信贷员叶某调查，在金额为2 000万元、合同号为20070006600的最高额抵押借款合同下，向某铁塔有限公司发放贷款1 700万元，用途为借新还旧，到期日2008年2月5日，该笔贷款借款借据执行合同号为20070006601，与主合同号不一致。

上述做法不符合《×××农村合作金融机构贷款操作规程》（×信联业〔200×〕××号）第十八条“借款合同及凭证的填写与保管……6. 信贷人员在发放贷款后……借款借据执行合同号填写必须准确无误，确保与相对应的借款合同号一致”的规定。

二、稽核方法

根据合同号及金额抽查最高额抵押借款合同下发放贷款情况，在贷款文书方面需关注每笔贷款具体发放时，借款借据上的执行合同号是否与最高额抵押借款合同号一致，如若不一致，贷款将面临法律风险。

三、责任界定

根据规定，稽核认为对此该联社理事长张某、主任占某均应承担领导责任，分管信贷副主任陈某承担主管责任。

四、稽核处理建议

根据规定，稽核建议给予该联社信用社主任刘某、信贷员叶某经济处罚分别为×××元、×××元。

【复习思考题】

1. 资产业务稽核的内容主要包括哪些?
2. 信贷政策执行情况稽核程序与要点有哪些?
3. 信贷经营原则执行情况稽核程序与要点有哪些?
4. 信贷管理制度执行情况稽核程序与要点有哪些?
5. 什么是信用贷款?信用贷款稽核程序与要点有哪些?
6. 什么是抵押贷款?抵押贷款稽核程序与要点有哪些?
7. 贷款五级分类指什么?贷款五级分类稽核要点有哪些?
8. 无形资产稽核要点有哪些?

【参考文献】

[1] 杨森:《金融稽核》,西安,陕西人民出版社,2004。

[2] 姚世新:《农村合作金融机构领导干部经济责任稽核》,北京,中国金融出版社,2009。

[3] 夏汉平:《农村合作金融机构内部稽核》,成都,西南财经大学出版社,2007。

[4] 吴建伟:《农村合作金融内部审计操作流程》,北京,中国金融出版社,2008。

第四章　负债业务稽核

【本章概要】

负债业务是指农村合作金融机构筹措资金、形成资金来源的业务，它是资产业务和其他业务的基础。农村合作金融机构的负债包括存款、同业拆借、向中央银行借款等，最主要的负债业务是存款业务，也是银行、信用社营运资金的主要来源。存款业务包括储蓄存款、企业存款和其他存款等。

本章阐述负债业务稽核的意义、目标和依据，重点分析单位存款业务和个人储蓄存款业务稽核以及负债清偿业务中的常见弊端，阐述稽核的主要内容，提出相应的稽核方法。

【要点提示】

- 负债业务稽核的目标及依据；
- 单位存款和储蓄存款合规性稽核的主要内容与方法；
- 单位存款和储蓄存款账务核算与处理的正确性稽核的主要内容与方法；
- 存款与贷款的关系及其相互影响。

【内容架构】

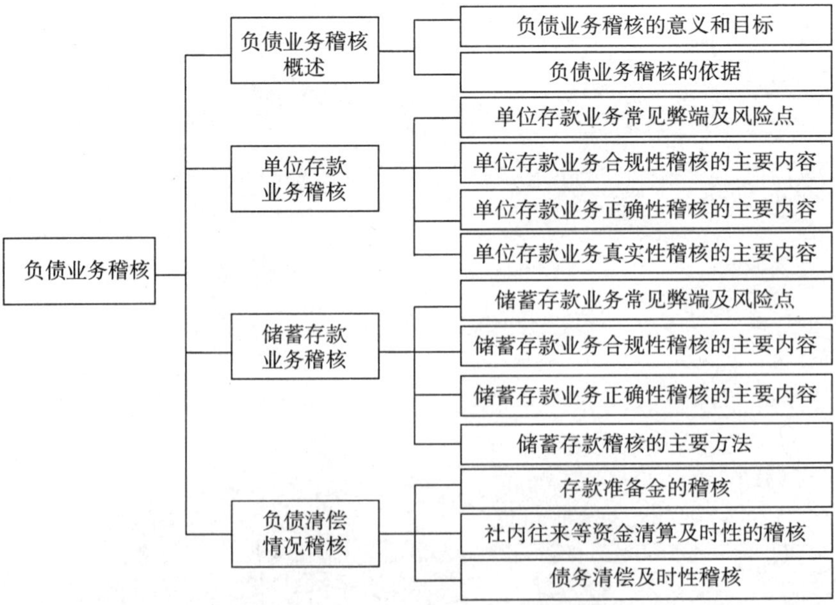

第一节 负债业务稽核概述

一、负债业务稽核的意义

2006年，财政部发布的《企业会计准则》将负债定义为：负债是指企业过去的交易或者事项形成的、预期会导致经济利益流出企业的现时义务。负债业务是指农村合作金融机构筹措资金、形成资金来源的业务。负债业务是农村合作金融机构业务经营活动的起点，是资产业务的基础，农村合作金融机构负债的规模与结构制约着资产的规模与结构，农村合作金融机构资产的增长必须要以负债的增长为前提。存款作为农村合作金融机构的一项主要负债，是农村合作金融机构贷款规模扩展的决定力量。没有存款就谈不上贷款，存款是商业银行、信用社各项业务营运的重要支柱。同时，存款业务涉及到社会每一个单位、组织和个人，与国家经济的发展联系密切，因此，存款及负债业务审计是不可或缺的一项重要内容。

二、负债业务稽核目标

农村合作金融机构负债业务稽核的目标，就是要通过审查农村合作金融机构负债项目的内部控制是否健全、有效执行，检查负债业务真实性、合法合规性，会计记录的完整性、准确性，负债业务的经济效益性，等等，对农村合作金融机构负债业务开展情况作出客观的评价，提出改进措施，推动农村合作金融机构负债业务的健康发展。随着内部审计业务职能的拓展，审计目标也要不断提升，在此特别强调以下几点。

1. 真实性，是指农村合作金融机构会计报表中反映的各项存款真实存在。重点核实年末各项存款余额的真实性。

2. 合法合规性。检查存款业务活动中有无违规、违法行为。

3. 安全性。不仅对负债的真实性、负债业务合规性进行审计，还要注意负债资金的比例结构、时间结构，防范金融负债业务风险。

4. 效益性，是指资产负债的配比、负债的利息费用及其所产生的经济收益是否经济合理。

三、负债业务稽核的依据

对农村合作金融机构负债业务的稽核，主要是依据全国人大、国务院制定的有关经济、金融法律法规，财政部、中国人民银行、国家税务局以及金融监管部门等制定的有关制度、规定、办法等法规性文件，金融机构董事会、监事会以及上级主管部门制定下发的有关规定、规程、细则等文件。具体有：《中华人民共和国会计法》、《中华人民共和国反洗钱法》、《中华人民共和国人民币管理条例》、《储蓄管理条例》、《现金管理条例》、《企业会计制度》、《人民币银行结算账户管理办法》、《个人存款账户实名制规定》等法律、法规及有关规定。

第二节　单位存款业务稽核

单位存款主要是指在农村合作金融机构开立单位结算账户的各类企业、个体工商户在经营过程中将暂时闲置的货币资金存入农村合作金融机构而形成的存款，以及机关、团体、部队、事业单位、其他组织的经费存入农村合作金融机构的存款。单位存款业务稽核是为了防止和杜绝农村合作金融机构在开展存款业务活动中的违规、违法行为，防范负债业务风险，保持金融秩序的稳定，保障国民经济的健康发展。

一、单位存款业务常见弊端及风险点

1. 开户管理、账户管理不严格，未严格审查开户条件，未按要求保存身份资料，资料保管不完整。

2. 办理存款人撤销结算账户，没有认真对账，没有及时收回各种重要空白单证，结算账户的开立、变更、撤销没有及时登记开销户登记簿。

3. 办理存取款时审核凭证、印鉴不严格，存款的查询、挂失、冻结等手续不合规。

4. 支付存款金额、计付利息有误，或为吸收存款，擅自提高（或变相提高）存款利率，高息或变相高息揽储，违反国家利率政策。

5. 银行内部对存单等重要空白凭证及印鉴管理不严，违反规定为单位开立虚假存款证明书。

6. 虚假存款。为了完成指标任务，人为控制月末、年末存款基数，或通过突击发放贷款等形式虚增存款，产生派生存款，形成虚假信息。一种是负债类存款科目与资产类贷款、存放款、现金等科目同增同减，另一种是分支机构利用结转时间差相互划转资金虚增存款。

阅读材料 4－1　存 1 万补贴 150 元　银行贷款超发　年末砸钱吸储[①]

上市银行三季报显示，截至 2009 年 9 月末，有 3 家股份制银行的存贷比超过 75% 的监管要求，分别为深发展 85%、中信银行 83.1% 和华夏银行 76%。据中金公司测算，若 3 家银行选择通过增加存款来达标，则深发展、中信银行和华夏银行将分别需要额外吸收 744 亿元、742 亿元和 175 亿元存款，相当于各银行 2010 年新增存款规模的 68%、15% 和 25%。

7. 挪用、贪污单位存款及其利息。

8. 公款私存，银行内部以储蓄方式设立小金库。例如，交行锦州分行有 241 万元的“小金库”，其来源大多为贷款企业抵债物变现收益，分别保存在以该行风险处员工唐

① http://money.sohu.com/20091229/n269269490.shtml.

某、齐某等名义开立的7张存折中①。

9. 缺乏对存款客户基本情况和资金来源的了解，导致客户利用账户从事洗钱等活动。

10. 总分账余额不符。总分账余额不符是最常见的差错。造成总分账余额不符的原因主要有四个方面：一是发生额方向记错，借方记成贷方或贷方记成借方；二是分户账余额轧计错误，反方向加减了发生额，或错计了发生额的数位，或余额推计错误；三是漏记分户账；四是结账时，传票串科目等。

案例4－1　　支取凭证印章与预留印鉴不符

案情：2001年某市郊区王某与一外地人张某合伙做生意，郊区某农村信用社知情。3月10日外地人张某给该信用社汇入9万元，并在信用社开立了临时存款账户，预留了王、张二人的印鉴。3月20日，王、张二人同往支取了一笔1万元存款，支取凭证印鉴与预留印鉴一致。其后从3月28日到7月14日期间，王某利用与信用社会计的熟人关系，用本人印章分五次支取8万元。同年9月18日存款人张某向法院起诉，状告该信用社非法将其8万元存款支付给他人，请求追回。

问题：王某支取存款时，其支付印鉴与预留印鉴不符，经法院审理，属非法支取他人存款行为，判决该信用社承担8万元存款的非法支付责任。

案例4－2　　由于记账串户造成信用社垫付资金

案情：1999年7月10日，某信用社经核对发现“活期存款”科目红星冶炼厂（账号2011001）账户余额为104 820.56元，但该厂存放信用社的款项账户余额却为204 820.56元，信用社分户账余额小于该厂存款余额10万元。经查找，是该信用社5月22日将红星冶炼厂汇入的一笔10万元款项，错记入红光冶炼厂（账号2011010）账户。而该笔款项已被红光冶炼厂支取使用，其账户余额仅有1 841.12元。该信用社向红光冶炼厂追款，该厂因经营不佳，虽然认账却无法清退此款。

问题：由于信用社经办人员的粗心马虎，发生了记账串户的错误，使得信用社垫付资金，造成了一定的经济损失。

二、单位存款业务合规性稽核的主要内容

（一）单位存款业务开户手续及账户管理的合规性稽核

1. 开户资料，包括营业执照正本、授权书正本、开户许可证等是否真实齐全；为存款人开立的基本存款账户、临时存款账户，为预算单位开立的专用存款账户是否经人民银行核准。

2. 为存款人开立注册验资临时存款账户，是否严格审查预先核准通知书或批文；验

① “交行锦州分行与锦州中级法院联手作假——2亿元贷款核呆作假案审计始末”，www. audit. gov. cn。

资期间是否只收不付，验资结束是否依据正式资料开立结算账户；撤销验资的，是否将资金退还给原汇款人账户或原出资人，防止利用验资账户进行洗钱活动。

3. 复印件是否与原件一致，并由经办人和主管签章；开户申请书是否登记全套印鉴卡等。

4. 客户信息变更、保存等是否符合有关规定。

5. 有无虚假客户信息（复印件）或泄露客户信息的情况。

6. 接受申请、审核、开户等操作是否实行分离。

7. 内外对账单是否按规定及时发出和收回，有无漏发、漏收等；行（社）内往来科目是否列入了对账范围，长期不动户是否列入定期对账，存贷款对账单收回率是否达到规定比例。

8. 对超过一年以上未发生的结算账户是否通知存款人办理销户手续，超过规定时间未办理销户的是否将该账户纳入久悬户处理。

（二）单位活期存款、定期存款、通知存款和同业存款合规性稽核

1. 单位活期存款合规性稽核。

（1）单位支取现金有无违反现金管理规定，有无在非基本账户中为单位办理取现。

（2）科目使用是否正确，有无虚增存款，将不同性质的资金转入有关活期存款科目，如同业资金、财政存款等；有无转移、隐瞒存款，将单位活期存款转到其他科目。

（3）有无违反国家利率政策，高息吸存和用现金支付利息。

（4）内外账务是否按规定核对，必要时可上门对账，检查有无公款私存，存款不入账，私下将客户存款贪污、挪用等问题。

（5）有无出租、出借单位存款账户。

2. 单位定期存款合规性稽核。

单位定期存款是指期限确定、到期一次还本付息的一种存款。定期存款采用利随本清的计息方式，可以部分提前支取一次，提前支取部分按支取日银行挂牌活期利率计付。单位定期存款合规性稽核的重点内容如下：

（1）对单位定期存款是否按人民银行的规定实行账户管理；所提交的开户申请书、相关证明文件是否符合规定，印鉴卡片记载的内容、预留的印鉴、签名字样是否完整、清晰。

（2）单位定期存款的起存金额是否在规定的金额起点以上。

（3）有无违反人民银行现金管理规定，单位定期存款的支取是否采取转账的方式存入基本账户，有无用于结算和取现。

（4）单位定期存款的计息是否准确，提前支取是否按活期存款挂牌利率计付利息，逾期部分是否按支取日挂牌公告的活期存款利率计息，有无直接和间接提高存款利率吸存的问题。

（5）对单位定期存款的提前支取是否按规定办理，对长期不动户或金额较大户是否按规定发出对账通知单，核对回单，必要时可进行上门核对，检查有无内部人员或内外勾结私下挪用单位存款的问题。

3. 单位通知存款合规性稽核。

（1）开办单位通知存款业务是否经人民银行批准；办理通知存款的单位是否符合规定，有无为金融机构同业办理通知存款的问题。

（2）单位通知存款最低起存金额、最低支取额是否符合规定的数额；是否为一次性存入。

（3）存款单位在支取存款时，是否按存入时选择的通知约定方式事前通知农村合作金融机构预定取款时间和金额，农村合作金融机构经办人员是否及时进行登记，在存户支取时，是否按其通知预定的时间和金额办理支取手续。

（4）支取现金有无违反现金管理规定。

（5）支取存款是否按支取当日挂牌公告的利率和实际存期计息，利随本清；有无多计或少计利息和变相高息吸存。

（6）有无为完成对公存款任务，将同业存款转作通知存款，虚增对公存款。

4. 同业存款合规性稽核。同业存款是指其他金融机构在本机构的存款，如商业银行、金融财务公司、证券公司等机构的存款。同业存款合规性稽核的重点内容：

（1）科目反映是否正确，有无为隐瞒对公存款而将单位资金转入同业存款科目；或为虚增对公存款和储蓄存款而将同业存款通过转账或取现存入对公存款科目和个人储蓄账户。

（2）执行同业存款的利率是否正确，有无直接提高或变相提高利率吸收同业存款。

（3）同业存款中有无隐藏其他违规问题。

（4）是否按规定发出对账通知，进行账务核对，有无私下将同业存款转移、挪用的问题。

（三）存款业务查询、冻结、扣划合规性的稽核

1. 受理执行查询、冻结、扣划等特殊业务是否符合国家法律、法规的有关规定；

2. 经办人是否认真核实执法人员工作证件和法律文书的合法性、真实性、有效性，如将查询书留存备案；对不符合法定条件的查询单位和无合法手续的是否依法拒绝。

3. 办理特殊业务时是否严格执行内控制度及授权办理。

阅读材料 4－2

有权查询单位［有权单位指有权机关县团级以上（含）机构］：人民法院、税务机关、海关、人民检察院、公安机关、国家安全机关、军队保卫部门、监狱、走私犯罪侦查机关、检察机关（含军队监察机关，查询单位存款）、审计机关（查询单位存款）、工商行政管理机关（查询单位存款）、证券监督管理机关（查询单位存款）、纪律检查机关（在查处已正式立案的违法、违纪案件时，可以查询单位存款）；

有权冻结单位：人民法院、税务机关、海关、人民检察院、公安机关、国家安全机关、军队保卫部门、监狱、工商行政管理机关（办理单位存款暂停结算）；

有权扣划单位：人民法院、税务机关、海关。

三、单位存款业务正确性稽核的主要内容

1. 单位存款户印鉴管理情况的稽核。

（1）稽核存款人开立账户时，送交农村合作金融机构盖有存款人印章（法人章或法人财务专用章及法定代表人和财会人员名章）的印鉴卡是否与开户文件证明（如开户许可证）注明的法人、个人名称一致，是否认真审查核对。

（2）稽核预留印鉴卡起止日期是否与开销户日期一致，是否列入账户档案登记管理。

（3）稽核存款单位的法定代表人或财会人员变动后，更换的新印鉴是否与单位公函注明的新名称一致。

2. 存款科目相关账务相符的稽核。如应解汇款及临时存款账户的款项是否转入正确的单位或个体工商户的存款账户，有无违规转入储蓄和信用卡账户。

3. 单位存款利息的稽核。抽查系统中存款积数的计算是否正确，有无系统漏洞或风险；检查利息结转是否在规定的时间转入规定的账户；检查单位定期存款分户账及计息清单，其存入金额、期限与各档次的利率标准是否相符，计算是否正确，有无擅自提高或降低存款利率的问题。

4. 单位存款账户内外账务是否相符的稽核。主要稽核三个方面：一是稽核检查对账单，看是否按月发出对账单与存款人对账，再查近期反馈的对账回单核对情况，看对账单收回比例。二是稽核未达账项。双方账务未达账项各自调整后，余额是否相符；未达账项的日期、金额、凭证号码、印章应逐笔核实确认。三是抽查余额较大、存取业务发生频繁且近日有支取较大额度款项的账户，进行账务核对。

四、单位存款业务真实性稽核的主要内容

检查活期存款科目是否有月（季、半年、年）末余额突然增长，次月（季、半年、年）初又迅速下降的现象存在。对此类可能弄虚作假问题的检查方法如下：

1. 资产负债同时虚增虚减总账余额的检查。检查存款科目余额突然增加期间的传票，是否有存款科目与贷款或其他资产科目对转的传票。

2. 存放款项虚增的检查。检查存款科目余额突然增加期间的贷方传票，对可疑的转入款项，追查存放银行款项借方凭证的真伪。这种作假手法一般是在结账前总分账全部记载，结账后再冲转恢复。

3. 以贷转存的分析性复核及检查。有的农村合作金融机构为了完成任务指标等，突击放贷，完成存款任务，虚增存款余额。对此要通过贷款、存款的增长幅度及关联度分析有无以贷转存，并通过进一步的账户、凭证的抽查取证，核实真实存在以贷转存现象。

4. 分支机构利用结账时间差在往来账户互相划转资金的检查法。主要检查结账前转入，结账后又转出的账务处理手续。

案例 4－3　　贪污单位存款利息

案情：某农村信用社稽核人员在稽查单位存款利息支出账户时，发现“活期存款”科目个体某服装店 2001 年度存取业务频繁，存款余额平均在 3 万元左右，但利息计算额度却较大。经查，第二季度利息积数应为 288 万元，应付利息 136.80 元，而实际按 2 880万元的利息积数计付了利息，实付利息 1 368 元。第三季度积数应为 224 万元，应付利息 89.00 元，而在实际计算过程中，有 10 多笔计算积数 1 420 万元，实付利息 657.00 元。

问题：经进一步检查发现，6 月 23 日该信用社某经办人员通过现金支取该账户第二季度利息差额 1 231.20 元，9 月 23 日又通过现金支取该账户第三季度利息差额 568 元。核对存款人存折，第二季度转入应得利息 136.80 元，第三季度转入应得利息 89.00 元。据此证实了某经办人员贪污两笔利息 1 799.20 元的事实。

5. 单位存款支票、印鉴挂失处理的稽核。

（1）单位支票挂失处理的稽核。主要检查内容是：支票丢失人提交的挂失止付通知书上是否签盖印鉴章，是否记载清楚支票丢失的时间、地点、原因，支票号码、金额、出票日期、付款日期、付款人名称、收款人名称，挂失止付人的姓名、营业场所或住址以及联系方法等；账户自挂失支票出票日起，是否确未支付此笔款项；挂失是否已登记在挂失止付登记簿上，是否在出票人账户账首明显处注明“×年×月×日第×号支票挂失止付”字样，是否通过有关媒体进行了公告。

（2）单位印鉴挂失处理的稽核。主要检查内容是：单位公章遗失是否有上级主管部门公函证明，个人名章遗失是否有开户单位公函证明。函件上是否说明丢失印鉴的名称、式样、字体以及丢失原因和日期，是否有抄列的存款余额；挂失单位抄列的日期、存款余额与信用社存款账户余额是否相符；旧印鉴卡片是否注明更换印鉴情况，登记挂失登记簿；新印鉴卡片启用日期是否与旧印鉴卡片停止日期衔接。

第三节　储蓄存款业务稽核

储蓄存款业务稽核是以《储蓄管理条例》和有关政策、规定、办法及制度为依据，通过对储蓄真诚原则、规则制度、机构管理和账务核算等方面进行监督和检查，促进储蓄政策原则的贯彻落实，以加强经营管理，提高工作质量和效率，更好地推进储蓄事业的发展。

一、储蓄存款业务常见弊端及风险点

1. 不严格执行储蓄政策与原则。

2. 不严格执行内部控制制度。如：重要空白凭证（储蓄存单）保管不慎；在实行计算机管理条件下，超越授权，密码管理不严或未经批准擅自改动账户文件信息，造成经济损失等。

3. 账务核算不正确。如：对储蓄存款业务不正确入账，有意串户，挪用客户资金，账外吸储等。

4. “公款私存”。有的农村合作金融机构明知或应当知道该资金的性质是单位资金，而以储蓄存款的形式将其存储的行为。如：有的企业为了逃避归还银行贷款，有意将销售收入以单位会计、出纳等个人名义存入储蓄所；有些中小企业为了提现方便，也常常将企业的经营性资金转入储蓄存款账户；一些部门为了逃避监督，将“小金库”资金以个人名义存入储蓄存款账户；有些网点为了完成储蓄存款考核任务，直接或间接将单位存款纳入储蓄存款核算。

5. 虚增储蓄存款。储蓄存款余额增加的造假手段与单位存款的造假手段基本相同。

6. 错计、错付储蓄利息，变相提高利率，息外付息或贪污储蓄存款利息等。如：2009 年“存 20 万元到 × × 银行，即可获赠 400 元现金消费卡”，“成为金卡客户即获赠千元加油卡”等。

7. 部分挂失手续不合规。挂失申请书无申请人签字，挂失申请与解挂支取签字不一致，且无代理挂失人有效身份证件复印件等。

阅读材料 4－3　　备战流动性收紧　银行变相高息揽储抬头①

如果说 2009 年是银行业的贷款年，那么 2010 年很可能是存款年。

2009 年信贷创纪录式的增长，加上 2010 年货币信贷政策的趋紧，使得多年不见的银行大力吸收存款（简称吸存）现象再现江湖。与此同时，变相高息揽储行为也有所抬头。存款 50 万到 100 万元，可以送无绳电话、电饭煲；100 万到 300 万元，可得到数码相机、手机、GPS；300 万元以上，送笔记本电脑……最近类似这样的存款优惠活动，在当前很多银行的宣传板上并不鲜见。据了解，目前业内最常见的返点率是万分之五。也就是说，如果客户在银行存款 100 万元，往往可以得到 500 元的现金返利。依此类推，存款 500 万元则可以得到 2 500 元。存款期限越长，给出的返点也会越高。

早在几年前，银监会就叫停了银行将一般储蓄存款产品作为理财计划销售，并违反国家利率管理政策进行变相高息揽储的行为。但上有政策下有对策，随着形势的变化，银行吸存的形式也有所变化，上述银行的这种做法也可以视做是另一种变相的高息揽储。

二、储蓄存款业务合规性稽核的主要内容

（一）储蓄存款内部控制制度的审计稽核

1. 重要空白凭证、业务印章是否指定专人进行管理；有无将重要空白凭证随便放置在办公桌桌面，操作员离岗是否将章戳收入桌柜（头寸箱）并上锁。

2. 储蓄网点（柜）是否坚持储蓄会计核算制度，账务处理是否合规，是否坚持每日

① 见《上海证券报》，2010－03－26。

核对和定期核对，账账、账款、账据、账表、账实、内外账务是否相符；现金、章戳、有价单证、重要空白凭证，如存单、存折、卡、存款证明书等，是否严格按规定领用、使用、交接、保管、登记。

3. 现场观察临柜人员是否严格按制度和电脑操作规程办理柜台储户存、取业务；柜员离开操作平台是否及时退出操作系统界面，柜员各自设定的电脑操作密码的管理和使用是否合规。

4. 对储户支取大额现金是否按规定操作；对当日存入款项的取现和转账业务，是否按规定办理。

5. 储蓄事后监督是否履行监督职责，是否坚持按日校对账目，按程序逐项、逐笔审核凭证、账表，对存在的差错或隐患是否按规定及时处理；岗位制约、业务监督和重要岗位人员的配备是否符合内部控制制度的要求。

6. 各种登记簿建立是否齐全，登记、移交制度是否落实。

7. 操作员发生操作错误或电脑、通信发生故障导致账务错误，是否按照权限管理规定，实行双人复核冲正，并在错账凭证上注明冲账原因，错账冲正传票是否经储蓄主管或事后监督员签字确认；电脑抹账是否按规定处理，隔日抹账是否经有权人签字同意。

（二）个人储蓄开户手续合规性稽核

1. 办理个人储蓄开户手续时，经办人是否严格执行人民银行实名制的规定，是否要求出示储户本人身份证明，并审核证明的合法性和有效性。

2. 是否对储户身份证明的名称和号码进行登记。

3. 储户密码是否由储户本人自己设置和输入电脑；对储户凭印鉴支取的存单（折），经办人是否按规定办好凭印鉴支取手续。

4. 经办人是否对电脑确认、打印的存单（折）的要素与储户填写的存款凭条的要素核对相符。

（三）储蓄存款续存、支取手续合规性稽核

1. 审查存取款业务时，是否账折见面，操作规范，由客户输入密码。对收付款业务是否贯彻"先收款，后记账"、"先记账，后付款"的原则。

2. 空白凭证、存单是否置于监督控制之下。

3. 定期储蓄存款提前支取处理手续的检查。主要检查定期储蓄存款提前支取的存单是否附有本存单存款人的身份证或户口簿、军官证、外籍储户的护照、居住证等复印件（他人代支取的还要附有代支取人的有效身份证件复印件）。

（四）办理储蓄存款挂失、存款证明书等手续合规性稽核

1. 储蓄存款挂失手续合规性稽核。

（1）储户存单（折）挂失是否填写挂失申请书，出示本人的身份证件是否合法有效，有无留存复印件；储户密码挂失，是否为储户本人，是否按规定的时间办理新密码启用手续；有无受理无合法有效证件的挂失，有无受理不记名存单（折）的挂失；储户委托他人挂失，被委托人是否出示本人的合法有效身份证明和储户本人的合法有效身份证明，有无留存复印件，取款和转账时是否为储户本人。

（2）对储户以口头、函电方式的挂失，是否严格按照规定的期限办理正式书面挂失手续。

（3）正式书面挂失后，是否在电脑程序中对挂失的存款办理冻结手续；是否严格按照规定的期限办理补领新存单（折）或取款手续，并对原存单（折）作销户处理，有无提前补办领、取手续。

（4）存款人死亡，继承人申请挂失时，是否凭县级以上公证机关或县级以上人民法院签发的继承权证明书办理挂失手续。

（5）对长期不动户已列入单独管理的储蓄存款办理挂失手续时，是否经授权批准后办理。

2. 储蓄存款证明书手续合规性稽核。

（1）以经营网点为单位、个人开办存款证明书业务是否经主管部门审批，有权批准人是否经联社主管部门授权；未经批准开办此业务的机构、网点，如需为客户开具存款证明书，是否根据客户提交的申请，加盖经办网点章后到联社办理；经有权人审查批准后，经办人是否在“挂失、止付登记簿”予以登记。

（2）用于开具存款证明书的存单（折）是否为客户本人在开办网点的存单（折）；有无开具虚假存款证明书的问题。

（3）经办人员对客户的申请书和有效身份证件以及有关资料原件是否认真审查，是否符合规定的条件；有无为被法律规定的有权部门冻结、止付以及用于贷款质押或所有权关系不明晰的存单（折）开具存款证明书的问题。

（4）开具的存款证明书中所记载的存款余额是否与开出证明书当时存款账户中的余额、存单（折）的余额、币种一致。

（5）是否在证明书上加盖“存款证明专用章”；是否将存款证明书附本联、申请书第二联和身份证复印件及有关资料归档保管，第三联申请书随“挂失止付登记簿”专夹保管。

（6）开出证明书时是否及时在电脑中冻结需要开证的存款；对已列入存款证明书的存款在止付期内有无解冻和办理支取的问题；有无未收回存款证明书原件而为客户办理提前支取手续。

（7）存款证明书是否纳入重要空白凭证的管理，实行销号、领用登记制度，存款证明专用章是否与存款证明书分人分管。

（8）手续费是否按规定收取并正确入账。

三、储蓄存款业务正确性稽核的主要内容

（一）储蓄存款账务核算方面

1. 储蓄存款科目账户使用设置的检查，包括科目归属的检查及分户账设置、记载的检查科目使用是否正确等。检查是否将国家机关、企业、事业、保险机构、财政性存款等会计科目的任何公款以个人名义转为储蓄存款。有无利用汇款、贷款或其他业务手段等吸收储蓄存款的行为。

2. 检查活期储蓄存款科目总、分账务。抽查分户账是否有串户现象。

3. 审查所有的存取款业务是否按规定程序办理，并记录在正确的会计期间，从对公存款账户转入储蓄存款账户的交易是否有严格审查制度。

4. 对存款人一日一次性从储蓄账户提取现金5万元（含）以上的，是否要求取款人提供有效身份证件，并经储蓄机构负责人审核后予以支付。同时检查操作规程的执行情况。

5. 审查银行是否按制度要求编制有关报表，数据是否准确无误，重点是审查营业汇总日报表编制是否正确。

（二）储蓄利息计算方面

“存款有息”是储蓄业务必须坚持的原则之一，农村合作金融机构是否按照有关政策、制度和规定利率正确计算并支付利息，是加强金融机构经济核算，保护储户利益的重要环节。重点检查以下内容：

1. 用分析性复核法，检查有无违反国家利率政策，擅自提高或降低储蓄利率。

2. 检查表内及表外利息支出情况，分析有无变相高息揽储，有无侵占储户利息等问题。

3. 定期储蓄到期支取，是否按存单开户日所定利率计付利息，利息计算是否准确。如整存整取提前支取部分或全部存款，是否按支取日挂牌公告的活期储蓄存款利率计息，部分提前支取是否只限办理一次，其提前支取部分是否利随本清；逾期支取，其逾期部分，是否一律按支取日挂牌公告的活期储蓄存款利率计息。

4. 是否有超越财务制度规定计发储蓄存款手续费的问题。检查农村合作金融机构是否有以散发有价赠品、发放各种名目的揽储费。

四、储蓄存款稽核的主要方法

（一）私下存款、贪污、挪用客户资金问题的稽核方法

1. 核对法。进行总账与分户账核对、总账与报表核对、会计凭证与分户账核对、账卡核对、内部账与外部账核对、同一网点的结算柜与储蓄柜往来核对等，看是否相符，有无疑点。重点对结算、现金存取业务量较大的客户，特别是对长期未动户办理转账业务的客户进行重点检查和上门核对往来账务。

2. 盘点法。检查重要空白凭证有无个人私自领用，盘点重要空白凭证是否缺张少份，如有上述情况应及时查明原因及去向。

3. 观察法。观察柜员办理的客户挂失手续特别是定期存款的挂失手续是否合规，挂失记录中凭以挂失的身份证的姓名、号码、地址是否与储户开户时所登记的相同，有无本所人员代理挂失并代理支取的情况。同时对其他内部控制制度进行检查，如客户预留的印鉴卡片的管理是否严格，有无随便放置，下班后不入柜保管的问题，了解有无本单位其他无关人员借用客户印鉴卡片的情况。

4. 鉴定法。对已经办理的取款、转账业务的记账凭证以及凭证上所盖印鉴的真实性进行认真鉴别；审查单位取款凭条上有无取款人印鉴和签名。

（二）高息吸储问题的稽核方法

检查高息或变相高息揽存，最直接、有效的方法是从其账务入手，查实其“高息”部分资金的出处。从目前掌握的情况看，农村合作金融机构通常采取以下处理方式：直接在“利息支出”科目列支；在费用类科目列支直接冲减“利息收入”；挂“其他应收款”等过渡性科目，跨年度摊销；以发放职工奖金或绩效工资等名义列支；以假发票入账或假借基建支出等名义列支“高息”费用。因此，稽核高息吸储的方法如下：

1. 复算利息计算是否准确，将各网点、分支机构的利息收支数与上一级机构的收支数进行核对，看有无差额，查找差额形成的原因及去向、用途，有无提取现金的情况。

2. 复算支付的同业往来利息是否准确，将利息支出数与金融同业往来单位的利息收支进行核对，看有无差额，差额形成的原因及去向、用途，有无支付现金的情况。

3. 审查开销户登记簿，看有无人为将利率输错的问题；审查付息传票，有无在电脑正常计付利息后又另作一份手工利息付出传票。

4. 审查费用科目中的有关原始凭证，重点检查大额费用支出，看是否据实列支，有无巧立名目虚列招待费、会议费、公杂费、电子设备运转费、维修费、工资性支出等，实际用于揽存的奖金和手续费；有无在其他营业支出、营业外支出科目中列支储蓄手续费和揽储费用、奖金等。

5. 审查过渡性科目，有无费用挂账，查清挂账的原因。

6. 查阅联社、网点的会议记录和制定的年度（月、季）经营目标考核办法，有无明显地将存款任务与工资、奖金、福利等挂钩的内容。

7. 为防止“高息”费用跨年度摊销，故应检查农村合作金融机构高息揽储前后两年的成本、费用和相关利息收入、支出科目分户账。

（三）公款私存问题的稽核方法

1. 检查会计总账，月（季、半年、年）报表，看年度内各不同时段特别是月、季、半年、年末，存款任务完成情况是否异常波动。储蓄存款余额特别是活期储蓄余额有无大增大降的情况，是否存在对公存款已超额完成而储蓄存款未完成的情况，如存在这些情况，应核对会计传票、储蓄卡片账和定活两便分户账，对增（减）额度大的储蓄账户的户名及身份证的号码进行分析，看有无可疑之处，是否为化名和伪造的身份证号码。

2. 相关科目分析。审查重要时点（段），单位存款、同业存放款、临时存款等科目发生的较大额度的转账业务和转账凭证及其对方科目，查看转出资金的用途和去向，有无划转到本机构（网点）的个人储蓄户头，并在较短时间内又划回到单位存款、同业存放款科目；审查储蓄账户是否为当日新开户；通过相关科目的分析发现疑点。

3. 审查重要时间段，各单位存款、同业存放款、临时存款等科目每天所发生的较大金额的取现业务和现金支票及用途、去向，同时对照各天电脑打印的定期、活期、定活两便储蓄业务流水账和现金储蓄收入传票、现金日记账，有无单笔相同金额的储蓄现金存入款项或同时办理较大金额的、多笔的且存单（折）号码连续的储蓄现金存入业务。

4. 调阅开户清单对户名进行排查，看有无可疑的姓名，核对储蓄存单（折）的姓名与现金支票上的私章是否相同（化名一般有单位会计、出纳名字、单位名称缩写或特定代码等)，将多笔的储蓄金额相加是否与单位存款或同业存款等科目中支取的金额相同；这些储蓄账户是否为当日新开立的，是否在较短的天数内被支取等；针对查出的疑点进行分析和对经办人盘问。

5. 查阅库存现金账和登记簿，看被查日的前一天的库存现金余额和被查日现金的收付量大小，对比库存现金增减变化和头寸调运情况，对发现的疑点进行分析，作出判断。

6. 查阅储蓄科目中的付息凭证，看有无手工填制的、收款人为单位的计付利息清单，并查看该笔付息业务的会计分录。

第四节 负债清偿情况稽核

一、存款准备金的稽核

对存款准备金的稽核，一方面要审查金融机构在人民银行存款账户内是否保持了合理余额，做到既不积压，又不影响资金的清算；另一方面要审查金融机构的现金库存量是否适度，有无超过核定的库存限额或低于限额不足以支付的情况。对存款准备金率进行检查时，可根据每日一般存款余额和日计表计算出月、旬备付金率，与同期人民银行核定的比例对照。也可分旬计算，逐旬考核备付金是否达到要求，并分别计算出备付金率达到的旬份、未达到的旬份占全月及全年的比重，以考核备付金率是否合理，有无留存不足影响客户资金提取和清算的问题。

二、社内往来等资金清算及时性的稽核

1. 检查社内往来、同城票据清算、人民银行大小额支付系统等是否及时办理。是否存在因资金头寸不足而压单、压票等违反结算纪律的现象。

2. 检查是否存在代收票据不及时入账的现象，特别是对金额较大的代收票据，是否存在为增加存款，故意延迟企业进账时间，从而影响企业资金周转、使用的情况。

3. 检查汇入汇出款项是否及时办理。有无压汇、汇出不及时或汇入款延迟解付等现象。对压汇的基层网点是否进行了严肃处理。

三、债务清偿及时性的稽核

1. 检查拆入的资金是否能够到期归还。

2. 检查向中央银行借款是否按期归还。

3. 检查向同业借款的归还情况。

4. 检查已到期的金融债券的兑付情况。

【复习思考题】

1. 单位存款稽核包括哪些主要内容？

2. 单位定期存款合规性稽核的重点内容有哪些?
3. 单位活期存款合规性稽核的重点内容有哪些?
4. 单位存款开户手续合规性稽核有哪些主要内容?
5. 储蓄存款稽核包括哪些内容?
6. 储蓄柜员制业务操作合规性稽核的主要内容有哪些?
7. 怎样稽核个人储蓄开户手续的合规性?
8. 怎样稽核私下存款、贪污、挪用客户资金的问题?
9. 简述储蓄存款账务核算中常见的差错及稽核内容。
10. 请结合实际，谈谈负债业务稽核的主要方法。

案例 4-4　中信银行巨额企业存款“失踪”　银行该负多大责任[①]

一、案例介绍

2005 年 9 月 8 日，上海锅炉厂将 5 000 万元存入中信银行上海浦东分行，定期存款一年。但上海锅炉厂的财务人员于 2006 年 5 月 11 日到银行提前支取该笔存款，却发现巨额存款不翼而飞。经调查此案系银行内部员工与外部人员勾结，合伙骗取银行资金。

上海锅炉厂是中信银行上海浦东分行的重要客户，银行为其专门配备了一名客户经理韩某，长期代理银行与上海锅炉厂之间的业务，如企业日常的贷款业务、存取款业务等。

根据规定，定期存单只能以转账方式将存款转入企业的基本存款账户，不得将定期存款用于结算或从定期存款账户中提取现金。如果需要提前支取定期存款，必须提供公章、财务专用章和法定代表人章等印鉴。而韩某利用工作之便，伪造企业的印鉴，偷盖银行印章，重新克隆了一张定期存单，并利用该存单，先将定期存款转为活期存款，然后通过蚂蚁搬家的形式，先后把资金从中信银行转入华夏银行，又从华夏银行转入上海银行，再从上海银行转入浦发银行等多次转账，最后汇入一家公司（较小规模的私营有限责任公司）——上海泛洋城市度假村的账户，资金去向不得而知。

二、案例分析

分析此案例主要存在如下问题:

1. 印证管理不严。银行的“印、押、证分管”制度要求，使用和保管重要业务印章的人员不得同时保管相关的业务单证，使用和管理密押、压数机的人员不得同时使用或保管相关的印章和业务单证；使用和保管密押的人员应当保持相对稳定，人员变动应当经主管领导批准，并办好交接和登记手续；人员离岗，印、押、证应当落锁入柜，妥善保管；柜台人员的名章、操作密码、身份识别卡等应当实行个人负责制，妥善保管，按章使用。重要空白凭证一律纳入表外科目核算，实行专人负责、入库保管，并每月进行账、证核对，保证账实相符。

此案例中的韩某作为前台业务人员，按制度要求是不应该接触银行印鉴的，手中也

---

① http://94fw.com/yw/fal/anlifenxi/201003/22381.html.

不应当有空白的定期存单，而韩某能伪造出定期存单，并伪造出全套印鉴，还能蒙骗过会计部门，将定期存款转换为活期存款，说明银行印鉴和重要空白凭证的管理是很不严格的。

2. 支取用途违规。从利息收入角度来说，企业一般不会提前支取定期存款，即使提前支取，银行规定也只能以转账方式将定期存款转入企业的基本存款账户，不得将定期存款用于结算或从定期存款账户中提取现金。本案例中，韩某利用虚假的定期存单和伪造的印鉴将定期存款支取后，中信银行上海浦东分行并没有将资金转存入上海锅炉厂的基本存款账户上，而是通过这个账户转入华夏银行，又转入上海银行，再转入浦发银行等，最后将资金落到了与上海锅炉厂没有真实的商业贸易关系的上海泛洋城市度假村的账户上。中信银行上海浦东分行没有遵守单位定期存款提前支取的相关规定，致使企业巨额存款“失踪”。开户银行负有重大责任。

3. 岗位职责不清。作为中信银行上海浦东分行的客户经理韩某，其工作职责内容中不应有为客户存款存入或支取业务。而韩某超职责范围，填制虚假的定期存单和伪造的印鉴，对公柜台业务人员也违规受理了此项业务，致使客户的定期存款在客户毫不知情的状态下被支取出去。

4. 多家银行失控。此案中的巨额存款，从中信银行上海浦东分行违规支取后，经过六次转账才到达上海泛洋城市度假村的账户上。这么一笔巨额的资金每次的转账，都没有真实的商业贸易交易背景，只要六家银行中的任何一家银行严格遵守转账结算相关规定，巨额资金都不会落入犯罪嫌疑人的手中。上海锅炉厂的巨额资金在多家银行几经周折后，最终被一个私营企业主挪作他用，造成的资金损失，各经办银行也应承担相应的责任。

三、案例启示

此案件给我们的主要教训是要加强操作风险和合规风险的防范。

（一）发展业务不忘内控

银行在业务发展的同时，合规经营管理方面仍存在不少不容忽视的问题。如一些营业机构仍存在重业务拓展，轻合规经营的做法，把精力只集中于完成考核经营的任务和指标上，只注重市场营销和拓展，而忽视业务的合规性管理，甚至有些营业机构不惜冒着违规操作的风险以实现短期业绩，合规意识淡薄，案件时有发生。本案例涉及的银行有六家，各家银行对这样一笔巨额资金来源，往往从完成存款任务的角度考虑得多，而对其中的风险防范考虑得少，导致了作案者屡次得手。所以银行业既要发展业务，更要重视内部控制。

（二）加强会计监督职能

操作风险是指由不完善或有问题的内部程序、员工和信息科技系统，以及外部事件所造成损失的风险。本案表现出中信银行上海浦东分行在重要空白凭证保管和银行印鉴管理的内控制度不健全，内部管理不规范，内勤主任不能在事前、事中、事后认真逐笔审核柜员办理的业务，没有按规定进行监督管理本单位发生业务的真实性。案发后，中信银行上海分行在内部紧急开展整治工作，出台了新的管理制度，规定“从2005年5

月1日至5月15日发生的单位定期存款提前支取的情况，各网点由委派总会计负责进行电话确认。柜面受理单位定期存款提前支取、挂失业务或企业大额支付，应由委派总会计负责向单位进行电话确认”。2005年5月15日，中信银行上海分行会计清算部又发布《关于开展银企对账的通知》，要求客户账户余额500万元以上（含500万元）的采用双人上门核对的办法，账户余额500万元以下的由会计人员通过邮寄挂号信的方法进行对账[①]。

【参考文献】

［1］吴建伟：《农村合作金融内部审计操作流程》，北京，中国金融出版社，2008。

［2］张初础：《农村合作金融机构内部审计质量控制》，上海，立信会计出版社，2007。

［3］尹平：《政府审计理论与实务》，北京，中国财政经济出版社，2008。

① 资料来源：http：//94fw. com/yw/fal/anlifenxi/201003/22381. html。

第五章　资金业务稽核

【本章概要】

商业银行自诞生之日起，资金管理工作就成为其工作的核心内容，既支撑着商业银行的整个业务体系，又对商业银行的其他业务工作起到指导作用，资金业务被视为同信贷业务、中间业务一样的营利性业务来经营，农村合作金融机构的资金业务近年来也呈上升趋势，越来越成为其营利性业务的重要组成部分，资金业务的重点也从保证对外支付转变为创造经营效益，从被动调度转变为主动营运，业务种类和业务总量在短期内迅速增加。但与已经相对严密的信贷风险管理体系相比，农村合作金融机构资金业务风险管理实际上还处于薄弱状态，其风险控制上存在的漏洞却常被忽视，特别是在美国次贷危机、法国兴业银行交易员违规投资、瑞信交易员错账等丑闻事件相继发生后，农村合作金融机构资金交易业务的前后台风险控制、风险管理及风险评估体系才受到高度关注。相对于商业银行，农村合作金融机构尤其需要建立和健全其资金业务的内部控制制度和风险管理制度，把资金业务风险管理纳入银行全面的风险管理体系，建立资金交易业务的前后台风险控制、风险管理及风险评估体系，防止因违规操作和风险识别不足导致的重大损失。本章主要介绍资金业务及其稽核的主要内容、同业往来业务稽核、投资业务稽核以及外汇业务稽核。

【要点提示】

- 资金业务及其稽核的主要内容；
- 同业往来业务稽核的程序与要点；
- 投资业务稽核程序与要点；
- 外汇业务稽核程序与要点。

【内容架构】

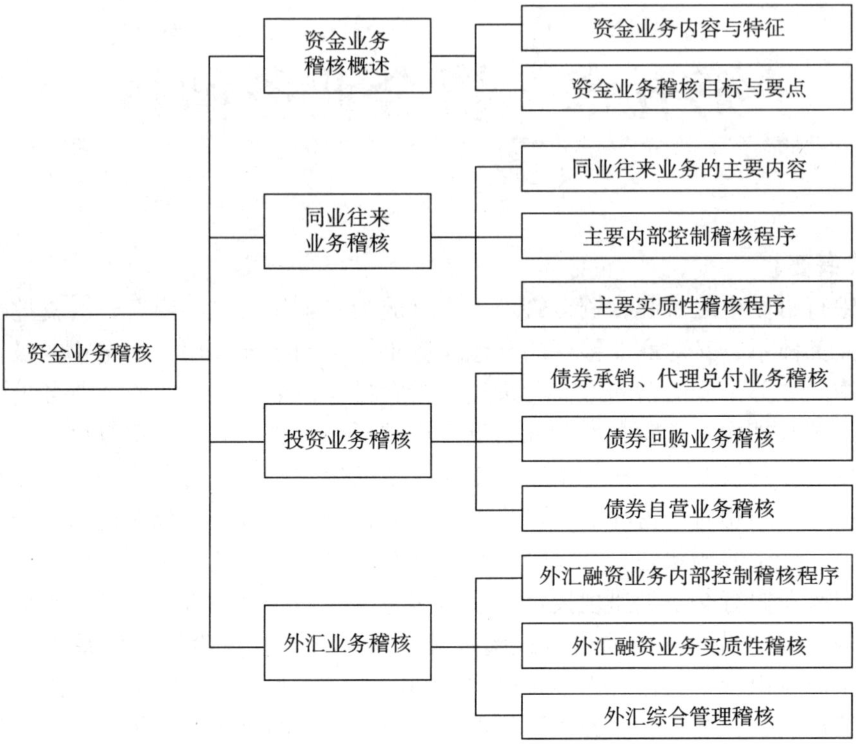
资金业务稽核
资金业务稽核概述
资金业务内容与特征
资金业务稽核目标与要点
同业往来业务稽核
同业往来业务的主要内容
主要内部控制稽核程序
主要实质性稽核程序
投资业务稽核
债券承销、代理兑付业务稽核
债券回购业务稽核
债券自营业务稽核
外汇业务稽核
外汇融资业务内部控制稽核程序
外汇融资业务实质性稽核
外汇综合管理稽核

第一节　资金业务稽核概述

一、资金业务内容与特征

（一）资金业务内容及分类

资金业务是指农村合作金融机构营运管理资金的各项活动，包括农村合作金融机构与中央银行之间的资金往来业务，农村合作金融机构与金融同业之间的资金往来业务，农村合作金融机构系统内部之间的资金往来业务，具体包括同业往来、投资、外汇交易等业务经营管理。伴随金融改革的逐步推进，资金业务的原有功能被逐步边缘化，资金业务的内涵正逐步多样化。目前，农村合作金融机构的资金业务主要包括同业往来业务、投资业务和外汇业务等。

1. 同业往来业务。农村合作金融机构同业往来业务是指农村合作金融机构与金融同业之间、农村合作金融机构与人民银行之间、农村合作金融机构与非银行金融机构之间，由于办理资金划拨、资金拆借融通、结算等业务而引起的资金账务往来。主要包括同业存放业务、央行往来业务以及同业拆借业务。

2. 投资业务。农村合作金融机构的投资业务就是农村合作金融机构将资金投放给证券发行人，农村合作金融机构从中获得收益，证券发行人则通过证券筹措资金从事生产或其他经营活动。农村合作金融机构的证券投资类型主要有两种：债券和股票。其中，农村合作金融机构的债券投资又可以分为对政府债券的投资和对企业债券的投资，债券投资是农村合作金融机构证券投资的主体；股票的投资占农村合作金融机构证券投资比例很小，目前有对企业股权投资，一般是抵债资产，是由债转股形成的。

3. 外汇业务。本部分所述的外汇业务包括外汇融资业务以及外汇综合管理业务。外汇融资业务稽核主要包括外汇融资业务内部控制制度的健全性和有效性的评估，以及打包贷款、进口押汇、出口押汇和提货担保业务等实质性测试。外汇综合管理稽核，主要是指对外汇账户管理、外汇业务印鉴密押管理；外汇电传业务和 SWIFT 操作系统管理。合理、科学的外汇业务综合管理是保证外汇业务顺利开展，提高工作效率的前提。

（二）资金业务的特征

1. 侧重金融同业。农村合作金融机构的贷款业务主要面向千千万万的工商企业客户或个人，而同业拆借、证券投资和外汇买卖等资金业务的交易对象主要是金融同业，即主要与其他商业银行、投资银行、证券公司、基金公司等金融机构发生的业务往来。因此，资金业务主要以批发交易为主，交易金额巨大，风险控制显得更为重要。

2. 国际性。像同业拆借、证券投资和外汇买卖这样的资金业务，其交易对手往往分布广泛，不受所在地区的限制，尤其是随着离岸金融市场的进一步发展，新的金融产品及金融工具的不断出现，资金因逐利的本性，流动范围越来越广，也越来越频繁。

3. 风险集中。资金业务的交易对手多为金融同业，相对于客户高度分散的贷款业务，其信用风险及交割风险相对比较集中，如果交易对手资信状况恶化或不能履约，则易对此类业务造成不良影响。

4. 交易成本低。同业拆借、证券投资和外汇买卖操作简捷快速，在设定额度内无须抵押或出具可行性报告，手续简单，往往只需要通过传真或电话即可成交，成本很低。

二、资金业务稽核目标

从总体上来说，资金业务稽核目标就是及时发现、查处、纠正各类违规问题，督促农村合作金融机构规范资金业务操作行为，提高管理水平。具体而言：

1. 规范资金业务行为。对投资、同业拆借、票据融资、外汇交易和金融衍生品交易等资金业务采取内部控制措施，及时发现和查处违法违规行为，确保资金业务的健康、稳步发展。

2. 提高资金业务管理水平。对投资、同业拆借、票据融资、外汇交易和金融衍生品交易等资金业务进行检查，及时发现资金业务管理中的缺陷和不足，建立和完善同业拆借、证券投资和外汇买卖等资金业务管理制度和操作规程，提高资金管理水平。

3. 增强防范资金业务风险的能力。采取资金业务现场检查等手段，从各项业务、各个环节控制资金风险，提高防范资金业务风险的能力。

三、资金业务稽核要点

1. 资金管理岗位设置是否合规且职责明确。是否建立资金业务的岗位责任制和风险责任制，明确相关部门和岗位的职责、权限。

2. 是否建立严格授权和授信。是否对资金业务关键岗位、对象和交易品种、金额、止损点实行授信管理。每一笔资金的运作是否符合其业务经营范围，并严格按照授权来操作。

3. 是否建立资金业务中台风险监控制度。防止资金交易员从事越权交易，防止欺诈行为，防止因违规操作和风险识别不足导致的重大损失。

4. 是否建立部门或岗位分离的资金营运管理体系。是否实行严格的前后台职责分离，前台交易与后台结算分离，前台人员从事资金业务交易，后台岗位承担交易结算工作，实现结算过程中对前台交易的监督和控制，必须实行资金交易前后台的分离，避免兼岗现象。

5. 自营业务与代客业务是否分离。是否建立资金业务相分离制度，明确自营资金业务与其所代理的资金业务相分离。

6. 业务操作与风险监控是否分离。

7. 是否合理核定业务权限，是否有超范围或未设权限的资金业务。开展的资金交易，是否限于其上级机构或人民银行、银监部门批准的种类和权限，交易是否合规、真实。

8. 是否建立有效的风险识别、评估、预警、处理机制。是否通过开发和运用量化的风险管理模型，对资金交易的收益与风险进行适时、审慎评价；是否及时了解和掌握资金交易产品的市场风险和头寸市值变动情况，并采取相应的对策。

9. 资金交易内容的确定是否合理，资金的划拨是否按照交易规则或者合同约定及时足额。是否及时认真地将交易情况录入资金管理台账。

10. 是否建立重大事件报告制度。是否根据交易产品的特点进行动态监控，如出现严重违约、重大资产变化或遭遇较大风险时，是否及时向有关领导或上级部门报告。

11. 是否建立内部报告制度。是否建立资金交易的交易风险、交易市值、交易细节等资金交易往来的定期监测报告制度，且做到及时、真实、全面。

12. 是否有详尽的会计核算制度。资金交易业务账务核算是否正确，记录是否详细并符合规定，计价是否准确。

13. 资金交易业务内部管理制度是否健全、有效，是否制定同业拆借、证券投资、外汇业务等各项资金业务管理制度、规定、操作办法，并在实际工作中真正得到实施，是否发挥应有的风险控制作用。

14. 是否建立违规责任追究制度。是否按规定对违反资金营运管理制度的工作人员进行处理。

15. 是否制订年度资金业务计划，是否定期对资金业务情况进行分析、总结。计划是否符合要求，是否按计划执行，计划调整是否履行了必要的审批程序。

第二节 同业往来业务稽核

一、同业往来业务的主要内容

（一）同业存放业务

同业存放业务是指金融机构间为便于日常结算，资金划拨而临时存放于交易对手的类似备付金性质的款项，具有金额大、发生频繁、币种多样、利率灵活性大和交易对手范围固定等特点，属于农村合作金融机构稽核的较高风险领域。主要涉及存放同业款项和同业及其他金融机构存放款项等核算科目。

（二）央行往来业务

央行往来业务是指农村合作金融机构向中央银行送存或提取现金，缴存存款，向中央银行借款，再贴现及通过央行汇划款项等。主要涉及核算科目有存放中央银行款项和向中央银行借款。央行往来业务具有金额大、币种多样、期限较长、交易对手单一、利率相对固定和政策性较强等特点，属于农村合作金融机构稽核的中等风险领域。

（三）同业拆借业务

同业拆借业务是指金融机构间的短期资金借贷。涉及的主要会计科目有拆出资金和拆入资金。具有金额大、拆借时间短、发生频率高、归还期固定、利率相对较低和交易对手范围固定等特点，属于农村合作金融机构稽核的较高风险领域。

二、主要内部控制稽核程序

（一）询问同业往来业务相关人员内控实际执行状况

重点询问分管行（社）长年度同业往来预算及预算调整的权限，重大交易最高授权部门；询问前台交易人员交易的授权情况；询问中台风控人员交易的风险程度是否均经适当评估，是否对交易对手进行资信评估并给予相应授信额度；询问后台复核人员是否存在实际结算金额同合同不一致的情况，是否定期同会计结算人员及时对账；最后结合穿行测试，以确认询问结果是否符合实际状况。

（二）抽查前台交易书面交割单、交易合同

检查交割单、合同内容是否完整，审批手续是否齐全。重点关注交割单前台、中台、后台人员签字是否完整。对于重大交易，是否有决策层审批意见。

（三）抽查中台相关风控文件及报告

结合抽查前台交割单，重点关注是否存在超出授权范围的交易。抽查风控针对交易对手的信用调查档案，重点关注系统内部对信托公司、证券公司、基金公司和中小农村合作金融机构的资信评估报告。结合穿行稽核，重点检查是否存在资信评估较低的交易对手，并对其交易进行重点实质性稽核。

（四）抽查后台结算人员复核记录

结合交易流水实质性稽核，检查后台人员复核记录是否完整，准确记录所有同业往来交易。重点检查利息收支计算、记录是否准确，是否同会计人员的会计记录一致无误。

三、主要实质性稽核程序

（一）存放中央银行款项和向中央银行借款科目主要实质性稽核程序

1. 获取央行对账单，向中央银行发函询证，复核中国人民银行缴存人民币存款准备金、外币存款准备金和财政性存款等明细科目余额的真实性。

2. 通过对相关缴存存款准备金余额和央行相关规定比率的分析核对，检查银行是否已足额缴存了相关准备金。

3. 获取大额借款的内部审批文件和借款合同，重点关注贷款原因和贷款用途，结合发生额稽核，确认贷款实际用途同申请一致。

4. 抽查银行借款到期后收还款记录。

5. 全面逐笔复核向中央银行借款利息收入和支出金额的准确性。

（二）存放同业款项和同业及其他金融机构存放款项科目主要实质性稽核程序

1. 获取存放对账单，向交易对手发函询证，复核余额的真实性。

2. 结合开户资料、交易合同和交易明细审核，审验有无存放于非金融机构款项和非金融机构的存放款项，关注是否存在融资或委托投资性质的存放业务和使用受限制的存放款项。

3. 结合交易对手资信情况的审核，审验存放同业款项的可收回性，以确认是否应计提合理的减值准备。

4. 结合交易明细审核，复核利息收入、支出的合理性，重点关注利率异常的业务。

（三）拆出资金和拆入资金科目主要实质性稽核程序

1. 向交易对手发函，复核余额的真实性。

2. 结合交易对手资信情况的审核，重点关注信托公司、证券公司、基金公司和中小农村合作金融机构交易的可收回性；对于同一交易对手相同金额的连续拆出交易，追查至原始放款凭证和收款凭证，以确认交易的真实性和款项的可收回性。

3. 获取期末拆入资金和期内重要拆入资金的拆入资金协议，复核实际拆入资金是否与内部审批文件和会计处理一致。

4. 检查拆入资金是否设定资产抵押，查验抵押手续是否完备，披露是否真实、完整。

5. 结合拆入合同、交易流水和交易明细审核，复核利息收入、支出的合理性，重点关注利率异常的业务。

第三节 投资业务稽核

我国农村合作金融机构投资业务主要有债券承销、债券自营、回购业务、项目融资、投资咨询、基金管理和资产证券化等，其中债券承销、回购业务和债券自营是现阶段我国农村合作金融机构最为主要的投资业务。

一、债券承销、代理兑付业务稽核

农村合作金融机构负责承销的债券范围较广，主要有政府债、企业债和基金等，其中以国债、政策性金融债为主要承销对象。农村合作金融机构承销债券有四种方式：包销、投标、代理推销和分销。农村合作金融机构承销收益主要来自承销差价和承销佣金。主要涉及的核算科目有代理兑付证券和应付代理证券款科目。债券承销和代理兑付业务，相对交易风险较小，属于农村合作金融机构稽核的中等风险领域。

（一）主要内部控制稽核程序

1. 询问债券承销、代理兑付业务相关人员内部控制实际执行状况。重点询问分管行（社）长年度承销预算和预算调整的权限及重大交易最高授权部门；询问前台交易人员交易的授权情况；询问中台风控人员是否对所承销债券的信用评级和承销风险进行适当评估；询问后台复核人员，是否存在实际中标金额同投标金额出现重大不一致的情况；是否定期同会计结算人员及时对账；是否建立详细的承销和代理兑付业务台账。结合穿行测试，以确认询问结果是否符合实际状况。

2. 抽查承销、代理合同。检查合同内容是否完整，各项手续是否齐全；重点关注前台、中台和后台人员签字是否完整；对于重大承销项目，是否有决策层审批意见。

3. 抽查中台相关风控文件及报告。重点关注是否存在超出授权范围的交易。抽查风控对承销证券的信用调查档案。结合交易流水实质性稽核，检查是否存在承销失败的交易。

4. 抽查后台结算人员交易台账。检查后台交易台账是否完整、准确记录所有承销和代理交易。重点检查手续费和佣金收入是否准确，是否与合同金额及会计记录一致。

（二）代理兑付证券科目和应付代理证券款科目的主要实质性稽核程序

1. 检查代理证券协议、合同和兑付原始凭证等资料。结合证券自营业务审查，判断是否存在代理和自营混合核算。

2. 审核代发国库券的款项收付情况，并关注期后收付情况。

3. 向委托方发函询证，核对余额真实性。

4. 复核相关的手续费、佣金收入。结合交易流水审核以及协议抽查，计算手续费、佣金收入是否合理，并关注协议合同是否存在或有收益条款或连带责任条款。

二、债券回购业务稽核

农村合作金融机构债券回购业务是交易双方进行的以债券为权利质押的一种短期资金融通业务。主要涉及的核算科目有买入返售金融资产和卖出回购金融资产科目。由于农村合作金融机构债券回购交易的复杂性以及监管的严格性，该项交易属于农村合作金融机构稽核的高风险领域。债券回购业务是依附于债券工具而存在的业务，分为买断式回购和质押式回购两种交易形式。

（一）主要内部控制稽核程序

1. 询问债券回购业务相关人员内控实际执行状况。重点询问分管行（社）长年度重大债券回购交易的最高授权部门；询问前台交易人员是否所有交易均经过适当授权；询问中台风控人员所有质押债券信用等级，是否均经适当评估，是否针对回购交易对手的资信状况进行调查并定期更新；询问后台人员是否存在网下买断式回购业务，归档保存的成交单是否均经适当授权批准，是否定期同会计结算人员及时对账，是否建立详细的债券回购业务台账。最后结合穿行测试，以确认询问结果是否符合实际状况。

2. 抽查银行债券回购业务相关交易授权文件。重点审核所有交易是否在授权范围内进行。

3. 实地观察日常债券回购业务交易状况。观察债券回购业务人员设置是否同组织架构图一致。重点观察前、中、后台是否真正独立设置并有效运行。

4. 抽查债券回购合同。检查合同内容是否完整、各项手续是否齐全。重点关注交割单前台、中台和后台签字是否完整。重点关注逆回购业务和买断式逆回购业务是否获得审批权限部门的审批。

5. 检查网下回购协议。结合交易流水的实质性稽核，重点关注是否存在网下回购协议，是否存在实际交割日期早于协议签署日期。

6. 抽查中台相关风控文件及报告。重点关注是否存在越权交易。检查风控针对交易对手和质押债券的资信调查档案。检查用于质押式正回购的质押债券是否与中央登记中心对账单相符。

7. 抽查后台结算人员交易台账。检查后台交易结算员交易台账是否完整，准确记录所有债券回购交易，重点检查利息收支是否按权责发生制原则准确核算，是否同回购合同金额和会计记录一致。

8. 抽查后台结算人员同中央登记中心对账单的对账记录，重点关注双方对账差异的记录。

（二）主要实质性稽核程序

1. 获取并审查当期变动表，检查已记录的买卖交易。检查相关合同、入账凭证、授权执行文件等，以审核交易的真实性。

2. 向交易对手发函询证，复核余额的真实性。

3. 对稽核日已到期的回购业务进行期后测试。

4. 向中央登记中心函证，检查金融资产的抵质押情况。

5. 结合交易的流水审核，全面复核回购利息收支的正确性。

6. 审查逆回购余额的可收回性。结合交易对手资信情况的审核，重点关注与信托公司、证券公司、基金公司和中小农村合作金融机构的网下逆回购交易的可收回性，以确认是否需要计提坏账准备。

7. 关注同一交易对手相同金额的连续逆回购交易。必要时追查原始放款凭证和收款凭证，以确认交易的真实性。

8. 关注买断式正回购会计核算是否符合金融资产继续涉入会计规范的处理原则。

三、债券自营业务稽核

债券自营业务是指农村合作金融机构将资金投资于债券，以控制资金的流动性、安全性，并获取利润的业务。该业务具有交易品种多样、交易金额巨大、交易周期较长、交易市场相对封闭和交易对手范围相对固定等特点，属于稽核风险和稽核难度均较大的业务领域。稽核时必须对其进行更详细的内控稽核和实质性稽核。主要涉及的核算科目有交易性金融资产、可供出售金融资产、持有至到期投资等科目。

（一）主要内部控制稽核程序

1. 了解债券自营业务具体资质。获取资质证书，并结合穿行测试，重点了解是否存在超越资质的业务。

2. 询问债券自营业务相关人员内控执行状况。重点询问分管行（社）长年度债券自营交易预算编制及审核过程以及重大自营业务的最高授权部门；询问前台交易人员所有交易是否经过适当授权；询问中台风控人员所有质押债券信用等级是否经过适当评估，并及时备案及定期更新；询问后台复核人员是否存在网下自营业务，尤其关注是否存在同证券公司的网下买断式回购性质的自营业务，是否所有归档的成交单均经适当授权批准，是否定期同会计结算人员及时对账，是否建立详细的债券自营业务台账。最后结合穿行测试，以确认询问结果是否符合实际状况。

3. 抽查银行债券自营业务的相关交易授权文件，检查所有交易是否在授权范围内进行。

4. 抽查债券自营合同。检查合同内容是否完整，各项手续是否齐备，重点关注交割单前台、中台和后台签字是否完整。对于重大承销项目，是否有决策层审批意见。重点关注大额交易性金融资产交易和具有回购性质的自营业务是否经审批。

5. 抽查交易协议。结合交易流水的实质性稽核，审核自营业务中是否每笔业务均签订了系统自行生成的交割协议，是否存在网下债券买卖协议，尤其关注是否存在实际交割日期早于合同签署日期的网下债券买卖协议。

6. 抽查中台相关风控文件及报告，重点关注是否存在超出授权范围内的交易。抽查风控对交易债券的信用调查档案，尤其要注意企业债、ABS 债和次级债的信用评级。结合交易流水实质性测试，检查是否存在网下的债券买卖交易。

7. 复核同一交易对手的现券交易与回购交易的关系，以确定是否存在网下买断式回购交易。

8. 检查后台交易台账的完整性、准确性。检查所有债券现券交易记录是否准确。重点关注持有至到期和可供出售债券实际利率和利息调整金额的准确性，是否同会计人员的会计记录一致。

9. 抽查后台结算人员同中央登记中心对账单的对账记录，重点关注双方对账差异的记录。

（二）主要实质性稽核程序

1. 获取并审查管理当局对金融资产的认定明细表，重点关注期内是否存在重分类。

2. 对交易明细进行审核分析，重点关注是否存在不符合金融资产的其他内容，如买断式回购交易。

3. 获取并审查增减变动明细清单。抽查本期变动的交割单、原始收付凭证，审核交易的真实性。

4. 将期末余额与中央国债登记结算有限公司对账单进行核对。

5. 结合现金盘点，对期末库存凭证式国债进行盘点。

6. 对交易性金融资产和可供出售金融资产期末余额进行公允价值分析。收集其公允价值的证据，并审核相关证据的合理性。重点关注本期出售上期留存债券的会计核算。

7. 结合买卖交割单的审核，复核交易类金融资产差价收入金额和会计处理的准确性。

8. 结合实际利率稽核，对持有期内产生的利息收入和利息调整进行复核，并检查有关会计处理的准确性。重点关注公司国债利息免税收入核算的准确性。

9. 向中央国债登记结算有限公司发函询证，复核余额的真实性。

总之，商业银行资金业务稽核是商业银行稽核中极重要，也是稽核风险较大的一个稽核循环。由于银行资金业务具有交易手段灵活、交易品种多样性等特点，故应重点掌握商业银行各种资金业务的业务实质、深入了解各种资金业务具体产品的盈利计算模型、充分关注新型资金产品的发展方向。以资金业务流程相关内部控制审查为基础，结合对相关资金业务交易实质性稽核，是商业银行资金业务稽核的核心工作。

第四节 外汇业务稽核

外汇融资业务周期短、使用灵活，具有很强的政策性，不仅涉及国家的外汇管理政策、企业资信，而且还涉及国际惯例、国际国内法律等，是高风险业务。外汇融资业务稽核是根据外汇融资业务的特点和种类进行分析和评价，及时、有效地防范风险。本节主要介绍外汇融资形式有打包贷款、进口押汇、出口押汇和提货担保等。外汇融资业务稽核主要包括外汇融资业务内部控制制度的健全性和有效性的评估，以及打包贷款、进口押汇、出口押汇和提货担保业务等实质性稽核。

一、外汇融资业务内部控制稽核程序

外汇融资业务内部控制制度评估是根据外汇融资业务的不同特点，依据国内外法律法规、国际惯例，对农村合作金融机构的外汇融资业务合法合规性进行分析和评价，促进农村合作金融机构严格遵守国家法律法规和有关外汇管理政策，及时发现问题，防范风险。同时，促进农村合作金融机构严格执行贷款“三查”制度，科学选择融资对象，确保银行资金安全与完整。

（一）外汇融资业务内部控制制度健全性评估

外汇融资业务内部控制制度健全性评估是指通过收集和了解外汇融资不同种类的内部控制制度设置和操作规程，按照国际惯例对外汇融资业务的相关内部控制制度建设情况进行分析和评估，及时查错补漏。获取被稽核单位稽核期间制定的所有信贷内部控制制度，对内部控制制度健全性进行评估：

1. 农村合作金融机构是否建立外汇融资业务统一授信管理办法，是否将外汇融资业务按规定纳入客户综合授信额度管理；

2. 农村合作金融机构是否建立外汇融资业务权限管理办法，授信额度内是否实行分级审批，审批程序是否完善；

3. 农村合作金融机构是否根据外汇融资业务不同的融资品种建立完善的岗位责任制，职能部门和经办人员职责是否明确；

4. 农村合作金融机构是否根据不同的外汇融资业务特点制定规范的操作规程，是否对各重要环节进行明确控制，防范国际金融诈骗；

5. 农村合作金融机构是否建立外汇融资业务资料档案管理办法，档案保管责任人是否明确。

（二）外汇融资业务内部控制制度有效性评估

外汇融资业务内部控制制度的有效性评估是指通过收集外汇融资业务内外部检查和稽核资料，总账、明细账、台账、传票和档案资料等，对农村合作金融机构各品种的外汇融资业务办理情况进行稽核和分析，从而对内部控制制度的执行情况进行评估。

1. 农村合作金融机构是否将外汇融资业务纳入客户综合授信范围，是否存在超授信为客户办理外汇融资业务；

2. 农村合作金融机构是否严格按照权限办理外汇融资业务，是否存在越权审批、化整为零、随意放宽审查条件办理外汇融资业务；

3. 农村合作金融机构是否严格按照操作规程办理外汇融资业务，是否明确注意事项和重点防范风险控制点；

4. 农村合作金融机构否明确外汇融资业务各岗位职责，是否做到相互制约；

5. 农村合作金融机构是否专人专卷保管外汇融资业务各项资料档案。

二、外汇融资业务实质性稽核

（一）打包贷款业务实质性稽核内容

打包贷款是指银行以出口商收到的信用证为依据提供的短期贸易融资，该融资款项用于出口信用证项下货物的采购、生产、装运，出口商发货后将该信用证项下全套单据交易提供给打包贷款的银行，银行审核单据并对外寄单，收汇后归还打包贷款本息。

打包贷款业务实质性稽核除按一般贷款业务稽核测试外，还要调阅信用证议付管理登记簿、打包贷款明细账、购销合同和与打包贷款相关的档案资料，稽核打包贷款项下信用证是否真实、可靠，收汇是否能及时偿还贷款。调阅授权授信文件、打包贷款审批意见书、申请人原始档案、相关账册、登记簿等有关资料等进行打包贷款业务办理过程实质性稽核，稽核打包贷款发放是否符合有关规定和政策要求，是否按操作规程严格审核把关：

1. 申请人是否具有出口该商品的经营权，出口产品是否符合国家政策规定；

2. 提供的不可撤销出口信用证及修改正本是否经境外银行核实并经银行认可，信用证条款是否符合国际惯例，有无对出口商不利的陷阱条款和出口商难以履行的规定；

3. 是否严格审核开证银行的资信状况，开证行信誉是否良好，开证地区政治、经济是否稳定，有无战乱等；

4. 是否将打包贷款业务纳入客户统一授信管理，包括额度、期限、利率、风险等；

5. 是否按操作规程办理打包贷款业务，是否按规定严格核对信用证印押，索汇线路是否简捷明确，打包贷款档案是否齐全、完整，是否由专人保管；

6. 打包贷款的担保或抵押手续是否齐全、合法，合同文本内容填写是否齐全；

7. 打包贷款资金是否专款专用。

（二）进口押汇业务实质性稽核内容

进口押汇是指银行收到境外出口商或其银行寄来的单据后，应进口商的要求向其提供短期资金融通，用以对外支付单据项下款项，然后进口商凭信托收据从银行得到货运单据、提货单，售后收回货款归还银行资金的一种业务。进口押汇包括进口信用证项下押汇和进口代收项下押汇。

1. 通过调阅进口押汇业务相关总账、明细账、台账、传票和档案资料等，审查进口押汇业务操作规程是否规范，进口贸易是否真实，是否及时收回货款；

2. 调阅进口押汇审批意见书、贸易合同、相关账册、传票等相关档案资料，审查进口押汇业务是否符合国家政策、外汇管理规定，业务办理是否符合操作规程，货款是否及时收回；

3. 是否将进口押汇业务纳入客户统一授信管理，进口押汇金额、期限是否超过规定比例和期限，利率是否符合国家利率政策，有无汇率风险；

4. 进口押汇的抵押或担保手续是否齐全、完整，是否具有法律效力；

5. 是否落实专人专卷保管进口押汇业务档案，原始档案是否齐全、完整。

（三）出口押汇业务实质性稽核内容

出口押汇是指银行有追索权的购买出口商发运货物后提交的全套单据，从而为出口商提供短期资金融通。出口押汇包括信用证项下出口押汇和跟单托收项下出口押汇。

出口押汇业务实质性稽核是指通过调阅出口押汇相关总账、明细账、登记台账、凭证、传票和资料档案等，测试出口押汇业务是否严格按照规定的操作规程办理，是否严格审单等。调阅出口押汇审批意见书、申请人资信证明、相关账册、凭证、传票和相关档案资料等，测试出口押汇业务是否符合国家政策和规定，是否严格按照规定的操作规程办理，是否严格审单。具体实质性稽核内容参照上述进口押汇的内容。

（四）提货担保业务实质性稽核内容

进口商（信用证开证申请人）为防止货物因滞港、变质或遭遇市场行情波动而受到损失，向开证行提出申请，请开证行向货物承运人或其代理人出具书面担保，出口商凭此书面担保提货、报关并销售，同时保证日后收到正本提单后立即从承运人处换回此提货担保并承担因提前提货而可能给承运人造成的损失。

1. 通过调阅提货担保业务相关账册、台账、传票和档案资料等，审查申请人提供的信用证项下提货单据是否完整、真实、可靠，是否按规定操作规程办理提货担保业务；

2. 调阅提货担保审批意见书、相关账册、传票、台账和相关档案资料等，稽核提货担保业务项下的信用证是否完整、真实、可靠，是否严格按规定审单；

3. 是否按规定权限审批办理提货担保业务，有无越权行为；

4. 提货担保函开立前是否按规定足额交付保证金，是否设立担保提货登记簿，是否纳入表外科目核算；

5. 是否落实专人按规定将提货担保相关资料进行专卷归档保管。

三、外汇综合管理稽核

（一）外汇综合管理稽核的目标

外汇业务综合管理是指对外汇账户管理、外汇业务印鉴密押管理；外汇电传业务和SWIFT操作系统管理。这些业务是办理国际结算及外汇贸易授信融资业务的工具和手段，合理科学的外汇业务综合管理制度，是保证外汇业务顺利开展、提高工作效率的前提。

开展外汇综合管理稽核的目标主要有：

1. 促使被稽核的农村合作金融机构领导层加强外汇综合管理制度建设，按照国际惯例规范业务，对已有漏洞或潜在漏洞进行补缺，稳健拓展外汇业务。

2. 促使被稽核的农村合作金融机构加强对电子数据处理系统的综合监管，加强监控力度，做好事前防范，保证电子数据的有效性、正确性、安全性和合理性。

3. 促使被稽核的农村合作金融机构加强内部人员的互相牵制，堵塞漏洞，消除隐患，保证外汇业务稳健运行。

4. 促使被稽核的农村合作金融机构加强对外汇账户的管理，保证机构顺利开展各项外汇业务，保证外汇资金的安全性和清算的快捷及准确性。

5. 促使被稽核的农村合作金融机构业务人员自觉按规章制度和操作规程办理业务，加大制度的执行力。

（二）外汇业务综合管理稽核的内容

1. 外汇账户管理和账户处理。是否及时正确处理各项业务往来账；是否坚持同业往来账务的核对；是否合理合规使用分户账资金和专人监控；是否建立健全岗位责任制，经办人、复核员、业务主管等的职责是否明确。

2. 外汇业务印鉴管理。是否配备专人专责管理印鉴；是否制定印鉴操作规程，建立健全岗位责任制度。

3. 外汇电传业务管理。是否制定外汇电传业务管理办法和岗位责任制；是否限制非电传人员擅自入内，擅自上机操作；是否建立查询查复制度。

4. SWIFT 操作系统管理。是否制定 SWIFT 操作系统管理办法和岗位责任制；是否制定操作员密码管理制度并严格执行；SWIFT 系统的日常维护和管理情况。

5. 外汇账户管理。开销户登记簿是否规范，是否按规定开立外汇账户；外汇账户之间的资金划转是否符合规定。

6. 结汇、售付汇及外汇买卖业务。委托书、申请书和协议书等要素是否齐全且符合规定；办理结售汇业务是否符合国家外汇管理局、农村合作金融机构内部业务操作规定；办理售付汇业务是否存在垫款或代客做虚盘外汇买卖。

7. 国际业务授权管理。是否严格按照金融机构营业许可证规定的业务范围办理外汇业务；是否按规定的内部审批权限办理业务。

上述外汇综合管理稽核内容中，应重点关注：（1）制定完整合理的外汇综合业务的岗位责任制，并在实际工作中严格执行。（2）明确规定每个岗位人员的职责权限和业务范围，对不相容职务进行严格分离，杜绝一个部门或一个人控制交易的全过程。（3）对印鉴的管理。外汇业务经办人员要严格执行印鉴管理制度。（4）对外汇资金账户划转进行严格控制，入账及时，保证农村合作金融机构外汇资金的安全和准确。

案例 5－1　　　　　　资金交易前后台未严格分离

一、违规情况描述

2008 年 1 月 31 日至 6 月 30 日，某农村合作银行债券后台交易的应急指令密押由前台交易员张某一人掌握。前台交易员可通过应急方式（在后台交易系统故障情况下采取手工填写交易内容，编写密押加盖公章传真到中央国债登记中心，登记中心凭密押进行身份验证后，代为债券过户的一种交易方式）避开后台交易。

2008 年 2 月 1 日至 6 月 30 日，某农村合作银行国际业务部外汇头寸平仓和 CITI 系统（花旗银行系统）汇款业务未能实现权限等级管理和职责分离，操作员单人可以完成 1 笔交易。

上述做法不符合《商业银行内部控制指引》（中国银行业监督管理委员会令 2007 年第 6 号）第五十七条“商业银行资金业务的组织结构应当体现权限等级和职责分离的原则，做到前台交易与后台结算分离、自营业务与代客业务分离、业务操作与风险监控分离，建立岗位之间的监督制约机制”的规定。

二、稽核方法

1. 调阅上述合作银行资金业务相关制度，了解该合作银行债权交易、外汇汇款业务的操作流程。

2. 询问相关业务人员，了解债权交易应急方式启动的操作程序、外汇汇款业务的操作程序，并抽取部分业务进行穿行测试，确认该合作银行在制度上及操作上存在的缺陷。

三、责任界定

由于上述违规情况的主要原因在于该农村合作银行债权交易及外汇汇款业务的管理制度存在缺陷，为此，稽核认为该农村合作银行的董事长谢某、行长王某应承担领导责任，分管资金业务及国际业务的副行长陈某应承担主管责任。

四、稽核处理建议

根据规定，稽核建议给予该合作银行董事长谢某、行长王某、副行长陈某经济处罚各××××元，资产部总经理王某、国际业务部总经理柳某经济处罚××××元。

案例5－2　进口开证档案资料不够齐全

一、违规情况描述

2008年5月13日，某农村合作银行国际业务部总经理纪某审批，王某经办，在无留存进口货物提（运）单及商业发票复印件情况下，为某集团有限公司办理进口信用证1笔，金额为USD986 112.00，全额保证金。

上述做法不符合《关于印发〈××××农村合作银行进口信用证业务管理办法〉的通知》（×合银〔200×〕195号）第十八条“建立档案。……主要包括以下内容：（一）开证前所需的各种批件，合同、代理协议（如需）、进口开证审批表、同意开证的批复等。（二）与信用证业务有关的各类业务往来函电、交单面函和主要单据的复印件等”的规定。

二、稽核方法

1. 取得该合作银行开出信用证的电子资料，并按金额大小排序，抽查金额最大的10户。

2. 调阅最大10户信用证档案，重点审阅下列资料：一是开证前所需的各种批件，合同、代理协议（如需）、进口开证审批表、同意开证的批复等；二是与信用证业务有关的各类业务往来函电、交单面函和主要单据的复印件等。

三、责任界定

由于上述问题属于具体操作问题，为此，稽核认为该农村合作银行的董事长马某、行长俞某均只需承担领导责任，分管国际业务的副行长车某需承担主管责任。

四、稽核处理建议

根据规定，稽核建议给予上述农村合作银行国际业务部总经理纪某、经办人员王某经济处罚分别为×××元、×××元。

案例5-3 未按规定审核有效凭证并确定贸易真实性

一、违规情况描述

2007年2月8日，某农村合作银行国际业务部副总经理李某审批，胡某经办，为某汽车装饰有限公司办理结汇1笔，金额为169 188.64美元，情况说明中注明销货合约SWDCX1001，贸易收汇结汇申请书中注明销货合约SWKEY1001。

上述做法不符合《××××农村合作银行结汇、售汇及付汇操作细则》第五条“按外汇局《出口收汇核销管理办法实施细则》和《关于出具出口收汇核销专用联有关问题的规定》审核规定的有效凭证和商业单据，确认其贸易真实性后，即可为出口单位办理结汇或入账手续”的规定。

二、稽核方法

1. 取得该合作银行结售汇的电子资料，并按金额大小排序，抽查金额最大的10户。

2. 调阅结汇相关凭证，并将凭证当中情况说明中的销货合约与贸易收汇结汇申请书中注明销售合约核对是否一致。

三、责任界定

由于上述问题属于具体操作问题，为此，稽核认为该农村合作银行的董事长潘某、行长厦某均须承担领导责任，分管国际业务副行长刘某须承担主管责任。

四、稽核处理建议

根据规定，稽核建议给予上述农村合作银行国际业务部副总经理李某、柜员胡某经济处罚分别为×××元、×××元。

案例5-4 结售汇敞口风险未控制在限额以内

一、违规情况描述

2005年11月18日、29日，12月6日、7日，2006年5月17日，某农村合作银行结售汇周转外汇头寸分别为544.42万美元、558.28万美元、524.16万美元、818.57万美元、944.67万美元，均突破外汇管理局核定的该农村合作银行结售汇敞口头寸上限500万美元。

上述做法不符合《国家外汇管理局关于调整银行结售汇头寸管理办法的通知》（汇发〔2005〕69号）第五条“外汇局对银行的结售汇综合头寸按日进行考核和监管。银行应当按日管理全行系统的结售汇综合头寸，使每个交易日结束时的结售汇综合头寸保持在外汇局核定的限额内”的规定。

二、稽核方法

取得该农村合作银行结售汇周转外汇头寸的电子数据和外汇管理局核定该行结售汇敞口头寸上下限，以此上下限为条件，对不在上下限范围内的结售汇周转外汇头寸的电子数据进行检索。

三、责任界定

由于上述问题属于控制问题，为此，稽核认为该农村合作银行的董事长张某、行长王某均须承担领导责任，分管国际业务的副行长陈某须承担主管责任。

四、稽核处理建议

根据规定，稽核建议给予上述农村合作银行分管国际业务的副行长陈某、国际业务部总经理郭某经济处罚分别为×××元、×××元。

【复习思考题】

1. 资金业务内部稽核的目标是什么?
2. 简述农村合作金融机构同业往来业务主要内部控制稽核程序。
3. 外汇业务综合管理稽核的内容主要包括什么?

【参考文献】

［1］杨森:《金融审计》，西安，陕西人民出版社，2004。
［2］姚世新:《农村合作金融机构领导干部经济责任稽核》，北京，中国金融出版社，2009。
［3］夏汉平:《农村合作金融机构内部稽核》，成都，西南财经大学出版社，2007。
［4］吴建伟:《农村合作金融内部审计操作流程》，北京，中国金融出版社，2008。
［5］张初础:《农村合作金融机构内部审计质量控制》，上海，立信会计出版社，2007。

第六章　中间业务与清算业务稽核

【本章概要】

农村合作金融机构中间业务主要是指不构成农村合作金融机构表内资产、负债，形成农村合作金融机构非利息收入的业务。根据该属性，中国人民银行将金融企业中间业务划分为支付结算、代理类、银行卡、担保类、承诺类、交易类、基金托管类、咨询类、其他中间业务等九大类。目前，信用社、农村商业银行、农村合作银行的中间业务主要集中在结算类、代理类和银行卡等业务，为了突出中间业务重点，并考虑到各章篇幅的适当均衡及稽核实务的操作性、连续性，故将交易类中间业务以及现金业务稽核等放在其他相关章节讲解，将支付结算、代理类、担保类中间业务及与中间业务密切相关的金融机构往来资金清算业务的稽核编写于本章。

本章主要分析支付结算、代理类、担保类中间业务及清算业务中常见弊端及风险点，阐述稽核的主要内容，提出相应的稽核方法。

【 要点提示】

- 中间业务稽核意义、稽核的目标及稽核依据；
- 支付结算业务，如支票、银行汇票、银行本票、商业汇票及汇兑、委托收款等结算方式的稽核内容与方法；
- 代收代付业务、代收保险业务及证券/基金代理业务的稽核内容与方法；
- 银行卡业务的作用及风险，担保类中间业务的稽核内容；
- 农信银支付清算系统、同城票据交换、人民银行大小额支付系统、全国支票影像交换系统的稽核内容与方法。

【内容架构】

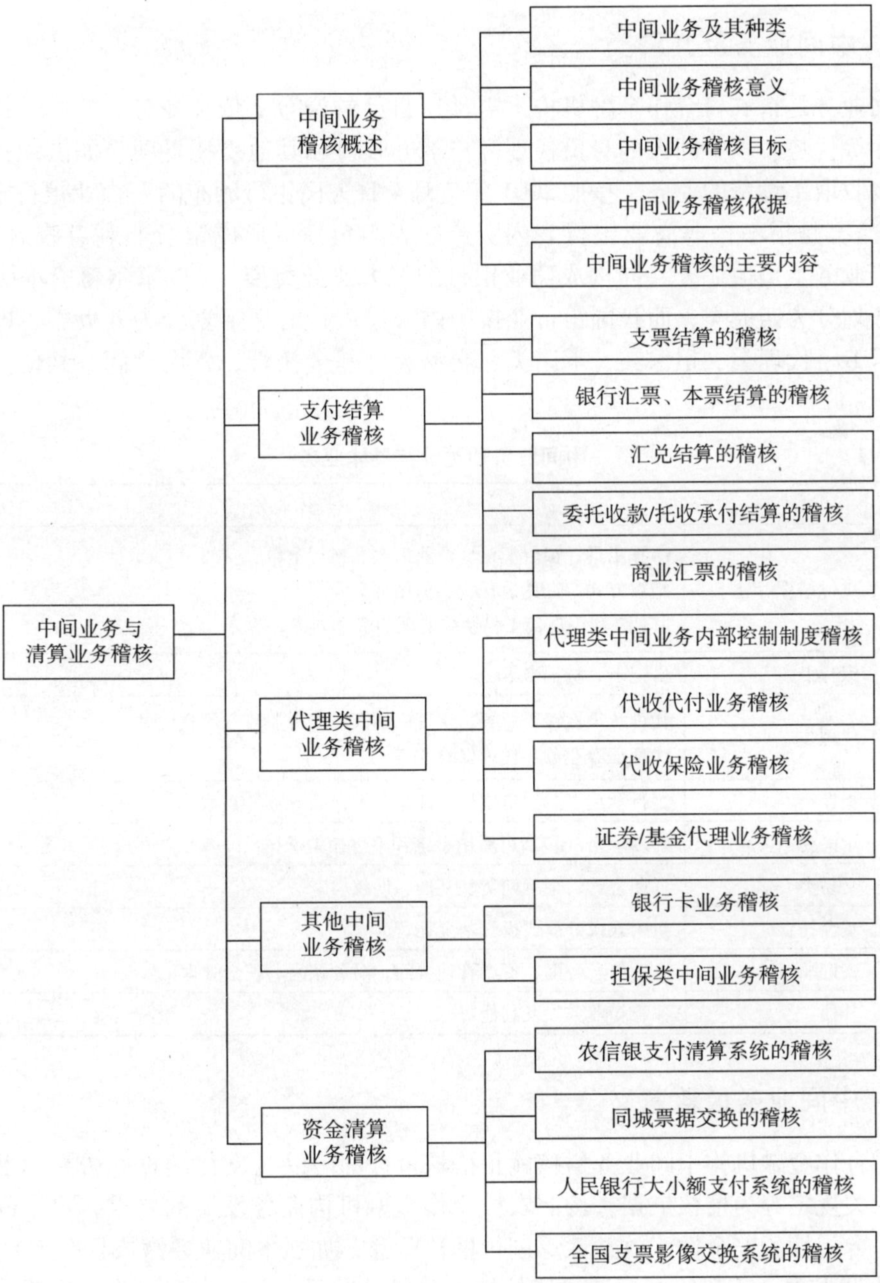
中间业务与清算业务稽核
中间业务稽核概述
中间业务及其种类
中间业务稽核意义
中间业务稽核目标
中间业务稽核依据
中间业务稽核的主要内容
支付结算业务稽核
支票结算的稽核
银行汇票、本票结算的稽核
汇兑结算的稽核
委托收款/托收承付结算的稽核
商业汇票的稽核
代理类中间业务稽核
代理类中间业务内部控制制度稽核
代收代付业务稽核
代收保险业务稽核
证券/基金代理业务稽核
其他中间业务稽核
银行卡业务稽核
担保类中间业务稽核
资金清算业务稽核
农信银支付清算系统的稽核
同城票据交换的稽核
人民银行大小额支付系统的稽核
全国支票影像交换系统的稽核

第一节 中间业务稽核概述

一、中间业务及其种类

中间业务是指农村合作金融机构不需动用自己的资金，依托业务、技术、机构、信誉和人才等优势，以中间人的身份代理客户承办收付和其他委托事项，提供各种金融服务并据以收取手续费的业务。按照2001年7月4日人民银行颁布的《商业银行中间业务暂行规定》，是指不构成商业银行表内资产、表内负债，形成银行非利息收入的业务，它与资产业务、负债业务共同构成商业银行的三大业务类型。《巴塞尔新资本协议》将中间业务划分为四大类，而我国银行业按中国人民银行的规定划分为九大类，即支付结算、银行卡、代理类、担保类、承诺类、交易类、基金托管、咨询顾问、其他。具体分类见表6－1。

表6－1　　中间业务种类及其具体业务

	种类	具体业务
中间业务	支付结算	结算工具：银行汇票、商业汇票、银行本票、支票 结算方式：汇兑、托收、信用证 其他：利用现代支付系统实现的资金划拨、清算
	银行卡	借记卡、贷记卡等
	代理类	代理政策性银行业务、代理中国人民银行业务、代收代付 代理证券业务、代理保险业务
	担保类	银行承兑汇票、备用信用证、各类保函业务、其他
	承诺类	贷款承诺（包括可撤销承诺和不可撤销承诺）
	交易类	远期合约、金融期货、互换、期权
	基金托管	封闭式或开放式投资基金托管
	咨询顾问	企业信息咨询、资产管理顾问、财务顾问、现金管理
	其他	保管箱业务以及其他

二、中间业务稽核意义

农村合作金融机构中间业务稽核就是稽核审计部门以《支付结算办法》以及操作风险防范相关规定等为稽核依据，按照农村合作金融机构业务发展的要求，对中间业务的合法性、合规性、安全性、效益性等进行稽核监督，加强中间业务稽核具有重要意义。

1. 自我监督，查错除弊。通过稽核检查监督，发现、揭露农村合作金融机构中间业务开展过程中的违纪、违规情况，查错除弊，规范操作，促进农村合作金融机构中间业务的规范运作，减少操作风险，保证相关的金融法规制度严格执行。

2. 强化内部控制制度建设。通过农村合作金融机构内部的稽核检查，可以对中间业务活动的各项自律、自控机制进行再监督，对中间业务内部控制制度的健全性及有效性进行评价，对内部控制中的薄弱环节及管理中的漏洞予以揭露、弥补和纠正，从而防范和化解中间业务操作风险、合规风险，提高中间业务的经营效率与效益。

3. 主动防范，规避风险。按照国际内部审计师协会（IIA）《内部审计实务标准》关于内部审计的定义要求："内部审计是一种独立、客观的确认和咨询活动，旨在增加价值和改善组织的运营。它通过应用系统的、规范的方法，评价并改善风险管理、控制和治理过程的效果，帮助组织实现其目标。"因此，农村合作金融机构通过对中间业务的稽核检查，可以主动防范、预防中间业务经营中存在的内外部风险，为农村合作金融机构价值增值服务。

三、中间业务稽核目标

稽核目标是指在一定的历史环境下，集合主体通过稽核实践活动所期望达到的境地或最终结果。金融稽核的总目标是真实性、合法性、效益性，农村合作金融机构中间业务稽核的具体目标一般包括：

1. 真实性。它指农村合作金融机构反映的各项支付结算业务及相应的中间业务收入真实发生。

2. 完整性。它指农村合作金融机构各项支付结算业务及相应的中间业务收入均已记录在相关账户并在财务会计报告中。

3. 正确性。它指农村合作金融机构各项支付结算业务均已正确地记入相关账户，业务交易金额和账户余额记录正确。

4. 合法性。它指农村合作金融机构办理、记载的各项支付结算业务符合国家有关支付结算的法律、法规及规章制度，并确保支付结算渠道的安全与畅通。

5. 内控合规性。它指检查和评估农村合作金融机构内控机制的完善程度，内部控制制度的健全性与有效性。

6. 安全性。它指检查和评估农村合作金融机构中间业务开展现状和业务经营管理过程中面临的主要风险点，相关业务部门对相应风险采取的控制手段应符合内控和风险管理要求，支付体系风险防范能力和应急反应能力是否明显提高。

四、中间业务稽核依据

稽核依据是判断被审单位经济活动合法性、有效性及真实性的准绳，是据以作出审计稽核结论、提出稽核处理意见和建议的客观尺度。

（一）稽核依据的主要内容

稽核依据包括法律、行政法规、部门规章及其他规范性文件等。在中间业务稽核中，除国家立法机关依照立法程序制定和颁布的《宪法》、《民法》、《商业银行法》、《会计法》等法律法规外，还包括中间业务稽核的规章制度及其他规范性文件，如人民银行相关规定、银行监管委员会相关指引、农村合作金融机构内部相关制度等。主要有：

1. 相关支付结算业务规章制度，如《支付结算办法》、《人民币银行结算账户管理办法》、《商业银行中间业务暂行规定》、《全国银行汇票代理业务的管理规定》、《中国人民银行关于改进个人支付结算服务的通知》、《中国人民银行关于对签发空头支票行为实施行政处罚有关问题的通知》等。

2. 相关代理业务规章制度，如《保险兼业代理管理暂行办法》，中国保险监督管理委员会、中国人民银行《关于加强银行代理人身保险业务管理的通知》、《关于加强银行代理保险业务合规管理的通知》等。

3. 相关电子支付标准，如《全国支票影像交换系统业务处理办法（试行）》、《商业银行信息科技风险管理指引》、《银行业务安全文件传输（零售）》、《全国票据影像交换系统技术规范》等。这些金融信息安全标准，填补了国内金融领域银行零售业务环境下安全文件传输的空白，对促进银行业安全管理技术水平的提高，防范金融信息安全风险起到关键作用。

（二）稽核依据的选用

稽核依据具有层次性、相关性、地域性、时效性的特点。稽核依据既是明显可见的，又不是固定不变的，它随着国家管理的规范和单位管理的加强，旧的标准不断淘汰，新的标准不断建立。因此，无论什么样的稽核依据，只能在一定的范围内、一定的区域中和一定的时间内是有效的，同时各类依据所具有的权威性也是有很大差别的。稽核人员选用稽核依据时，必须遵循准确性原则、针对性原则、辩证性原则、有效性原则和可靠性原则，应从实际出发，具体问题具体分析，根据需要选定适当适用的稽核依据。

五、中间业务稽核的主要内容

（一）支付结算原则执行情况的稽核

支付结算原则是银行和非银行金融机构在组织和办理结算过程中，改善结算服务，加强结算监督的准则。按照中国人民银行《支付结算办法》的规定，支付结算的原则主要有“恪守使用、履约付款；谁的钱进谁的账、由谁支配；银行不予垫款”。农村合作金融机构在为单位、客户办理支付结算过程中，要严格执行结算原则与结算纪律，稽核审计部门应加强这方面的监督与评价。

1. 对贯彻“恪守使用、履约付款”原则的稽核。主要是审查农村合作金融机构在支付结算过程中有无压票、随意退票和受理无理拒付，相互设卡、阻塞汇路，故意延长资金在途时间，造成资金损失等情况。

2. 对贯彻“谁的钱进谁的账、由谁支配”原则的稽核。主要是审查农村合作金融机构是否按支付结算规定维护开户单位资金自主使用和支配权，农村合作金融机构是否本着“谁的钱进谁的账”的原则为单位办理资金收付，收付双方发生的经济纠纷，应由其自行处理，或向仲裁机关、人民法院申请调解或裁决。同时农村合作金融机构是否遵循“谁的钱由谁支配”的原则，依法为单位的存款保密，维护其资金的自主支配权。除国家法律规定的可以查询存款外，其他部门和地方委托监督的款项，农村合作金融机构均不予受理，不代任何单位查询，不停止单位、个人存款的正常支付。

3. 对贯彻“银行不予垫款”原则的稽核。主要审查农村合作金融机构在办理结算时，是否将支付结算款项及时从付款单位账户划转到收款单位账户，是否“先记付款单位的账，后记收款单位的账”。尤其在办理银行汇票、银行本票等结算时，是否先收妥款项再签发银行汇票、银行本票，有无为付款单位垫付款项的情况。

（二）内控制度执行情况的稽核

近些年，农村合作金融机构中间业务的法规、内部控制制度体系正逐步完善，对中间业务内控制度执行情况的稽核应以安全高效的支付体系监督管理体制是否确立、抗风险能力是否明显增强为目标。具体检查内容很多，有综合性内部控制，也有具体业务层面的内部控制，可根据实际情况作筛选、调整、补充、完善，加强对内部控制健全性及有效性的稽核。以支付结算的内部控制制度为例，可对以下制度进行稽核：

1. 是否严格结算开、销户管理。是否严格执行人民银行账户管理规定开设各类银行结算账户；办理销户时是否按规定进行余额核对，收回的重要空白凭证等手续是否完备。

2. 是否严格结算业务授权操作手续。办理业务必须严格执行相互制约的规定，应检查操作权限以外的业务事项是否经有权人员处理。各级主管是否根据操作权限切实履行职责，及时进行授权，检查授权业务的真实性、正确性、安全性。

3. 是否建立健全结算业务复核制度。农村合作金融机构是否根据各种结算业务风险程度的不同，除对重要业务实行实时控制外，对其他业务是否采取滞后复核和事后复核的风险控制方式，以实现事中风险控制。

4. 是否加强结算账户的内外账务核对。是否采取换人核对、上门核对等多种形式，提高对账实效。对支票、信用卡、单位借记卡等账户是否按规定时间（季、月）打印、发送对账单，并及时收回对账单，相关负责人是否对未达账进行追踪核对等。

5. 是否实行“印、押（压）、证”三分管、重要空白凭证的管理。是否实行“印、押（压）、证”三分管，是否建立了重要空白凭证登记簿，开出银行本票、银行汇票等重要业务凭证是否及时在登记簿登记，是否对重要空白凭证定期进行检查。

同时，农村合作金融机构内审部门还要加强对中间业务内部控制的评估。按照银监会《商业银行操作风险管理指引》的要求，农村合作金融机构内审部门不直接负责或参与其他部门的操作风险管理，但应定期检查评估本行社的操作风险管理体系运作情况，监督操作风险管理政策的执行情况，对新出台的操作风险管理政策、程序和具体的操作规程进行独立评估，并向董事会报告操作风险管理体系运行效果的评估情况。

（三）各项中间业务的稽核

支票、银行汇票、银行本票、商业汇票及汇兑、委托收款等结算方式的稽核；代收代付业务、代收保险业务及证券/基金代理业务的稽核；银行卡业务及其他担保类中间业务的稽核；农信银支付清算系统、同城票据交换、人民银行大小额支付系统、全国支票影像交换系统的稽核。

第二节 支付结算业务稽核

支付结算业务是指农村合作金融机构为客户办理因债权、债务关系引起的与货币支付、资金划拨有关的收费业务。

结算业务按其性质也可分为现金业务和转账业务，现金业务是指通过现金方式完成货币收付行为的结算；转账业务是指通过银行票据或转账方式来完成货币收付行为的结算。结算业务按其地域不同可分为同城结算和异地结算，同城结算是指收付款人在同一城镇或地区（主要的判断标准是看双方商业银行或农村合作金融机构能否参加当地同一天的票据交换）的银行金融机构开户而进行的款项划拨的收付行为；异地结算是指收付款人不在同一城镇或地区的银行金融机构开户而进行的款项划拨的收付行为。结算业务按其国别不同，可分为国内结算和国际结算，国内结算是指发生在同一国家（或地区）内的货币收付行为；国际结算是指为清偿国际间债权、债务而发生在不同国家（或地区）内的货币收付行为。

目前，我国的主要支付结算工具及方式如图 6－1 所示。

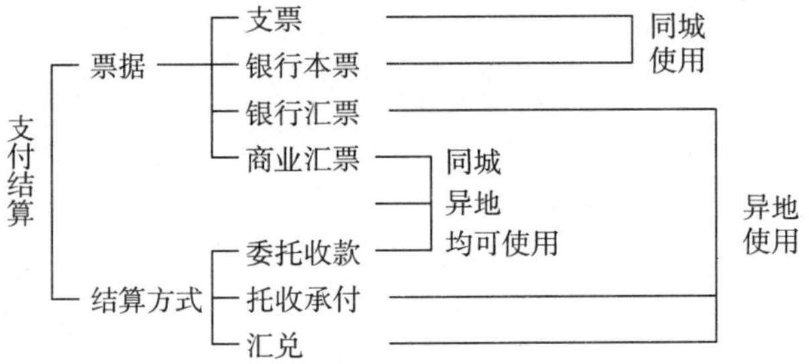

图 6－1 支付结算种类及其使用范围

一、支票结算的稽核

支票是单位或个人签发的，委托办理支票存款业务的银行、农村合作金融机构在见票时无条件支付确定的金额给收款人或持票人的票据。支票有定额支票和不定额支票、转账支票和现金支票之分。目前，支票是一种非常传统而又在现代金融中不可或缺的支付工具，是我国票据业务中的主要品种，是单位最常用的非现金支付工具。

部分金融机构对作为重要空白凭证的支票管理不严，部分金融机构在出售支票时未按出售环节的规定审查，支票结算操作程序不符合规定，留下了事故隐患，影响了资金的安全，因此，应加强对支票结算的管理和控制，加强稽核检查。

（一）支票结算常见弊端及风险点

1. 出售支票不合规；

2. 转账/现金支票混用，农村合作金融机构没有按支付结算的相关规定执行；

3. 空头支票、印鉴不符的支票的退票处理不符合有关规定；

4. 支票各要素的审查、验印手续不严格，造成纠纷；

5. 无效支票支付客户资金，存在资金风险；

6. 违反记账顺序，有意串户等，造成农村合作金融机构垫款或资金挪用；

7. 支票挂失等特殊业务的处理未经有权人审理或未经授权等；

8. 空白支票的保管问题，客户销户时未交回剩余空白支票；

9. 支票影像系统，影像采集质量不高，操作中存有违反规定随意退票、拒绝付款等现象（详细内容见本章第五节）。

从现实情况看，不同时期支票结算常见弊端及风险点也不同，表现出不同特征。近些年，随着农村合作金融机构内部控制、审计稽核检查及操作风险防范意识的加强，记账顺序、账务处理、空白支票管理等方面日益受到重视，但却出现了审票不严、影像系统方面的问题，审计人员应不断关注新的风险点。

（二）稽核方法及主要内容

对支票结算工具进行稽核时，主要从合法性、合规性的角度进行检查，应重点关注其操作风险，主要可从以下几个方面进行稽核检查：

1. 审查农村合作金融机构是否加强对支票的各项要素的审查，金额有无涂改，印章是否清晰齐全，支付密码使用管理是否规范。

2. 审查农村合作金融机构是否加强对支票用途的审查。农村合作金融机构对单位签发的支票是否检查，其结算用途是否填写清楚，是否符合国家的有关政策规定。收款人是否在现金支票背面签章；支取现金用途是否符合规定，并附相关证明或清单（如工资清单、农副产品收购证明等）。

3. 审查农村合作金融机构对空头支票或印鉴不符的支票等是否不予受理。受理支票的农村合作金融机构在受理支票时是否认真审查支票的真实性，是否超过提示付款期限，是否为远期支票等。我国《票据法》规定，禁止签发空头支票和故意签发印鉴不符的支票。

4. 审查农村合作金融机构对空白支票是否建立重要凭证收付登记簿、对出售给单位的空白支票是否登记起讫号码。审查客户使用的支票是否有缺号或使用不同于该单位的支票号码，制止借用支票违反结算原则的行为。

5. 对照《中国人民银行办公厅关于印发全国支票影像交换系统业务处理及系统运行有关管理规定的通知》，检查是否有“未加盖票据交换专用章或签章区域不正确”为理由的退票。

近些年，支票的信用环境在不断改善，但仍然有空头支票引起的行政纠纷等问题，人民银行2005年发布了《关于对签发空头支票行为实施行政处罚有关问题的通知》，规范、细化了空头支票行政处罚制度，大大改善了支票的信用环境，促进了支票的受理和流通。现在上海农村商业银行、上海浦东发展银行等推出了支票授信业务，2009年10月初，人民银行武汉分行营业管理部正式向上海浦东发展银行武汉分行下发了《关于在武汉市开展支票授信业务试点工作的意见》，并通过制度、技术手段防范风险，这实质上是银行将授信业务与支付结算业务相结合的一种创新业务。也有的地方推出了类似的保付支票业务，方便了中小企业小型的交易，也减少了行政处罚。实际上，该类业务本质上相当于银行卡透支，有一个额度。对新兴支票业务审计时，比照相关规定进行。

案例6－1　　　　　　　　　　支票纠纷

杜先生常年给北京某饭店供应鸡、鸭。2007年3月21日，饭店交付给杜先生北京农村商业银行转账支票一张。此支票在交付时只记载了小写金额1 121元，收款人以及大写金额均未记载。同年3月23日，杜先生在未补记收款人以及大写金额的情况下，将支票交给他人。后来，此支票几经转手，在填写了大写金额“柒仟柒佰贰拾壹元”且小写金额被改为7 721元后，于2007年5月27日由刘先生持有。刘先生将支票交与河北三河某信用社，信用社自饭店账户上划款7 721元至刘先生的账户。

饭店认为，现有证据不能证明杜先生没有改动支票所填写的金额，信用社在持票人未提供相关材料的情况下办理业务，故双方应承担连带责任，请求判令杜先生和信用社连带返还不当得利款6 600元以及利息214.80元。

开庭审理过程中杜先生辩称，自己收到饭店交付的支票后，将其交给了他人用以结算豆腐款，自己并未篡改金额，不同意饭店的请求。

信用社辩称，其作为收款人是基于金融机构的业务结算行为。刘先生将转账支票交与该社，结算后已如数存入刘先生开立的账户，信用社不存在不当得利的问题。刘先生提交的支票大小写金额齐全，信用社应当为其办理，不存在过错。不同意原告的诉讼请求。

北京市丰台区人民法院审理后认为，当事人对自己的主张，有责任提供证据。从查明的事实来看，杜先生并未变造小写金额，信用社系正常办理结算业务，亦无过错。故饭店诉请的理由不能成立，对其诉请，应予驳回①。

二、银行汇票、本票结算的稽核

银行汇票是出票银行签发的，由其在见票时按照实际结算金额无条件支付给收款人或者持票人的票据。银行本票申请人将款项交存银行，由银行签发的承诺自己在见票时无条件支付确定的金额给收款人或者持票人的票据。

理论上说，银行汇票是在异地使用，银行本票是在同一票据交换区域内使用，实际上，在华东三省一市，也推出了银行汇票、银行本票的电子业务。电子银行汇票业务扩大了原有签发机构范围，遍布到包括农村商业银行、农村合作金融机构等各类银行机构，而且安全性、权益性保障比手工的好。对银行汇票、本票的稽核要从签发和兑付两方面进行。银行汇票和银行本票两者有较多的相同之处，下面以手工银行汇票为例，简要介绍其稽核的主要内容。

（一）银行汇票结算常见弊端及风险点

1. 空白银行汇票/银行本票的保管问题，存在汇票账、卡、簿不符；

---

① 资料来源：中国法院网讯，2009－01－04，http：//www.chinacourt.org/html/article/200901/04/338336.shtml。

2. 未收妥款项就签发汇票，违规签发空头银行汇票；

3. 压数机、专用章、凭证未分管（备注：人民银行批准，有些地方可取消压数机的使用）；

4. 存有克隆汇票等外部欺诈风险，农村合作金融机构兑付汇票时不能有效鉴别票据真伪；

5. 兑付汇票时凭证各要素审查不严，或操作人员对银行汇票/银行本票的基本规定掌握不准确，误拒误受相关凭证以致造成纠纷；

6. 非银行汇票资金存入“汇出汇款”账户，兑付时，不按规定入账，将转账银行汇票转入个人账户或取现等；

7. 空白银行汇票/本票账实不符。

（二）稽核方法及主要内容

1. 对签发汇票农村合作金融机构的稽核。

（1）审查汇款人申请办理银行汇票填写的银行汇票委托书是否填写正确、完整；农村合作金融机构受理银行汇票委托书，是否在收妥款项后才签发银行汇票，这是结算原则问题，非常重要，应加强这方面的稽核检查。

（2）审查签发的银行汇票各要素是否正确、完整，符合要求；印章是否清晰、完备；压数机压数的余额是否真实、完整。

（3）审查客户需要在兑付地支取现金的，银行汇票上是否填注了“现金”字样，而且，现金银行汇票的申请人和收款人是否均为个人。

（4）审查签发的银行汇票账务核算是否及时，是否按规定的制度办理，是否登记了“汇出汇款”登记簿，空白银行汇票是否专人妥善保管，对“印、押（压）、证”是否实行了三分管。对银行汇票解付的有关凭证也要进行审查，检查实际结算金额低于出票金额时，其多余金额是否退交申请人。

（5）结清汇票时的账务处理是否及时正确，有无结算不及时、截留客户资金等违规现象。

（6）对空白银行汇票的保管进行账实核对。

2. 对兑付汇票农村合作金融机构的稽核。

（1）农村合作金融机构受理银行汇票时是否要求取款人同时提交“解讫通知”；对汇票和解讫通知所填写各要求是否进行认真审查；实际结算余额和多余金额是否正确；暗记、密押等是否复核。

（2）未在农村合作金融机构开户的收款人持银行汇票向银行要求支取款项时，农村合作金融机构有无摘录收款人的身份证号码及签字盖章。

（3）银行汇票的提示付款期限自出票日起 1 个月，有无兑付“超过期限”的汇票；汇票的挂失是否符合规定。

（4）未在农村合作金融机构开户的收款人分次支取银行汇票项款，是否以收款人名称开立临时存款账户办理分次支付。

（5）有无将没有填明“现金”字样的银行汇票向收款人支付了现金。

除了上述合规性操作风险外，尤其要防范内外勾结、伪造和克隆银行汇票、“假作废，真盗用”、“大头小尾”、关联企业利用银行承兑汇票贴现，套取银行资金等重大风险。

银行本票结算方式的稽核，可比照银行汇票审计要点进行，应注意审查有无在客户未交足保证金的情况下签发银行本票；银行本票的账务处理是否符合规定等。2008 年 5 月，人民银行开通小额支付系统银行本票业务，在华东三省以及其他地区也实现了银行本票业务的电子化处理。与原有手工处理方式相比，依托小额支付系统办理银行本票业务在业务安全性、资金使用效率和权益保障方面都有很大的优势。相关稽核要点参考电子化系统的有关规定。

案例 6－2　　　　汇票是否在提示付款期内?

2010 年 10 月 25 日（星期一）客户持一张 2010 年 9 月 23 日签发的银行汇票到某信用社柜面办理提示付款，经办人员以银行汇票超出提示付款期为由拒绝办理付款。

根据《民法通则》，期间的最后一天是法定休假日的，以休假日的次日为期间的最后一天，由于上述汇票的到期日是 2010 年 10 月 23 日（星期六），因此，按《民法通则》的规定应顺延，即 2010 年 10 月 25 日为提示付款期的最后一天。上述银行汇票并未超过提示付款期，代理付款的信用社不得拒绝办理解付。

三、汇兑结算的稽核

汇兑是汇款单位委托农村合作金融机构将款项汇往异地收款单位的一种结算方式，这也是一种较为传统的结算方式。

（一）汇兑结算常见弊端及风险点

1. 违规办理空头汇款，手续费截留账外；
2. 汇入汇款处理不符要求；
3. 压单压票、滞留客户资金；
4. 违规将单位资金转入个人结算账户；
5. 非汇款资金存入应解汇款账户；
6. 结算收入与汇款业务量不匹配。

（二）稽核方法及主要内容

对汇兑结算方式的稽核应着重从汇出、汇入、手续费收取等几个方面进行，审查以下内容：

1. 调阅有关凭证，审查农村合作金融机构对客户提交的信汇、电汇凭证的各项要素是否进行严格的检查；收款单位或收款人填写是否清楚、准确，印章是否清晰齐全；附件是否齐全。

2. 审查现金汇款业务是否做到了先收款、后记账；是否收付款人均为个人。

3. 审查汇款凭证上的受理日期与汇划日期，看汇出银行有无积压汇款凭证的现象，抽查汇出业务的会计处理是否正确，有无办理空头汇款为客户垫付资金。

4. 审查汇入农村合作金融机构是否认真审查汇入凭证的各项要素，收款人的户名与账户是否相符，附件是否齐全等；是否将汇入款项及时转账记入收款人账户，同时迅速通知收款人，有无错、漏、重或不及时解付汇入款项的情况。

5. 调阅应解汇款账户及有关凭证，审查汇入农村合作金融机构对应解汇款或临时存款账户的处理是否正确。汇入农村合作金融机构对收款单位未在该机构开户，或汇款单位事先要求将汇款留交的，汇入农村合作金融机构收到汇款后，是否按规定将汇款转入“应解汇款”或“临时存款”账户，解付时严格执行解款验证登记制度，有无违规将单位资金转入个人结算账户。

6. 审查农村合作金融机构工作人员有无利用职权伪造汇款凭证和回单，或擅自改收款单位名称、截留、动用、转移客户资金等问题。

7. 应用分析性程序，比较业务收入（包括手续费和邮电费）与实际业务量，判断是否按规定收取结算手续费，并检查相关的收入账户是否全部准确计收手续费，有无将手续费收入截留账外。

四、委托收款/托收承付结算的稽核

委托收款是指收款人委托银行向付款人收取款项的结算方式。对委托收款结算方式的稽核可从对收款人农村合作金融机构的稽核和对付款人农村合作金融机构的审稽核两个方面进行，由于委托收款和托收承付结算在账务处理上基本相同，主要区别在有关规定上，而且，目前托收承付结算业务开办的较少，因此，以委托收款为例，介绍稽核要点。

（一）委托收款常见弊端及风险点

1. 发出/收到委托收款结算凭证的账、卡、簿不符；

2. 委托收款业务处理不正确，核算不准确，影响款项托收；

3. 结算收入与委托收款业务量不匹配；

4. 未按结算制度收取费用。

（二）稽核方法及主要内容

1. 核对发出委托收款结算凭证登记簿、发出委托收款表外账户、业务底卡及有关报表，审查账表、账簿是否相符。

2. 审查付款农村合作金融机构对收到收款人开户农村合作金融机构寄来的委托收款凭证是否认真审查，及时登记并通知付款人，登记收到委托收款凭证登记簿。

3. 审查付款农村合作金融机构付款期计算是否正确，是否在规定的付款期内将款项主动划转收款人开户农村合作金融机构。

4. 审查付款农村合作金融机构、收款农村合作金融机构账务处理是否及时、正确。比较汇款人划出款项的日期与银行划转款项的日期，比较银行收到汇款的日期与解付汇款款项的日期，审查滞留时间是否正常，有无压单压票、挪用客户和他行资金的行为。

5. 审查付款农村合作金融机构对于付款人于付款期满无款支付时是否及时向付款人

退回凭证；付款农村合作金融机构对付款人拒绝支付或部分拒绝支付的款项，是否按规定正确办理；收款农村合作金融机构收到退回的委托收款凭证或划回的款项是否按规定进行了处理，对过期未划回的款项又无退回委托收款凭证的是否及时控制，按规定查询。

对托收承付结算方式的审计可参考委托收款审计的基本做法，同时注意审查银行是否遵循了有关基本规定，如使用对象、金额起点、赔偿金的计算是否正确等。

五、商业汇票的稽核

商业汇票是由收款人或付款人签发，经承兑人承兑，并于到期日无条件支付款项给收款人或持票人的一种票据。商业汇票是远期票据，兼具支付和融资功能，它不仅是社会经济主体常使用的非现金支付结算工具，是商业银行的重要利润增长点，更是货币市场重要的交易品种、企业的融资工具，是传导金融宏观调控政策的重要载体。商业汇票按其承兑人的不同可分为商业承兑汇票和银行承兑汇票。现在从我国的情况来看，在商业汇票业务里，有90%以上是银行承兑汇票①。

（一）商业汇票结算常见弊端及风险点

1. 账卡、账簿不符；
2. 违反授信政策，未经有权部门批准擅自承兑，存在政策风险隐患；
3. 银行承兑汇票的保证金核算不符要求；
4. 承兑汇票解付不符合要求，影响农村合作金融机构资金安全；
5. 未按规定收取承兑手续费。

（二）稽核方法及主要内容

1. 商业承兑汇票的稽核。商业承兑汇票是指由收款人签发，经付款人承兑，或由付款人签发并承兑的商业汇票。商业承兑汇票的稽核可结合委托收款结算稽核进行。

（1）受理的商业承兑汇票是否属合法的商品交易，审查业务办理是否符合规定，付款人是否在承兑汇票正面签署“承兑”字样，并加盖印鉴；

（2）审查商业承兑汇票是否超过承兑期限（最长不超过6个月），商业承兑汇票的付款是否在规定的提示付款期限内，有无受理超过提示付款期限的商业汇票；

（3）收款人或持票人开户农村合作金融机构受理商业承兑汇票和委托收款凭证时，是否及时、准确寄发付款人开户行，有无错漏、积压等现象；

（4）结合收到委托收款登记簿，抽查商业承兑汇票款项划回后，商业承兑汇票的解付是否及时、准确记入收款人账户。

2. 银行承兑汇票的稽核。银行承兑汇票是由出票人签发的，由银行业金融机构承兑的，委托付款人在指定日期无条件支付确定的金额给收款人或者持票人的票据。相比商业承兑汇票，银行承兑汇票稽核时不仅要审查其账务核算的正确合规，还要稽核办理承

---

① 欧阳卫民：《我国票据业务的发展概况》，2009-10-22，http://bank.hexun.com/2009-10-22/121436578.html。

兑手续是否符合相关规定。

（1）调阅银行承兑汇票账户、银行承兑协议和银行承兑汇票登记簿，核对三者是否一致。同时，查看申请承兑时有权部门审批的批准文件，审查有无未经批准擅自承兑的现象发生。

（2）对银行承兑汇票保证金收取情况进行检查。是否按规定收取保证金，保证金账户开立是否符合要求，对收取的保证金计息是否符合要求，有无挪用保证金情况。

（3）是否按规定向承兑申请人收取承兑手续费。

（4）审查银行承兑汇票的印鉴、汇票金额等重要要素是否按规定办理。

（5）审查在银行承兑汇票到期日是否无条件向收款人或被背书人支付款项，有无汇票已过期而未收取票款，承兑申请人到期无款支付或款项不足时是否转入承兑申请人的逾期贷款户，并按规定计收罚息。

（6）检查收款人或持票人开户行（社）的账务处理是否及时合规，有无拖延进账等现象。

（7）对敞口银行承兑汇票，申请人是否提供足值有效担保，是否实行逐级审批，抵质押物是否登记有关登记簿，纳入表外科目核算并办理质押止付手续。

（8）检查银行承兑汇票业务内部控制执行情况。重点检查银行承兑汇票承兑、贴现、质押等业务制度的建设及执行情况，尤其要防范内外勾结、串通舞弊、伪造和克隆票据等重大风险。

案例 6-3　　　　克隆银行汇票诈骗 2 亿

2007 年 11 月至 2009 年 2 月，嫌疑人王某某、李某某在任苏州吴江某纺织公司会计期间，受公司老板王某的指使，多次采用先伪造商品购销合同、增值税专用发票复印件，然后使用这些复印件用于银行承兑汇票，并向农业银行、中国银行、民生银行等吴江当地的分支机构申请贴现骗取钱款。在一年多的时间里，犯罪嫌疑人王某某骗取贴现金额共计 25 070 万余元，李某某骗取贴现金额共计 6 152 万余元。

这类案件主要具有以下特点：首先是犯罪嫌疑人对银行承兑汇票的流程非常熟悉；其次这种“克隆”汇票仿真度极高，由于汇票本身是真实的，犯罪分子仅是对汇票金额、编号等方面进行修改，具有很大的迷惑性。另外，犯罪分子在实施诈骗前，一般都会在本地寻找担保人（实际也是骗子）进行担保，这就会使得受害人、银行放松警惕[①]。

第三节　代理类中间业务稽核

代理类中间业务指农村合作金融机构接受客户委托、代为办理客户指定的经济事务、提供金融服务并收取一定费用的业务。目前农村合作金融机构开办的代理业务主要

① 《不法分子伪造假身份证，克隆银行汇票诈骗 2 亿》，http：//wni8. com/Article. asp？ id =245。

有代收代付业务、代理证券业务、基金代理业务、保险兼业代理业务等。

代收代付业务是指农村合作金融机构利用自身的结算便利，接受客户的委托代为办理指定款项的收付事宜的业务，并收取手续费的业务。例如，代理各项公用事业收费（如固定电话缴费、移动电话缴费、有线电视缴费），代理行政事业性收费和财政性收费，代发工资、奖金等。这种业务以服务为主，银行只负责按协议办理具体的收付业务，不负责收付双方的任何经济纠纷。

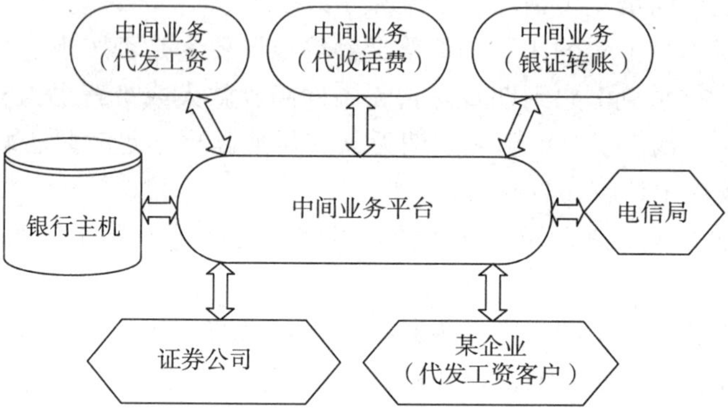

图 6－2　代理中间业务关系图

代理保险业务是指农村合作金融机构接受保险公司（保险人）委托代其办理保险业务的业务。农村合作金融机构在保险人授权范围内代为办理面向客户的保险业务，并依法向保险人收取代理手续费的代理业务，业务范围包括代理销售保险产品，代收、代扣、代缴、代付保险费和保险金等各项业务。

证券代理业务是指农村合作金融机构接受委托办理的代理发行、兑付、买卖各类有价证券的业务，还包括接受委托代办债券还本付息、代发股票红利、代理证券资金清算等业务。此处有价证券主要包括国债、公司债券、金融债券、股票等。代理证券业务中，除代理发行、代理兑付和承销政府债券业务外，其他代理证券业务适用审批制。

基金代理业务是指根据中国人民银行及中国证券监督管理委员会的有关规定，农村合作金融机构接受基金管理人的委托，利用银行的销售渠道代理开放式证券投资基金销售的业务。其中包括开放式基金认购申购、基金赎回、基金转托管、基金非交易过户、基金转换和基金分红等。

一、代理类中间业务内部控制制度稽核

（一）综合性内部控制制度稽核

1. 是否具有完备的各项代理业务操作规程；

2. 不相容职务是否分离，如业务处理、资金收付、记账核算、复核、保管、资金清算等重要岗位是否职责分离；

3. 是否建立代理业务档案或项目档案。

（二）操作层面内控制度稽核

1. 是否贯彻“银行不垫付款”的原则，强调资金安全的重要性；

2. 是否具有完备的各项代理业务操作规程，不相容职务是否分离；

3. 是否加强代理业务管理，是否将代理业务列入财会监管的重要内容；

4. 办理代理业务零星收费时，操作程序是否规范，如是否认真核对客户交费项目、收费交易代码、收费发票或其他单证等内容，及时进行汇总结账，打印代理业务流水清单，确保库存现金、凭证、账务正确。

二、代收代付业务稽核

（一）代收代付常见弊端及风险点

1. 代理行未建立完整有效的代收代付管理办法、操作规程和核算办法，存在明显制度缺陷。

2. 未在协议范围内办理代收代付业务，受理客户代收代付款项未出示法律效力的文本载体；未按协议规定收取相应手续费。

3. 对代收代付业务审核不清、业务操作失误；违背规则操作业务，造成代收代付项下垫款。

（二）稽核方法及主要内容

1. 代理协议完整性检查。可通过检查营业网点代理业务合同协议、客户合约和批量代收代付会计档案资料，审查被稽核行（社）在办理代理业务前，是否与委托人签订协议。协议书是否明确代收代付业务的内容、权利和义务、范围、对象、期限、金额及手续费的收取比例和方式。

2. 代理手续费收取情况检查。审查被稽核行（社）代理手续费是否按协议规定及时足额收取，核算手续是否正确，有无截留、隐瞒收入或转入账外账现象。

3. 代收代付业务的准入和账务处理的检查。检查被稽核行（社）是否严把代收代付业务的准入关；检查被稽核行（社）是否严格执行人民银行关于银行卡（账户）管理和单位银行结算账户支付给个人银行结算账户款项的有关规定；柜面批量代发处理流程是否符合规定等。

4. 检查代收代付业务的账务处理的正确性、及时性以及对账情况，严防差错事故和经济案件的发生。

三、代收保险业务稽核

近年来，保险公司与商业银行的合作不断加强，在拓宽保险服务领域、提供综合金融服务、满足社会需求等方面发挥了积极作用。

（一）代收代付常见弊端及风险点

1. 未建立完整、有效的代理保险业务管理办法、操作规程和财务核算办法，存在明显的制度缺陷。

2. 未经授权，超权限代理保险业务。

3. 挪用或侵占保险费。

4. 擅自变更保险条款，提高或降低保险费率。

5. 串通投保人、被保险人或受益人欺骗保险人。或者强迫、欺骗投保人购买指定的险种；使用不正当手段强迫、引诱或者限制投保人、被保险人投保或转换保险人。

（二）稽核方法及主要内容

1. 检查被稽核行（社）是否取得保险兼业代理资格，是否使用未经同意的业务处理系统和处理方式办理保险兼业代理业务。

2. 保险产品的引入控制上，代理销售的保险产品是否已获有关监管部门的核准备案。

3. 检查各项业务的管理办法和操作流程是否制定。保险兼业代理手续费的核算是否符合规定并指定专人进行核对。

4. 代理保险业务是否进行单独核算，是否按规定设立独立的保险代理手续费收入专用账户并计入当期中间业务收入。按照《关于规范银行代理保险业务的通知 》规定不得以保费收入抵扣代理手续费，检查有无违反规定用代收保费抵扣、冲减保险公司支付行（社）的代理手续费，或用现金结算代理手续费。

5. 是否存在擅自或变相提高或降低保险费率、提高保险手续费的现象。

6. 业务凭证报表的核对保管是否符合规定。每日营业结束时打印该机构的销售报表、重要凭证使用报表，与当日业务处理凭证进行加总核对，报表应进行专夹保管。

四、证券/基金代理业务稽核

（一）代收代付常见弊端及风险点

1. 违反有关规定，超业务经营范围办理代理业务，如超额发行国债、卖空国债。

2. 由于内部控制制度不完整或执行不严，形成漏洞，为外部或内部人员作案提供可乘之机，造成重要物品遗失或形成资金赔偿损失。

3. 未按规定收取手续费，或转移收入形成账外账。

4. 基金代理业务风险主要包括银行流动性风险、计算机技术系统风险、交易差错引起的赔偿风险、清算风险、营销失当造成的客户关系受损风险和不可抗力风险等。

（二）稽核方法及主要内容

1. 代理基金业务的权限是否符合规定。代理销售的基金产品是否已获有关监管部门的审批，被稽核行（社）有无越权审批和擅自组织代理基金业务情况。

2. 对代理证券和基金业务的风险是否进行了评估和控制，被稽核行（社）是否制定和落实了防范和化解代理基金业务各类风险的措施。

3. 是否制定代理证券和基金业务的管理办法和操作流程。

4. 代理基金的会计核算手续完整性检查。认购基金数额有无超过规定的认购量，认购（申购）、赎回过程中的收款、付款以及资金划拨是否符合规定，清算是否及时，基金资金的账务处理和核算是否正确。

5. 日常核对清单，对账资料是否完整。

第四节　其他中间业务稽核

其他中间业务包含的业务种类及其内容很广泛。由于全国各省市各地区农村合作金融机构及商业银行中间业务开展情况不一，考虑中间业务拓展及教材编写应有一定的超前性，故将担保类及银行卡中间业务的稽核编于本节。

一、银行卡业务稽核

银行卡是经授权的金融机构向社会发行的具有消费信用、转账结算、存取现金等全部或部分功能的信用支付工具。

银行卡业务的分类方式一般包括以下几类：依据清偿方式，银行卡业务可分为贷记卡业务、准贷记卡业务和借记卡业务。借记卡可进一步分为转账卡、专用卡和储值卡；依据结算的币种不同，银行卡可分为人民币卡业务和外币卡业务；按使用对象不同，银行卡可以分为单位卡和个人卡；按使用对象的信誉等级不同，银行卡可分为金卡和普通卡；按流通范围，银行卡还可分为国际卡和地区卡；其他分类方式，包括商业银行与营利性机构/非营利性机构合作发行联名卡/认同卡等。

目前，中国银行卡产业发展迅速，银行卡已经成为广大群众重要的支付结算工具，并逐步渗透社会生活的各个领域，已基本建成全国统一的银行卡市场，实现了银行卡的“走出去”和“下乡”。农村信用社、农村商业银行、农村合作银行根据当地实际推出不同名称的银行卡，如圆鼎卡、信通卡、蜀信卡、百福卡等。

（一）银行卡业务常见弊端及风险点

1. 客户不符发卡要求，审核把关不严，不按规定审批。

2. 银行卡账实、账表不一致。

3. 个人卡存取业务不符合要求、单位卡存取交易不符合要求。

4. 银行卡销户处理不符合规定。

5. 银行卡存款利息支出不准确、银行卡透支利息收入不准确。

6. 未按制度要求收取手续费、年费。

7. 来自行（社）外部的欺诈风险。如网络银行诈骗、伪卡欺诈、在 ATM 上骗卡、以办理银行透支信用卡为名实施诈骗等。

8. 内部舞弊风险。行（社）工作人员利用职务之便，与不法分子勾结、串通作案，引起发卡行或客户资金损失的风险。与外部欺诈风险相比，此类案件不具有普遍性，但是由于是内部专业人员作案，手段更加隐蔽，对银行声誉的影响也更严重。

（二）稽核方法及主要内容

1. 调阅银行卡部门有关银行卡申请资料，加强发卡环节风险管理。检查申请资料的完整性，有无发卡机构审批合格的银行卡申请表，单位卡申请有无经当地人民银行核发的开户许可证，有无申请资料不全、项目空缺或随意简化审批手续等情况。

2. 运用核对法。将柜台空白卡登记簿与会计部门表外空白重要凭证科目总、分账进行核对，审查账表数据是否一致；实地查证空白卡保管情况及数额，核对账实是否相符。

3. 取得个人卡账户和有关凭证，审查大额交易的合法合规性，并抽取部分存取款交易流水，审查有无将单位资金存入个人账户、大额取现未经审批和登记、累计取现超过规定限额等问题。

4. 审查单位银行卡账户的资金的划转是否遵循规定，一律从其基本存款账户转账存入，不得存取现金。

5. 对银行卡利息支出、手续费收入执行分析性复核。应用分析性程序，比较银行卡利息支出与银行卡存款平均余额是否匹配；银行卡透支利息收入与银行卡平均透支余额是否匹配；银行卡手续费收入、年费收入与业务量是否匹配。

6. 对银行卡申领、发放和销户以及银行卡消费、存取款、转账等操作进行审查。检查是否严格执行柜面操作的各项规定，如办理银行卡业务，柜员不得接触客户密码，禁止向客户询问密码或代客户输入密码，开卡时必须由客户输入密码或打印密码信封交客户等。

7. 预警提示，防范外部欺诈风险。近年来，银行卡诈骗的案件逐渐增多，不仅使广大金融消费者的合法权益受到损害，而且使得银行业金融机构的声誉严重受损。从金融风险的角度看，虽然这属于外部欺诈风险，但农村合作金融机构的内部审计也应从预防、预警的角度加以风险提示，发挥内部审计“免疫系统”功能作用。

8. 检查内控机制的建立健全情况，检查相应的业务规章制度和操作程序的执行情况。内部控制的内容较多，一般可结合内部控制调查表或测试程序表，将测试内容分为几大类并结合适当的测试方法进行。详见表 6－2。

表 6－2　　银行卡业务内部控制测试程序表

测试方法	测试内容	执行情况说明	工作底稿索引号
询问	（1）取得授权审批、授信风险管理的规定等有关制度，审查其恰当性、适应性 （2）询问有关业务监督管理部门的银行卡检查情况以及客户投诉情况等		
观察	（1）实地查看不相容职务的分离情况 （2）查看业务操作情况 （3）空白重要凭证等保管情况		
审查书面文档	（1）审查银行卡申领、发放及销户情况 （2）审查银行卡消费、存取款、转账的情况 （3）审查银行卡业务透支是否在规定限额、规定透支期限等业务收支情况		
调查表法	（1）调查有关内部控制制度的执行 （2）调查银行卡业务风险控制指标的执行情况		

9. 检查开办银行卡业务的行（社）是否具备安全、高效的计算机处理系统。促进行

（社）加强技术更新，提高计算机处理系统识别能力，加快银行卡技术升级，使伪卡、克隆卡取款无可乘之机。

案例 6－4　　　　卡被克隆　银行被判赔偿储户损失 61 万余元

2007 年 1 月，泉州晋江市市民张某到中国农业银行泉州市支行一营业网点取款时，发现自己的账户余额仅剩 889 元，61 万余元存款不翼而飞。经查询，2007 年 1 月初，有人在广州的百货公司、金行等处持银行卡刷卡消费或支取张某账户内的现金，共计 61.5 万元，而犯罪嫌疑人持有的银行卡账号及密码与张某账户信息一致。

据涂某等人交代，他们是通过在自助银行门禁下方安装读卡器来窃取储户银行卡的磁条信息等，并使用写卡器将窃取的银行卡磁条信息写入磁条卡，克隆出储户银行卡进行刷卡消费和取款。

由于损失无法追回，张某将银行告上了法庭，以银行未尽到资金安全保障义务为由，要求银行赔偿全部损失。法庭上，银行提出，案件尚未侦查终结，储户密码、账号如何泄露尚未查明，在没有证据证明银行过错导致密码泄露或被盗，银行不应当承担责任。

泉州市中级法院终审判决指出，根据犯罪嫌疑人供述，确认张某的银行卡信息是被人盗取，进而复制银行卡进行刷卡、取款导致损失。根据我国《商业银行法》等法律规定，银行负有保障储户存款安全的合同义务和法定义务，应当通过技术投资和硬件改造来加强风险防范，防止不法分子利用克隆卡窃取储户资金，而不应当将风险防范的责任转移给储户。最终，法院判决银行向张某赔偿 61 万元损失及利息①。

二、担保类中间业务稽核

担保类中间业务指商业银行为客户债务清偿能力提供担保，承担客户违约风险的业务。主要包括银行承兑汇票、备用信用证、各类保函等。

1. 银行承兑汇票。它是由收款人或付款人（或承兑申请人）签发，并由承兑申请人向开户银行申请，经银行审查同意承兑的商业汇票。目前此项业务在很多农村合作金融机构开办，其承兑手续类似银行发放贷款，其账务处理及会计操作手续的稽核参见本章第一节的相关内容。

2. 备用信用证。它是开证行（社）应借款人要求，以放款人作为信用证的受益人而开具的一种特殊信用证，以保证在借款人破产或不能及时履行义务的情况下，由开证行向受益人及时支付本利。

3. 其他担保业务。如有些地区在积极准备开办保付支票业务。担保业务根据各地的经济发展需求、行（社）中间业务能力及风险管理水平不断拓展。稽核人员应根据情况从真实、正确、效益、安全等多方面检查稽核。

---

① 《卡在钱没了　“克隆”银行卡案件频发谁来埋单?》，载《攀枝花日报》，2009－11－16。

近年来，一些银行业金融机构与担保机构开展合作，稽核内审部门也要尽力督促行（社）防范与担保机构开展业务合作所面临的风险，严格防范关联交易风险，严格防范操作风险。

第五节　资金清算业务稽核

2009 年是 21 世纪以来我国经济发展经受重大考验的一年，面对国际金融危机的冲击，我国支付体系继续保持平稳、高效运行。随着我国经济的持续、快速、稳定增长，科技创新和应用的不断加快，整个社会的信息化建设取得了长足进步。以人民银行大小额支付系统为核心、银行业金融机构行内支付系统为基础、票据支付系统和银行卡支付系统等为重要组成部分的支付清算网络体系已基本形成，对我国支付结算环境和金融生态环境的改善有着重大意义。

随着中间业务的不断拓展，各商业银行、农村合作金融机构也不断发挥自己的客户服务、结算系统的优势，运用新的资金清算的办法，开始了一系列的合作。如 2010 年 6 月，中国工商银行股份有限公司与浙江省农村信用社联合社签署支付结算代理业务合作协议，共同服务客户。工商银行在国内各大城市拥有大量网点，客户群以城市为主，而浙江省农信社的网点布局主要在浙江广大的城乡市场，客户群以农户和中小企业为主。双方签署协议约定，将在部分业务领域通过系统直联实现资源共享、柜面互通，并在银行汇票付款、银行承兑汇票贴现、跨行集团账户管理服务等金融创新领域开展深度战略合作。这些业务的资金清算仍可依托大小额支付系统、同城票据交换等清算系统进行。

一、农信银支付清算系统的稽核

农信银支付清算系统是由农信银资金清算中心根据农村合作金融机构（含农村商业银行，下同）支付结算业务特点，借鉴现代化支付系统和全国性商业银行资金清算及支付结算业务系统先进经验，应用现代计算机网络和信息技术开发的、集资金清算和信息服务为一体的支付清算平台。

农信银支付清算系统开通运行后，相继推出了实时电子汇兑、银行汇票、个人账户通存通兑和支付信息查询查复等各类支付服务和资金清算业务，并迅速推广应用到全国近 8 万家农村合作金融机构营业网点，为我国城乡地区的居民架起了一条安全、快捷、高效的支付结算快速通道。

各地农村金融机构营业网点，应用农信银支付清算系统办理的支付结算业务量逐年翻番，从 2006 年的 96 万笔、115 亿元，到 2011 年已经达到 6 411 万笔、15 626 亿元，始终保持着高速发展的强劲势头。

阅读材料 6－1　　2011 年农信银全年清算资金首破万亿元大关

2011 年，全国农村合作金融机构（含农村商业银行，下同）通过农信银支付清算系统共办理资金清算业务 6 411.72 万笔，清算资金 15 625.75 亿元，分别比上年增长 54%

和78.10%。

来自农信银资金清算中心的消息称，按成员单位全年办理农信银支付结算业务总笔数排名，列首位的是广东联社，其业务总笔数为1 373.70万笔；按成员单位全年办理农信银支付结算业务总金额排名，河北联社名列首位，其业务总金额为1 737.16亿元。

据悉，由农信银资金清算中心开发运行的农信银支付清算系统已成为连接全国近8万家农村合作金融机构的跨省、直辖市、自治区异地实时资金清算网络，成为我国农村合作金融机构间支付清算骨干渠道，有效畅通了农村地区支付结算渠道。

（一）农信银支付清算常见弊端及风险点

1. 资金划拨不正确；

2. 汇票资金移存不及时、不准确，汇票未销账与移存款项不符；

3. 系统内资金清算不正确；

4. 农信银支付清算系统成员单位与农信银中心的对账不及时；

5. 遇对账不符时，电子汇兑、电子银行汇票业务未按中心下发的对账文件及时地作行（社）内部账务调整，通存通兑业务未按受理方处理结果进行账务调整。

（二）稽核方法及主要内容

1. 是否建立并执行了农信银支付操作规程和管理办法。抽查异地汇划业务的办理是否恰当，转汇方式是否合适，是否得到有权人员授权。

2. 农信银记账、同城票据交换等重要岗位是否实行人员分工并遵守定期轮岗制度。

3. 抽查异地电子汇兑、电子银行汇票业务的办理是否及时，有无故意压汇占用他行资金的现象。

4. 检查收到汇入款项的办理是否及时，有无转移、挪用汇入款项的情况。

5. 抽查与农信银中心的对账情况，督促加强内部账户上下核对。检查联社、商业银行资金财务部、清算中心是否指定专人对农村合作金融机构清算资金、上存资金、拆借资金等账户进行核对；检查电子汇兑、电子银行汇票是否按规定处理，通存通兑业务的明细对账文件是否齐全并按规定对账。

6. 检查农信银支付清算的查询查复登记簿和查询查复书，审查是否及时办理查询查复。

二、同城票据交换的稽核

同城票据交换是指同一城市（或区域）范围内，各商业银行之间将相互代收、代付的票据，定时、定点集中相互交换并清算资金存欠的方法。不同国家的票据交换所运作方式有所不同，具体做法也有区别。目前，我国同城票据交换大多由人民银行主办，各商业银行机构在人民银行开立存款账户，集中交换并清算资金。

（一）同城票据交换常见弊端及风险点

1. 提入、提出业务与同城票据清算账户不符；

2. 提入、提出业务处理不正确；

3. 票据日期与行（社）受理日期不一致；

4. 未严格执行结算纪律；

5. 资金清算不准确。

（二）稽核方法及主要内容

1. 抽查同城票据清算分户账、余额表、票据交换清单，核对提入、提出业务与同城票据清算账户余额是否相符。

2. 检查交换提入票据的账务处理是否正确。有无将应列入银行收入或支出的款项在往来科目核算造成损益不实。

3. 检查交换提入的票据处理是否及时。抽查部分交换凭证，比较票据日期和银行受理日期，有无人为压票占用客户资金情况以及截留挪用客户资金等问题。

4. 检查与交换提出业务有关的票据和凭证，审查有无将应向客户收取的业务收入转至账外存放，以及将客户资金转移账外等问题。

5. 检查提出提入票据是否换人复核，或检查相关计算机系统是否设置复核程序。

6. 调阅退票登记簿和有关业务资料，审查退票是否经业务主管人员审批，分析退票原因，退票理由是否充分；同时，审查银行是否严格执行结算纪律，对违反结算纪律行为的处罚情况，有无任意退票的现象。

7. 抽查同城票据清算分户账、存放中央银行备付金与人民银行备付金账户，审查同城交换资金清算是否准确，检查同业往来资金头寸有无发生透支。

三、人民银行大小额支付系统的稽核

中国人民银行于2005年6月建成运行的大额实时支付系统连接了各政策性银行、商业银行和绝大多数农村信用社。大额支付系统实行逐笔实时处理，全额清算资金。该系统处理同城和异地、商业银行跨行之间和行内的大额汇兑及紧急的小额汇兑支付业务，处理人民银行系统的汇兑支付业务。

小额批量支付系统在一定时间内对多笔支付业务进行轧差处理，净额清算资金。该系统处理同城和异地纸凭证截留的商业银行跨行之间的定期借记和定期贷记支付业务，中央银行会计和国库部门办理的借记支付业务，以及每笔金额在规定起点（2万元）以下的小额汇兑支付业务。小额批量支付系统采取批量发送支付指令，轧差净额清算资金。

（一）大小额支付系统常见弊端及风险点

1. 柜员设置不合理，密码过于简单；

2. 密押卡保管不善；

3. 现代支付汇划凭证与往来账清单不符；

4. 资金清算不准确；

5. 资金划拨不正确；

6. 代理签发银行汇票时，汇票资金移存不及时、不准确，汇票未销账与移存款项不符。

（二）稽核方法及主要内容

1. 检查核心系统、支付系统前置机柜员设置，审查现代支付柜员设置是否合理，是否登记操作员登记簿，密码设置是否有效。

2. 检查支付系统密押卡的保管使用，审查是否做到由运营管理部双人封包放入保险箱保管。

3. 取得现代支付系统资金清算账户分户账，核对大小额支付系统业务资金清算是否及时，"存放中央银行备付金"与人民银行备付金账户余额、发生额是否相符。

4. 抽查人民银行现代化支付系统往来账清单，核对是否与所附汇划凭证相符、与人民银行往来账相符。

5. 会计系统与大小额支付系统核对。如核对委托他行代理清算汇票款、移存委托他行代理清算汇票款以及存放他行全国银行汇票清算款项等账户是否存在勾稽关系，审查汇票资金是否及时移存。

6. 调阅查询查复登记簿以及查询查复书，检查查询查复情况。检查行（社）是否做到"有疑必查，有查必复，查必即时，复必详尽"，查询查复是否符合要求。

四、全国支票影像交换系统的稽核

支票影像交换系统是指运用影像技术将实物支票转换为支票影像信息，通过计算机及网络将支票影像信息传递至出票人开户银行提示付款的业务处理系统。影像交换系统负责影像信息交换，资金清算通过人民银行的小额支付系统处理。

支票影像交换系统是基于"支票是目前我国企业使用最多的非现金支付工具"这一事实，为解决纸介质状态的业务票据交易成本高、效率低、信息不畅，容易产生票据诈骗纠纷等问题，为促进支票在全国通用、提高支票交换效率而建设的。2007年，人民银行推广运行全国支票影像交换系统（CIS），实现了影像传输和实物截留，突破支票流通的地域限制，实现了全国通用。支票影像系统覆盖包括农村合作金融机构在内的全国所有银行业金融机构，为扩大支票在农村地区的使用与流通提供了有效手段。

从稽核的角度看，审查支票影像交换系统操作的合规性、正确性的稽核可参照本章支票业务稽核及人民银行大额支付系统的稽核进行，但由于支票影像系统目前尚未完全推广，而且现实中也存在一定的系统风险及操作风险，故将与纸质支票操作有一定区别的值得特别关注的稽核内容单独阐述。

（一）支票影像交换常见弊端及风险点

1. 由于支付密码推广工作不到位，扫描设备配置档次较低，影响支票影像质量等原因，造成影像系统退票率较高，个别金融机构以牵强的理由无理退票；

2. 提出行审核票据不严谨，录入的票据信息不完整、不规范；

3. 提入行的交换员未及时到当地人民银行票交所提取支票影像文件，有时对提回的支票影像文件不能及时交给本单位会计人员进行处理；

4. 影像系统接入方式不规范，集中接入进展缓慢。

（二）稽核方法及主要内容

1. 检查支票受理行（社）是否进行认真的审查，如支票票面是否记载银行机构代码；支票金额是否超过中国人民银行规定的影像支票业务的金额上限；支票的真实性，出票人的签章是否符合规定等。

2. 检查支票业务操作流程是否符合有关规定，检查支票影像业务处理是否遵循“先付后收、收妥抵用、全额清算、银行不垫款”的原则。

3. 通过实地观察或抽查有关登记簿，检查柜面操作人员是否提高服务质量、加强窗口指导，对于经常出具瑕疵支票、空头支票的客户是否给予相关票据知识的辅导、指导，对于屡次签发空头支票的客户，是否加强管理，采取向人民银行相关部门上报资料、停止向其出售支票等控制方式。

4. 检查退票处理是否在规定的范围内，有无随意退票现象。

所谓“他山之石，可以攻玉”，本节较为详细地介绍了我国支票影像信息处理系统的稽核内容。结合国内影像系统的建设与发展，目前，经人民银行批准，一些地区已开始试点电子汇票影像系统，采用《中华人民共和国电子签名法》认可的电子签名和安全认证机制代替纸质签章，这些影像系统的稽核审计可参照支票影像信息处理系统的稽核进行。

【复习思考题】

1. 什么是中间业务？中间业务稽核的主要内容有哪些？

2. 说明支付结算原则稽核的要点及意义。

3. 支票、银行汇票、银行本票稽核的要点有哪些？从揭示风险的角度看，内审稽核部应如何进行风险预警？

4. 银行承兑汇票的稽核要点有哪些？在防范银行承兑汇票的外部欺诈风险时，内审稽核部如何发挥作用？

5. 银行卡业务现存操作风险、常见弊端及外部风险主要有哪些？

6. 农信银支付清算系统的稽核要点有哪些？

7. 票据影像交换系统的稽核如何既防范结算业务操作风险又防范电子化系统带来的新的问题？

8. 请结合实例，查找中间业务内部控制存在哪些不足，应如何改进？

【参考文献】

[1] 胡继湘：《完善全国支票影像交换系统的政策建议》，中国论文下载中心，2009－09－25，http：//www. studa. net/bank/090925/15433887. html。

[2] 欧阳卫民：《我国票据业务的发展概况》，经济观察网，2009－10－22，http：//bank. hexun. com/2009－10－22/121436578. html。

[3] 杨森：《金融审计》，西安，陕西人民出版社，2004。

[4] 中华人民共和国审计署金融司：《商业银行审计指南》，北京，中国金融出版社，2003。

第七章　现金出纳业务稽核

【本章概要】

现金出纳业务是农村合作金融机构办理本外币现金、贵金属、有价单证和代保管物品的收付、整点、调运和保管等工作的总称，是农村合作金融机构的基本业务，包括柜面现金收付、调拨、现金库房（箱、袋）管理、延伸服务等。农村合作金融机构现金出纳业务涉及方面较多，有金融机构、企事业单位及居民个人等，涉及资金数额巨大，对社会经济的健康、安全、有序发展有着重大影响。

现金出纳业务账务处理相对简单，但涉及现金收付，风险较高，要求严格执行有关规章制度，加强内部控制，以保证资金安全。

在现金出纳业务的稽核中，首先应明确的是每一种业务中的主要风险点，据此明确控制的目标，再着手掌握稽核的切入点。

【要点提示】

- 农村合作金融机构会计的基本核算方法；
- 现金出纳业务的核算；
- 现金出纳业务的稽核；
- 现金出纳业务延伸服务的稽核。

【内容架构】

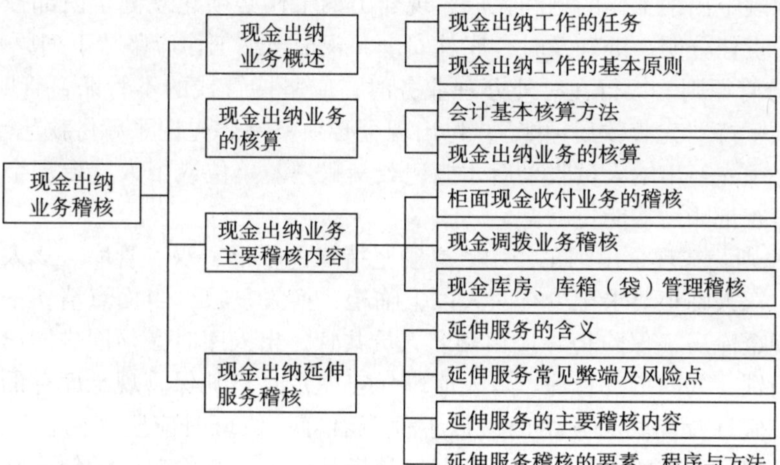

第一节 现金出纳业务概述

农村合作金融机构持有现金的主要原因：一是为满足客户日常交易的需要；二是监管当局要求的法定准备金只能通过保留一定量的现金才能满足；三是农村合作金融机构只有保留足够的现金，才能满足票据交换和资金清算的需要，以保证支付存款人所要兑现的票据；四是农村合作金融机构需以现金支付同业往来和代理行的手续费；五是一定的现金为农村合作金融机构寻求有利的贷款的投资机会提供必要的保证。

一、现金出纳工作的任务

现金出纳工作处于银行业务经营活动的第一线。出纳工作的主要任务如下：

1. 按照国家法令、法规办理现金的收付、整点，以及损伤票币、大小票币的兑换，代理各种债券的保管、发行与兑付。

2. 根据市场货币流通需要，调剂、调运各种票币，做好现金供应和回笼工作。

3. 保管现金、金银、外币和有价单证，做好现金、金银、外币和有价单证的调运的安全保卫工作。

4. 严格库房管理工作，确保库款安全。

5. 宣传爱护人民币，做好反假币、反破坏人民币的工作。

6. 做好现金管理工作，加强核算，减少库存现金占压，提高经济效益。

7. 加强柜面监督，维护财经纪律，揭秘贪污盗窃和各种违法活动。

总之，做好现金出纳工作，不断提高其核算质量，对贯彻执行国家的货币政策，调节货币流通，监督现金的合理使用，保护国家财产的安全，促进农村商品经济的发展，更好地服务于人民生活，都有着极其重要的作用。

二、现金出纳工作的基本原则

为了确保现金出纳工作的顺利完成，现金出纳工作必须建立健全内部控制制度，做到手续严密，责任分明，准确及时，库款安全。现金出纳工作应坚持下列原则：

1. 钱账分管原则。银行在对外办理业务时，应坚持管钱的不管账，管账的不管钱。收入现金必须坚持“先收款后记账”，付出现金必须坚持“先记账后付款”。单位或个人缴存现金，必须先经出纳人员收妥后才能记载其账户。单位或个人支取现金时，必须先经会计部门审查记账后才能付款。

2. 四双原则。在现金出纳工作中，必须坚持双人临柜、双人管库、双人守库、双人押运的原则。双人临柜要求至少有两人以上临柜，换人复核，当面点清，一笔一清。双人管库是指现金库房（保险柜）应由两名人员共管，出入库时必须同进同出，装配两把不同钥匙的门锁，共同负责管理。双人值班（守库）是指凡保管现金库存的银行，在非营业时间、节假日及夜间必须由两人以上值班看守。值班时应坚守岗位，不准擅自离开。放钱柜的房间不准留宿外人。双人押运是指凡现金、有价单证的领取和解交，均由两人以上负责押运。

3. 复核原则。现金收付应遵循复核原则。有条件的行（社）可配备专职复核员，柜员制或业务量较小的网点可建立多种形式的复核制度。

4. 交接和查库原则。现金、有价单证、库房（保险柜）钥匙、公章等交接，必须办理签收手续，当面交接清楚。查库制度要求银行主任对现金库存及重要凭证应经常进行检查，每月至少查库一次，年终要进行全面性查库，做到账款、账账、账实相符。严禁挪用现金、白条或其他单证抵做现金库存，如发现问题应查明原因，区别性质严肃处理，并将情况报告上级领导。实行出纳柜员制的，按有关规定执行。

第二节　现金出纳业务的核算

农村合作金融机构会计是以货币为主要计量单位，以凭证为依据，借助于专门的技术方法，对银行的经济活动进行全面、综合、连续、系统的核算与监督，并向银行内部管理者及其他相关方面提供银行财务状况，经营成果和现金流量等有关会计信息，反映银行管理层受托责任履行情况的一种经济管理活动。

一、会计基本核算方法

（一）会计科目

1. 会计科目的概念和作用。会计科目就是将会计对象的具体要素，按照不同性质和管理要求进行分类的名称。它是总括、分类反映会计要素状况，统一会计核算内容和核算口径，明确财务收支成果和获取信息资料的工具。

会计科目是农村合作金融机构现金业务、贷款业务、支付结算业务等各项业务会计核算的基础，它在会计核算过程中起着重要的作用。主要有以下几点：

（1）会计科目是联结各种核算方法的纽带。在运用复式记账原理填制凭证、登记账簿、编制会计报表等一系列账务处理中，都涉及设置和使用会计科目，它能把各种业务与财务活动的账务核算内容联结起来，形成一个科学的有机整体，发挥它的纽带作用。

（2）会计科目是取得系统资料的保证。银行业务数量众多、种类繁杂，通过会计科目将这些错综复杂的经济业务加以归类整理，不仅可以保证会计核算工作有条不紊地进行，而且也是取得系统化会计核算资料的保证。

（3）会计科目是统一核算口径的基础。会计科目是经济业务的分类，根据不同经济特征的业务，给予一个固定的名称、代号，规定一定的核算内容，便于银行不同行处对众多经济业务按照相同口径进行归类核算，以便取得统一口径的核算资料，更好地为决策提供有用的会计信息。

2. 会计科目的分类。农村合作金融机构会计科目按其与资产负债表的关系可划分为表内科目和表外科目两大类。

（1）表内科目。表内科目是反映在资产负债表内的，用来核算直接关系到银行资金实际增减变化情况的科目。这一类科目要求按复式记账法下的借贷记账法进行核算，使用统一货币量度，并要求借贷平衡。

表内科目按性质可分为：资产类，负债类，资产负债共同类，所有者权益类，损益类。

资产类科目反映银行资金的占用和分布。包括现金及存放中央银行款项、存放同业款项、贵金属、拆出资金、交易性金融资产、衍生金融资产、买入返售金融资产、应收利息、发放贷款和垫款、可供出售金融资产、持有至到期投资、长期股权投资、投资性房地产、固定资产、无形资产、递延所得税资产及其他资产。

负债类科目反映银行资金取得和形成的渠道。包括向中央银行借款、同业及其他金融机构存放款项、拆入资金、交易性金融负债、衍生金融负债、卖出回购金融资产款、吸收存款、应付职工薪酬、应交税费、应付利息、预计负债、应付债券、递延所得税负债及其他负债。

资产负债共同类科目反映银行发生的资金往来业务，适用于联行及同业往来、外汇买卖、同城票据清算等业务。此类科目在账户中反映时，属于负债记贷方，属于资产记借方，借贷双方轧差反映余额，在资产负债表日根据余额方向归并入资产负债表内的资产类或负债类，参加试算平衡。

所有者权益类科目反映银行所有者对银行净资产的要求权，是银行资产减去银行负债后的净额。包括实收资本、资本公积、盈余公积及未分配利润等。

损益类科目反映银行财务收支及经营成果，包括利息净收入、手续费及佣金净收入、投资收益、公允价值变动损益、汇兑损益、其他业务收入、营业税金及附加、业务及管理费、资产减值损失、其他业务成本、营业外收入、营业外支出及所得税费用等。

（2）表外科目。表外科目是不纳入资产负债表内的，用来反映并不涉及或尚未涉及银行资金增减变化情况但又发生了权责关系，或用以反映和控制银行重要业务事项及数字资料的会计科目。表外业务记账时采用单式记账法，增加记“收”，减少记“付”。

3. 会计账户。会计账户是根据会计科目，按照会计管理与核算的要求，在账簿中开设的记账单元。

账户的基本结构分为两部分：一部分登记增加额，另一部分登记减少额，并在期末结算出余额。具体内容应包括：账户的名称即会计科目、日期和摘要、增加或减少的金额及余额、凭证号数。

$$期初余额+本期增加额-本期减少额=期末余额$$

4. 会计账户与会计科目的关系。

相同点：都要对经济业务进行分类，都反映一定的经济业务内容。

区别：会计科目是会计账户的名称；会计科目仅仅说明反映的经济内容。会计账户具有一定格式与结构，既要说明反映的经济内容是什么，又要系统反映和控制其增减变化及其结余情况。

（二）记账方法

复式记账法是对每一项经济业务发生时所引起的会计要素数量的增减变化，以相等的金额同时在两个或两个以上相联系的账户中进行全面登记的一种记账方法。其实质是通过两个或两个以上相互对应的账户反映一项经济业务。这是表内业务所用的记账方法。目前世界各国（包括我国在内）通用的复式记账法是借贷记账法。

1. 定义。借贷记账法是以“借”和“贷”作为记账符号，对每笔经济业务在两个或两个以上账户中以相等的金额、相反的方向全面地、相互联系地进行记录的方法。

2. 记账符号。“借”和“贷”。此处的“借”、“贷”已经脱离了汉语中借、贷的本来含义，只是一种记账符号而已。

3. 记账原则。有借必有贷，借贷必相等。

4. 试算平衡。

全部账户的期初借方余额 = 全部账户的期初贷方余额

本期全部账户的借方发生额 = 本期全部账户的贷方发生额

全部账户的期末借方余额 = 全部账户的期末贷方余额

5. 会计分录。对每一项经济业务，按照复式记账要求，分别列示出应借应贷账户及其金额的一种记录，简称会计分录。包含内容：账户的名称——会计科目，记账符号——借和贷，金额。

（三）会计凭证

会计凭证是记录经济业务、明确经济责任，并且具有法律效力的书面文件。由于记账凭证需在银行内外不同部门和人员之间进行传递，习惯上将其称为传票。

1. 农村合作金融机构会计凭证的分类。

（1）会计凭证按使用的范围划分，可以分为基本凭证和特定凭证两种。

①基本凭证。它是农村合作金融机构根据有关原始凭证或业务事实自行编制的通用记账凭证。一般有 10 种：现金收入传票，现金付出传票，转账借方传票，转账贷方传票，特种转账借方传票，特种转账贷方传票，表外科目收入传票，表外科目付出传票，外汇买卖借方传票，外汇买卖贷方传票。

②特定凭证。它是农村合作金融机构根据某种业务的特殊需要而编制的各种专用凭证。如现金支票、转账支票、银行汇票、定期储蓄存单等。此类凭证格式多，用量大，有的是客户填写后提交银行受理，有的是银行自行填制。

（2）会计凭证按来源和填制程序划分，可以分为原始凭证和记账凭证。

①原始凭证。它是经济业务发生时取得或编制的原始书面证明，是编制记账凭证的依据。如发货票、提货单、银行结算凭证以及各种报销单据等。原始凭证按其来源不同，可分为外来原始凭证和自制原始凭证。

②记账凭证。它是财会部门根据审核无误的原始凭证或汇总原始凭证编制的、作为直接记账依据的会计凭证。

（3）会计凭证按形式划分，可以分为单式凭证和复式凭证。

①单式凭证。它是一张凭证上只填列所涉及的会计科目中的一个。必须由两张或两张以上的单式凭证组合成套，才能反映一笔经济业务的全貌。单式凭证具有传递方便、便于分工记账、综合整理及装订保管的优点。

②复式凭证。它是将一笔业务所涉及的两个或两个以上的会计科目，都填列在一张

凭证上（含一借多贷、多借一贷或多借多贷）。其优点是科目对应清楚，一张凭证内保持借贷两方平衡相等。

2. 农村合作金融机构会计凭证的特点。农村合作金融机构由于其业务活动和会计工作的特点，决定了它的会计凭证与其他行业会有所不同，具有其自身的特点。主要表现如下：

（1）采用单式凭证。单式凭证便于分工记账和汇总，也可以简化传递手续。农村合作金融机构业务量大，分工较细，采用单式凭证，借贷双方账务可依据各自的凭证分工进行处理，减少凭证的往返传递，既便于日终按科目汇总结账，也有利于提高工作效率。

（2）大量采用原始凭证代替记账凭证。银行会计核算过程中，除了少数业务需要根据原始凭证编制记账凭证以外，大量的业务都是采用原始凭证经加工后代替记账凭证，并凭以记账。从而简化了逐笔编制记账凭证的手续，节省了时间，加快了业务处理，也可以减少差错的出现。同时，银行还充分利用套写方式，对各种不同的业务设置了不同格式和内容的一次套写的多联凭证，既可同时满足银行和客户的需要，又可使客户与银行根据同一凭证记账，保证内外账务的一致。

（3）会计凭证的传递环节多。农村合作金融机构的每一笔经济业务，从收到原始凭证开始到业务处理完毕，通常要经过银行内部不同部门和人员的多道手续，异地支付结算凭证还需要在国内外银行机构之间进行传递，相对一般企业的凭证而言，传递的环节较多。

3. 农村合作金融机构会计凭证的基本要素。会计凭证的基本要素是指各种凭证必须具备的基本内容。各种会计凭证的内容会随着业务性质的不同而有所区别，但都必须具备一些基本的内容：

（1）年、月、日（以特定凭证代替记账凭证时，必须注明记账日期）；

（2）收、付款单位的户名和账号；

（3）收、付款单位开户行的行名和行号；

（4）本、外币名称、符号及大、小写金额；

（5）会计分录及凭证编号；

（6）款项来源、用途、摘要及附件张数；

（7）客户、银行及经办人员签章。

在账务处理过程中，纸质凭证转化为电子信息或电子信息转化为纸质凭证，会计凭证的内容和要素均不得变更。

4. 农村合作金融机构会计凭证的处理。会计凭证的处理，是指从受理或编制凭证开始，经过审查、传递至整理、装订保管的全过程。

（1）银行会计凭证的编制。编制凭证是会计核算工作的起点，不论是自制凭证还是外来凭证，都必须做到内容真实、数字准确、要素齐全、字迹清楚。一般来说，编制凭证时，应遵守如下主要规定：

①人民币符号为“￥”；年、月、日简写顺序应自左至右“年/月/日”；年利率符号

为年%，月利率符号为月‰，日利率符号为日‱。

②单联式凭证应用蓝黑墨水钢笔书写；多联式套写凭证可用圆珠笔、双面复写纸套写，不准分张单写。

③阿拉伯数字应一个一个地写，不得连笔。凡阿拉伯数字前有人民币符号“￥”的数字后面不再写“元”字。所有以元为单位的阿拉伯数字，一律写到角分；无角分的，应以“0”补足。

汉字大写金额数字，应用零、壹、贰、叁、肆、伍、陆、柒、捌、玖、拾、佰、仟、万、亿、圆（元）、角、分、整（正），并用不易涂改的正楷字或行书字书写。大写金额数字到“角”为止的，在“角”之后应写“整”字。大写金额数字前印有“人民币”字样的，“人民币”与金额数字之间不得留有间隙。

④各类凭证应注意其种类与业务相一致，联数齐全，账户正确，摘要简明，对应关系明确。

为了防止散失，便于查考，各种传票均应编号。现金传票根据业务序时编号；转账传票根据顺序，同一笔业务对应的有关传票，配套编号。

（2）银行会计凭证的审查。对自制的或客户提交的会计凭证，都必须根据会计制度和有关业务的要求，严格进行审查，以保证凭证的正确性、完整性、真实性、合法性。只有经过审查合格的凭证，才能作为处理业务和登记账簿的依据。具体凭证审查的要点如下：

①凭证是否为本行受理，凭证种类、联次是否正确。

②凭证内容、联数、附件是否齐全完整，是否超过有效期限。

③账号与户名是否相符，是否是被冻结账户。

④科目及账户名称使用是否符合规定。

⑤大小写金额是否一致，字迹有无涂改。

⑥签字、印章、密押是否真实齐全；可以更改的部分是否按规定盖章，不能更改的部分是否被更改。

⑦存款是否透支，贷款指标或拨款限额是否超过。

⑧款项来源、用途是否符合有关政策和银行规定，是否符合信贷和结算管理规定。

⑨计息、收费、赔偿金、外汇牌价等计算标准与计算结果是否正确。

经审查无误的凭证，应及时处理；如果内容不够齐全，应予以退回补办手续；对不符合要求的凭证，应拒绝受理；如发现伪造凭证以及通过银行洗黑钱等犯罪行为，要认真追究，严肃处理。

凡是经过处理的会计凭证，均应由客户和银行的会计部门加盖有关印章，客户应当加盖的印章按有关业务规定处理，银行会计以及有关部门也需按规定加盖有关人员名章和规定的公章。会计凭证签章是确认凭证有效性、表示业务手续完成程度和明确经济责任的重要措施。如现金收入传票，在收妥现金后应加盖现金收讫章；现金付出传票付款后，应加盖现金付讫章；转账传票和给单位的收、支款通知应加盖转讫章；发出的有关结算凭证以及有关结算款项的查询查复书等，应加盖结算专用章；办完手续发给客户的存单、存折、收据等，应加盖行名业务公章；联行专用章按联行制度规定使用。

（3）银行会计凭证的传递。会计凭证的传递不仅在一个行（社）内进行，有的还要在不同行（社）间进行。科学合理地组织凭证传递，对于迅速办理各项业务，加速资金周转，及时完成核算工作，都具有重要意义。因此，应根据各项业务特点、会计核算要求和劳动组织分工等情况，按照先外后内、先急后缓的原则组织凭证传递。除有关业务核算手续另有规定外，不得交客户代为传递，以免发生流弊，造成资金损失或账务错乱。

手工操作的行（社），由经办员接柜受理（或填制）、审查、记账，然后交复核员复核。使用电子计算机的行（社），经办员受理审查凭证后，交由操作人员将数据及时或分批输入计算机处理。

（4）银行会计凭证的整理、装订和保管。会计凭证是重要会计档案，是事后查考的依据。为了保证会计资料的完整性和安全性，必须按规定装订档案，妥善保管。

每日结账后，应将凭证按科目清分，附在各科目日结单的后面；每一科目的凭证再按现金付出、现金收入、转账借方、转账贷方顺序整理；然后按科目代号顺序排列，并加凭证封面、封底装订成册。装订的凭证应在结绳处用纸条加封，由装订人员和会计主管人员在封条骑缝处盖章，以明确责任。已装订成册的凭证，应编制凭证总号，每册凭证封面上按日期编制顺序号，每日分册装订的凭证，应注明共几册、第几册，并登记会计档案保管登记簿，交保管人员入库妥善保管。

（四）账务组织

账务组织是指各种账簿的设置结构、程序安排和核算方法之间的相互关系，也是账务核算与操作管理的方法体系。

账务组织包括明细核算和综合核算两个系统。明细核算账务系统是按账户核算，反映各单位或各项资金增减变化及其结果的详细情况的核算系统；综合核算账务系统则是按会计科目汇总核算，反映各类资金的增减变化过程及其结果的总括情况的核算系统。这两个核算系统都是根据同一会计凭证进行平行登记、分别核算的。明细核算对综合核算起着补充作用，综合核算对明细核算起着统驭作用，两者构成了一套完整的、科学的、严密的账务组织体系。

1. 明细核算。明细核算分户反映各科目详细情况，由分户账、登记簿、现金收付日记簿和余额表组成。

（1）分户账。分户账是明细核算的主要账簿，按单位或资金性质开立账户，是各科目的详细记录。分户账根据凭证逐笔连续记载，以具体反映每个账户的资金活动情况，是办理业务和与客户核对账务的重要工具。

（2）登记簿。登记簿是为了适应某些业务需要而设置的专用账簿。一般有：发挥分户账作用的表内科目登记簿，表外科目登记簿，起账外控制作用的登记簿。

（3）现金收入日记簿和现金付出日记簿。现金收入日记簿、现金付出日记簿是记载现金收入、现金付出数额及现金凭证张数的明细账簿，也是现金业务的序时记录，一般按照收付款先后顺序并根据现金收入和现金付出凭证逐笔登记，于每天营业终了加计现金收入和现金付出合计数据以控制现金收付总额，并与当天实际现金收付数和现金科目发生额核对。

（4）余额表。余额表是核对分户账与总账余额是否相符并据以计算利息的工具。

2. 综合核算。综合核算是反映各科目总括情况的核算系统。它由科目日结单、总账和日计表组成。

（1）科目日结单。科目日结单是每一会计科目当日借贷方发生额和传票张数的汇总记录，是登记总账的依据。

（2）总账。总账是各科目的总括记录，是总分核对和统驭分户账的工具，也是编制会计报表的重要依据。现在总账大多经复核后由计算机自动生成，逐日登记。

（3）日计表。日计表是反映当日业务和财务活动，轧平当日账务的主要工具。

每日营业终了，根据总账各科目的借贷方发生额和余额填列。日计表内全部科目的借贷方发生额和借贷方余额的合计数必须各自平衡。

（五）账务处理

账务处理是从受理或编制凭证开始，经过账簿记载与核对，编制日计表，直至轧平账务为止的全部过程。具体包括账务处理与账务核对。

1. 账务处理。账务处理程序包括明细核算和综合核算两个账务系统的全部处理过程。具体程序如下：

（1）明细核算。

①根据经济业务编制或审查传票；

②根据传票逐笔登记分户账（或登记簿）和现金收入、付出日记簿；

③根据分户账编制余额表。

（2）综合核算。

①根据传票按科目编制科目日结单，轧平当天所有科目的借方和贷方发生额；

②根据科目日结单登记总账；

③根据总账编制日计表。

2. 账务核对。账务核对是防止账务差错，保证账务记载正确，保护资金财产安全的必要措施。银行账务核对分为每日核对和定期核对。通过账务核对使会计核算达到账账、账表、账款、账据、账实、内外账务六相符。账务核对相符后，经办人员应在有关账簿上盖章，以明确责任，会计主管人员也应加强督促检查，保证核对工作及时进行。

（1）每日核对。

①总分核对。每日营业终了，总账各科目余额与同科目分户账或余额表各账户余额合计数核对相符。当然，电算化条件下，有系统自动平衡的功能，此时要重点检查转账业务换人复核的制度执行情况，以保证账务的正确性。

②账款核对。现金收入、现金付出日记簿的合计数，必须与现金科目总账借方、贷方发生额核对相符；现金库存簿的现金库存数，应与实际库存现金和现金科目总账的余额核对相符。

③表外科目核对。各表外科目余额应当与有关登记簿核对相符，其中空白重要凭

证、有价单证应当核对当日领入、使用、售出及库存数，并与实际库存数核对相符。

（2）定期核对。凡未能每日核对的账务，均属于定期核对的内容。

①使用丁种账记账的科目，每旬末加计未销账的各笔金额总数，与该科目总账核对相符。

②计息积数核对。将余额表上的计息积数按旬、按月、按结息期与同科目总账的同期余额累计数核对相符。对应加、应减积数，应审查数字是否正确。

③各种卡片账的核对。如定期储蓄账卡、联行账卡、农贷账卡等，按月与各该科目总账核对相符。

④账实核对。包括固定资产、金银、物品、有价单证、重要空白凭证等，每月账实核对相符，房屋、器具定期和在年终决算前账实核对相符。

⑤内外账务核对。包括银行、信用社与各开户单位之间、人民银行与其他金融机构之间的往来款项按月或季采用一定的对账方法进行核对。每日核对和定期核对二者有机地结合进行，才能确保会计核算质量。

3. 记账规则。记账是银行处理账务和实现业务的重要环节。因此，要认真按照记账规则记账，如出现差错，应按统一的错账冲正办法冲正。以下是计算机操作的记账、对账和错账处理。

（1）记账。使用计算机记账，必须严格按照以下规定：

①数据输入，必须由指定的操作员进行，非操作人员不得输入数据。

②输入数据的要求同手工记账一样，不合法凭证不得进行操作。

③操作人员不得自制凭证上机处理，更不准无凭证输入，且各项业务应序时输入。

④红字凭证的输入，按同方向负数处理，以“ - ”表示，并在摘要栏打印冲账代码。

⑤自助式设备（包括电话银行、网上银行、ATM、POS 机等），由客户按章程自行输入业务数据。

⑥计算机自动生成的凭证（如利息凭证），其转账数据必须经有关人员复核，并核对份数、金额及平衡关系，先核对后记账。

（2）对账。计算机操作的账务核对和手工操作的账务核对在“六相符”的要求上是一样的，而且也分为每日核对和定期核对。

（3）错账处理。输入数据发生差错，应由经办人员运用计算机功能，将错误数据删除，再输入正确数据。对所删除的数据，应打印删除记录，以便核对查考；因凭证填制错误而发生的错账，应先更正凭证，并按照上述办法更正错账。

（六）财务会计报告

财务会计报告是农村合作金融机构会计核算的重要环节，是向信息使用者提供相关信息的重要途径。财务会计报告是指反映银行财务成果（或损失）的报告，由会计报表、会计报表附注（会计报表的补充说明）所组成。而会计报表是指银行对外提供的反映某一特定日期财务状况和某一会计期间经营成果、现金流量的文件。由资产负债表、利润表、利润分配表、所有者权益变动表、现金流量表等构成。财务会计报告是账务组织的重要组成部分，由于本书第八章对财务审计作了专门阐述，故本章不再赘述。

二、现金出纳业务的核算

现金出纳业务的基本处理规定主要有：谨慎收付、双人会同、转移交接、日清日结、分级审批、定期检查、限额管理、错误报告、武装押运、全面监控。

（一）现金收付业务

现金收付必须依据合法凭证办理，做到手续清楚，责任分明。票币按券别摆放定位，操作定型，数字准确，要坚持现金收入先收款后记账、现金付出先记账后付款的原则。

1. 现金收入的处理。客户向农村合作金融机构交存现金时，应填写现金缴款单或其他缴款凭证，出纳人员必须将缴款单或其他缴款凭证与票券一并收下，并认真审查日期、科目、账户以及款项来源等内容填写是否齐全、正确，有无涂改现象。审查无误后，凭以收款。出纳员不得代填或代改缴款凭证。收款时应坚持一户一清，当面清点，先点现金大数，再清点全部细数。收完一笔再收第二笔，不得将几个单位的款项相互混淆，更不得调换票面。在每捆、每把点完前，不得将原封签和纸条丢掉。

现金收妥与凭证核对无误，在凭证各联上加盖现金收讫章和收款员、复核员名章，将回单联退交客户，传票按顺序记入现金收入登记簿，并及时传递给记账员凭以登记有关科目分户账。记账时会计分录为：

借：现金

　　贷：活期存款（或“吸收存款”一级科目或其他有关科目）——××户

2. 现金付出的处理。农村合作金融机构向客户付出现金时，应根据现金付出凭证办理。现金付出凭证主要有现金付出传票、现金支票和取款凭条等。客户支取现金时，应提交支款凭证，交由会计员进行审核，在确定其印鉴、金额、日期及背书符合要求后，予以记账和签章，并发给客户对号单，凭以向出纳部门领取款项。记账时会计分录为：

借：活期存款（或“吸收存款”一级科目或其他有关科目）——××户

　　贷：现金

经复核员复核无误后，将凭证由内部传递到出纳部门凭以付款。出纳员接到凭证后，应审查凭证大小写是否一致，凭证其他要素是否齐全正确，会计员和复核员是否签章，无误后即可登记现金付出日记簿，按凭证金额配款，并按用途搭配主辅币，然后加盖现金付讫章，将款项及凭证一并交复核员。复核员接到凭证及所配款项，再次审查无误后，叫号问数付款。收回对号单或钢牌，问清取款数额，核对无误后将款付出，付款后在凭证上加盖复核员名章，凭证分批送回记账员凭以结账。

3. 营业终了的结账和核对。每日营业终了时，收款员应将当日所收的现金，按票币种类进行汇总，计算出现金总数，并同现金收入日记簿的总数和会计部门的现金科目的借方发生额核对相符，然后填写入库票，登记款项交接登记簿，将现金交管库员审核入库。

付款员应根据当日领取的备付现金总数（每日开始营业前，付款员填制现金出库单向库房管理员领取一定数额的备付金），减去未付的剩余现金轧出当日实付现金总数，并同现金付出日记簿总数和会计部门的现金科目的贷方发生额核对相符，再填写入库票。登记款项交接登记簿，交管库员审核入库。

管库员收到收款员和付款员交来的现金，经同现金收付登记簿及入库票核对相符后，将现金入库保管，同时登记现金库存簿。将昨日库存，加减今日收付的现金总数，结出今日库存余额，并同出纳部门的现金库存簿余额核对相符。

4. 出纳错款的处理。

（1）出纳错款的处理原则。出纳错款是指在办理现金收付过程中发生的现金多、缺，致使账款不符。出纳工作应力求做到不出差错或少出差错。一旦发生差错，应及时向行领导汇报，认真查找，及时采取措施，力求挽回损失。对于确实无法挽回损失的，要分别不同性质、不同情况，区别处理。

①技术性错误，按规定的手续审批后，长款归公，短款报损，不得以长补短。误收确实难以辨认的假币，按规定的手续审批后报损。

②责任事故错款，应按长款归公、短款自赔的原则处理。

③属于自盗、挪用以及侵吞长款的，均应追回款项，并给予相应的处分；触犯刑律的，移交司法部门处理。

④现金调拨发生的差错，调入行和调出行都必须负责认真追查。调入行在发现差错时，应先检查本行在款项调运、保管、收付过程中是否发生问题。如经调查分析，确非本行责任时，应立即将有关证件及详细经过情况送调出行追查。如无法确定调出行或调入行的责任时，可按错款审批权限报批，由调入行做收益或报损。

⑤原封新券（币）发生错款，应查明原因。如确非本行责任，应开具证明，说明发现的经过（拆捆时原封有无破裂、证明人等），以及捆内各把票券的起讫号码，缺号、补号情况，并在证明书上加盖经手人和证明人章，经出纳主管人员和银行主任审批后，连同原捆封签、原把纸条，报送人民银行当地分支机构审查。如发现捆内整把（券）短少或把内短少10张以上，应将原捆、原把票币原样保管，并立即将发现经过，以及原捆的冠字、号码、封捆时间和封捆代号送人民银行当地分支机构处理。为了分析错款的原因，总结经验教训，应建立错款登记簿，逐笔详细登记，并按规定上报。

（2）出纳长款的核算。收付款中发生长款，当日未能查明原因时，按规定报告主任批准，由会计部门填制现金收入传票，先以其他应付款列账。其会计分录为：

借：现金

　贷：其他应付款——待处理出纳长款户

经查明长款属于客户多交或银行少付时，应及时退还原主。其会计分录为：

借：其他应付款——待处理出纳长款户

　贷：现金

如经查找，确实无法归还时，按规定的报批程序批准后，列作银行的营业外收入处理。其会计分录为：

借：其他应付款——待处理出纳长款户

贷：营业外收入——其他营业外收入

(3) 出纳短款的核算。收付款中发生短款，如当日未能查清和找回，按规定报告主管批准，会计部门凭以填制其他应收款科目现金付出传票。会计分录为：

借：其他应收款——待处理出纳短款户

贷：现金

发生短款，如属银行多付少收等情形，经过寻找线索，并做深入细致的工作追回短款时，其会计分录为：

借：现金

贷：其他应收款——待处理出纳短款户

对因非责任事故发生的出纳短款，按规定的报批权限报批后，列入营业外支出科目核算。其会计分录为：

借：营业外支出——出纳赔款户

贷：其他应收款——待处理出纳短款户

对较长时间无法查出的出纳短款，应根据实际情况和规定的审批手续进行处理。凡属出纳人员责任事故，应由有关责任人员自赔。对发生错款人员应加强教育，并吸取教训；造成重大损失和不良影响的，还应给当事人以纪律处分乃至追究刑事责任。

(二) 现金的整点与兑换

为了保证票币的安全、整洁，必须及时对票币进行整点。票币的整点必须做到点准、蹾齐、挑净、扎紧、盖章清楚、封装严密。事先应将完整券和损伤券分别整点。完整券纸币应按不同类别分版平铺百张为一把，每把以纸条在中间捆扎；10 把为 1 捆。每捆以双十字捆扎；硬币百枚 1 卷，10 卷为 1 捆，每把（卷）须盖带行名或行号的经手人名章；每捆应在绳头结扣处贴封签，在封签上注明行名、券别金额、封捆日期，加盖封捆人名章。

整理损伤票币时，除按上述方法整理外，还应对主币分版捆扎（一元以下不分版），银行要将收进来的残币、残券及时到人民银行兑换。

(三) 假币的识别与处理

1. 鉴别真假人民币的基本方法。假人民币指仿照真人民币纸张、图案、水印、安全线等原样，利用各种技术手段非法制作的伪币。假币的主要类别有机制、复印、拓印、石刻、木刻版、手上描绘等。

对假人民币识别、鉴别、鉴定，应采用综合方法。主要有以下四种方法：

(1) 眼看。用眼睛仔细观察票面外观颜色、固定人像水印、光变油墨面额数字、安全线、隐形面额数字、横竖双号码、阴阳互补对印图案、胶印缩微文字、红色和蓝色纤维等。人民币的图案颜色协调，图案、人像层次丰富，富有立体感，人物表情传神，色调柔和亮丽；票面中的水印立体感强，层次分明，灰度清晰；安全线牢固地与纸张黏合在一起，并有特殊的防伪标记；阴阳互补对印图案完整、准确；各种线条粗细均匀，直线、斜线、波纹线明晰，光洁。

（2）手摸。依靠手指触摸钞票的感觉来分辨人民币的真伪。人民币是采用特种原料，由专用抄造设备抄制的印钞专用纸张印刷，其手感光滑、厚薄均匀，坚挺有韧性，且票面上的行名、盲文、国徽和主景图案一般采用凹版印刷工艺，用手轻轻触摸，有凹凸感，手感与摸普通纸感觉不一样。

（3）耳听。通过抖动钞票发出声响，根据声音来判别人民币的真伪。人民币纸张采用专用钞纸，主要成分为棉短绒和高质量木浆，具有耐磨、有韧度、挺括、不易折断、抖动时声音脆响等特点，手持钞票用力抖动、手指轻弹或两手一张一弛轻轻对称拉动钞票，均能发出清脆响亮的声音。而假币纸张绵软，韧性差，易断裂，抖动时声音发闷。

（4）检测。检测就是借助一些简单工具和专用仪器进行钞票真伪的识别。如借助放大镜来观察票面线条的清晰度，胶、凹印缩微文字等；用紫外光照射钞票，观察有色和无色荧光油墨印刷图案，纸张中不规则分布的黄、蓝两色荧光纤维；用磁性检测仪检测黑色横号码的磁性；用验钞机检测。

2. 反假人民币与票样管理。办理人民币存取款业务的金融机构发现伪造、变造的人民币，数量较多，有新版的伪造人民币或有其他制造贩卖伪造、变造的人民币线索的，应当立即报告公安机关；数量较少的，由该金融机构两名以上工作人员当面予以收缴，加盖“假币”字样的戳记，向持有人出具中国人民银行统一印制的假币收缴凭证，并告知持有人如对被收缴的货币真伪有异议，可向中国人民银行当地分支机构或中国人民银行授权的当地鉴定机构申请鉴定。收缴的假币，不得再交与持有人。

有人对被收缴货币真伪有异议的，可以自收缴之日起3个工作日内，持假币收缴凭证直接或者通过收缴单位向中国人民银行当地分支机构或中国人民银行授权的当地鉴定机构提出书面鉴定申请。

鉴定机构应当无偿提供鉴定货币真伪的服务，鉴定机构应当自受理鉴定之日起15个工作日，出具中国人民银行统一印制的货币真伪鉴定书，并加盖鉴定专用章和鉴定人名章。因情况复杂不能在规定期限内完成的，可延长至30个工作日，但必须通过书面形式向申请人或申请单位说明原因。

对盖有“假币”字样戳记的人民币，经鉴定为真币的，由鉴定单位交收缴单位按面额兑换完整券退还持有人，收回持有人的假币收缴凭证，盖有“假币”字样戳记的人民币按损伤人民币处理；经鉴定为假币的，由鉴定单位予以没收，并向收缴单位和持有人开具货币真伪鉴定书和假币没收收据。

人民币票样是鉴定人民币和进行反假币工作的重要资料。配有人民币票样的银行要建立领发保管和保密制度，指定专人负责保管，并登记票样领发登记簿，以便查考。换人保管票样时，应办理交接手续。机构合并或撤销时，要将票样及反假币资料如数上交人民银行当地分支机构。凡发现流入市场的人民币票样，应立即报告人民银行当地分支机构，并积极协助追查票样来源。如经调查确系误收，可按票面额垫款兑回，否则予以没收。收回的票样，应根据其号码追查责任，对有关失职人员要进行严肃处理。

阅读材料 7－1　　　　　　第五套人民币的防伪特征

第五套人民币于 1999 年 10 月 1 日起发行，到目前为止，已经发行了 100 元、50 元、20 元、10 元、5 元、1 元六种面额的纸币和 1 元、5 角、1 角三种面额的硬币。

第五套人民币应用了多项成熟的具有国际先进水平的防伪技术，如固定水印、光变油墨印刷图案、全息磁性开窗安全线、隐形面额数字、横竖双号码、阴阳互补对印图案、胶印缩微文字、红蓝彩色纤维、白水印、硬币边部滚字等多项技术。这些防伪技术的采用，大大提高了人民币纸币的机读能力，便于清分机、验钞机清分、识别。第五套人民币的主要防伪特征如下：

（1）固定水印：均位于各票面左侧空白处，迎光透视，可以看到立体感很强的水印。100 元、50 元纸币固定水印为毛泽东头像图案；20 元、10 元、5 元、1 元纸币的固定水印分别为荷花、月季花、水仙花和兰花图案。

（2）手工雕刻头像：各券别正面主景均为毛泽东头像，采用手工雕刻凹版印刷工艺，形象逼真、传神，凹凸感强，易于识别。

（3）隐形面额数字：各券别正面右上方均有一装饰图案，将票面置于与眼睛接近平行的位置，面对光源作平面旋转 45 度或 90 度角，分别可看到面额数字“100”、“50”、“20”、“10”、“5”、“1”字样。

（4）胶印缩微文字：纸币各券别正面或背面胶印图案中，多处均印有缩微文字。100 元券的缩微文字为“RMB”和“RMB100”；50 元券的为“50”和“RMB50”；20 元券的为“RMB20”；10 元券的为“RMB10”；5 元券的为“RMB5”和“5”字样；1 元券的为“人民币”和“RMB1”字样。

（5）雕刻凹版印刷：各券别正面主景毛泽东头像、“中国人民银行”行名、面额数字、盲文面额标记和背面主景图案（20 元、1 元纸币除外）等，均采用雕刻凹版印刷，用手指触摸有明显凹凸感。

（6）冠字号码：各券别冠字号码均采用两位冠字，八位号码。100 元、50 元纸币票面正面横竖双号码印刷，横号码均为黑色，竖号码分别为蓝色和红色。20 元、10 元、5 元、1 元票面正面均采用双色横号码印刷，左侧部均为红色，右侧部均为黑色。

以上为各券别共有的大众特征。

（7）红、蓝彩色纤维：100 元、50 元、20 元、10 元、5 元纸币票面上均可以看到纸张中有不规则分布的红色和蓝色纤维。

（8）安全线：100 元、50 元、20 元、10 元、5 元纸币票面正面中间偏左，均有一条安全线。100 元、50 元纸币的安全线，迎光透视，分别可以看到缩微文字“RMB100”、“RMB50”；10 元、5 元纸币的安全线均为开窗式，即安全线局部埋入纸张中，局部裸露在纸面上，开窗部分分别可以看到由缩微字符“￥10”、“￥5”组成的全息图案；20 元纸币，迎光透视，则是一条明暗相间的安全线。

（9）光变油墨面额数字：100 元、50 元纸币票面左下方分别印有“100”、“50”字样，于票面垂直角度观察分别为绿色和金色，倾斜一定角度则分别变为蓝色和绿色。

（10）阴阳互补对印图案：100 元、50 元、10 元纸币票面正面左下角和背面右下角均有一圆形局部图案，迎光透视，均可以看到正背面图案合并组成一个完整的古钱币图案。

(11) 白水印：10 元、5 元纸币票面下面在双色横号码下方，迎光透视，分别可以看到透光性很强的水印图案“10”、“5”。

(四) 库房管理与库款调拨

1. 库房管理的基本要求。

(1) 提高警惕，切实加强安全保卫工作，严防犯罪分子对银行进行抢劫、盗窃等活动，确保集体财产和人身安全。

(2) 银行应设置出纳专用库房，没有库房条件的必须设置保险柜。存放保险柜的房间，门、窗应加固，并应配备安全防范设施，如报警器、警铃、灭火器等，确保库款安全。

(3) 库房和保险柜应备有正副钥匙各一套。正钥匙由管库员两人分开严密保管，随身携带，不得随意乱放，不得放在办公室抽屉内。每次开启后，应随时锁好，方能离开。副钥匙由管库人员会同主管负责人共同密封加盖印章后交主任妥善保管，除发生特殊事故外，不得启封动用。如必须动用时，须经负责人批准，并会同管库员启封。

(4) 放置现金保险柜的地方或库房，除管库员外，其他无关人员不得随便进入。因查库或其他原因，非管库人员需进入库房，要经领导批准，并应办理入库登记手续。

(5) 管库员必须由两名责任心强、诚实可靠的正式职工担任。仅设一名出纳的分理处，也必须贯彻“双人管库”的原则，由出纳员、会计员分管钥匙，开关库时要各自开库、锁库，不得委托对方代办，形成一人管库。两人定期共同核对库存（由会计员在现金库存簿上签注“核对相符”或注明多缺数字后共同签章），发生多缺，由出纳员负责。

(6) 银行主任要亲自抓安全保卫工作，制定安全保卫守则，并经常监督检查。发现不安全因素，应立即纠正；否则，发生事故，追究银行主任的责任。

(7) 严禁白条或其他凭证抵库，或用库款垫支费用。挪用公款，以贪污论处。如领导指示办理，经办人有权拒绝。

(8) 银行主任应按月查库，并接受人民银行查库。查库时应凭查库介绍信，由银行主任、出纳员在场进行。每次查库完毕，应填写查库记录簿，发现问题及时追查处理。

(9) 领、送现金必须做到双人押运，注意安全，严密交接手续，对领送的时间、地点、路线、金额要严守秘密，不得向任何无关人员透露。

2. 库房检查的主要内容。

(1) 清点库存现金、实物是否账款、账实相符，有无白条抵库和挪用库款情况，有无发现鼠咬、虫蛀及霉烂事故。

(2) 库房（保险柜）的锁和钥匙的使用、管理情况。锁是否发生损坏，有无擅自更换情况；钥匙是否发生托人代管、丢失不报、私自配备等情况。

(3) 库房及守库员住房安全设备是否齐全，是否符合安全条件。

(4) 各项措施（包括联防组织）是否落实，是否认真执行了“双人管库”和“双人守库”的规定。

（5）库款摆列是否整洁，有无存放违反规定的物品。

（6）是否做到当日核对账款，库存是否超过限额。

查库必须双人进行。出纳员或管库员应将查库情况和问题登记在查库登记簿上，并由查库人员和管库人员共同签章，以备查考。发现问题，要立即查明原因，分别情节和性质，严肃处理。

3. 库款调拨的核算。库存现金是为了应付日常业务经营所必备的现金。库存量过少不能满足业务需要，过多则会积压资金。因此，必须匡算好头寸，灵活调度。

第三节 现金出纳业务主要稽核内容

一、柜面现金收付业务稽核

柜面现金收付业务主要包括现金收款、现金付款、兑换与整点、现金差错、假币收缴、柜员库箱轧账、柜员轧账差错等业务。

（一）柜面现金收付业务常见弊端及风险点

1. 现金收、付款业务的主要问题。

（1）柜面现金收付未按规定流程操作，未做到一笔一清。

（2）未卡准大数即拆捆清点。

（3）中午未按规定轧账，或轧账操作违反流程规定。

（4）临时离柜、午休时，未按规定及时将款项、凭证、印章进箱加锁（入库）妥善保管，并签退终端。

（5）柜面长短款登记簿客户解款短款差错未按规定由客户签章证明。

（6）大额现金支付未按规定审批，对化整为零、逃避监管、用途可疑、明显异常的行为足够重视。现金取款越权审批，未登记。

（7）先授权打出库存余额表或用交易查询尾箱余额后再行碰库，造成碰库作用流于形式。

2. 现金收兑、整点的主要问题。

（1）兑换票币未要求客户填写票币兑换清单，按先收后付的原则办理；对外支付低于“七成新”的票币。

（2）残损币的兑换：

①拒绝兑换残缺、污损人民币；

②未按残缺、污损人民币兑换标准进行残损币的兑换；

③未在兑换的残缺、污损人民币纸币上加盖“全额”或“半额”戳记；对兑换的残缺、污损人民币硬币，未使用专用袋密封保管，并在袋外封签上加盖“兑换”戳记。

（3）票币整点未达到标准；现金捆扎不符合要求。

3. 反假货币、票样的风险。

（1）收缴假币不符合人民银行规定流程或未给予当场收缴。

（2）办理假币收缴业务的人员未获得反假货币上岗资格证书。

（3）未在假人民币正、背面加盖“假币”戳记。

（4）对假外币纸币及各种假硬币，没有装统一格式的专用袋及在封口处加盖“假币”字样戳记；没有在专用袋上标明币种、券别、面额、张（枚）数、冠字号码、收缴人、复核人名章等。

（5）收缴假币未使用“假币收缴凭证”；没有及时在核心系统登记假币收缴登记簿。

（6）入库保管的已收缴假币，未按规定上缴。

（7）将发现的假币退还持有人重新流入市场。

（8）未按人民银行要求进行营业场所公示。

（9）人民币（外币）样币、真假票币鉴别手册及其他反假币资料、票据票样未登记保管登记簿，未入库保管。

（10）票样流入市场。

（二）柜面现金收付业务主要稽核内容

1. 现金收付款业务。

（1）柜面现金收付是否符合流程。

（2）现金付款凭证是否按要求审核其要素、是否在必要时摘录身份证件、对身份进行联网核查，核验凭证印鉴，是否通过规定的交易代码进行现金收付的账务处理。

（3）付出成捆钞券现金是否验明券别、卡把，不成捆钞券是否经过复点对外支付或调运。

（4）现金支付是否符合人民银行规定，非提现账户有无支付现金情况，提现账户有无超范围、超用途、可疑支付情况。大额现金支付是否履行权限审批手续，及时登记，留存相关资料并及时上报。

（5）复核人员是否遵守综合业务系统设置规则，履行大额现金业务的系统授权和现金复核工作。

（6）有无越权、下放大额现金支付审批的，有无审批表，审批表要素不全，审批有无企业提供证明依据并按央行规定登记、报备。大额现金存取是否按必须要求取款人提供有效身份证件，审核支付，中国人民银行规定执行备案登记制度，按照反洗钱要求进行大额和可疑交易报告。

（7）非营业时间现金收款，客户现金收款处理是否妥当，款项是否办妥交接并及时入账。封包收款是否签订协议，是否按规定及时清点、入账。

（8）是否设立客户解款差错登记簿，客户解款差错是否办理签收、登记，客户解款长短差错客户是否签章证明，柜员在现金收款凭证上加盖错款证明章，注明情况。

（9）现金差错和事故是否在相关登记簿上登记，并按要求规定时间内逐级报告上级行。对出纳差错、事故的处理是否得当，核算是否符合要求，是否经过有权人审批。现金长短款是否列账反映，是否有弄虚作假、隐匿长款或短款自补不报、长短互抵的情况等。

（10）柜员临时离柜，是否妥善保管款项、凭证、公（名）章、签退终端。

（11）午休和营业结束，柜员是否按规定轧账并核对账款相符，并根据银行柜员余额表和特殊交易处理核对单进行双人会同装箱操作和签章确认。对当日无法查明和解决的账务不平是否按照现金差错处理规程作相应的宕账处理，是否存在“虚库封箱”。

2. 票币的兑换、整点。

（1）是否按制度规范兑换大小票币，做到客户填单、先收后付、券别控制。

（2）残损币的兑换是否符合要求，是否违反规定拒绝兑换残缺、污损人民币。

（3）是否按人民银行规定挑剔不宜流通的人民币，有无将不宜流通的人民币对外支付的情况，是否按人民银行规定整点现金，成捆钞券是否符合“五好”扎捆要求。

（4）营业机构是否设置残缺、污损人民币兑换专窗，是否按中国人民银行规定兑换残损票币。是否按规定兑换残缺、污损外币纸币业务。

3. 反假票币、票样管理。

（1）办理假币收缴业务的人员是否参加人民银行的培训和考核，获得反假票币上岗资格证书。

（2）假币收缴程序是否符合人民银行的规定，是否在持币人视线内由该营业网点两名以上业务人员当面予以收缴，并当客户面在假币正、背面加盖“假币”戳记；对假外币纸币及各种假硬币的保管是否符合规定；账务处理是否正确。

（3）入库保管的已收缴假币（券），是否按时上缴上级行或人民银行；严禁已收缴假币（券）流入市场。

（4）营业场所是否无偿提供货币真伪的鉴别服务，票样、鉴别手册、假币实物是否入库或专用保险箱保管，账实核对是否相符。

（5）人民币（外币）样币、真假票币鉴别手册及其他反假币资料及票据票样领取时是否办理签收并登记保管登记簿，是否按规定入库保管；有无违反严禁票样流入市场的规定。

（三）柜面现金收付业务主要稽核环节

1. 现金收付款流程。先收款后记账、先记账后付款。现金收款业务：鉴别货币真假及其流通收兑状况，做到当面点清、一笔一清、台面理清、内外分清；现金付款业务：成捆钞券未经验明券别、卡把，不成捆钞券未经复点，均不得支付或调运凭证审清，做到账户记清、钞券配清、款项交清。

2. 办理现金收付款业务，必要时联网核查客户身份证件。

3. 各分行制定分级审批制度，大额现金支付必须先审批后支付，并及时登记、备案和上报。复核人员应按照综合业务系统设置的规则，履行大额现金业务的“系统授权”。

4. 非营业时间现金收款业务，当日挂账作暂收款处理，下一工作日划转至缴款人账户。现金缴款凭证应加盖“非营业时间收款”戳记并妥善保管、办妥交接。

5. 现金业务必须做到日清日结。午休前，现金业务人员应对上午现金收、付款业务进行轧账，核对账款相符。日终，现金业务人员必须清点现金库房、库箱的现金、贵金属、有价单证和代管物品，将实际库存数与系统记载的账面库存数进行核对，确保账款、账实相符。

6. 假币收缴流程，应由两名柜员与持有人当时当面办理，假币实物入库或专用保险箱保管。

（四）柜面现金收付业务具体稽核程序与方法

1. 采取查阅会计资料、调阅监控录像、现场检查、调查问卷或询问等形式，检查分行现金业务运作模式、现金收付组织形式是否合理，执行是否到位。

2. 获取分行相关现金业务规章制度、业务流程、操作细则的制定，检查现金差错事故考核制度建立、执行情况。是否制订现金业务突发事件的紧急处置预案。业务授权管理办法的制定情况。

3. 现场、录像检查，检查柜员收兑与整点操作情况，检查现金尾箱、库房钞券质量，残损券与完好券是否分置。

4. 获取现金业务人员上岗考试情况、人民银行反假货币资格上岗考试情况。

5. 获取假币收缴凭证、假币收缴代保管登记簿，假币实物，录像检查假币收缴程序，现场查看假币收缴凭证要素是否齐全，检查假人民币正、背面是否加盖“假币”戳记，核对假币实物、凭证、登记簿是否相符。

6. 进入核心系统用交易查询检查营业网点是否定期上缴上级行，分行是否定期上缴人民银行。

7. 询问柜员遇到客户对银行收缴假币不理解时如何处理，结合录像检查是否有将假币退还持有人的现象。

8. 获取客户解款差错登记簿，现场、录像检查客户解款差错登记簿及其记载，追溯检查相关现金解款单的痕迹。

9. 获取被检查行制定的现金支付审批制度，大额现金支付审批表，大额现金支付备案表，调阅相应大额支付凭证，检查审批审查大额登记报备情况。

10. 获取被检查行差错事故记录、现金业务主管工作日志、事后监督工作日志、网点自查情况记录。检查发生现金业务差错是否在事发三日内填具会计、出纳差错事故报告单，并按要求上逐级上报：本外币差错金额在等值1 000元人民币（含）以上的，应逐级报告至分行；本外币差错金额在等值10 000元人民币（含）以上的，以及成捆、成把（卷）的钞币差错应逐级报告至总行；发生现金业务事故，不论金额大小，必须在事发当日逐级报告上级行。

11. 现场察看营业网点在营业场所是否公示《残缺污损人民币兑换办法》、《假币收缴、鉴定管理办法》、服务承诺及举报电话。

12. 录像检查外币现金收款是否通过真假对照逐张审验并双人复核。

13. 对外币点（验）钞机具是否按人民银行当地分支机构、总行指导下选购配置，是否每年至少两次对其反假功能进行全面检测并及时升级换代。

14. 观察柜员在兑换票币和残损币的兑换是否符合标准。检查人民币（外币）样币、真假票币鉴别手册及其他反假币资料及票据票样实物，要求提供保管登记簿，看其是否入库专人保管。

15. 录像检查柜员临时离柜，是否妥善保管款项、凭证、公（名）章、签退终端。午休和营业结束，柜员是否按规定轧账并核对账款相符。

二、现金调拨业务稽核

主要包括分行与人民银行间的现金调拨、分行与同业间的现金调拨、分支行间的现金调拨、管库员与柜员间的现金调拨、柜员间的现金调拨。

（一）现金调拨业务常见弊端及风险点

1. 营业网点未在现金上级行预留印鉴；网点人员发生变动时没有及时更换印鉴。

2. 现金调运未填写经有权人签章现金运送凭证；没有配备规定人数的经济民警、工作人员专业运钞车进行。

3. 调运过程中，驾驶人员、经济民警、工作人员未坚守岗位；运途中停车、另办他事或搭乘他人；随意透露运送时间、地点、路线等。

4. 现金调运未按规定流程进行：未经有权人签章或加盖预留印鉴；未履行清点交接手续；未及时记账等。

（二）现金调拨业务主要稽核内容

1. 现金领解业务流程是否合理，领现支票、印鉴章保管使用情况。

2. 现金调运手续是否严密，现金库箱的接送交接手续是否清晰，记录、签章是否齐全，现金库箱（袋）是否存在安全隐患。

3. 现金、贵金属、重要物品的运送是否贯彻武装押运的原则，是否凭有关运送凭证办理，凭证签章是否齐全。

4. 对不具备武装押运条件的分行，是否按规定委托专业押运公司代理押运业务，并与其签订武装押运服务协议。

委托专业押运公司代理押运业务的营业机构，交运现金前必须核验押运人员身份无误。

5. 调运现金是否按中国人民银行规定整点，成捆钞券是否符合“五好”扎捆要求，领入主币钞券开捆后是否经过复点对外投放。

6. 领解现金是否做到双人会同、交叉复核，并在录像监控范围内进行。领解现金是否做到当面点清、签章确认；接送现金、凭证库箱是否做到双人同行、分工明确。

7. 现金、贵金属、有价单证和代管物品的转移，交接是否与交由当事双方当时当面清点核对，办妥转移交接手续。

8. 接送库箱必须验看库箱是否上锁加封，有无双人签封，有无漏锁、假锁，当时当面点清数量、核对封签，在录像监控范围内办妥交接手续。

9. 对同业和人民银行调入款项调拨差错是否按规定处理。

（三）现金调拨业务主要稽核环节

1. 现金调运必须使用专业运钞车，除驾驶人员外必须配备两名经济民警武装押运，两名工作人员严密守护，坚持双人会同原则。

2. 严格保密运送时间、地点和路线，运送路线定期变更。运送过程中，不得擅自带人带物、任意停留。对运送过程中可能产生的风险应合理估计并向保险公司投保相关的险种。

3. 凡不具备自行武装押运条件的分行，必须委托专业押运公司代理押运服务，且必须签订武装押运服务协议。交运现金前，各级行必须核验押运人员身份无误。

4. 现金调运前，调入行与调出行应事先联系。调运的钞券必须复点并符合人民银行制定的《人民币五好钱捆管理标准》中对钞券质量的要求，经装箱（袋）、加封加锁后方可调出。

5. 现金调运须凭现金运送凭证进行。按规定凭预留印鉴或签字调运。

6. 预留印鉴中公章应使用行名公章或行财务专用章，私章中应有一枚行领导的印章，其他人员预留印章必须经行领导授权，并签署授权书。

7. 现金调运必须严密交接手续。

（四）现金调拨业务具体稽核程序与方法

1. 获取被稽核行现金领解管理办法、实施细则，询问分行向人民银行（同业）、支行向分行领解、柜员间调拨现金流程，检查现金领解业务流程是否合理，分行向人民银行（银行同业）领解现金是否填制现金调拨申请单，经运营主管审批后凭支票或现金解款单进行；支行向分行领解现金是否凭划款转账凭证进行，划款转账凭证上应明示“领用”或“上交”，要素填写齐全并加盖预留印鉴；柜员间调拨现金是否使用现金调拨申请单，并经运营主管或业务主办审批签章后进行。结合核心系统交易抽查现金解缴、领取交易，根据流水查阅柜员传票中是否有经有权人签章。

2. 现场检查领现支票、印鉴章保管使用情况，获取营业网点的预留印鉴；现金调运手续是否严密。预留印鉴是否按规定使用行名公章或行财务专用章，私章中应有一枚行领导的印章，其他人员预留印鉴必须经行领导授权，并签署授权书。是否有领现支票上先加盖预留印鉴的情况。

3. 通过访谈、现场检查方式了解被审计行现金调运是否贯彻武装押运。运钞车使用情况、经济民警配备情况。对运送过程中可能产生的风险，分行是否进行合理估计并向保险公司投保相关的险种。

4. 对不具备武装押运条件的分行，获取武装押运服务协议，检查是否委托专业押运公司代理押运业务，协议中是否明确双方当事人的权利、义务和责任界定。

5. 代理押运业务的营业机构，获取营业机构留存的押运人员身份证明，获取交接登记簿，访谈或录像检查营业网点交运现金前是否按规定必须核验押运人员身份。

6. 现场检查调运现金是否按中国人民银行规定整点。

7. 录像检查领解现金是否做到双人会同、交叉复核，并在录像监控范围内进行。领解现金是否做到当面点清、签章确认；接送现金、凭证库箱是否做到双人同行、分工明确。

8. 获取交接登记簿，结合录像检查接送库箱是否验看库箱上锁加封，有无双人签封，有无漏锁、假锁，交接是否与交由当事双方当时当面清点核对，在录像监控范围内办妥交接手续。

9. 询问现金领解情况，翻阅现金领解传票，确定抽查日期后追查录像，观察现金领解、当天复点情况录像检查不同性质的调入钞券是否符合接收要求，对同业和人民银行调入款项的调拨差错是否按规定处理。

三、现金库房、库箱（袋）管理稽核

主要包括库箱（袋）开启封箱、库房建造审批启用、人员配备钥匙管理、守库情况、出入库房管理、业务库房存取轧账等。

（一）现金库房、库箱（袋）管理常见弊端及风险点

1. 库存现金限额控制不到位。

2. 人员进出库房管理不严格。

3. 保密制度执行不严格。

4. 双人装开箱、双人守库、双人管库等制度执行不到位。

5. 人员管理、权限管理不到位。包括要害岗位人员任职审批和现金业务人员培训上岗；库房管库员配备不足，未按要求轮岗；钥匙（密码或磁卡）等未按规定妥善保管。

6. 查库制度不落实。实际执行过程中，查库频率不足、突击性不够、走过场、职责违规下放、定期查库规律性过强。

7. 营业场所管理不到位。

8. 交接管理不到位。交接清点不认真、未做到平行交接、交接登记不规范、监交人不认真履行监交职责等。

（二）现金库房、库箱（袋）管理主要稽核内容

1. 现金人员是否经过专业技术培训后持证上岗；现金库房管库（顶班）人员是否按总行规定先审后用，进行要害岗位资格审批并报备总行；人员配备是否合理；现金业务人员、管库人员是否建立定期轮岗轮换制度。

2. 是否对现金业务、管库人员进行动态管理，关注其 8 小时内外的活动情况，对有涉嫌吸毒、赌博、大量购买彩票等不良行为的员工是否立即调离。

3. 是否坚持现金出纳的双人会同原则，即双人会同开装箱、双人管库、双人押运、双人守库；管库人员是否做到同进同出同操作、库门随启随闭；开装库箱是否在录像监控范围内。

4. 现金库房、库箱（袋）是否落实分行、网点分管行长和运营主管三级查库要求并做到定期检查，对现金尾箱、库房检查是否采用突击方式进行，检查时间是否存在规律性，查库手续、频率、内容是否符合制度规定，查库记录是否齐全，检查发现的问题是否整改。

5. 新建、改建和启用现金库房是否有总行、当地公安部门验收批件，是否经审批、验收后启用。停用、撤销现金库房是否向原批准单位（部门）报备。

6. 现金库房是否存在安全隐患，各项防火、通风、防潮、防盗、报警等安全设施是否运行良好。

7. 对设立营业日间库的营业机构，是否经分行运营管理部门和行政保卫部门批准后设立；对人员、库房钥匙、物品、寄存现金管理是否符合要求；营业结束后是否还存有过夜现金；是否违反规定替代正式现金库房或替代重要空白凭证库使用。

8. 现金库房是否做到管库、守库职能分设，是否存在管库人员守库的现象。

9. 办理现金库房业务时，两名管库员是否同进同出，共同操作，对出入现金库房的款项、实物是否做到相互复核监督，是否存在一人单独进出现金库房或留在库内作业的现象。现金库房当班管库员是否有临柜办理现金收付的情况。

10. 非当班管库人员出入现金库房是否经过本行领导批准并落实登记。

11. 现金库房钥匙（密码或磁卡）掌管是否符合制度规范，有无失控、失密情况，有无一人可以操控现金库房的情况。交接时是否贯彻平行交接原则，有无交叉掌管库房钥匙和密码的情况，管库顶班人员是否实行定人定向，交接班是否当面办妥交接手续。对副钥匙的使用保管是否符合规定。

12. 是否建立分行、支行、柜员三级库存限额管理制度并报备总行，是否违反规定擅自调高、突破库存限额。对未设现金库房的营业机构过夜硬币是否超过总行规定的留存金额上限。

13. 现金、贵金属、有价单证、代管物品等的转移，是否当时当面办理清点、交接手续。

14. 现金库房是否设置库存明细登记簿和现金库存簿，做到每日双人清库、核对账实并有痕迹。

15. 入库钞券是否认真卡把并加盖卡把章，钞券质量是否符合“五好”扎捆标准。

16. 未设现金库房的营业机构，现金库箱（袋）寄存他行是否签订协议，协议责任是否明确，接送现金库箱有无单方交接、单人交接、虽然双人交接但代签名，交接内容记录不清或交接内容与实际不符现象。库箱交接时，寄库库箱是否按要求按件数交接。

17. 款项、有价单证、寄库物品、代保管品账实是否相符，实物与库存明细登记簿、表外账是否相符。

18. 现金库房现金、贵金属、有价单证、代管物品封装、摆布是否符合制度规范。是否存放有严禁存放的私人物品、易燃易爆物品、封签腰条、包装箱袋、开箱工具等物品。

19. 营业大厅现金区域、现金库房、库箱交接区域等是否纳入录像监控范围。

20. 实行交叉分配的分行柜员库箱现金限额是否符合规定，库箱管理员的库箱是否落实双人管理和双人会同，双锁双人分管。

21. 对发生现金业务差错是否按要求逐级上报；本外币差错金额在等值1 000元人民币（含）以上的，应逐级报告至分行；本外币差错金额在等值10 000元人民币（含）以上的，以及成捆、成把（卷）的钞币差错应逐级报告至总行；发生现金业务事故，不论金额大小，必须在事发当日逐级报告上级行。

22. 抵质押品是否纳入备忘科目核算，双人会同封包后交保管部门保管，保管部门是否设立代保管品登记簿进行控制，代保管品的存取凭代保管品凭证办理。代保管品账实是否定期核对，确保封包数和备忘账户余额相符；封包实物与粘贴在封包上的代保管品凭证所列明的清单是否相符。

（三）现金库房、库箱（袋）管理主要稽核环节

1. 现金库房管库员及其顶岗人员、现金库箱（袋）交叉分配制度下的库箱管理员及其顶岗人员，属于要害岗位人员，应由营业机构填制要害人员审批表，经营业机构、分行运营管理部门、人事部门审批后上岗。

2. 现金业务人员必须实行轮岗、强制休假等动态管理措施。

3. 封装、开启库箱必须做到双人会同，在录像监控范围内按实物各自计数，验明券别、点捆卡把、加计零包、核对总数相符。开启库箱时应先检查封签、锁具完好；封装库箱时应先将款项全部装进库箱，核对总数相符后加锁加封、入库保管。实行库箱交叉分配的营业机构，柜员（库箱管理员除外）可不进行双人会同装开库箱。

4. 接送库箱必须双人会同、明确分工，库箱要集中固定位置摆放，做到严密看守、认真检查，防止漏接漏送，错接错送。接送库箱必须验看库箱是否上锁加封，有无双人签封，有无漏锁假锁，并当时当面点清数量、核对封签与运送凭证金额，在营业机构录像监控范围内办妥交接手续。

5. 现金库房、库箱必须定期检查，并应采用突击方式进行，确保银行资金安全。每次检查完毕，各级行（社）均应登记查库报告表，并由查库人员、被查人员签章确认，以备查考。

6. 本行现金业务区域（含现金运送通道、交接区域）、现金库房区域等必须实施全面录像监控管理，存有监控录像内容的介质应落实专人保管并做好记录，保留时间至少一个月。

7. 柜员现金尾箱的新增、颁发与收回须经运营主管授权，并由现金业务主办具体处理。操作完成，打印柜员信息并交运营主管登记系统操作员号使用登记簿，并由相关柜员签字确认。

（四）现金库房、库箱（袋）管理具体稽核程序与方法

1. 获取现金人员上岗证、要害岗位资格审批表。检查现金人员是否经过专业技术培训后持证上岗；现金库房管库（顶班）人员是否按总行规定先审后用，进行要害岗位资格审批并报备总行；询问分行运营管理部门和人事部门现金业务人员、管库人员是否建立定期轮岗轮换制度，获取相应的交接登记。

2. 询问或调查问卷方式检查被审计行是否对现金业务、管库人员进行动态管理，关注其 8 小时内外的活动情况，对有涉嫌吸毒、赌博、大量购买彩票等不良行为的员工是否立即调离。

3. 现场、录像检查现金库箱（袋）的装开情况和双人管库、守库情况，查看四眼落实、清点核对动作，现金库箱（袋）的装开是否做到全过程的双人会同，有无流于形式情况。

4. 查阅现金尾箱、查库登记簿记载，对照制度检查分行、网点分管行长和运营主管三级查库要求是否落实，检查查库范围、频率是否符合要求，检查日期是否富有规律，

追溯抽查录像情况，检查发现的问题目前有无整改。

5. 采取突击检查方式，检查日实地盘点库存现金账实是否相符。

6. 获取现金库房总行、公安部门验收同意启用的批件，获取设立营业日间库的分行批件；检查是否经审批、验收后启用。现场检查现金库房各项安全设施情况。对设立营业日间库的机构，现场检查是否违反规定替代正式现金库房或替代重要空白凭证库使用。

7. 获取现金库房管库、守库人员名单、岗位职责，检查现金库房职能分设情况，有无违反现金库房主任、副主任、记账人员、守库员不得兼任管库员的规定的情况。

8. 录像检查是否实行双人 7×24 小时坐班武装守库，是否存在管库人员守库的现象。录像检查办理现金库房业务时，两名管库员是否同进同出，共同操作，对出入现金库房的款项、实物是否做到相互复核监督，是否存在一人单独进出现金库房或留在库内作业的现象。追溯调阅传票检查现金库房当班管库员是否有临柜办理现金收付的情况。

9. 获取出入库房登记簿，结合录像和现场检查非当班管库人员出入现金库房是否经过本行领导批准并落实登记。

10. 获取现金库房钥匙、密码或磁卡等交接登记簿、管库人员定向顶岗名单，结合录像、现场检查是否符合制度规范，有无失控、失密情况，有无一人可以操控现金库房的情况。交接时是否贯彻平行交接原则，管库顶班人员是否实行定人定向，交接班是否当面办妥交接手续。对钥匙和副钥匙的使用保管是否符合规定。

11. 获取库存明细登记簿、现金库存簿、现金、有价证券、代保管品的交接登记簿、报表，结合录像检查是否做到每日双人清库、核对账实并有痕迹。现金、贵金属、有价单证、代管物品等的转移，是否当时当面办理清点、交接手续。账实是否相符，实物与库存明细登记簿、表外账是否相符。

12. 获取现金尾箱（袋）委托押运/寄库协议、接送现金尾箱交接簿，检查协议责任是否明确，接送现金库箱有无单方交接、单人交接、虽然双人交接但代签名，交接内容记录不清或交接内容与实际不符现象。库箱交接时，寄库库箱是否按要求按件数交接。

13. 现场和调阅录像检查现金库房现金、贵金属、有价单证、代管物品封装、摆布是否符合制度规范。是否存放有严禁存放的私人物品、易燃易爆物品、封签腰条、包装箱袋、开箱工具等物品。

14. 调阅录像检查营业大厅现金区域、现金库房、库箱交接区域等是否纳入录像监控范围。

15. 获取现金业务差错登记簿、差错报告，检查对发生现金业务差错是否按要求按时逐级上报。

16. 获取代保管品登记簿、结合核心系统和业务报表、代保管品实物，检查抵质押品是否纳入备忘科目核算，双人会同封包后交保管部门保管，保管部门是否设立代保管品登记簿进行控制，代保管品的存取凭代保管品凭证办理。代保管品账实是否定期核对，确保封包数和备忘账户余额相符；封包实物与粘贴在封包上的代保管品凭证所列明的清单是否相符。

第四节　现金出纳延伸服务稽核

一、延伸服务的含义

延伸服务是指延伸服务人员为客户提供的从本行柜面端到客户端之间各类服务的总称，包括到客户指定场所收送现金、各类进账或支付的票据和凭证、其他与本行业务相关的各类单据和附件、重要业务文本等的行为，分为汽车银行、专职上门、代理传递、专业传递等四种服务模式。

汽车银行也称流动银行，是把银行柜面业务收缩在一辆特制的安全汽车中完成，相当于一个流动的银行网点。它可以适应特殊客户对金融服务的即时需要，在客户指定场所办理业务，当场将业务回单或现金交给客户，做到款、单两清。

专职上门是指本行延伸服务专职人员通过运钞车或经人民银行和公安部门认定的专业保安押运车辆到客户处收取封包、各类进账或支付的票据和凭证回本行进行业务处理以及送交现金封包和各类票据和凭证的服务。

代理传递是指本行经客户委托指定客户经理或本行兼职人员代理客户将各类进账或支付的票据和凭证、各类授信业务凭证、国际业务单据、代发工资盘片、重要业务文本递交到本行进行业务办理以及将其在本行办理的各类业务的回单、业务合同送交客户的服务。

专业传递是指本行委托专业公司为客户提供上门收、送物品的服务。

二、延伸服务常见弊端及风险点

（一）违反业务规定，超越服务范围为客户提供延伸服务

1. 由客户经理或其他银行人员代理客户或者陪同未获得客户法人委托的人员在本行办理开立账户。

2. 由客户经理或延伸服务人员单独上门为客户收送现金。

3. 由客户经理为自己服务的客户送达对账单和进行年度对账工作。

4. 客户经理代替客户申请和代领现金管理密码信封、USB KEY 等。

（二）未严格按规定的流程进行操作

1. 不签协议，或未按规定格式与客户签订协议即受理客户的延伸服务需求。

2. 在专职上门以及代理传递过程中未严格按照规定的交接制度执行。

3. 客户经理或专职上门人员除了为客户提供延伸服务外，同时还担任柜面人员的工作，导致内控失效的操作风险。

4. 延伸服务业务违反支付结算办法，逆程序操作。

5. 执行与上报流程不符，后期报备。

（三）业务管理模式不明确或不完善，各条线各岗位的职责不明确，不利于延伸服务的统一管理

分行未成立工作小组，没有建立和明确延伸服务的业务管理部门，没有设立人员对延伸服务进行专职管理，对延伸服务进行过专门的检查工作，导致日常的监督与管理不到位。

（四）延伸柜台存在一定风险

终端延伸方式，即把终端延伸到客户的场所，当场办理现金的收缴并将回单交给客户，做到款单两清，同时为客户开卡，办理存款业务，此种模式存在以下风险及问题：终端延伸模式涉及带公章操作；实际为临时营业网点，存在政策性风险；办公场所存在一定安全隐患。

三、延伸服务的主要稽核内容

1. 检查是否统一协调、管理延伸服务。具体表现：是否建立统一的延伸服务队伍；是否根据省联社或总行延伸服务管理办法并结合当地实际情况制定分行延伸服务实施办法；协议、表单是否规范有效，流程是否符合标准，营销条线有无具体的准入标准，办公条线有无统一后勤保障，运营有无统一服务流程。

2. 是否坚持合理的岗位分工，实行恰当的责任分离制约制度，延伸服务人员、出纳柜员、现金清点人员、记账柜员等岗位职责是否互相制衡、会同操作，有无一手清的现象。

3. 是否统一制作延伸服务专用箱、包、袋、封，是否统一使用规定的协议、表单。

4. 延伸服务传递的票据、凭证和现金是否封包进行，封包、拆包是否在监控范围内进行，其中，上门收款、现金包裹封拆是否双人会同并核对封签，做到一笔一清；是否将现金与现金解款单分别封包并分别办理交接；拆包是否在监控范围内进行。

5. 延伸服务操作是否规范。在接受客户的延伸服务要求时，是否按照相关规定与客户签订有关服务协议书、委托书等文件，明确双方的权利、义务；延伸服务中现金、票据、单证、实物在业务人员、延伸服务人员、客户之间流转是否使用总行、联社统一格式的交接单。

6. 上门收款、送款是否贯彻先收款（清点）后记账、先记账后送款的原则，有无凭电话、传真办理签发票据、取现、购买重要空白凭证的现象，有无在空白的现金缴款凭证上预盖公章、单人现场收款的现象。

7. 凡涉及带公章操作的是否按规定只能采取汽车银行模式，凡涉及现金和封包的是否按规定做到只能采取汽车银行或专职上门模式。

8. 延伸服务涉及现金运送的业务是否贯彻武装押运原则。

9. 总行、联社是否对延伸服务进行定期或不定期的检查监督，是否定期走访延伸服务对象，对发现的问题，是否能及时纠正，防范风险。

四、延伸服务稽核的要素、程序与方法

（一）主要稽核要素

延伸服务稽核的主要要素包括服务协议、服务方案、服务人员、服务车辆、服务地点、服务时间、服务范围、操作流程以及其他。

（二）具体稽核程序与方法

获取延伸服务实施办法、延伸服务协议，营销部门、运营部门、办公室等部门制定的服务方案表单、交接单，服务人员名单和资格等，通过现场、录像检查延伸服务操作流程是否符合省联社或总行的规定，观察有无统一的延伸服务队伍，现场、录像检查延伸服务流程处理。

1. 汽车银行、专职上门。

（1）是否签订服务协议。协议中是否明确农村合作金融机构与客户在业务处理过程中的基本职责，上门服务时间、地点（场所）及相关安全保卫条件，上门服务业务范围，服务人员名单及其身份认证方式等。

（2）核对清单和服务协议是否一致。

（3）是否使用省联社或总行要求的标准格式，是否符合省联社或总行的规定。特殊条款是否明确，如果有超越省联社或总行提出的内容，是否有相应的风险控制措施和免责条款。

（4）是否根据省联社或总行服务协议分类制订明确的、书面的延伸服务方案，并经有权人审批通过。

（5）审核方案内容要素是否齐全：行车路线、服务时间、人员安排、交接手续、服务车辆、物品保管、进账时间等相关内容。

（6）对汽车银行、专职上门的服务地点是否进行过安全评估并实施了有效的防范措施，且只能在同城区域内。

（7）非营业时间办理延伸服务业务是否经有权人审批，非营业时间内办理延伸服务流程是否存在安全隐患。

（8）各类业务公章是否落实专人负责，做到定人定章，是否在操作使用时做到双人会同、互相监督。

（9）人员是否经过必要的背景调查（是否有前科），是否经过专门的培训，是否能胜任相应的延伸服务，人员配置是否达到内控要求，检查专职延伸服务人员流动性情况。

（10）汽车银行服务车辆是否达到安全要求，是否按规定配备保安人员，是否贯彻武装押运原则，是否使用专业车辆和司机。

（11）交接登记簿是否设立，签收手续是否齐全，规定双人会同操作的，是否因某种原因而落实不到位，进账时间是否及时等。

（12）是否坚持合理的岗位分工，实行恰当的责任分离制约制度，延伸服务人员、出纳柜员、现金清点人员、记账柜员等岗位职责是否相互制衡，有无一人独立完成一笔

业务全过程情况。

(13) 察看监控录像，确定本行的封包、拆包全过程，应在录像监控范围内双人会同。上门收款、封包收款是否按规定及时清点、入账。在收取现金、封包等过程中，有无办妥交接手续，拆点封包款是否做到双人会同并核对封签。录像检查拆包、清点操作是否纳入监督范围，关注双人拆封动作，关注现金解款单与封签份数、金额核对动作，关注封包现金拆捆、拆把，清点细数和零头的动作，清点人员是否是专职人员。

(14) 现场查看和询问分行是否统一制作上门收付款业务专用箱、包、袋、封进行上门收付款业务。

(15) 了解分社或分行是否建立统一的上门收款、付款服务队伍，查看上门（封包）收款协议，了解入账要求；查看交接单上记录确定上门（封包）收款日期、笔数和金额；查看客户银行存款对账单；查看系统，了解系统入账日期、笔数和金额；检查上述各点内容互相匹配。上门收付款业务应由专职服务人员办理，禁止客户经理介入会计结算领域。

(16) 查看事后监督人员每日对现金封包业务凭证、流水和交接单逐笔核对痕迹，调阅电子对账业务资料，接受省联社或总行上门收款、付款服务的客户，必须开通电子对账功能查看专人按月核对上门收款客户银行对账单余额和发生额的痕迹。

(17) 抽检非营业时间收款日期、笔数和金额；查看系统，了解系统入账日期、笔数和金额是否相符。

(18) 询问和现场检查上门收付款人员是否做到先核查备案资料，核实业务种类、有效期限、客户名称相符后方可办理业务。

(19) 抽查上门收付款业务资料，检查是否依据真实、有效的付款业务凭证，经验印、记账无误后方可进行有以付款业务凭证的传真件为依据办理上门付款业务。

2. 代理传递。获取客户委托书、交接登记表（簿）、方案，通过调阅资料、访谈和调查问卷等方式，了解如下信息：

(1) 委托书是否使用省联社或总行要求的标准格式。

(2) 客户提供的委托书要素是否齐全，包括被委托人单位、姓名、委托业务种类、有效期、委托人名称、委托日期等。

(3) 柜面人员与客户经理或兼职人员办理交接时，是否未经核实委托书内容相符就予以办理。

(4) 是否未事先取得委托书即办理业务，对于不在委托书范围或临时性的代理传递，是否填写了临时委托书。

(5) 对于传递物品涉及各类票据的，客户不在同城但同省的，是否坚持始终双人会同，并且为同性别。

(6) 跨省、跨分行的代理传递是否单独制订方案并经部门和社（行）长审批并报省联社或总行相关部门备案。

(7) 是否使用专业车辆为交通工具。

(8) 是否有客户经理代替农村合作金融机构将对账单传递给客户，而不是由农村合作金融机构直接向客户发送。

（9）是否有客户经理代替客户申请和代领密码信封、USB KEY，代替客户进行网上银行的有关设置和操作。

（10）有无凭电话、传真办理支取现金，购买重要空白凭证、签发票据等情况。

（11）交接登记簿是否设立，签收手续是否齐全，双人会同的，交接是否双人同时在交接处签章。交接是否具体，包括延伸人员与客户之间、与省联社或总行具体业务经办人员的物品交付；省联社或总行内部款项、凭证、公章换人经管时的交接手续。通过现场、录像检查流程验证检查延伸服务交接单、交接记录有无客户经理签章。

（12）进账时间是否及时等。

3. 专业传递。获取服务协议或公司章程等，检查如下情况：

（1）是否与专业公司签订服务协议或审查该公司章程后办理。

（2）是否使用省联社或总行要求的标准格式。

（3）是否列明服务内容、相应价格、服务方式、违约责任、固定人员等。

（4）该专业公司是否是经人民银行当地分支机构和公安部门认定的专业公司，否则只能对国际结算业务项下各类单据及业务合同进行传递。

（5）是否履行对传递人员的身份认证手续，当面交接是否清楚，是否留有书面签章。

案例7－1　　违规大额取现，导致银行赔偿

一老人在某银行存入活期储蓄存款30万元，约定支取方式为“凭折—凭密”，后老人将密码泄露给保姆，并基于信任将存折交保姆保管。保姆为侵占该款，到该银行支取该笔30万元存款。在取款过程中，保姆提供了密码、存折。银行工作人员看到密码正确，存折真实，且保姆和老人又经常一同来取款，便只看了一下保姆的身份证，没有审核和登记就给保姆支付了30万元。保姆取款后逃匿，后老人发现存款被取而保姆又不知去向，便立即向公安机关报案，并将该银行诉至法院，要求赔偿其存款本金及利息。庭审过程中，老人认为该银行在办理业务中没有审核取款人身份证件，导致存款被冒领，违反了人民银行关于大额取现的有关规定，存在严重过错，应当赔偿其损失。银行认为，存折记载的支付方式为“凭折—凭密”，取款人提供了真实的存折和密码，银行应当付款，银行也对取款人身份证进行了审查，只是未进行登记，因此银行在操作中并无过错，不应负赔偿责任。老人的损失完全是由其泄露密码和不妥善保管存折造成的，与银行无关。且老人已报案，应将案件移交公安机关处理，由公安机关追回老人的损失，而不应该要求银行赔偿。

法院认为，银行虽然审查了存折和密码，但无法提供相关证据证明审核了取款人的身份证明，应认定银行没有审核取款人身份证明，违反了人民银行《关于大额现金支付管理的通知》，在支付存款过程中存在明显过错，致使储户存款被冒领，应负赔偿责任。而本案民事部分和刑事部分并非同一法律关系，按规定不应将民事案件撤销移交公安机关处理。由于储户老人泄露了密码且不妥善保管存折也存在一定过错，法院遂判决由银行对老人的损失承担80%的责任。

案件警示：对于大额取现业务，不仅要核实存折、密码等存取双方约定的支取条件，还要审查取款人身份证件，在核实身份后方能支付。并加强大额授权和审批管理，同时按规定内部逐笔登记，妥善保管有关资料，并按时进行备案。谨防出现因操作不当而造成储户资金损失以及形成其他的金融风险。

案例7－2　　　　库管员监守自盗，发生特大金库盗窃案

2007年4月16日，中国农业银行河北省邯郸市分行现金金库发生新中国成立以来涉案金额最大的银行金库监守自盗案，犯罪嫌疑人利用职务之便大肆盗窃库房现金并用于购买彩票，涉案金额高达5 100万元人民币，造成了极其恶劣的影响。

2006年10月至2007年4月期间，管库员任晓峰与马向景、赵学楠、张强等人利用看管金库的便利条件，多次从金库盗取共计5 100万元人民币，其中有4 500多万元用于购买彩票。案发后，公安机关追缴赃款500多万元。

2006年10月，任晓峰任调度员，张强和赵学楠为管库员。任和赵策划偷金库款买彩票获利，并劝导张加入。三人于13日窃取金库现金10万元，投入2万多元中奖10万元。但后来将剩余库款和中奖款再去买彩票时，一直未再中奖，为了填平亏空，几天后三人再次从金库中窃取10万元，仍未中奖。此时张决意退出并自愿补平库款。后银行调整岗位，任晓峰和马向景掌握了金库的钥匙，从2007年3月16日开始，任、马二人几乎每天从农业银行金库取款，其中4 500余万元用于购买彩票，但只有两次中奖共计10.3万元，后分头潜逃并落网。

法院判决结果：任晓峰与马向景等身为国家工作人员，利用职务便利，监守自盗，其行为分别构成贪污罪和挪用公款罪，判处任晓峰、马向景死刑，并处没收个人全部财产；赵学楠判处有期徒刑五年；张强有期徒刑二年，缓刑二年。

案件警示：

1. 库房管理制度形同虚设。任、马作案之初通过盗出库款后少记账、虚开调拨单的方法防备查库。但随着几次轻易得手，他们在光天化日之下从金库往外搬运巨款，作案的工具从普通的塑料袋和挎包到后来直接用提包装款。流于形式、层层失守的管理和监督，最终造成了特大金库自盗案。其间银行暴露出的风险隐患有：（1）银行定期查库制度形同虚设，作案初期查库一次，但没检查出问题；（2）管库员可以随意携带私人物品进出库房；（3）现金库房内未安装监控录像设备，金库门口的监控录像系统从4月2日就已经损坏，却直到4月10日才维修，而且由于设备老化，电脑主板和硬盘损坏，回放录像无法显示；（4）按照银行现金保管规定，每天上午须将大额库存款送交人民银行。由于任、马二人盗款，连续多日无法正常向人民银行送交，对此，农业银行邯郸市分行现金管理中心竟无一人过问。

2. 对管库人员等银行职员未进行动态管理，未关注其8小时内外的活动情况。任晓峰好赌，马向景嗜酒贪玩，对员工有赌博、大量购买彩票等不良行为未引起相关管理人员的重视和警觉。

案例 7-3　　银行上门服务收款人员挪用企业存款案

某银行上门服务收款人员高某利用职务之便，多次挪用企业存款并造成累计亏空 400 多万元，因最终无法弥补，于 2006 年 6 月 18 日向公安机关投案自首。A 电器有限公司在该行开立结算存款账户，并申请开通了延伸服务。延伸服务的具体操作流程是由该支行收款人员上门收取客户现金并办理相关存款手续，以公司柜台为单位将所收款项封包后汇总，并按封包填制现金缴款单，款项收回该支行并经再次清点无误后予以入账。由于高某长期从事现金清点工作，对延伸服务操作流程的各个环节相当了解，他利用流程前后环节间交接手续不规范、现金清点场所管理不严格等漏洞，采用截留客户封包现金不及时入账并用后期收进的款项弥补前期漏洞的方法，截留、占用客户资金。

经案发后调查，实际收取款项的日期和高某的最终入账日期间最长竟相差 12 天。截至高某投案自首日，他手中仍存有 29 张现金缴款单尚未入账，累计金额达 400 多万元。据悉，2006 年以来，公司曾几次向该支行反映上门收款资金入账时间有所延迟的情况，且该支行在 2 月份对上门收款单位进行的对账检查中，也发现同一天的解款单分多天进账的异常现象，但却因入账日期尚在延伸服务协议允许的入账日期范围内，而未作深究。而后在该支行 3 月份的自查中，虽发现"仍存在现金清点柜员自行与押运公司交接并清点的情况，同时发现交接记录登记有缺漏的现象"，但并未开出整改通知单，也无任何处罚措施，只是在 4 月初草率地认为"3 月份发现的问题基本已进行整改"，放松了对现金封包交接的持续监控。另外，在此期间还曾有员工反映过高某在日常工作中有舞弊行为并曾在 2002 年和 2003 年参与过赌球活动，但却仍未引起该行管理层的高度重视。

案件警示：

1. 对上门收款单位的对账检查和银行的自查中已经发现的违规现象、高某赌球和日常工作中的舞弊行为，以及业务处理前后环节间交接的违规操作、现金清点场所管理的薄弱等现象已经出现苗头，但均未能引起及时的关注和高度的重视，未能做到防患于未然。

2. 业务操作流程的规范化，这是发现风险征兆的前提。根据各业务操作流程的特点，排查出每一个流程中可能发生的风险，以及发生风险的先兆，提高员工对风险先兆的敏感性，并制定相应的责任制度。进行事前防范、事中监控和事后监督。

3. 加强检查的力度和效果。检查形式可以综合检查与专项检查、自查与互查、普查与抽查、定期检查与不定期检查、重点检查与突击检查相结合。并对检查出的风险隐患切实整改。

4. 强化风险意识教育，把内控管理纳入到企业文化建设范畴，加强员工行为动态管理，掌握员工的可疑行为，在银行内部建立起共同的内控管理的价值观与行为模式，形成浓厚的内控管理氛围。

【复习思考题】

1. 农村合作金融机构会计采用的核算方法是什么？

2. 农村合作金融机构会计凭证的主要特点有哪些?
3. 现金出纳业务稽核的主要内容包括哪些?
4. 现金收入业务中的主要风险点有哪些?
5. 现金付出业务中的主要风险点有哪些?
6. 如何更好地控制延伸业务中存在的风险?

【参考文献】

[1] 财政部:《企业会计准则》,北京,经济科学出版社,2006。
[2] 彭玲玲:《农村信用社会计》,成都,西南财经大学出版社,2007。
[3] 程婵娟:《商业银行会计》,西安,西安交通大学出版社,2007。
[4] 唐宴春:《商业银行会计学》,北京,中国金融出版社,2006。

第八章 财务审计

【本章概要】

财务审计是对农村合作金融机构进行监督的形式之一，是由审计主体对农村合作金融机构会计记录、会计报表和其他财务资料反映的业务活动的真实性、合规性和经济效益进行的监督和审查。正如本教材第一章所言，财务审计比财务稽核的任务更宽泛更有高度，其主要任务不仅要依法加强对农村合作金融机构的审计监督，揭示农村合作金融机构资产、负债、损益的真实情况，而且，要揭露和纠正违规违法从事金融业务活动的行为，促进农村合作金融机构加强管理、依法合规经营、提高经济效益，为深化金融改革、稳定金融秩序、防范和化解金融风险、保障国民经济健康发展服务。农村合作金融机构的财务审计按照其内容，一般包括所有者权益审计、收入和费用审计、过渡性资金审计、利润及其分配审计。本章从以上几方面详细阐述财务审计的主要内容和方法，并在此基础上介绍农村合作金融机构进行经营绩效评价的主要指标。

【要点提示】

- 财务审计的含义、目标及内容；
- 主要项目的审计要点和审计程序；
- 对农村合作金融机构的经营状况进行评价的基本指标。

【内容架构】

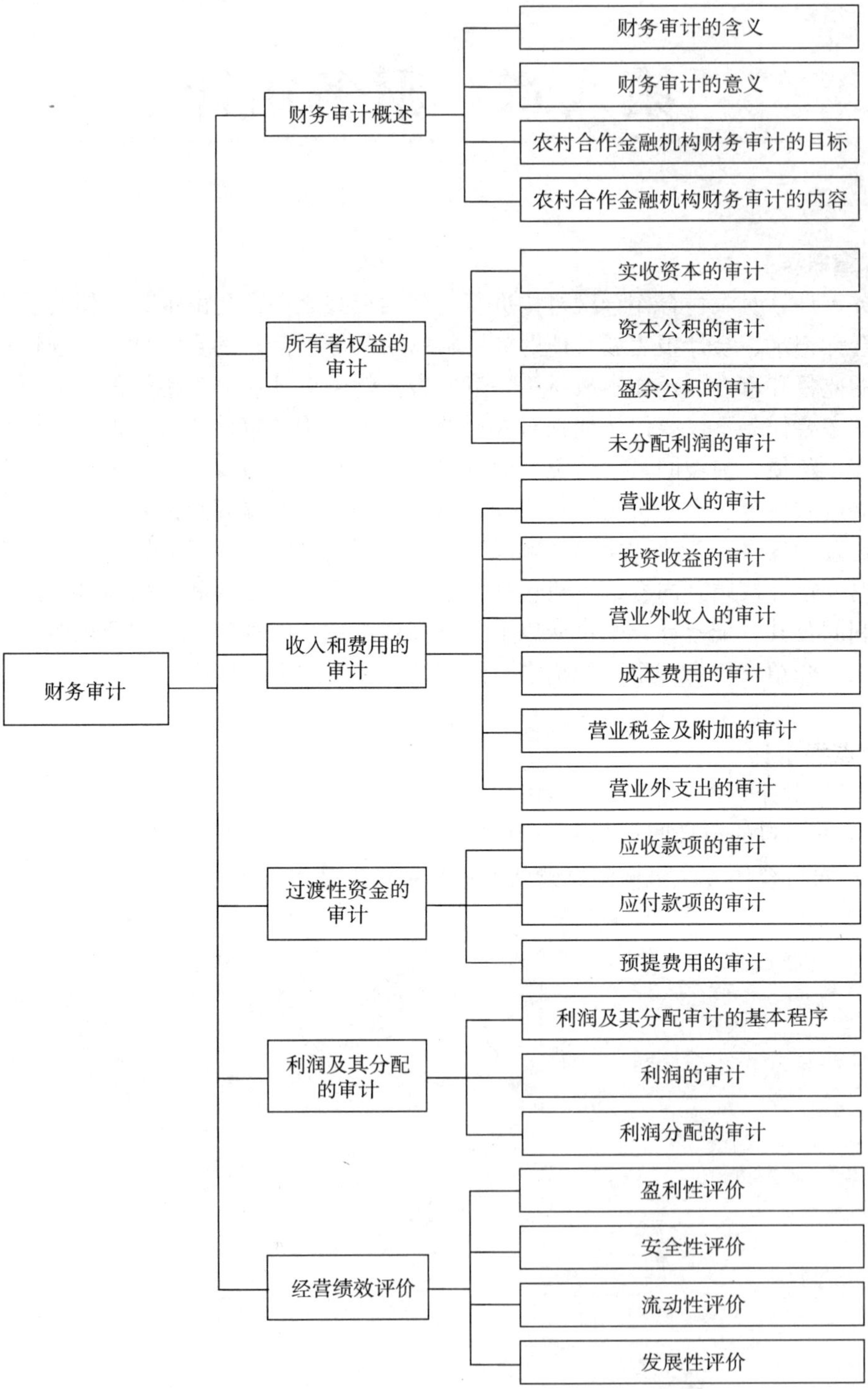
财务审计
财务审计概述
财务审计的含义
财务审计的意义
农村合作金融机构财务审计的目标
农村合作金融机构财务审计的内容
所有者权益的审计
实收资本的审计
资本公积的审计
盈余公积的审计
未分配利润的审计
收入和费用的审计
营业收入的审计
投资收益的审计
营业外收入的审计
成本费用的审计
营业税金及附加的审计
营业外支出的审计
过渡性资金的审计
应收款项的审计
应付款项的审计
预提费用的审计
利润及其分配的审计
利润及其分配审计的基本程序
利润的审计
利润分配的审计
经营绩效评价
盈利性评价
安全性评价
流动性评价
发展性评价

第一节 财务审计概述

一、财务审计的含义

（一）财务审计的定义

财务是指利用价值形式，对有关财产的管理或经营，各种资金的筹集、调拨、使用、分配、借贷进行决策、计划、监督、控制、计算和分析考核等事务。农村合作金融机构是经营货币信用业务的经济组织，在运用信用形式动员和再分配资金的活动中，必然会发生有关财务收支，并形成损益。

农村合作金融机构财务审计是指审计组织和审计人员按照内部审计准则规定的程序和方法对农村合作金融机构资产、负债、损益的真实性、合法性进行审计监督。其目的是揭露和反映被审计金融机构资产、负债和盈亏的真实情况，查处其财务收支中各种违法违规问题，维护所有者权益，防止企业资产流失。因此，财务审计是农村合作金融机构审计的一项重要组成部分。

（二）农村合作金融机构财务审计的内涵

1. 农村合作金融机构财务审计是现代金融环境和现代审计环境相结合的产物，揭示了金融财务审计是一个发展的概念。

2. 农村合作金融机构的财务审计对象不仅是农村合作金融机构的会计信息，按照现代审计发展的要求，还包括财务收支业务、相关经济活动、内部控制制度及企业领导应承担的经济责任等。

3. 农村合作金融机构财务审计的职能不仅包括传统财务审计的监督、鉴证，而且包括评价职能，评价职能是现代经济环境对农村合作金融机构财务审计的客观需要。

4. 由于农村合作金融机构业务发展及其内部审计工作的客观需要，其财务审计必须在传统财务审计目标的基础上增加合理性、经济性、效益性目标。合理性是评价现代企业财务活动与相关经济活动的一项十分突出的内容，如投资、融资的决策，内部控制制度的设计等。经济性、效益性目标则是与农村合作金融机构的经营目标相一致的。审计是为了提高农村合作金融机构经济效益和促进宏观调控服务。

二、财务审计的意义

财务审计的主要任务是依法加强对农村合作金融机构的财务监督，揭示农村合作金融机构资产、负债、损益的真实情况，揭露和纠正违规违法从事金融业务活动的行为，促进金融机构加强管理、健全制度、依法合规经营、提高经济效益，为深化金融改革、稳定金融秩序、防范和化解金融风险、保障国民经济健康发展服务。具体来说，体现为以下方面：

1. 通过财务审计，摸清家底，特别是资产质量和损益的真实情况，促进农村合作金融机构安全、有效运行，严肃查处弄虚作假的行为。

2. 通过财务审计，揭露问题，促进农村合作金融机构规范经营，维护金融秩序。

3. 通过财务审计，促进建立健全内部控制制度，增强自我约束机制，不断提高经济效益。

4. 通过财务审计，促进改善经营管理，提高经营管理水平，促进加强经济核算，堵塞漏洞，增收节支。

三、农村合作金融机构财务审计的目标

1. 真实性。真实性是指报表反映的事项真实存在，有关业务在特定会计期间确实发生，并与账户记录相符合，没有虚列资产、负债余额和收入、费用发生额。

2. 完整性。完整性是指特定会计期间发生的会计事项均被记录在有关账簿并在会计报表中列示，没有遗漏、隐瞒经济业务和会计事项，无账外资产。

3. 合法性。合法性是指报表的结构、项目、内容及编制程序和方法符合《企业会计准则》及国家其他有关财务会计法规的规定，固定资产折旧、成本收入计算等没有违规事项。

4. 准确性。准确性是指准确无误地对各项目进行分析、汇总并反映在有关账户和会计报表中。

5. 所有权和义务。所有权和义务是指列入报表的资产在资产负债表日确实为农村合作金融机构所有，负债为其法定偿还的债务责任，对或有负债作了充分说明，没有遗漏和不具产权的列报。

6. 公允性。公允性是指会计报表在所有重大方面的表述公允地反映了农村合作金融机构的财务状况、经营成果和资金变动情况。

7. 一致性。一致性是指编制报表时，在会计处理方法的选用上前后期保持一致，各种会计报表之间、报表内各项目之间、本期报表与前期报表之间具有勾稽关系的数字保持一致。

8. 表达与揭示。表达与揭示是指会计项目在资产负债表、损益表及现金流量表中被恰当地分类、描述和揭示，并对报表使用者关心或会计报表无法揭示的内容在会计报表附注中予以充分揭示。

四、农村合作金融机构财务审计的内容

（一）所有者权益的审计

所有者权益审计是指对农村合作金融机构投资者所拥有的净资产要求权的审计，包括对实收资本、资本公积、盈余公积、未分配利润所进行的审计。所有者权益是投资者对农村合作金融机构净资产的所有权，对其进行审计是金融审计的一项非常重要的内容。审计时应注意是否有经过验证的法定资本金，是否具备一定的抗风险能力，实收资本变动时是否经过法定的程序；资本公积、盈余公积和未分配利润的核算是否正确。

（二）收入和费用的审计

收入和费用的审计是指对农村合作金融机构的各项收入、投资收益、租赁收益、各

种费用支出、收益分配等方面的真实性、正确性及合法性进行审计。农村合作金融机构的各项收入、各项支出与费用最终形成农村合作金融机构的成果，各项收入、支出与费用的真实、正确，决定着财务的真实正确与否。因此，对农村合作金融机构财务收支的审计主要侧重于各项收入、支出与费用的真实正确性，同时，应注意督促农村合作金融机构加强财务收支管理，取得更好的经济效益。

（三）过渡性资金的审计

过渡性资金是指农村合作金融机构在经营活动及财务活动中发生的临时性、偶然性或一时不能定性处理的各项应收应付款项。各项应付款属于流动性负债，主要包括应付利息、应付工资、应付福利费、应交税费、应付利润、其他应付款等；各项应收款属于流动性资产，主要包括应收利息、其他应收款等。过渡性资金是农村合作金融机构比较容易隐藏问题的一个项目，如久悬未取款、待处理错账等，都暂挂在上面，应着重检查其是否严格控制列账范围和标准，是否正确使用账户，坚持审批程序，经常性地进行清理。

（四）利润及其分配的审计

利润是一定时期内实现盈利的总额，它集中反映农村合作金融机构经营活动各方面的收益，是最终的财务成果。加强对利润及其分配的审计，对于促进农村合作金融机构加强经营管理，兼顾国家收入、企业发展和职工利益三者的关系有着重要意义。利润及其分配的审计具体包括利润计算及核算的审计以及利润分配的审计。

（五）财务绩效的审计

财务成果反映了农村合作金融机构在一定时期的经营成果。农村合作金融机构在办理各项资产、负债业务中，会发生各项财务收入和财务支出，也将最终产生经营成果。为确保被审计单位利润的真实性以及利润分配的合理性、合规性，就必须加强对其财务成果的审计。财务绩效审计通过对农村合作金融机构主要财务指标的计算和分析，来评价各项指标的真实性和正确性，客观总结、对比和分析企业的业绩，促进农村合作金融机构不断增强实力，减少风险，降低成本。

第二节 所有者权益的审计

所有者权益是指投资者对农村合作金融机构净资产的所有权，是在农村合作金融机构终止经营之前无须清偿的债务。农村合作金融机构的所有者权益主要包括投资者投入资本亦即实收资本（或股本）、资本公积、盈余公积和未分配利润。从数量关系上看，所有者权益等于农村合作金融机构全部资产减去全部负债的差额。所有者权益的审计是指对农村合作金融机构所有者权益真实性、合法性及效益性进行检查、监督，其目的是促使农村合作金融机构加强管理，保障投资者、债权人的合法权益，维护国家经济秩序。

对所有者权益的审计，其基本程序可概括为以下几个步骤：

1. 索取资产负债表，分析、复核实收资本、资本公积、盈余公积及未分配利润年初、年末数据，找出异常波动，借以确定审计的重点、范围的方法。

2. 索取损益表，将提取法定盈余公积金、公益金、任意盈余公积金及盈余公积补亏等与资产负债表期初留存收益加减调整，并将调整后数据及未分配利润余额与资产负债表期末数据进行核对，检查二者是否一致。

3. 索取或编制实收资本、资本公积、法定盈余公积金、公益金、任意盈余公积金、未分配利润明细表，分别与有关账务记录数据相核对，检查其是否相符。

4. 索取所有者权益各明细分类账务资料，逐项审查其业务情况，并注意与其他有关账务记录的数据进行核对。

一、实收资本的审计

实收资本是指农村合作金融机构实际收到投资者投入的资本总额。它是农村合作金融机构最原始的资金来源，是其设立和生存的前提。实收资本与注册资本同属资本金的范畴，但注册资本是登记注册时经工商主管部门批准、达到国家法律规定的最低数量限额的资本数额，又称法定资本或开业资本金，二者是企业资本金的两种不同的表现形式。资本金具有垫支性和营利性的特点。

对实收资本进行审计，应着重掌握以下几个方面的内容：

（一）资本金制度执行情况的审计

1. 资本金制度的基本内容。资本金制度是国家对于资本金的筹集、管理和核算及其所有者的责、权、利所作的法律规范。其主要内容可概括为以下八项：

（1）设立企业必须有经过验资的法定资本金（亦称开业资本金、注册资金）。

企业实收资本少于法定资本金的，投资者应及时足额缴付；投资者缴付的出资额超过资本金的差额（包括股票溢价发行、法定财产重估增值、接受捐赠的财产等）计入公积金。

（2）资本金按照投资主体分为国家资本金、法人资本金、个人资本金和外商资本金。

（3）企业应当按规定筹集资本金。企业可以采取吸收现金、实物、无形资产和发行股票等方式筹集资本金。采取吸收实物、无形资产方式筹集的资本金，应按照评估确认或者合同、协议约定的价值计价。

（4）投资者按投资比例或合同、章程、协议的约定，分享收益和分担经营风险及亏损。资本公积是非经营活动过程中产生的增资，不是经营收益，不能用做股利分配；企业不低于注册资金25%的法定盈余公积金，作为永久性投资的收益，也不能用做股利分配。

（5）企业筹集资本金，在经营期间，投资者除依法进行转让外，不得以任何方式抽走，法律、行政法规另有规定的，从其规定；企业清算时，投资者应先缴付已认缴而未缴纳的出资；企业清算终了，清算净收益依法缴纳所得税后的剩余，按投资者出资的比例或者合同、章程规定进行分配。

（6）资本公积金、法定盈余公积金可以按法定的程序转增资本金；企业增加、减少资本金，必须办理注册资本变更登记。

（7）企业筹集的资本金，企业依法享有经营权，但在企业资本金中，银行固定资产净值所占的比重最高不得超过30%。

建立资本金制度，体现了资本金的保全原则，明确了企业的产权关系，这有利于保障企业所有者权益，使企业所有者权益从制度上得到保障；有利于企业正确认真计算盈亏，真实反映企业的经营情况；有利于健全农村合作金融机构自主经营、自求平衡、自负盈亏、自担风险、自我发展、自我约束的经营机制。

2. 资本金制度执行情况审计。在农村合作金融机构的资本金中，是否符合资本充足率、核心资本充足率等要求，是否严格按照国家有关规定控制。

（二）资本金充足性的审计

农村合作金融机构具有充足的资本金，既可显示其自我发展实力，又对维护存款安全、保障存款人的利益具有重要意义。而农村合作金融机构的经营者则希望在经营过程中最大限度地发挥资本金的作用，在负债经营能够带来经济效益的情况下，经营者将会依靠负债来获得较高的收益。这就要求稽核审计部门必须注重对资本金充足性与否的审计，以促使被审计单位确定资本金的合理需要量，把握好资本金和负债的比例，使其既能最大限度地发挥资本金的作用，又能切实保护存款人的利益。

检查资本金充足与否，应参照国家有关资本金管理制度的基本要求，主要检查实有资本金是否达到规定额度，资本金的构成和来源是否正当，实现利润的积累部分是否按规定补充资本金，是否按时、按标准提取呆账准备金和坏账准备金，看有无弄虚作假、虚盈实亏，或转移、挪用等问题。同时，可参照《巴塞尔新资本协议》中关于资本充足率的规定。

（三）资本金核算的审计

农村合作金融机构应加强对资本金核算的管理，提高其核算质量。审计时应依据资本金管理和核算的有关制度规定，着重从以下几方面对核算进行检查：

1. 投入资本审计。

（1）编制或取得实收资本明细表 。

（2）审查实收资本的存在性。取得实收资本投入有关的记录及文件等，应注意原始凭证所反映的内容。对投入的货币资金应审核其是否确实存入企业开户银行；对原材料和设备等实物资产应审核购货发票；对融资租入固定资产应审核其租赁合同；对房地产等固定资产应审核其所有权或使用权证明文件；对投入的无形资产应审查是否办理了法律手续，有无合法的证明文件。

（3）审查实收资本记录的完整性。将实收资本明细表与有关原始文件的记录进行核对，查明其是否一致。以确定实收资本的记录是否完整。如果不相一致，应查明原因。

（4）审查实收资本业务的合法性。审阅账册、凭证。查明注册资本是否符合《农村信用合作社管理规定》等法规的要求；投入资本是否按时全部到位，有无违约情况；无形资产投入比例是否符合规定；非货币性资产投入时，资产评估是否合规、合法；有外商投资时，应索取商检报告，以确定投资业务的合法性；审查减资的合法性，查明有无抽逃资本等违法行为。

（5）审查实收资本分类的合理性。审查实收资本账户及有关原始文件、凭证；查明企业是否根据不同的投资主体在“股本”明细科目中核算；有无错记、漏记和作弊行为，特别查明普通股与优先股是否分开记录；投入资本与借入资金的划分是否合理，有无将两者混淆记录的情况。

（6）审查资本业务账务处理的准确性。审查投资者投入资本或股东入股的资产计价是否准确、合理。有无高估或低估资产价值；审查股份制企业改造时，资本业务处理是否准确；吸收外币投资时，审查投资的币种、汇率及折算差额的准确性；企业减资时，查明减资业务处理准确性；核对实收资本明细账与总账余额、报表的一致性。

2. 资本金增减的审计。

（1）审查资本金增加的真实性、合规性。一般资本金增加的途径有三条：一是将资本公积转为实收资本；二是将盈余公积转为实收资本；三是所有者（包括原所有者和新投资者）的投入。查明注册资本是否符合《农村信用合作社管理规定》等法规的要求；投入资本是否按时全部到位，有无违约情况；无形资产投入比例是否符合规定；非货币性资产投入时，资产评估是否合规、合法；有外商投资时，应索取商检报告，以确定投资业务的合法性。

（2）审查资本金减少的真实性、合规性。一般资本金减少的原因大体有两种：一是资本过剩；二是企业发生重大亏损而需要减少实收资本。审查减资的合法性，查明有无抽逃资本等违法行为。

二、资本公积的审计

资本公积是农村合作金融机构收到的投资者的超出其在农村合作金融机构注册资本所占份额，以及直接计入所有者权益的利得和损失等。资本公积包括资本溢价（股本溢价）和直接计入所有者权益的利得和损失等。资本溢价是农村合作金融机构收到投资者的超出其在农村合作金融机构注册资本（或股本）中所占份额的投资。形成资本溢价（或股本溢价）的原因有溢价发行股票、投资者超额缴入资本等。直接计入所有者权益的利得和损失是指不应计入当期损益、会导致所有者权益发生变动、与所有者投入资本或向所有者分配利润无关的利得或损失。

对资本公积的审计着重从以下几方面进行检查：

（一）资本溢价的审计

资本溢价是投资人投入的资金超过其在注册资本中所占份额的部分，即农村合作金融机构在筹集资本的活动中，投资人实际缴付的出资额超出资本金的差额。在审计时，主要应检查溢价金额的计算是否正确，是否如实地转入“资本公积”科目进行核算。

（二）接受捐赠的审计

农村合作金融机构接受捐赠人捐赠的资产，会使其资产增加，但因捐赠人不是投资人，这种资产的增加不会形成实收资本的增加，但形成银行的资本公积。接受捐赠的资产包括现金资产和非现金资产，非现金资产的捐赠主要有固定资产、无形资产等。审计时，应着重查看接受捐赠的真实性。如接受货币资金捐赠时，应检查其是否按实际收到的金额入账；如接受实物捐赠时，应检查其是否按捐赠方提供的有关凭证所确定的价值或同类市场价格入账；如接受无形资产捐赠时，应检查其是否按评估确认的价值入账等。

（三）法定财产重估增值的审计

法定财产重估增值是指依照国家有关法律、法规的规定对农村合作金融机构的资产进行重估而产生的增值。财产重估必须根据国家的有关规定进行，而不能随意评估。一般遇到下列三种情况时才进行财产重估：一是固定资产产权变动；二是企业进行股份制改造试点；三是企业进行清产核资等。审计时应注意检查农村合作金融机构有无擅自进行资产重估的问题；重估值是否合理，有无高估或低估的情况；对重估后的增值或减值是否及时进行了账务处理，对未能及时入账的部分应查明原因。

（四）资本折算差额的审计

资本折算差额是指农村合作金融机构接受外币投资因所采用的汇率不同而产生的资本折算差额。审计时，首先应检查其入账的汇率是否真实，然后检查其计算是否正确，有无弄虚作假等情况。

三、盈余公积的审计

农村合作金融机构的盈余公积是按照规定从净利润中提取的积累资金，它包括公积金和公益金两大类。

（一）公积金的审计

公积金可分为法定盈余公积金和任意盈余公积金两项。法定盈余公积金（或称一般盈余公积金）按农村合作金融机构所得税后利润（减弥补亏损）的10%提取。它主要用于弥补亏损和转增资本，但转增资本后，留存在农村合作金融机构的法定盈余公积金不得少于注册资本的25%。任意盈余公积金是农村合作金融机构由于经营管理方面的需要，按照公司章程或股东会议的决议，在向投资者分配利润前提取和使用的留存收益，主要用于控制向投资者分配利润的水平及调整各年利润分配的波动。审计时应注意以下两点：

第一，公积金的计提是否正确。应着重检查计提的基数是否正确，计提的比例是否按照有关规定，有无多提或少提的情况。

第二，公积金的使用是否合规。法定盈余公积金是否按照法定程序弥补亏损或转增资本，转增资本后，留存于农村合作金融机构的法定盈余公积金是否少于注册资本的25%（这部分盈余公积金应长久地留存于农村合作金融机构）；任意盈余公积金是否是按公司章程或股东会议决议进行使用的，且使用是否符合有关规定。

（二）公益金的审计

公益金是按税后利润的规定比例提取的专门用于集体福利设施及弥补福利费不足的资金。根据目前有关制度规定，农村合作金融机构的公益金一般按税后利润的5%提取。在审计时应注意计提是否正确，有无多提或少提的情况；使用是否合规，其使用是否主要用于职工的集体福利，有无超范围使用或挪用等情况发生。

四、未分配利润的审计

未分配利润是农村合作金融机构留待以后年度进行分配的结存利润，它属于所有者权益的组成部分。从数量上来看，未分配利润是期初未分配利润加上本期实现的净利润，减去提取的各种盈余公积和分出的利润后的余额。其含义有两层：一是说这部分利润没有分配给投资者；二是说这部分利润尚未指定用途。在对未分配利润进行审计时，主要包括以下内容：

1. 获取或编制利润分配明细表。复核加计是否正确，与报表数、总账数及明细账合计数核对是否相符。

2. 检查未分配利润期初数与上期审定数是否相符，涉及损益的上期审计调整是否正确入账。

3. 收集和检查与利润分配有关的董事会会议纪要、股东（大）会决议、政府部门批文及有关合同、协议、公司章程等文件资料。对照有关规定确认利润分配的合法性。检查对资产负债表日后至财务报告批准报出日之间由董事会或类似机构所制订利润分配方案中拟分配的股利，是否在财务报表附注中单独披露。

4. 检查本期未分配利润变动除净利润转入以外的全部相关凭证，结合所获取的文件资料，确定其会计处理是否正确。

5. 了解本年利润弥补以前年度亏损的情况，如果已超过弥补期限，且已因为抵扣亏损而确认递延所得税资产的，应当进行调整。

6. 结合以前年度损益调整科目的审计，检查以前年度损益调整的内容是否真实、合理，注意对以前年度所得税的影响。对重大调整事项应逐项核实其发生原因、依据和有关资料，复核数据的正确性。

7. 确定未分配利润的列报是否恰当。

第三节　收入和费用的审计

市场经济要求农村合作金融机构在经营活动中，力争以最少的消耗获得最大的利润。这样，一方面可以为国家建设积累资金，促进本单位事业发展；另一方面可以增加职工收入，提高职工的生活水平。利润的多少，主要取决于收入和费用的高低。因此，收入和费用是财务管理的一个主要内容，同时也是稽核审计工作的重点内容。收入和费用的审计是确定各项收入和费用是否真实、正确，收入和费用是否相互配比，收入和费用的表达是否恰当，是否符合国家法规、会计准则和会计制度的规定。对收入和费用审计的范围主要有：营业收入的审计，投资收益的审计，营业外收入的审计，成本费用的审计，营业税金及附加的审计，营业外支出的审计等。

一、营业收入的审计

农村合作金融机构的营业收入是指在一定时期内，通过对外提供金融业务或者其他有关金融服务而取得的收入，主要包括利息收入、往来收入、手续费收入、证券销售与证券发行收入、租赁收益、汇兑收益、其他营业收入等。营业收入的主要特征是与农村合作金融机构的业务经营密切相关，凡不是与业务经营活动密切相关的收入，一般不作为营业收入。营业收入是农村合作金融机构收益的主体，也是各项耗费得以补偿和积累的主要来源。

对营业收入的审计，重点是检查各项收入的核算内容是否完整，是否包括了所有内容；各项收入是否真实，有无虚增虚收的情况；各项收入是否合法、合规，是否包含有违规业务取得的收入。

（一）利息收入的审计

利息收入是农村合作金融机构对客户发放各项贷款与办理贴现而计收的利息。利息收入在营业收入中占有很大的比重，尤其是在当前金融行业分业经营的情况下，利息收入是农村合作金融机构特别是银行财务成果的重要内容。农村合作金融机构应按期计提各项贷款利息并确认收入，贷款到期（含展期）90天及以上尚未收回的，其应计利息纳入表外处理；已计提的应收利息，在贷款到期90天后仍未收回的，或应收利息逾期90天后仍未收到的，冲减原已计入损益的利息收入，转做表外处理。已转入表外处理的应收利息，在实际收到时确认为当期利息收入。

在对利息收入进行审计时，应注意以下几个方面：

1. 检查贷款的期限和利率的执行情况。主要检查贷款账、据、合同三者是否相符，逾期贷款是否及时转入了逾期科目（或逾期户），并计收罚息；是否执行了中央银行规定的利率档次，有无擅自提高或降低利率的行为；逾期90天以上的贷款是否转表外计息，有无为了虚增收入将表外利息收入转入表内，或为了虚减收入将表内利息收入转入表外的情况。

2. 检查计息方法的正确性。检查是否按规定结息期以及规定的利率结息，利息计算是否正确。

3. 检查利息入账的情况。检查利息收入是否全部入账，有无记错或转移利息收入的情况，应将利息凭证与有关单位存款账户利息支出相核对，看其是否相符正常，对重点单位，如有必要可填制对账单与借款单位核对，检查内外账务是否相符；尤其应注意被审计单位是否执行了权责发生制，年末应收未收的利息收入是否计入了当期损益。

（二）农村合作金融机构往来收入的审计

农村合作金融机构往来收入是指各农村合作金融机构系统内、农村合作金融机构与金融同业之间以及农村合作金融机构与中央银行相互之间资金往来产生的利息收入、利差补贴收入等。对农村合作金融机构往来收入进行审计时，应注意以下几个方面：

1. 检查计息的范围。注意检查各项往来、上存和拆出资金是否全部按规定计息，有无遗漏或错收的情况。

2. 检查利率的使用。检查各项资金是否按规定正确使用有关利率档次，有无违反利率政策，随意提高或降低利率的情况；利率变动时，是否按照规定计息，有无随意混淆新旧利率计算时限的情况。

3. 检查入账情况。检查分析农村合作金融机构往来收入计算是否正确，是否及时入账，有无弄虚作假，转移收入的情况；对拆出资金利息收入应根据拆出资金期限和协议规定的利率，检查利息计算是否正确，入账是否及时，有无转移、隐瞒收入截留私分的情况。检查时，还应特别注意往来科目发生额的变化情况，不要单独检查农村合作金融机构往来收入明细资料，要结合农村合作金融机构有关往来科目一起检查，如存放同业款项、拆放同业、拆放金融性公司等科目的发生额是否正常，对大额业务要进一步查看凭证，检查资金来源是否正常，有无在往来科目中进行隐瞒存款、违规拆借、对外投资等事项的发生。

（三）手续费收入的审计

手续费收入是农村合作金融机构在办理各项业务中收取的手续费。农村合作金融机构在办理业务时收取的手续费，可以分为两类：一是自营业务手续费；二是代理业务手续费，如代理发行国库券、股票、债券及代理中央银行业务等所收取的手续费或推销费。对手续费收入进行审计时，应注意以下几个方面：

1. 检查各项业务手续费是否按规定的收费标准和收费范围收取，有无擅自扩大或缩小收费范围，改变收费标准，错收、漏收的情况。

2. 检查手续费的收取方式和计算是否正确。对收取现金的，出纳人员是否及时、逐笔向客户收取，收费手续是否齐全；对定期汇总转账收取手续费的，检查其是否及时填记收费单据，汇总扣款凭证与附件是否相符，一定时期有关收取手续费的自营业务和代理业务的业务量是否与同期收费总额基本一致。

3. 检查各项手续费收入是否及时入账，有无转移收入、私设“小金库”的情况，有无截留、私分等问题。

（四）其他营业收入的审计

其他营业收入是指包括租赁收入、咨询收入、外汇买卖收入、信托收入、证券发行及买卖收入等其他与经营业务有关的营业性质的收入。在对其他营业收入进行审计时，应严格按照有关规定，检查其是否准确计算，如数入账；“其他营业收入”科目的核算手续是否齐全，有无不按制度办事的情况。

二、投资收益的审计

投资收益是农村合作金融机构通过购买有价证券或以资金、实物、无形资产对外投资所获得的收益，它是农村合作金融机构财务的组成部分。对其进行审计时，应注意以下几个方面：

（一）经营性证券收益的审计

经营性证券是指农村合作金融机构通过市场买卖，以赚取差价为目的而收入的有价证券。农村合作金融机构出售经营性证券可以采用先进先出法、加权平均法、移动加权平均法等确定其实际成本。计价方法一经确定，不得随意改变。审计时，主要检查是否按确定的计价方法核算，并检查农村合作金融机构出售经营性有价证券实际收到的价款与账面成本的差额，是否计入当期损益。

（二）投资性证券收益的审计

投资性证券是指农村合作金融机构长期持有，到期收回本息，以获取利息或股利为目的而购入的有价证券。审计时，主要检查农村合作金融机构购入投资性证券是否按有价证券面值和规定的利率计算应收利息，并分期计入损益；检查农村合作金融机构中途出售投资性证券的实收款项与账面成本和应收取利息的差额是否计入当期损益。

（三）冲减或增加债券利息收入的审计

该项审计主要是针对农村合作金融机构购入折价或溢价发行的债券，实际支付的款项与票面价值的差额，检查其是否在债券到期前，分期冲减或增加债券利息收入。

（四）对外投资分得股利和利润的审计

该项审计主要检查农村合作金融机构对外投资分得的股息和利润是否计入投资收益，并按规定缴纳所得税（税后分得的股利或利润，不计所得税）。同时，还应检查农村合作金融机构依据合同、协议规定到期收回或因所投资企业清算而收回投资额与账面价值的差额，如为净收益，是否计入投资收益，如为净损失，是否计入有关成本支出账户。

三、营业外收入的审计

营业外收入是指与农村合作金融机构业务经营无直接关系的各项收入。包括固定资产盘盈、出售固定资产净收益、出纳长款收入、证券交易差错收入、因债权人的特殊原因确实无法支付的应付款项以及收回的已核销坏账损失等。审计时，应严格按照有关规定，对营业外收入进行认真审查。从日常性的审计内容来讲，应着重审计出纳长款收入。

出纳长款是指出纳人员在办理现金收付业务时，由于种种原因，发生的现金库存多于账面记载数额的情况。对于这些长款，如无法查找，必须当日列记其他应付款科目出纳长款账户。经长期查找无着落的，一般在每年年度决算时经批准转做营业外收入科目出纳长款收入户。审计时，应注意是否坚持了“长款归公，不准以长补短”的原则。收入的金额与其他应付款科目所列金额是否相符。同时要区别金额大小，是偶然性的还是经常性的。要详细分析出纳长款原因，从制度规定、操作规程方面寻找薄弱环节，特别要注意检查有无贪污长款的问题。

四、成本费用的审计

农村合作金融机构的成本支出是指在业务经营过程中发生的与业务经营有关的支出。成本支出包括利息支出、农村合作金融机构往来支出、手续费支出、汇兑损失、各种准备金等，不包括为第三方或客户垫付的款项。农村合作金融机构的营业费用是其在业务经营与管理工作中发生的各项费用，包括固定资产折旧费、业务宣传费、业务招待费、电子设备运转费、安全防卫费等数十项费用。

在进行成本支出与费用的审计时，主要是根据有关财务管理制度规定，通过查阅账簿、凭证和有关资料，审查各项费用支出是否符合规定的范围和标准，有无乱摊成本、贪污浪费、营私舞弊等行为；有无虚增、虚减支出的情况；各项支出与费用是否严格执行了权责发生制的原则；成本核算是否遵循了一致性原则；成本核算的内容是否正确；是否加强了成本控制等。通过审计，以维护财经纪律，加强经济核算，提高经营管理水平。

（一）利息支出的审计

利息支出是农村合作金融机构成本的重要组成部分，在成本中的比重较大。因此，利息支出正确与否是审查成本支出的重要任务。审查利息支出，主要审查对吸收的各项存款，包括对公存款、个人储蓄、其他存款等，是否按规定的计息范围和利率计付利息，有无错记、漏记、随意变动利率、减少和增加利息支出及弄虚作假、转移利息等问题。

1. 对公存款利息支出的审计。主要审查对吸收的各项单位存款是否按规定的计息范围、利率档次及计息方法定期结计利息，有无扩大计息范围、提高利率档次等问题；各存款户的利息计算是否正确；利息支出账户的支出数与转入存款单位账户的利息数是否相符，有无虚支转移和现金支付利息等情况。

2. 储蓄存款利息支出的审计。主要审查对吸收的活期、定期储蓄是否根据不同的储蓄种类和存期按照规定的利率档次计付利息；对定期储蓄的提前支取和过期支取，是否按《储蓄管理条例》的规定计息；各种储蓄存款利息计算是否正确；利息支出是否按规定办理支付手续；定期储蓄是否按规定正确提取应付未付利息，实际支出时是否全部转入应付利息账户，有无虚增利息支出的情况等。

3. 其他利息支出的审计。主要审查除上述存款利息支出外的其他存款利息支出。如个体存款利息支出、金融债券利息支出及信托存款利息支出等，是否按规定的利率和计息方法正确计付利息，有无多付、少付、虚付、转移和私分等问题。

（二）农村合作金融机构往来支出的审计

农村合作金融机构往来支出是指农村合作金融机构系统内、农村合作金融机构相互之间以及与其他商业银行、中央银行之间资金往来而支付的利息，包括社内往来支出、同业往来支出、中央银行往来支出等。审计时，主要看农村合作金融机构往来的各种利息支出是否按规定的利率和方法计付利息。如对于采用主动计付利息的和对方主动划收利息方法计算的利息，审查其计算是否正确，是否及时核对，有无多计、错记等情况；支付利息的账务处理是否正确，有无虚列支出等问题。

（三）手续费支出的审计

手续费支出是指农村合作金融机构支付给其他受托单位代办业务的费用，如储蓄代办手续费支出以及其他手续费支出等。审计时，应重点检查农村合作金融机构支付给代办储蓄或其他业务的单位和个人的手续费是否按下列规定掌握：

1. 代办储蓄手续费按代办储蓄存款年平均余额1% ~2%之内控制使用，主要用于支付代办劳务费和对代办人员的表彰、奖励以及按规定支付的其他费用。

2. 其他业务手续费按规定的标准掌握支付。例如，代办放款手续费，按实收利息金额的10%以内计付；收回已核销的贷款，由各农村合作金融机构省级以上管理单位在收回本息金额的5%以内具体规定；代办保险业务手续费，应按保费收入的规定比例控制使用（国内险种业务按5%，涉外险种业务按4%等）。

（四）营业费用的审计

营业费用是指农村合作金融机构在业务经营及管理过程中发生的各项费用。该费用的内容多、范围大、政策性强，是财务管理和财务审计的重点内容。审查时可按费用项目（即营业费用科目明细账）逐户、逐项审查，也可按费用的性质，分为个人费用、公用费用和业务性费用等分类进行审查。

1. 对个人费用支出的审计。个人费用是指职工工资、劳动及待业保险费、劳动保护费、职工福利费、职工教育经费和工会经费等用于个人方面的费用支出。审计时，主要检查各项个人费用支出是否按规定如实列支，如职工工资是否根据企业劳动工资计划和有关政策规定发放，有无扩大工资范围，扩大工资开支标准等问题；职工福利费、工会经费、职工教育经费等是否按规定比例计提和使用，有无多提、重提、先用后提等情况。

2. 对公用费用支出的审计。公用费用是指外事费、安全防卫费、车船燃料费、取暖费、水电费、差旅会议费、宣教费、低值易耗品购置费、修理费、咨询费、绿化费和公杂费等费用支出。检查时，主要看各项公用费用是否按规定正确列支，有无私自扩大开支范围、提高开支标准、铺张浪费、变相发放钱物、挤占成本等情况。

3. 对业务性费用支出的审计。业务性费用是指业务招待费、电子设备运转及科研费、业务宣传费、会计出纳费、印刷及用品费、钞币运送费、邮电费、租赁费、资产摊销费和税金等各项费用的支出。检查时，主要看是否按规定如实列支，有无弄虚作假、巧立名目、变相列支等问题，如业务招待费的实际发生额是否突破控制比例；业务宣传费是否在规定的比例内使用；其他费用的列支是否真实、符合有关规定，有无错记、漏记和多计等问题。

4. 对汇兑损失的审计。汇兑损失是指农村合作金融机构进行外汇买卖和外币兑换业务而发生的损失。审查时要看汇兑损失的计算是否真实，损失的原因是否清楚，账务处理是否正确，有无支出，未经追查或未经批准，乱列项目，扩大成本的问题。

（五）其他营业支出的审计

其他营业支出是农村合作金融机构在办理金融业务时，发生的不属于上述成本内容的营业性支出，包括固定资产折旧、呆账准备金、坏账准备金等。审计时应注意列支范围及会计核算是否正确。具体包括：

1. 固定资产折旧支出。要检查计提折旧的范围是否正确；提取折旧时固定原值、折旧年限、净残值率各要素的确定是否正确；计提折旧的方法是否正确，是否坚持一贯性原则。

2. 对呆账准备金、坏账准备金进行检查时，应注意是否按规定比例进行提取，提取的呆账准备金、坏账准备金是否计入了当期损益。

五、营业税金及附加的审计

农村合作金融机构的营业税是按照各项营业收入（农村合作金融机构往来利息收入

除外）与其他营业收入之和及规定税率计算后缴纳的；城市维护建设税、教育费附加是按实际缴纳的税额，与规定的税率计算后缴纳的附加税费。其审查要点可分两方面进行：

（一）营业税的审计

审查时，主要看被审计单位是否根据全部营业收入按照规定的税率计算解缴，有无转移营业收入，计算错误，少缴、错缴或不按时解缴的情况。

（二）城市维护建设税和教育费附加的审计

审查时，主要看被审计单位是否都是以营业税税额为计税依据，与营业税同时缴纳，其计算是否正确，手续是否健全，有无错缴、漏缴等情况。

六、营业外支出的审计

营业外支出是指与农村合作金融机构业务经营无直接关系的各项支出，包括处置固定资产净损失、处置无形资产净损失、结算赔款支出、抵债资产净损失、债务重组损失、计提的无形资产减值准备、计提的固定资产准备、出纳短款损失、罚款支出、捐赠支出、非常损失支出等。审计的重点内容主要有以下三项：

（一）出纳短款支出的审计

首先，要确认短款支出是否属于按出纳制度规定，并经批准核销的出纳短款支出，出纳短款的原因是外部还是内部，分析是技术性原因还是窃取贪污。损失款项在明确肯定上述性质的前提下，才符合核销的条件。其次，对已报损的款项要审核是否在各级核批权限内，手续是否齐全。

（二）非常损失支出的审计

非常损失款项一般指因意外事故造成的经济损失，按规定批准支出的款项。首先，要检查是否落实了经济损失的具体原因，并追究其直接责任者及主管人员的责任；其次，报损款项是否符合资金和财产多缺处理的权限。另外，除客观原因外，是否为防止类似事件发生积极采取措施。

（三）结算赔款支出的审计

检查时，要注意此项支出是否属于在办理支付结算业务过程中，支付结算制度规定经批准赔款的款项。要依据赔偿的书面材料，审查其是否属于该机构赔偿的范围。审批赔偿是否按规定权限，赔偿款项是否确实转入了客户的账户，是否属于制度不健全和操作中的漏洞，应检查是否已采取了改进措施。

阅读材料 8－1　　银行业依赖利差收入盈利模式正改变①

中国银监会统计显示：2011 年上半年，我国商业银行实现净利润 5 364 亿元，同比增长 35.5%，创下盈利新高。细究利润构成，可以发现，银行业依靠利差“摇钱树”的盈利模式也在悄然改变。

① 新浪财经，http：//finance. sina. com. cn/roll/20110930/181510572453. shtml，2011－09－30。

统计显示，2011 年第二季度，商业银行实现净利息收入 5 208 亿元，同比增长 29.0%；非利息收入 1 359 亿元，同比增长 43.7%，高于利息收入增幅。

利差之外，中间业务正是银行利润增长的又一引擎，这在上市银行的年报上有着充分体现。2010 年，上市银行手续费及佣金净收入较上年增长超过 30%，增幅比上年提高 7 个百分点。2011 年上半年，中间业务占比提高和增速较快的特点得到了延续。

数据显示，上市银行 2011 年上半年的收入构成中，非利息收入占比均呈上升态势。其中，工、农、中、建四大银行实现手续费及佣金净收入同比增幅分别达到 45.8%、65.4%、23.56% 和 41.70%。

从"全球最赚钱的银行"工商银行和"国际化程度最高的中资银行"中国银行的半年报来看，2011 年上半年工行 2 311.6 亿元营业收入中，存贷款利差收入占比 59.44%，中间业务的净手续费及佣金收入为 23.27%，同比增长 45.8%，较上一年提高 4.14 个百分点。而在上市之前的 2006 年，工行存贷款利差收入占比 71.9%，中间业务的净手续费及佣金收入仅为 9%。2011 年上半年，中行实现净利息收入 1 102.15 亿元，同比增长 19.98%；非利息收入 557.59 亿元，同比增长 35.95%。非利息收入占比达到 33.60%，同比提高 2.73 个百分点。

不仅利润结构有所改变，利息收入中的贷款结构和投向也有明显改变。一些银行已转变"傍大款"、"垒大户"的传统发展模式，更加注重对小微企业的金融服务，如民生银行明确提出"做小微企业的银行"，不少银行的零售贷款占比已达到 30% 至 40%。

第四节 过渡性资金的审计

过渡性资金是指农村合作金融机构在经营过程中发生的临时性、偶然性时不能定性处理的款项。包括各项应收款项、各项应付款项和预提费用等。各项应收款项属于流动性资产，主要包括应收利息、其他应收款等；各项应付款项属于流动负债，主要包括应付利息、应付职工薪酬、应付福利费、应缴税金、应付利润、长期应付款、其他应付款等；预提费用则是指农村合作金融机构预先提取但尚未支付的各项费用。对过渡性资金的管理，是防止扩大列账范围，督促被审计单位及时清理或摊销挂金，正确计算损益的重要措施，也是对农村合作金融机构财务审计的重要内容。对过渡性资金进行审计，主要检查是否都是业务经营过程中所发生的临时性占款，是否严格控制范围，正确使用账户，坚持审批程序，经常进行清理。

一、应收款项的审计

对应收款项进行审计，主要是对应收账款内部控制的可行性，应收账款收付的合理性、合法性、可靠性及应收账款处理的适当性的检查。

（一）应收利息的审计

应收利息是农村合作金融机构在权责发生制下，应向客户收取但尚未实际收到的利息。审查时应从以下几个方面进行：

1. 应收利息的计算是否正确。通常可以采取抽样调查的方法，抽查各类贷计收利息的过程中，是否正确执行国家利率政策和有关规定，贷款本金、利率有无差错；是否严格执行了权责发生制，对应收未收的部分是否在账务上进行了反映。

2. 逾期贷款的利息应转入表外核算。根据有关规定，逾期 90 天以上的贷款应收利息转入表外核算，检查时应注意在期限的把握上是否正确，是否有将正常的应收利息计入表外以调节当期损益的情况。

3. 检查贷款应收利息的核销是否合规。应注意核销的应收利息是否符合坏账的条件，审批手续是否完备；核销的内容与批准文件是否一致，有无任意核销利息的情况；同时，检查账务处理，注意其使用的会计科目是否正确。

4. 检查确认为坏账的应收利息的收回核算情况。已核销的应收利息收回时计入其他营业收入。检查时应注意其是否如实地反映了收回的已核销应收利息，科目是否正确，有无列入其他科目核算或不入账而进入“小金库”的情况。在具体审计时，如只从被审计单位入手难度较大，必要时可延伸到借款单位审查。

（二）其他应收款的审计

其他应收款是指农村合作金融机构应收、暂付其他单位或个人的款项。包括各种应收款、罚款，按规定垫支的职工差旅费，储蓄业务备用金，应收、暂付上级单位和单位的款项，待处理出纳短款，错账损失以及其他应收、暂付的款项等。金融机构按款项类别和单位、个人进行明细核算。其他应收款核算的内容较多，是比较容易隐藏问题的科目，通常都是金融审计工作的重点。检查时应从以下几个主要方面进行：

1. 检查是否严格控制其他应收款的列账范围。各种应收、暂付款项是否都是正常业务经营过程中所发生的临时性占款，有无将基本建设开支、购定资产开支、职工福利支出及非营业性的垫款等记入其他应收款账户；或将一些不符合规定的支出暂挂在其他应收款账户；或在其他应收款账户中从事放款业务。

2. 检查其他应收款是否坚持按照程序进行审批。除业务性的过渡款项可按有关规定外，其他占款应由有关部门提出凭据和意见，按程序经过审批后列账。检查时应审批手续是否完备，有无未经过批准随意列账的情况。

3. 检查其他应收款是否真实。其他应收款是否按债务人进行分户核算，债务是否确实存在，金额是否正确，是否列明债务人；对没有明确的债务人的应收款查明原因，并可通过检查原始支付凭证来明确债务人；对大额的、长期挂账的应可采取发函询证的方法，以便从外部取得其他应收款是否真实准确的有力证据。

4. 检查是否建立催收制度，经常进行清理。各种应收款应当及时清算、催款并与对方进行对账；对长期未能收回的其他应收款，应查明原因，看其有无利用长期挂账来达到挪用公款的目的的情况。

二、应付款项的审计

应付款项是指债务已经确立，应向债权人支付的各种款项的总称。对应付款项审计，也主要是对应付款项的合理性、合法合规性、可靠性及应付款项处理的适当性的检查。

（一）应付利息的审计

应付利息是指农村合作金融机构吸收的各项存款，按照权责发生制的原则，计提的当付未付利息。检查时应注意以下几点：

1. 检查应付利息预提的范围是否正确。有无扩大范围，多提应付利息的问题；或虽已预提，但实际发生时又直接从成本中列支当期损益的情况。

2. 检查利息的计提方法是否正确。检查时，首先，应注意被审计单位是否按不同的定期存款种类、期限分别计提应付利息，有无将不同期限的定期存款放在一起计提的情况；其次，检查利率的使用是否正确，有无擅自提高或降低利率的情况，如遇利率调整，更应注意利率的适用情况。

（二）应付职工薪酬的审计

职工薪酬是农村合作金融机构支付给员工的劳动报酬，用于核算企业因获得职工提供服务而给予职工的各种形式的报酬或对价，包括企业为职工在职期间和离职后提供的全部货币性薪酬和非货币性福利。提供给职工配偶、子女或其他被赡养人的福利等，也属于职工薪酬。职工薪酬可能采用现金的形式支付，因而相对于其他业务更容易发生错误或舞弊行为，如虚报冒领、重复支付和贪污等。同时，职工薪酬有时是构成企业成本费用的重要项目，所以在审计中便显得十分重要。应付职工薪酬的审计程序通常包括：

1. 获取或编制应付职工薪酬明细表，复核加计是否正确，并与报表数、总账数和明细账合计数核对是否相符。

2. 比较被审计单位员工人数的变动情况，检查被审计单位各部门各月工资费用的发生额是否有异常波动，若有，则查明波动原因是否合理。

3. 比较本期与上期工资费用总额，发现增减变动原因，或取得公司管理当局关于员工工资标准的决议。

4. 结合员工社保缴纳情况，明确被审计单位员工范围，检查是否与关联公司员工工资混淆列支。

5. 检查工资、奖金、津贴和补贴：

（1）计提是否正确，依据是否充分，将执行的工资标准与有关规定核对；农村合作金融机构如果实行工资与绩效挂钩的，应取得有关部门确认的效益工资发放额认定证明，结合有关合同文件和实际完成的指标，检查其计提额是否正确，是否应作纳税调整。

（2）检查分配方法与上年是否一致。

（3）检查发放金额是否正确，代扣的款项及其金额是否正确。

（4）检查是否存在属于拖欠性质的职工薪酬，并了解拖欠的原因。

6. 检查社会保险费（包括医疗、养老、失业、工伤、生育保险费）、住房公积金、工会经费和职工教育经费等计提（分配）和支付（或使用）的会计处理是否正确，依据是否充分。

7. 检查以现金与职工结算的股份支付：

（1）检查授予后立即可行权的以现金结算的股份支付，是否在授予日以承担负债的公允价值计入相关成本或费用。

（2）检查完成等待期内的服务或达到规定业绩条件以后才可行权的以现金结算的股份支付，在等待期内的每个资产负债表日，是否以可行权情况的最佳估计为基础，按照承担负债的公允价值金额，将当期取得的服务计入成本或费用。在资产负债表日，后续信息表明当期承担债务的公允价值与以前估计不同的，是否进行调整，并在可行权日，调整至实际可行权水平。

（3）检查可行权日之后，以现金结算的股份支付当期公允价值的变动金额，是否借记或贷记“公允价值变动损益”科目。

（4）检查在可行权日，实际以现金结算的股份支付金额是否正确，会计处理是否恰当。

8. 检查应付职工薪酬的期后付款情况，并关注在资产负债表日至财务报表批准报出日之间，是否有确凿证据表明需要调整资产负债表日原确认的应付职工薪酬事项。

9. 检查应付职工薪酬是否已按照《企业会计准则》的规定在财务报表中作出恰当的列报。

（1）检查是否在附注中披露与职工薪酬有关的下列信息：

①应当支付给职工的工资、奖金、津贴和补贴，及其期末应付未付金额；

②应当为职工缴纳的医疗、养老、失业、工伤和生育等社会保险费，及其期末应付未付金额；

③应当为职工缴存的住房公积金，及其期末应付未付金额；

④为职工提供的非货币性福利，及其计算依据；

⑤应当支付的因解除劳动关系给予的补偿，及其期末应付未付金额；

⑥其他职工薪酬。

（2）检查因自愿接受裁减建议的职工数量、补偿标准等不确定而产生的预计负债（应付职工薪酬），是否按照《企业会计准则第 13 号——或有事项》进行披露。

（三）应缴税金的审计

应缴税金是农村合作金融机构在一定时期，按税法规定计提应向国家缴纳的税款，在期末以后、交付以前形成的一项负债。农村合作金融机构应缴纳的税款有营业税、教育费附加、城市维护建设税、所得税、房产税、车船使用税、城镇土地使用税等。凡应缴纳的各种税金，在会计核算上都要通过应纳税金科目处理。检查时应注意各项税款的计算是否正确，是否在规定的科目中列支，有无错列的情况；应缴税金是否及时缴纳，是否存在拖欠税款或偷税、漏税等情况。

（四）应付利润的审计

应付利润是农村合作金融机构应付给投资者的利润，包括应付国家、其他单位及个人的利润。根据规定，农村合作金融机构应按有关规定、协议和合同，按时计算和支付利润。检查时应注意以下几点：

1. 检查其是否按规定的利润分配顺序来分配利润，应付利润的计算是否正确，有无多提多分的情况。

2. 检查应付利润的支付情况。检查实际支付的数字与计提的数字是否一致，有无弄虚作假，少给投资者分配利润的情况，利润是否按规定付给了投资者，有无借分配利润的名义转移利润的情况。

（五）其他应付款的审计

其他应付款是指农村合作金融机构应付、暂收其他单位或个人的款项。包括职工未按期领取的工资、应付暂收上级单位和所属单位的款项、应付退休职工的统筹金、待处理出纳长款、待处理错账、清算退票以及其他应付暂收款项，应缴纳的教育费附加、能源交通重点建设基金与预算调节基金也属于其他应付款的内容。检查时应注意下几点：

1. 是否严格控制其他应付款的列账范围，是否是正常业务引起的各种应付收款项。

2. 其他应付款有无确切的付款对象，有无虚构债权人、虚构债务，以及截留收入隐藏在该账户中的情况，必要时可对大额、长期挂账的其他应付款进行函证。

3. 是否经常对其他应付款进行清理，保证偿还，对长期不清的应付款项，应查明原因，无法支付的款项应及时转入营业外收入。

三、预提费用的审计

预提费用是农村合作金融机构在权责发生制下，预先提取但尚未实际支付的各种费用，包括预提的租金、保险费、固定资产修理费等。检查时应注意以下几点：

1. 预提费用的提取是否合理。预提费用应按费用种类设置明细账，检查每个种类是否确实需要，是否符合收入与费用相配比的原则，并结合费用支出计划检查预提费用的预提依据，预提的期限、数额、计算等是否正确，有无多提、少提或随意预提的情况，或已经预提，但在发生时又重复计入成本，将预提费用作为调节损益的一个工具的情况。

2. 预提费用的使用是否正确。检查预提费用的使用是否经过了一定的审批手续，与预提费用的目的是否一致，与费用计划是否有差异并分析差异形成的原因；检查差异的会计处理是否得当，如果已预提的数字小于实际支付数，其差额应计入成本，如果预提数大于实际支付数，多提的费用应冲减成本；检查有无长期只提不付，久提而不结，造成成本和利润不真实的情况。

第五节　利润及其分配的审计

利润是农村合作金融机构在一定时期内从事经营活动实现盈亏的总额，是最终的财务成果，是反映经营活动效益和衡量经营管理水平的一个重要的综合性指标。如利润指标为正数，表现为盈利；如为负数，则表现为亏损。加强对农村合作金融机构利润及利润分配的审计对于促进被审计单位加强经营管理，协调国家收入、农村合作金融机构的发展和职工个人三者之间的关系都有着重要意义。

一、利润及其分配审计的基本程序

对利润及利润分配的审计，可按下列步骤进行：

1. 分析复核损益表净利润年初数、年末数及各月相关数据的变动情况，找出异常波动，借以确定需要重点审计的领域；

2. 将“本年利润”相关账务核算资料与损益表有关数据进行核对；

3. 将“利息收入”、“农村合作金融机构往来收入”、“利息支出”、“手续费支出”等明细核算资料与“本年利润”的有关数据进行核对；

4. 将“利润分配”账户构成项目分别与损益表有关数据进行核对；

5. 将“盈余公积金”、“任意盈余公积金”等明细账户资料与“利润分配”账户中有关项目进行核对；

6. 根据利润及其分配构成项目，逐项审查其分配情况。

二、利润的审计

农村合作金融机构按年度轧算财务成果，一个经营年度的利润总额由营业利润、投资收益、营业外收支净额（即营业外收入与营业外支出相抵后的差额）构成。其中，营业利润是在一定时期内经营性获利能力的重要指标，是一定营业周期内进行业务经营所获得的收入超过所发生支出的差额部分。用公式表示为

利润总额 = 营业利润 + 投资收益（减投资损失） + 营业外收支净额

营业利润是营业收入减去营业成本和营业税金及附加，加上其他业务利润，减去营业费用后的数额。

投资净收益是农村合作金融机构对外投资所取得的收益，减去发生的投资损失和计提的投资减值准备后的净额。

营业外收支净额是营业外收入与营业外支出的轧差额。

轧算出利润总额后，需根据利润总额并按规定的所得税税率计算应缴所得税税额，计算出净利润。净利润就是利润总额减去所得税后的差额。用公式表示为

净利润 = 利润总额 − 所得税

（一）利润真实性的审计

对利润真实性的审计，主要从利润形成的各个因素，即营业利润、投资收益、营业外收支净额等几个方面逐项核实，这些内容已在本章第三节中讲述过，这里应注意审查被审计单位如何依据税法对应纳税所得的调整。

1. 税前弥补亏损是否符合规定。按照国家规定，农村合作金融机构在计算缴纳所得税时，如以前年度发生亏损，可以用税前利润补亏，但连续补亏的年限不得超过 5 年。检查时应注意是否是在规定的年限内补亏。

2. 是否按照国家的有关规定，在缴纳所得税前增减有关收入或支出项目。如农村合作金融机构对外投资分得的利润、股利等投资收益重复纳税的调整。

（二）投资收益的审计

农村合作金融机构投资收益是指通过对外投资所获得的收益，如利息、股利、利润等。具体来说，就是农村合作金融机构对外投资货币资金或实物、无形资产而分得的利润，以及联营、合作分得的利润。如购买有价证券而获得的利息收入和股利等。审计

时，应注意以下内容：

1. 农村合作金融机构的投资收益要单独反映，不得计入营业收入，不得与投资损失相抵消；

2. 是否如实反映对外投资所取得的收益，有无隐瞒、转移等问题；

3. 出售经营性证券以及中途出售投资性证券而获得的收益是否计入了投资收益，投资收益是否完整；

4. 农村合作金融机构取得的投资收益如是税后利润，在计算应缴所得税时，是否从本期利润中扣除，以免出现重复纳税现象。

（三）亏损的审计

按照利润总额计算公式测算出的结果如果表现为负数，则说明该农村合作金融机构的经营结果是亏损。按财务制度规定，农村合作金融机构如果发生年度亏损，可以用下一年度的利润在所得税前弥补，下一年度利润不足弥补，可以在5年内连续弥补。5年内不足弥补的，用税后利润弥补，税前与税后弥补利润的方法是相同的，只是应当注意农村合作金融机构在申报缴纳所得税时，税前利润补亏金额可以作为应纳税所得额的调整数，而税后利润弥补亏损金额则不能作为调整数。检查时，首先应通过对构成利润总额的各项因素的查实，来确认亏损是否真实，有无弄虚作假现象，然后看被审计单位用于弥补以前年度亏损的金额是否超过以前年度实际亏损金额，5年后用于弥补以前年度亏损的利润是否为税后利润。

三、利润分配的审计

（一）利润分配的顺序

根据《金融保险企业财务制度》规定，农村合作金融机构缴纳所得税后的利润，即当年实现的净利润，加上年初未分配利润，为可供分配的利润。应按以下顺序分配：

1. 抵补已缴纳的在成本和营业外支出中无法列支的有关被罚和被没收的财物损失，延期缴纳各种税款的滞纳金和罚款以及少缴或迟缴中央银行准备金的罚款。

2. 弥补以前年度亏损（以前年度亏损连续5年未弥补完的部分，需从当年税后利润中弥补）。历年提取的法定盈余公积和任意盈余公积也可以用于弥补亏损。

3. 提取法定盈余公积金。法定盈余公积金按税后利润（减弥补亏损）的10%提取，法定盈余公积金累计达到注册资本的50%时，可不再提取。

4. 提取公益金。以前年度亏损未弥补完不得提取盈余公积金和公益金。

5. 向投资者分配利润。其中，股份有限公司按下列顺序分配：（1）支付优先股股利；（2）提取任意盈余公积金，任意盈余公积金按照公司章程或股东会议的决议提取和使用；（3）支付普通股股利。有限责任公司应当提取税后利润5%的法定公益金。

（二）利润分配的审计

对利润分配的审计，应注意以下几个方面的内容：

1. 审查被审计单位税后利润的分配顺序是否符合国家规定，有无在利润分配中违反国家规定，首先提取公益金和向投资者分配利润的情况。

2. 审查提取法定公积金和公益金的比例是否合规，所提法定公积金除按照规定转增资本金和弥补亏损外，有无用于职工福利或向投资者分配等情况；当法定盈余公积金累计尚未达到注册资本的50%时，有无擅自停止提取法定公积金，以便多提公益金和向投资者多分配利润的情况；同时，审查农村合作金融机构（股份有限公司除外）是否存在当年无利润仍向投资者分配利润的情况。

3. 审查有无将被没收的财物损失、支付各项税收的滞纳金和罚款以及中央银行对其因少缴或迟缴准备金的加息混同赔偿金、违约金列入营业外支出、偷漏税收的情况等。

阅读材料8-2　财政部近日下发了《关于印发2010年度金融企业财务决算报表［银行类（已执行新准则）］的通知》①

为了做好2010年度金融企业的财务决算工作，及时掌握全国银行类金融企业的财务状况、经营成果及资产质量等基础情况，依据国家有关法律法规规定，财政部近日下发了《关于印发2010年度金融企业财务决算报表［银行类（已执行新准则）］的通知》（财金〔2010〕146号），对2010年金融企业财务决算报表作出具体规范。

文件规定，境内已执行新《企业会计准则》（2006）的各类所有制形式和组织形式的政策性银行、商业银行、信用社（包括城市信用社、农村信用社和农村合作银行）、财务公司、信托投资公司、租赁公司、新型农村金融机构等金融企业需要填报2010年金融企业财务决算报表。该套报表的基本构成包括报表封面、资产负债表、利润表、现金流量表、所有者权益变动表、资产减值准备（呆账准备）明细表、资产质量和表外应收利息及资本充足率情况表、固定资产情况表、业务及管理费与营业外收支明细表、税金及社会保险费用缴纳情况表、基本情况表、（国有）资本保值增值情况表、金融企业绩效评价基础数据表、金融企业绩效评价基础数据调整表以及金融企业绩效评价加减分事项表等15部分。

财政部规定，该套报表是银行类金融企业向主管财政机关报送2010年度财务决算报表的统一格式，各企业要认真按照编制说明做好填报工作，对报表的真实性和完整性负责，并按照国务院的规定和要求，撰写财务报表附注和财务情况说明书。

第六节　经营绩效评价

农村合作金融机构的经营绩效指标的构成，从不同的考核角度来看，有不同的分类结果，传统农村合作金融机构绩效评价体系可以分为盈利性、流动性和安全性三大类。按照全面性、重要性、层次性等原则，以农村合作金融机构的综合经营效益为核心，可以将经营绩效考核指标分为盈利性指标、安全性指标、流动性指标、发展能力指标四大类。

---

① 资料来源：中国会计视野，2010-12-10。

一、盈利性评价

农村合作金融机构盈利能力的高低不仅意味着是否能够给投资者满意的回报，还关系到它是否能通过盈利来增加自有资本，以增强自身的抗风险能力。农村合作金融机构要想在激烈的竞争中生存和发展，就必须要最大限度地提高自身的盈利能力。因此，盈利能力是农村合作金融机构经营绩效评价指标体系中最为重要的方面，它的盈利能力可以通过以下指标来体现：

（一）资本收益率

资本收益率是评价农村合作金融机构经营成效和投资者投入资本获利能力的指标，该指标是最被农村合作金融机构的投资者所关注的，对银行具有重大影响的指标，并可能影响所有者的投资决策和潜在投资人的投资倾向。该指标越高，表明农村合作金融机构自有资本获取收益的能力越强，运营效益越好，对投资者越有吸引力。其计算公式为

资本收益率 = 净利润/平均资本

其中，平均资本 = （期初资本 + 期末资本）/2。

（二）费用收入比率

费用收入比率是指农村合作金融机构经营的总成本与各项收入合计的比率，它反映农村合作金融机构经营耗费和经营收入的比例关系，即一定数量的收入所耗费成本的数量。它是衡量盈利水平和成本水平的一个综合指标，费用收入比率越低，表明控制营业费用支出的能力越强，经营效率越高，获利能力越强。同时这一指标还反映了农村合作金融机构的财务管理理念和资产使用效率程度，体现了农村合作金融机构的投入产出比，运用该指标来衡量能够使盈利性指标的选取更加全面和完善。其计算公式为

费用收入比率 = 本期营业费用总额/本期营业收入总额

（三）营业收入利润率

农村合作金融机构的营业收入利润率反映银行的营业收入转化为银行利润的比率，它反映了整个经营过程的盈利能力。营业利润占营业收入比重越大，则该比率越高，经营的成本和费用则相应越低，盈利能力越强。其计算公式为

营业收入利润率 = 营业利润/营业收入

二、安全性评价

安全性是指农村合作金融机构为避免经营风险，以保证资金安全的要求，需要有足够的能力应付各种可能发生的风险和损失。银行资产的安全性会直接影响企业的流动能力和盈利能力，对企业的发展能力从长远来看也有影响，因此需要对农村合作金融机构资产的安全性进行评价。

（一）不良贷款率

不良贷款率是衡量农村合作金融机构的资产安全性最直接的指标之一，不良贷款率过高，贷款回收率低，往往会造成支付能力不足；不良贷款率越高，农村合作金融机构资产的安全性越差。这里的不良贷款主要包括逾期贷款、呆滞贷款和呆账贷款。

该指标的计算公式为

不良贷款率＝不良贷款总额/贷款总额

（二）拨备覆盖率

拨备覆盖率是指农村合作金融机构计提的贷款损失准备对不良贷款的比率，该指标反映了农村合作金融机构对不良贷款损失的补充能力，拨备覆盖率越高，说明不良贷款的准备金计提越充分，抵抗风险的能力也越强。该指标的计算公式为

拨备覆盖率＝期末贷款损失准备/期末不良贷款总额

（三）资本充足率

资本充足率可以用来衡量一家农村合作金融机构的最终清偿能力，该指标充分考虑了不同种类资产的风险大小，并对各类资产的风险赋予不同的权重。资本充足率越高意味着抵御风险、清偿债务的能力越强。《巴塞尔协议》最终的成果便是制定了资本充足率各项标准，资本充足率也因此成为国际银行业普遍认可的反映银行经营安全性的最重要的指标之一。巴塞尔银行监管委员会对指标的计算方法、资产的风险权重、一级资本和附属资本都作了严格的限定，因此使用它可以方便地进行国际比较。按照《巴塞尔协议》的要求，农村合作金融机构的资本充足率应在8%以上，其中核心资本充足率应在4%以上，其计算公式为

资本充足率＝（核心资本平均余额＋附属资本平均余额）/加权风险资产

其中，核心资本是指农村合作金融机构的实收资本、资本公积、盈余公积和未分配利润；附属资本包括呆账准备金、坏账准备金、投资风险准备金和5年（含）以上的长期债券；而加权风险资产的计算，可将资产按不同风险程度分级，每级给予不同的权数，加权平均计算得出。

（四）资本风险比率

农村合作金融机构的风险主要在于能否按期收回贷款，保证信贷资产的安全和增值。为此，用逾期放款同全部资本金的关系，可以表明农村合作金融机构资本风险的程度。其计算公式为

资本风险比率＝逾期放款×100%/资本金

三、流动性评价

农村合作金融机构的流动性是指农村合作金融机构能够在一定条件下，以合理的成本筹集一定数量的资金，来满足客户当前或未来资金需求的能力，包括保证银行债权人得到偿付，兑现对客户的贷款承诺，避免非意愿性的资产销售，减少筹措资金所支付的风险溢价。简单地说也就是资产的变现能力。农村合作金融机构应具有一定的流动性，以便满足正常的业务需要，以便在出现业务发展机会时，能够从容应对突发需求。

（一）流动比率

流动比率是指农村合作金融机构的流动性资产期末余额与流动性负债期末余额之比，该指标反映企业满足客户随时支付变现的能力，直接影响其业务竞争中的地位和形

象，但流动比率过高也会影响其盈利能力，该指标的计算公式为

流动比率 = 流动性资产期末余额/流动性负债期末余额

（二）贷存比率

贷款对存款的比率是衡量农村合作金融机构流动性的最常用的指标之一，贷款通常被认为是流动性最低的资产，而存款则是农村合作金融机构的主要资金来源，贷款对存款的比率越高，就意味着农村合作金融机构的流动性越差，因为不具有流动性的资产占用了更多稳定的资金来源；反之，贷款对存款的比率较低，说明银行可以用稳定的存款来源发放新的贷款或进行投资。但在实际经营当中该比例也不宜过高，过高的存贷比会影响农村合作金融机构的资金利用效率，同时也会降低农村合作金融机构的获利能力，该指标是一个适度指标。其计算公式为

存贷比率 = 贷款期末余额/存款期末余额

其中，贷款余额不含票据贴现，存款余额不含财政性存款和汇出存款。

四、发展性评价

发展性即成长性，无论是出资者还是债权人都十分关注银行的发展能力。因为它不仅关系到银行的持续生存问题，也关系到出资人的未来收益和债权人长期债权的风险程度。其评价目的是为了判断银行的发展潜力，也就是未来的盈利能力。农村合作金融机构为能维持合理的利润以达永续经营的目标，在对经营绩效的评价过程中对农村合作金融机构的发展能力进行评价，可以在一定程度上防止经营者的短期行为，促进农村合作金融机构的稳定发展。因此对发展能力的评价，是衡量农村合作金融机构经营绩效的一个重要方面。

（一）存款增长率

存款增长率是目前公认的反映银行实际发展能力的重要指标之一，存款数量是农村合作金融机构拓展经营的主要资金来源，存款数量体现了农村合作金融机构市场份额的实际占有量，存款数额的不断增长，也是农村合作金融机构经营实力不断增强的一个重要指标。该指标反映了农村合作金融机构市场份额的扩展速度，该指标的计算公式为

存款增长率 = 本年度期末存款总额/上年度期末存款总额 - 1

（二）非利息收入增长率

农村合作金融机构的非利息收入已成为农村合作金融机构利润的一个新的增长源泉，相对于传统的存贷业务来说，农村合作金融机构的中间业务成本较低，盈利能力也较强，是农村合作金融机构业务的新的主要发展方向之一，非利息收入增长率集中体现了农村合作金融机构中间业务的拓展能力和创新能力的强弱，其增长率越高，说明创新能力越强，发展潜力越大。其计算公式为

非利息收入增长率 = 本年度非利息收入/上年度非利息收入 - 1

【复习思考题】

1. 什么是农村合作金融机构财务审计？审计的内容有哪些？

2. 如何对实收资本进行审计？

3. 说明农村合作金融机构收入和费用审计的重点是什么？

4. 对农村合作金融机构过渡性资金如何进行审计？

5. 农村合作金融机构的利润及其分配审计的内容是什么？

6. 对农村合作金融机构的经营绩效评价可以从哪几个方面进行，具体包括哪些指标？

【参考文献】

［1］杨森：《金融审计》，西安，陕西人民出版社，2004。

［2］汪叶斌：《商业银行审计》，大连，东北财经大学出版社，2001。

［3］张冉：《我国商业银行绩效评价研究》，西安建筑科技大学学位论文，2008。

［4］鲍敦康：《我国商业银行经营绩效的评价研究》，南京航空航天大学学位论文，2008。

［5］《应付职工薪酬审计》，会计师网，2009－06－02，http://www.kjshi.cn/html/2009－06/4592.html。

第九章　计算机信息系统审计

【本章概要】

随着农村合作金融机构信息化建设的快速发展，信息系统不仅为其各项业务的运营提供了有效支持，而且随着新产品、新业务和新流程的不断推出，信息系统正日益成为农村合作金融机构业务发展的直接驱动力和核心竞争力。但由于信息系统存在的脆弱性，伴随着信息化应用的不断深入，其风险范围和程度也在急剧加大。计算机信息系统审计作为对信息系统应用安全性、真实性、完整性、有效性进行鉴证的一种重要手段，在农村合作金融机构的经营以及确保金融业务可持续发展等方面起着至关重要的作用。

本章依照计算机信息系统建设与运营维护生命周期的逻辑关系并结合农村合作金融机构信息化应用的特点，描述了计算机信息系统的战略规划与组织、信息系统基础设施建设、信息系统运营与维护以及灾难恢复与业务持续性计划的审计方法等，最后，介绍了内部控制及其控制矩阵在计算机信息系统审计中的应用。

【要点提示】

- 计算机信息系统审计的相关概念、内容与方法；
- 开展计算机信息系统审计的必要性；
- 计算机信息系统战略规划与组织审计、信息系统基础设施建设审计、信息系统运营与维护审计以及灾难恢复与业务持续性计划审计的主要方法和内容；
- 信息系统内部控制的意义，了解信息系统内部控制审计的内容和主要步骤；
- 内部控制矩阵的编制及其在计算机信息系统审计中的使用方法。

【内容架构】

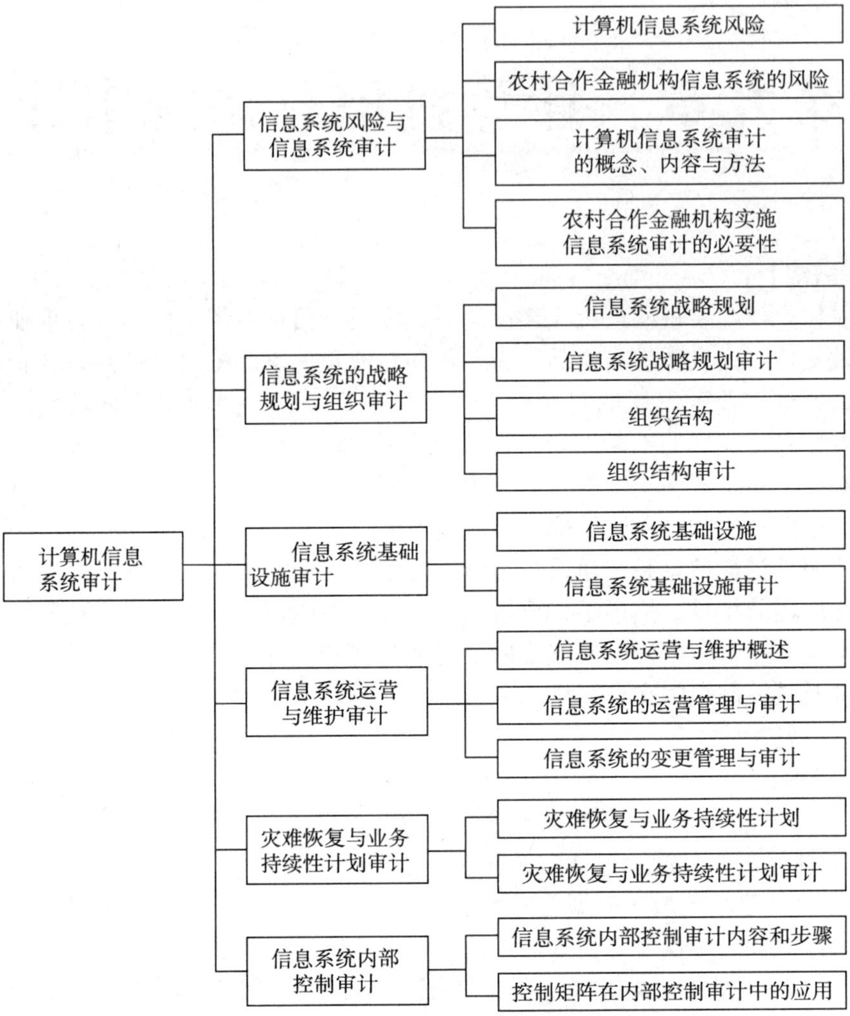
计算机信息系统审计
信息系统风险与信息系统审计
计算机信息系统风险
农村合作金融机构信息系统的风险
计算机信息系统审计的概念、内容与方法
农村合作金融机构实施信息系统审计的必要性
信息系统的战略规划与组织审计
信息系统战略规划
信息系统战略规划审计
组织结构
组织结构审计
信息系统基础设施审计
信息系统基础设施
信息系统基础设施审计
信息系统运营与维护审计
信息系统运营与维护概述
信息系统的运营管理与审计
信息系统的变更管理与审计
灾难恢复与业务持续性计划审计
灾难恢复与业务持续性计划
灾难恢复与业务持续性计划审计
信息系统内部控制审计
信息系统内部控制审计内容和步骤
控制矩阵在内部控制审计中的应用

第一节　信息系统风险与信息系统审计

一、计算机信息系统风险

在信息技术迅速发展的今天，计算机与信息系统应用已广泛地渗透到各行各业以及人们的日常生活中，成为世界各国实现政治、经济、文化发展战略目标最重要的支撑条件。今天，人们在大量使用信息技术，实现信息资源充分共享的同时，也不能不了解计算机信息系统的风险及其分布，否则，将会给企业、社会乃至国家造成重大的损失，严重的将影响社会经济的稳定。

“风险”是一个具有极其深刻而又具有广泛含义的概念，至今还没有形成公认的标准化定义。通常情况下，“风险”是指在一定时间内，由于系统行为的不确定性（如系统脆弱性、人为因素或受到来自自然界的威胁等）导致安全事件发生的可能性及其带来的影响。这种不确定性还包括风险产生与否、发生的时间、发生的过程以及发生结果的不确定性等。

计算机信息系统是由计算机及其相关的配套设备、设施构成的，按照一定的应用目标和规则实现对信息进行采集、加工、存储、传输、检索等处理的人机系统。由于计算机信息系统涉及管理、技术、人员以及信息系统运行的支撑环境等多方面，其结构往往很复杂（多层次且互关联），而且带有一定的随机性和诸多不确定性，因而，计算机信息系统的应用必然会存在风险。

从信息资源角度看，一个典型的计算机信息系统所面临的风险主要来自管理、技术、人员以及环境四个方面，如图 9－1 所示。

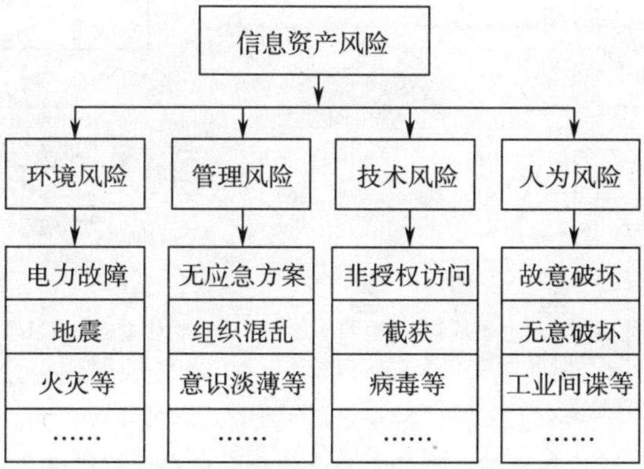

图 9－1　计算机信息系统的主要风险源

1. 信息系统运行环境方面的风险，如水灾、火灾、地震、电力故障等。运行环境方面的风险不仅会给信息资产的管理带来损害，严重的将会损害信息系统本身。

2. 信息系统管理方面的风险。如单位领导不重视，没有制定相应的安全责任制度或安全防范措施落实不到位，没有专门负责安全控制的组织机构，或组织机构太多相互之间不协同等。

3. 信息系统技术方面的风险。由于信息系统对信息技术的广泛依赖性，其信息的加工、储存和交换都离不开计算机以及现代通信网络技术的支持。一旦发生硬件故障或病毒入侵，则可能对信息资产造成严重的损害，给单位或组织造成巨大的经济损失。

4. 信息系统人为风险。例如，由于人员的故意或无意而造成的信息资产风险，这种风险造成的损失往往是不可估量的。黑客的入侵窃取了信息秘密甚至有可能使整个信息链处于瘫痪；通过发送带病毒的邮件，使信息秘密处于其掌握中。另一方面，接触信息资产的工作人员如果安全意识不足或麻痹大意，或职业道德不高，损害信息资产谋私利，也有可能给信息资产带来损害。此外，被解雇人员和跳槽员工更是会带来潜在的风险。

二、农村合作金融机构信息系统的风险

随着现代金融业务的快速发展，农村合作金融机构越来越多地依赖于计算机信息系统来提供多种服务，处理各类信息，于是，各种各样的计算机信息系统随之产生。如综合业务系统、信贷业务管理系统、网络银行、办公自动化系统，等等。下面，我们以农村合作金融机构计算机网络系统讨论信息系统应用中存在的风险。

网络环境下一个典型的农村合作金融机构计算机信息系统应用架构如图 9－2 所示。

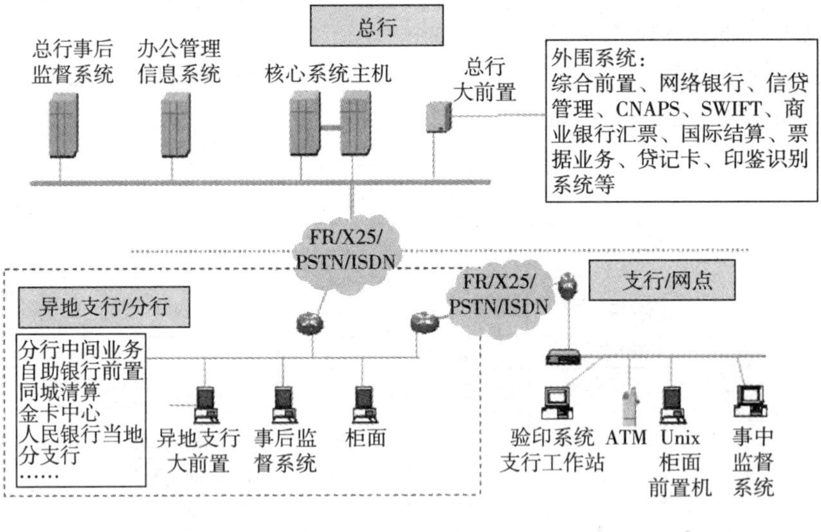

图 9－2　网络环境下典型的农村合作金融机构计算机信息系统架构

由图 9－2 可见，农村合作金融机构的计算机信息系统应用相当复杂，一方面，农村合作金融机构的计算机网络直接与外部企业网络及互联网相连。在这过程中，虽可采用防火墙等防范技术，但也无法彻底防止外部黑客入侵。另一方面，农村合作金融机构管理者和有关人员由于知识结构的限制，不能详尽地了解整个计算机网络系统的构造，

因而无法把握和控制其中蕴藏的风险，特别是对网络系统本身存在的风险及其关联风险无法事前进行准确预测。因此，农村合作金融机构计算机网络系统的运行始终是与其风险联系在一起的。具体而言，其风险主要包括以下几种：

（一）计算机网络系统的风险

1. 外部网络风险。由于网络连接的广泛性，来自农村合作金融机构网络系统外部的病毒威胁、黑客攻击等，将可能严重威胁农村合作金融机构内部计算机网络系统的安全。

2. 操作系统风险。开发各类应用系统所基于的操作系统、数据库系统、服务器系统、客户机系统等均存在一定程度的安全隐患和漏洞，这些隐患和漏洞也会影响农村合作金融机构内部网络系统的安全。

3. 应用系统风险。农村合作金融机构业务应用系统的设计漏洞和缺陷、非授权访问、身份假冒等，将导致业务应用系统具有潜在的安全脆弱性。

4. 基础设施风险。如网络安全策略上的漏洞、密钥管理上的薄弱环节、安全监控中的盲区、网络设计的不规范等，也是导致农村合作金融机构计算机网络系统不安全的重要因素。

5. 物理环境风险。如自然灾害、突发事故、数据备份与灾难恢复措施的不到位等。

（二）信息系统数据的风险

1. 操作系统更新中的数据风险。农村合作金融机构操作系统每一次的升级更新，每一次的数据转换和系统备份，都影响到农村合作金融机构历史数据记录的完整性。再加上如果系统不向上兼容，将导致旧系统的备份数据无法在新一代系统中正常运行。

2. 数据安全管理风险。安全管理的机制不健全、权责不清、管理混乱、恶意或误操作等人为因素，非授权使用重要信息或者令合法用户无法正常使用相关的信息，都可能造成数据的丢失、重要信息损毁或泄露。

3. 涉密数据的传输风险。目前，工、农、中、建四大银行均已完成数据集中管理，而随着业务的发展，农村合作金融机构也一定走数据集中管理之路，这种结构将会带来新的风险。如数据传输过程中关键数据被截获的威胁；传输线路公用性造成的信息泄露或数据的完整性遭破坏；关键性业务数据未经加密进行传输而导致“搭载”攻击等风险。

4. 便携机用户使用数据的风险。由于便携机用户移动性强，一机可多人使用，从而导致数据保护难度大，一方面容易造成信息泄露，另一方面，农村合作金融机构内部的业务管理系统也易从此途径遭到病毒攻击。

三、计算机信息系统审计的概念、内容与方法

（一）计算机信息系统审计的定义

关于计算机信息系统审计目前还没有一个统一的定义。国际信息系统审计领域的权威专家 Ron Weber 将其定义为“收集并评价证据，以判断一个计算机系统是否有效做到保护资产、维护数据完整、完成组织目标，同时最经济的使用资源”。1996 年，日本通

产省情报处理开发协会信息系统审计委员会将计算机信息系统审计定义为“为了信息系统的安全、可靠与有效，由独立于审计对象的信息系统内部审计人员，以第三方的客观立场对以计算机为核心的信息系统进行综合的检查与评价，向信息系统审计对象的最高领导层，提出问题与建议的一连串的活动”。

由于计算机信息系统审计的应用日益广泛，审计实务界认为计算机信息系统审计是根据公认的标准和指导规范，对计算机信息系统从规划、实施到运行维护等各个环节进行审查评价，对信息系统及其业务应用的完整性、有效性、效率性、安全性等进行监测、评估和控制，以确认预定的业务目标得以实现，并提出一系列改进建议的管理活动。因信息系统是由计算机硬件、网络和通信设备、计算机软件、信息资源、信息用户和规章制度组成的以处理信息流为目的的人机一体化系统，自然包含计算机系统，因此，本章今后叙述中，如无特别说明，则将“计算机信息系统审计”概念等同于“信息系统审计”概念。

随着信息技术在银行业普遍深入的应用，银行信息系统的可靠运行已经成为银行业务正常开展所需要的最基本条件之一。对农村合作金融机构而言，信息系统审计就是以农村合作金融机构的信息系统为审计对象，通过现代审计理论和信息技术，从信息资产的安全性、数据的完整性以及系统的可靠性、有效性等方面出发，对信息系统从开发、运行到维护的整个生命周期过程进行全面审查与评价，以确定其是否能够有效、可靠地达到农村合作金融机构的战略目标，并为改善和健全农村合作金融机构对信息系统的控制提出建议的过程。

（二）计算机信息系统审计的内容

信息系统审计的内容是由信息系统审计的对象所决定的，如图 9－3 所示。信息系统的审计对象是信息系统的各个组成部分及其相关内部控制措施，并覆盖信息系统生命周期的各个阶段，包括信息安全、系统开发、数据中心运营、技术支持服务、灾难

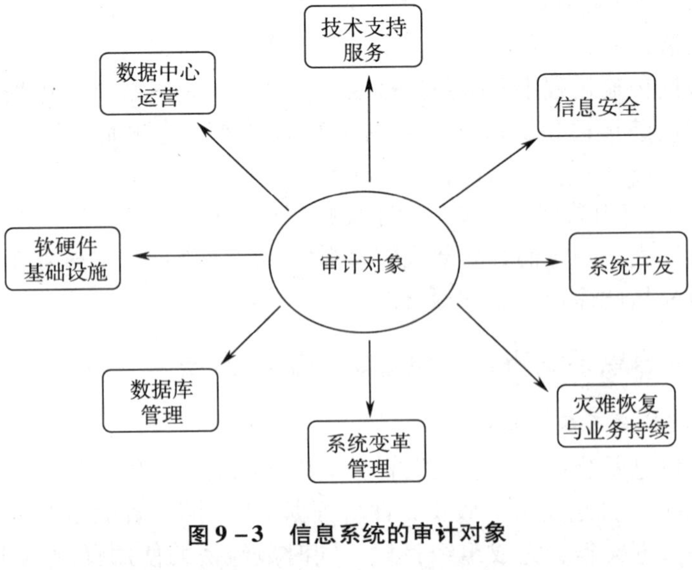

图 9－3　信息系统的审计对象

恢复与业务持续、软硬件基础设施、数据库管理、系统变革管理等，也有人将信息系统的审计对象定义为信息系统的管理、技术、人员以及信息系统的支撑环境等几个方面。

从信息系统的全生命周期角度看，信息系统审计的内容主要包括信息系统的战略规划与组织审计、信息系统基础平台建设审计、业务应用系统建设审计、信息系统管理与运营审计以及信息系统的灾难恢复与业务持续计划审计等内容。

《内部审计具体准则第 28 号——信息系统审计》第十八条指出："信息系统审计通常包括对组织层面信息技术控制、信息技术一般性控制及业务流程层面相关应用的审计。"

（三）信息系统审计的过程与基本方法

信息系统的审计方法大致可分为了解、描述和测试等几种，了解这些方法对开展信息系统审计十分必要。

1. 了解法。了解法也称为调查了解法，该方法在信息系统审计的各项活动中都可能被用到。了解法包括：（1）询问法。是指与被审计单位人员面对面交谈，询问有关情况以收集审计证据的方法。询问前应收集相关的背景资料，确定合适的询问对象，询问过程中应做好记录并要求被询问对象签字。询问后应对谈话的内容进行评价和总结。（2）检查法。主要是检查被审计单位与信息系统有关的文档，以了解信息系统的总体情况、控制情况以及开发设计情况等，为得出审计结论收集审计证据。检查中应做好相应记录并将检查过程和结果记入工作底稿中。（3）观察法。是审计人员对被审计单位信息系统的物理环境、硬件设施和办公场所，对信息系统的开发设计、构成和操作情况，对信息系统应用控制措施的实施进行实地查看了解的方法。观察前应确定观察对象的位置和陪同人员，观察过程中应做好记录并对观察结果进行评价和总结。

2. 描述法。描述法包括文字描述法、表格描述法和图形描述法，在具体使用过程中还可以将各种描述法搭配使用。（1）文字描述法。是指对被审计单位的信息系统功能、结构、控制政策措施以及生命周期过程等在了解的基础上，通过文字来进行描述的方法。适用于大多数信息系统的情况，好处是运用简便、易于理解，缺点是不够简明、直观。（2）表格描述法。是审计人员运用标准的或自行设计的表格，对信息系统有关情况进行描述的方法。适用于对信息系统开发过程、内部控制的多项指标、系统组成要素的多个组成部分的情况描述，优点是结构清晰、逻辑性强。（3）图形描述法。是指审计人员对信息系统的组织结构、功能、生命周期以及业务处理流程等用图形的方式来加以描述的方法，包括组织结构图、功能结构图以及业务流程图等形式。采用图形描述法应注意统一各种符号、标准及其含义，以便于审计人员相互理解和交流。

3. 测试法。测试法是开展信息系统审计常用的一种技术方法。主要包括：（1）测试数据法。是指审计人员设计一套虚拟的业务数据，将其输入到计算机中，观察比较输出是否与预期相符。如果相符，说明内部控制存在并符合既定要求或应用程序正确。测试数据可以是真实的业务数据，也可以是为了检验程序而设定的边界数据。测试数据只可以测试计算机某个时点的数据，因此应采取突击检查的方式进行。测试结束后，应将测试数据从被审计单位信息系统中清除。(2) 平行模拟法。是指审计人员开发一个与被审计单位信息系统或程序模块功能完全相同的模拟系统，将被审计单位的真实数据放入模拟系统中运行，观察其输出是否与被审计单位信息系统相一致。平行模拟的优点是测试不会干扰被审计单位信息系统的运行，缺点是对审计人员的程序设计能力要求太高，实施该方法具有很大的限制性。(3) 嵌入审计模块法。是在被审计单位的信息系统中加入为审计而编写的程序代码。嵌入的模块成为信息系统的组成部分，并可以在特定的时间间隔或是条件触发时为审计人员提供有关数据和报告。嵌入的模块深入系统内部，可以获得未经加工的数据，为审计人员提供实时的审计，弥补了事后审计的不足。(4) 虚拟实体法。是对测试数据法的改良，一般是在信息系统中建立虚拟的实体（如供应商、客户、员工等），然后将虚拟实体的有关数据与真实的数据一起输入信息系统进行处理，最后将虚拟实体的输出结果与预期进行比较，确定信息系统的控制功能是否发生作用。(5) 受控处理法。是指审计人员在对被审计单位的真实业务数据在处理之前先进行核实，核实之后在被审计单位的信息系统中监督处理或亲自处理，并将处理结果与预期结果进行比较分析，以判断被审计单位的系统是否符合规定的要求。(6) 受控再处理法。是将已经由被审计单位处理过的真实数据，在审计人员的监督下，或由审计人员亲自在相同的信息系统或以前保存的程序副本上再处理一次，将二次处理的结果与以前处理的结果相比较，判断当前的信息系统程序是否符合既定要求。(7) 程序代码检查法。是通过检查源程序代码的内部运行逻辑来发现存在的问题，并对程序是否符合规章制度的规定、能否完成预定功能及其质量进行评判的方法。该方法可以绕过输入输出直接检查程序内部代码，容易发现作弊程序，但对审计人员的计算机程序水平要求非常高。

四、农村合作金融机构实施信息系统审计的必要性

(一) 传统的金融审计已不能满足农村合作金融业务发展的需要

随着农村合作金融业务信息化程度的不断提高，合作金融业务和信息系统之间的联系不断加强，信息化正成为农村合作金融机构获得核心竞争力的一种必要手段。目前，在农村合作金融机构开展的审计模式主要还是金融数据式审计，从审计实践来看，这种审计方式由于缺乏对信息系统的控制而不能保障电子数据的唯一性、完整性和准确性，无法对农村合作金融机构的会计报表与原始电子数据的一致性作出准确判断，无法从系统角度核实农村合作金融机构整体经营情况的真实性，“假电子数据真审计”的现象难以避免，因而从根本上无法有效控制被审计单位的电子数据质量，已不能很好地满足农村合作金融业务审计的需要。从发展趋势来看，数据式审计方式由于过分关注数据本身而缺乏对系统整体的分析，难以控制总体审计风险，其局限性正逐渐显露出来。

(二) 信息系统审计是完善风险控制措施和促进流程再造的需要

由于农村合作金融机构各项业务处理已逐步实现计算机自动处理，绝大多数的纸质资料打印正在淡化，审计所需要的大量信息都储存在只能通过计算机识别的存储器上，如磁盘、磁带、光盘等，传统的一些审计线索也将随着计算机处理而中断、消失。同时农村合作金融机构内部控制也逐步从计算机控制作为手工补充的软控制转变为计算机自

动控制的硬约束，随着数据大集中的推进，信息化进程中存在操作轨迹不可见、操作流程缺失、数据非法修改、生产系统故障、信息系统人为欺诈等各类风险。对信息系统的可靠性的依赖，如审计人员没有对信息系统各项控制进行了解和审计，那么审计得出结论的可靠性就易受到质疑。这就迫切需要对正在使用或即将投产的信息系统的安全性、真实性、完整性、有效性进行审计，通过对信息系统的审计，保证信息系统的可信度，促进农村合作金融内控体系的建设和流程再造。

（三）信息系统审计是保障信息系统稳定运行和信息资产安全的需要

农村合作金融机构的日常运营越来越依赖于信息技术，在这种情况下，信息技术潜藏的风险更加不容忽视。通过对信息系统的安全、研究开发、运行维护等的审计，实现对信息系统风险的识别、计量、评价、预警和控制，能有效防范农村合作金融机构运用信息系统进行业务处理、经营管理和内部控制过程中产生的风险，加强对信息系统风险点的防范和管理，促进农村合作金融机构安全、持续、稳健运行。

（四）信息系统审计有助于农村合作金融机构进一步完善信息系统的功能

农村合作金融机构各项业务发展越来越快，金融产品创新步伐日益加快，为了适应业务发展的需要，农村合作金融机构内部审计范围也逐渐扩大，这使得内部审计部门能够较快地获取业务发展存在的一些问题，了解业务发展对信息系统的新要求，农村合作金融机构内部审计可以利用各种审计结果，从合规性、效率性、控制操作风险等多方面对完善信息系统功能提出一些有价值的建议。

总之，与传统的金融审计方法相比，信息系统审计是一个获取并评价证据，以判断农村合作金融机构计算机信息系统是否能够保证资产的安全、数据的完整以及有效利用组织的资源并实现组织目标的过程。信息系统审计因为对业务应用过程能够进行有效控制而能够更广泛、更有效地发现和防范金融风险。同时，随着审计技术水平的提高，甚至可以通过审计软件对农村合作金融机构各项业务的异常交易进行实时监控审计，最大限度地降低审计风险。因此，在农村合作金融机构实施信息系统审计十分必要。

第二节 信息系统的战略规划与组织审计

一、信息系统战略规划

所谓战略规划，通常是指一个组织的发展方向、环境条件、长期目标、重大政策与策略等方面的规划。一个战略规划通常具有如下特点：

（1）可执行性。战略明确、容易理解、可操作，能真正起到指导作用；

（2）可落实性。战略计划要求逐级传达、细化和落实；

（3）可变更性。战略规划应当进行周期性地复核和评审，适应变更的需要。

信息系统战略规划是关于信息系统长远发展的规划，是帮助管理层建立以组织战略为导向，对业务与IT进行有效整合，确立IT在整个组织中的作用，以保证信息系统的战略目标与组织发展目标相一致的过程。信息系统战略规划是组织战略规划的一个重要组成部分，也是信息系统生命周期中的第一个阶段，信息系统战略规划的质量直接影响着信息系统开发与应用的成败，在组织发展中占据重要地位。

对农村合作金融机构而言，信息系统战略规划是针对信息系统的建立和发展所做的一种战略性规划，即从农村合作金融机构的目标和战略出发，构架基本的金融信息系统体系，并对内外部信息资源进行统一规划、管理和应用，利用信息资源来控制金融机构员工的行为，辅助高层进行决策，帮助银行实现其战略目标。

农村合作金融机构信息系统的战略规划往往由最高的管理机构启动，主要内容概括为以下几个方面：

（1）使信息系统的发展与金融机构整体战略规划相一致，即支持机构整体战略规划的实施；

（2）为农村合作金融机构信息系统的开发提供方向，保证开发工作能支撑农村合作金融机构战略目标的实现；

（3）合理分配资源，确定信息系统开发的优先顺序；

（4）保证信息系统的一体化和项目开发的协调性，避免由于没有有效规划而造成的“各自为战”、“信息孤岛”现象；

（5）为负责信息系统开发的人员，包括项目开发的负责人和从事 IT 工作的高层管理人员的绩效考核提供质量标准和控制机制；

（6）为信息技术人才的引进提供明确的数量和质量方面的要求；

（7）保证信息系统能够自动调整，为农村合作金融机构提供有效的支持。

通常，农村合作金融机构信息系统战略规划是在信息化领导小组/指导委员会的监督下，使决策者的意图能贯彻到农村合作金融机构的各个层面，并通过农村合作金融机构的 IT 部门，收集决策和评估所需要的信息。农村合作金融机构的信息化领导小组/指导委员会是公司内部治理结构的重要要求，也是一种常见的协调机制，其成员一般来自农村合作金融机构的管理高层、IT 部门和各重要业务部门的管理者，其主要任务如下：

（1）审查 IT 部门的长期、短期计划，并保证与本单位的发展目标一致；

（2）在董事会授权范围内审查、批准主要的软件、硬件采购计划；

（3）批准大型的 IT 项目，并监督其实施绩效；

（4）在 IT 部门和其他部门之间进行有效沟通；

（5）审查和批准部分或全部信息系统外包计划；

（6）对权、责、资源占用情况等进行决策。

二、信息系统战略规划审计

为保证信息系统帮助组织实现信息系统的战略目标，农村合作金融机构的 IT 部门必须有长期的规划，如 3 年规划或 5 年规划，以及短期的规划，如 1 年规划。IT 部门的规划应该与农村合作金融机构的总体战略发展相一致，如果信息系统的战略规划不当，会给信息系统的实施带来很大风险。

内部审计人员在针对农村合作金融机构信息系统的战略规划进行审计时，应重点关注以下方面的内容：

1. 与参加发展规划制定的IT部门的成员面谈，询问他们关于IT部门达到农村合作金融机构发展目标的程度，审查他们是否设立专门委员会（或小组）来负责风险分析和部门工作计划，以及计划更新的频率是否合理。

2. 审查IT部门和农村合作金融机构内其他部门的沟通程度，判断重要的需求和反馈是否能及时传递到IT部门，并审查更新的频率是否合理。当发生重大安全事故或组织变动时，是否建立了有关机制，以及员工知晓的程度等。

3. 审查一个IT项目是否有正式的申请和批准程序，如会议纪要、报告和E－mail等。在履行批准程序时，是否通过专家审查、是否符合农村合作金融机构的发展战略计划。对于重大的IT项目，要审查部门审批权限是否合适等。

4. 审查根据预期回报率所确认的优先IT项目在信息系统规划中是否处于合适的位置。审查文档管理是否有相应的规定，这些规定是否规定了不同IT项目发展的优先级和更新文档的频率等。

5. 审查与信息系统建设和管理相关的规章制度、技术规范、操作规程等是否完善；是否明确了信息系统相关人员的职责权限，建立了互相制约机制，并实行了最小授权。

6. 审查信息系统的经济效益和预期目标之间的差距，并评估这种差距是否合理等。

三、组织结构

（一）农村合作金融机构信息系统的组织结构和职责

目前，常见的农村合作金融机构信息系统组织结构形式如图9－4所示。图9－4中，

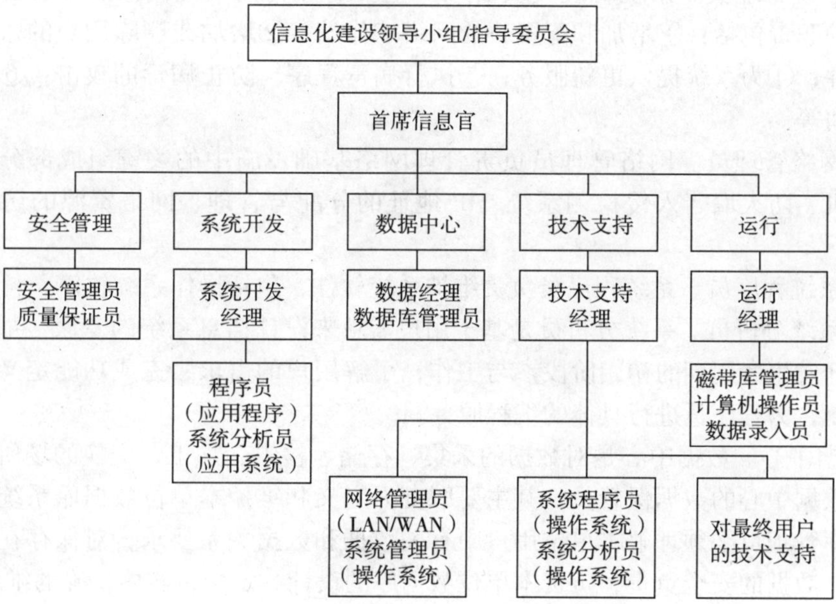

图9－4　农村合作金融机构信息系统的组织结构

银行信息系统的战略发展和建设通常由银行信息化领导小组/指导委员会来协调，具体执行则往往由专门的 IT 部门（农村合作金融机构信息中心或办公室等）来负责建设、管理和维护。IT 部门的负责人通常被称为首席信息官（CIO）或信息主管、科技主管。CIO 在单位里全面负责信息化的建设工作，负责信息资源的利用、控制和管理，参与组织（企业）的高层决策。一般说来，CIO 至少有以下三项重要职责：根据企业的经营战略，考虑和提出企业的信息战略；负责企业的信息化推进工作，包括基础设施建设、人员配备、资源调配等；全面负责企业的信息管理工作。

对图 9－4 中与信息系统相关的各部门职责说明如下：

1. 运行部。运行部由运行部经理负责，主要负责对计算机操作人员的管理，如计算机操作员、资料库管理员、数据录入员以及数据复核控制员等，此外，还包括对放置信息（数据）处理设备的物理空间，如机房等的有效管理，确保只有运行部门的人员或只有经过授权的人员才能进入。

2. 技术支持部。技术支持部由技术支持部经理负责，主要包括对最终用户的技术支持；对系统管理员、网络管理员、系统程序员、系统分析员等的管理。

（1）对最终用户的技术支持。在当今的信息系统应用中，越来越多的机构发现对最终用户的技术支持能有效提升本单位的形象。通过电话、传真、电子邮件、聊天工具甚至现场回访等，实现对最终用户的技术支持，以帮助用户解决技术问题和在使用信息系统过程中的实际困难。这些活动包括：①培训用户；②回答用户的咨询；③了解用户在使用信息系统过程中所遇到的问题；④为用户购买软硬件提供建议；⑤了解用户的新需求，为业务变更提供建议等。

（2）系统管理员。系统管理员负责维护重要的计算机系统，包括对网络设备的管理。典型的职责包括：①增加和配置新的网络工作站；②增加或删除用户的账号；③安装系统软件；④为系统提供更新服务；⑤执行病毒程序，防止病毒的攻击；⑥分配适当的存储空间等。

（3）网络管理员。网络管理员负责管理网络基础设施中的关键组成部分，如路由器、交换机、防火墙、入侵检测系统、IP 地址的分配与管理、网络资源的访问控制策略。

（4）系统程序员。系统程序员负责维护系统软件，包括操作系统软件。

（5）系统分析员。系统分析员是基于用户需求来设计信息系统的专家，主要负责在信息系统开发生命周期的初始阶段参与工作，了解用户的需求，完成功能定义，制定高级设计文档，为程序员进行具体的编程服务。

3. 数据中心。数据中心是对数据的采集、存储、检索、加工、变换的场所。数据库管理员是数据中心的数据保管员，其主要职责为定义和维护本单位数据库系统的数据结构。数据库管理员必须理解本单位用户中有关数据和数据关系要求，对保存在数据库系统中的共享数据的安全负责；负责本单位数据库的设计、定义，实施正确的维护。

4. 系统开发。系统开发部由系统开发经理负责，主要承担建设和实施新的信息系统以及维护现有的信息系统工作。

5. 安全管理。安全管理必须首先得到组织内高层管理者的支持，高层管理者要明确承诺对安全管理的责任，并理解和评估安全风险，制定并强制执行一套书面的政策，清晰地说明应当遵循的标准和规范。

（二）信息系统中的职责分离

在单位或组织中，风险的管理实际就是权责的管理，科学、恰当的权责管理意味着合适的人有合适的权限来解决所发生的问题，这要求岗位的职责分离。职责分离要求在一个单位或组织中，需要有明确的分工、授权和建立岗位责任制。为此，应根据合理分工的原则，尽量将不同的工作岗位分派给不同的人员来担任，在内部岗位、员工之间形成内部牵制，这样能够最大限度地提高员工的主观能动性、创新能力。如果行使不恰当的权责分配，则可能诞生新的风险，很容易造成信息系统的非授权访问、非授权使用、数据的非授权访问和篡改的威胁。

对信息系统而言，在权责划分时要特别注意以下几个关键岗位的职责：

1. 高层管理者。高层管理者比如董事会、CEO 等作为企业目标实现的最终责任者，同样也是系统风险管理的最终负责者，因此他们必须保证有足够的资源实现企业目标，在目标制定过程中必须充分地考虑企业风险管理活动，同时必须理解、支持信息系统的风险管理。

2. IT 高层管理者（CIO）。CIO 的职责在前面内容中进行了描述，在此不再赘述。

3. IT 人员。IT 人员包括信息系统和信息资源的所有者和维护者，职责是确保存在有效的控制措施，保证信息资产的完整性、机密性和可用性，理解自己在整个 IT 风险管理中角色地位并且有效地支持整个风险管理流程。

在对 IT 人员进行职责分离时要做到：系统分析设计、系统维护、系统操作、文档资料保管以及系统数据库管理等职责要相互分离；交易的授权与交易的执行相分离；资产的保管与记录相分离；交易处理职能在多人之间进行分工并且要明确划分各自的责任；等等。

当 IT 人员的职责被分离后，相关技术人员对计算机、数据库、程序、编辑文档、操作系统及其工具的访问等受到了一定的限制，某个人或岗位的潜在破坏威胁就被削弱了。

4. 业务或各职能部门人员。业务部门的员工是业务运营的执行者，为各子目标实现最终负责，也是 IT 资源的使用者，因此必须有效的参与 IT 风险管理的分析、评估过程，理解各自在风险管理中的角色地位，为信息数据的完整性、机密性负责。

四、组织结构审计

在对农村合作金融机构的信息系统组织结构进行审计时，内部审计人员应索取当前农村合作金融机构的组织结构图，以评估组织的分类，确定其主要职责是否得到有效分离，各部门及员工的任务是否清晰，对工作任务的描述是否充分等。此外，还需要关注的主要内容有：

（一）审查是否设置 IT 指导委员会或同等管理机构

判断农村合作金融机构内部是否建立了一个有效的 IT 指导委员会（或信息化指导

小组）。通过查看会议记录，确定委员会举行会议的频率，并检查会议内容的适当性；通过查看 IT 指导委员会（或信息化指导小组）的相关文件，进行走访、面谈等方式，以判断在农村合作金融机构内部是否有专职人员负责所有与信息系统建设和管理相关的活动；此外，还需要了解该机构在承担以下责任方面是否到位：

1. 检查并批准信息安全策略是否得当；

2. 检测信息风险所发生的频率以及所采取的措施；

3. 复查并监测信息安全事故的手段；

4. 支持农村合作金融机构内部重要创新的程度；等等。

（二）审查内部职责分离实施情况

识别内部职责冲突的职位，确保所制定的岗位职责是否清楚地界定了农村合作金融机构内部各员工在保护信息资产方面的责任和执行特殊安全程序的权限及责任。审查农村合作金融机构是否建立了一系列的制度来完成信息安全责任的分配，为每项信息资产指派一个专人来负责其日常安全，并且能够清楚地界定任何错误分配责任的情况。审查农村合作金融机构岗位工作职责，确保岗位工作职责清晰地阐明每一个管理者所负责的管理领域及其责任划分等。

（三）建立对新的信息处理方法的管理授权过程，审查信息处理方法的授权过程是否合适

1. 新的信息处理方法应当有相应的授权，同时，还应当获得负责维护本地信息系统安全环境的管理人员同意，以确保满足所有相关策略和需要；

2. 检测硬件和软件以确保它们和系统的其他组成部分互相兼容；

3. 对处理业务信息处理程序的使用和控制手段都应当经过授权；

4. 新的信息处理方法可能导致新的风险，因此应当事先经过评估。

（四）审查农村合作金融机构内部以及与合作单位、用户之间的安全制度是否合适

1. 信息安全保障体系和内部控制规程是否有效，信息系统风险管理岗位责任制度是否明确并能有效落实；

2. 确认员工是否具有履行与其开展相关任务所必需的技能，是否具有足够的安全意识；

3. 观察农村合作金融机构内部各部门之间的联系情况，评估农村合作金融机构 IT 部门制定的安全策略和规章制度是否可以通过合适的交流渠道到达董事会和其他部门；

4. 在发生安全事故时，是否能够及时采取适当措施并能够及时通知、保持与执法部门、管理机构、信息服务提供商和电信运营商的联系等。

第三节　信息系统基础设施审计

信息系统基础设施是实施农村合作金融机构信息化的基础条件，主要包括计算机网络、数据处理中心、机房和大中型计算机与各类服务器、大型数据存储设备等，为农村合作金融机构提供各类数据信息的采集、处理、存储、管理、检索和传输等功能，在农村合作金融机构信息化建设与应用中占据重要地位。

一、信息系统基础设施

农村合作金融机构信息系统基础设施如图 9－5 所示，各组成要素及功能介绍如下：

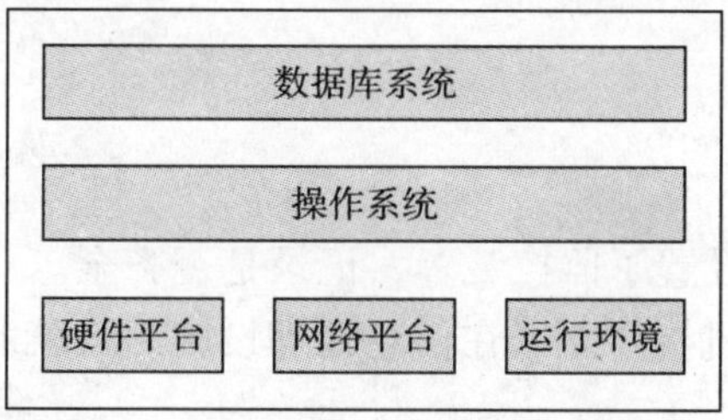

图 9－5　信息系统基础设施结构图

1. 硬件平台，主要完成信息的采集、处理、存储、管理、检索等功能，如计算机、信息安全设备以及各种存储设备等。

2. 网络平台，主要完成信息的传输等功能，如网络通信设备、通信协议等。

3. 运行环境，是对支持信息系统正常工作条件的总称，如电力供应、数据中心的物理位置、信息处理中心机房的防火等。

4. 操作系统，是一管理计算机硬件与软件资源的程序，同时也是计算机信息系统的内核与基石，起到控制其他程序的运行以及管理系统资源并为用户提供操作界面的作用。

5. 数据库系统，由数据库及其管理软件组成的系统。它是为适应数据处理的需要而发展起来的，用于信息的存储、维护以及为业务应用系统提供服务的软件系统。

二、信息系统基础设施审计

（一）运行环境审计

由于金融业务的特殊性，农村合作金融机构信息系统的运行环境应该比一般企业的信息系统运行环境具有更高的安全性，使其最大限度地免于安全风险和环境灾难。内部审计人员在审计农村合作金融机构信息系统运行环境时，应考虑到数据处理中心的选址和建筑是否能有效规避自然灾害的风险，如龙卷风、照明和水火灾的影响。为了避免水灾的威胁，放置计算机等重要电子数据处理设备的机房不能设置在地下室，也不能放置在化工厂等有害场所附近。如果机房是多层结构的建筑，则将计算机等重要设备放置在 3～6 层是比较好的选择，这样可以尽可能地避免水灾、烟雾以及火灾等危险。此外，审计人员还需要关注以下几个方面的问题。

1. 评估重要地点的安全访问措施，如数据处理中心、电脑室和通信室。

2. 确定所有的大门进入数据中心的安全性，并确保每个人被充分地限制准入，确定是否有监视摄像机，使用电子 IC 卡门禁系统为优。

3. 确保所有访客在进入数据中心前都必须签字，并保存有完整的出入记录。

4. 确定下列计算机环境管制措施是否已安装或部署到位：

（1）灭火系统或灭火器；
（2）不间断电源（UPS）；
（3）应急电源系统（EPS）（如发电机）；
（4）机房的温度和湿度控制器；
（5）紧急断电开关；
（6）烟与水探测器；
（7）应急照明系统等；
（8）对重要地点是否设置了监控装置，记录是否齐全。

5. 确定农村合作金融机构建立了在信息处理设施附近就餐、饮水和吸烟等的政策限制规定，并得到有效实施。

6. 确定计算机是否经常维修，确保设备运行在其预期的性能水平上。

7. 硬件保护机制是否到位。一方面是指在计算机硬件（包括 CPU、内存、缓存、输入/输出通道、外围设备等）上采取的安全措施是否到位；另一方面是指通过增加硬件设备而达到安全保密的措施是否到位。

（二）硬件系统审计

1. 审计计算机等硬件的采购计划，重点关注以下内容是否得当：

（1）比较硬件采购计划和管理部门的业务计划、IT 部门的计划，评估硬件采购计划的必要性；考察硬件采购计划是否考虑到对现有设备的利用，采购计划中的新设备在技术、性能等方面是否已过时。

（2）确认硬件采购计划中的硬件采购规格、文档、时间、负责部门等是否进行了充分的沟通，采购申请的程序是否规范，等等。

2. 审计硬件变更管理控制事项：

（1）确认 IT 部门的管理层是否掌握并执行变更计划，并有充足的时间保证新硬件的安装与测试；确认在 IT 部门中使用的操作手册，在硬件变更时是否已做适当的修改。

（2）抽查一个影响到信息系统处理的硬件变更程序，以判断硬件变更计划是否得到了及时处理，评估变更的有效性及影响。

（3）确认所有的硬件变更都已通知了相关的部门和员工，如系统程序员、应用程序以及 IT 部门有关人员等，以确保硬件变更及测试的有序。

3. 审计硬件的使用：

（1）审查硬件性能监控计划并将其与问题日志、作业记账系统报告、预防性维护安排及报告比较，以判断硬件使用的恰当性。

（2）审查问题日志、硬件故障的判断、软件公用程序的使用、系统的异常结束以及操作员的异常行为等是否均通过了 IT 部门的审查，以判断硬件使用的规范性。

（3）审查预防性维护措施，判断是否按照硬件供应商（厂商）的建议进行了及时维护；在未满负载下验证硬件的 CPU、内存、缓存、I/O 等使用情况，以避免业务高峰时硬件支持能力不足等。

（4）分析系统日志、生成日志的分析报告，确定硬件是否满足负载量和用户需求，确定服务器能否处理大量资源并发使用的情况；审核硬件故障时的应对措施。

（三）局域网审计

对农村合作金融机构实施局域网审计，需要了解农村合作金融机构设计和选择局域网架构的标准及规范，以判断农村合作金融机构是否充分考虑了成本效益原则。但由于不同农村合作金融机构的网络系统特征不尽相同，因此，对农村合作金融机构的局域网审计程序以及标准很难定义。

通常，在对农村合作金融机构实施局域网审计时，可以借助以下审查表来有选择地使用其中适当的方法。当然，审查表的内容可以根据具体单位和不同的应用情况进行适当添加和调整。

表 9－1 局域网审计审查表

	程序	宗旨	细节
1	面试主要人员	了解内部网络的能力，员工上网的目的	采访那些参与互联网接入和进行系统管理的人
2	获取相关文件和说明	了解内部上网的政策与程序	索取政策副本并审查
3	确定系统规格	评价硬件和软件的使用	检查网络服务器和互联网接入硬件规格、防火墙、杀毒软件
4	获取系统文件和说明等	评价互联网系统的技术架构、文件服务器	检查硬件、软件、防火墙参数
5	测试安全权限	确定网站的安全性功能，防止未经授权的访问	尝试未经适当授权登入及获取政策信息
6	审查外部请求到达主干网的流程	评估外部请求的安全控制设置	测试以确定外部信息如何通过网站到达主干网和大型机
7	审查授权程序	确定获得互联网接入授权的程序	索取和审查互联网接入手续
8	获得与核实授权名单	确定员工有适当授权的互联网接入	索取名单，并核实员工适当授权
9	验证授权过程	确定只有那些经过适当授权的员工才能上网	确定是否有任何未经授权的员工上网
10	获得并分析由防火墙提供的访问日志	确保员工的互联网接入有合法授权的用途	确定是否有其他非法的上网记录
11	确定是否有任何未经授权的准入已经发生	确保只有经过适当授权的员工访问互联网	交叉参考授权的雇员名单和从防火墙日志得到的互联网通道
12	审查是否设置防火墙警报	确定可疑的访问，并企图进行监测和调查	尝试互联网接入是不容许的，观察报警功能
13	评价当前的设置	从IT部门员工处取得目前的防火墙设置	检查防火墙设置和评估他们是否设置得当
14	核实现有核定管理员	确保只有经过适当授权的人员是防火墙管理员	获得管理员名单，并从防火墙核实批准
15	获得设备清单	确定互联网服务器保护	获得上网设备的存货清单并核实
16	确定物理连接到服务器	确定互联网服务器保护	检查设备，清点设备数量

（四）操作系统审计

农村合作金融机构的信息系统大都采用了分布式网络操作系统，信息系统内部审计人员在实施网络操作系统审计时要关注的主要内容有：

1. 通过会见有关技术人员获得购置操作系统的批准文档以及技术需求；

2. 审查系统软件的选择是否满足应用系统以及业务发展的需求；

3. 对系统软件程序的成本—效益指标进行审查；

4. 对系统软件程序的安装以及相关控制的文档进行检查；

5. 审查系统软件程序变更手续的合规性以及当前版本是否得到软件供应商的支持；

6. 对系统软件安装控制语句、参数表、活动日志报告等要进行重点关注；

7. 在变更程序、授权程序、访问控制特征、文档要求、系统测试文档、审计踪迹、对业务软件的访问控制等方面，进行审查和测试，以确定系统软件控制的充分性；

8. 在安装口令、物理访问等方面进行审查和测试，以确定系统软件安全性；

9. 审查使用分布式数据处理网络的各部门是否都已建立了相应的重启和恢复机制；

10. 业务部门对网络操作系统软件所做的一切变更是否受到有效控制，并且，网络管理员或其他负责管理网络的人员能否迅速进行检测；

11. 影响多个网络站点的系统指令是否只能在一个终端上限制执行，并且只能由负责整个网络控制和安全授权的人员执行操作等。

（五）数据库审计

金融机构电子交易的核心是数据，数据库的瘫痪和错误会导致整个数据的丢失，因此，针对数据库的安全审计是农村合作金融机构信息系统审计中的重要工作。

在农村合作金融机构实施数据库审计时，信息系统内部审计人员应重点评价数据库的设计、访问、管理、界面和容错性等方面内容。

1. 审查是否存在数据安全政策，并通过访谈等形式确认这些安全政策是否传达给个人；索取上述安全政策并进行评估，确定这些安全政策是否说明了数据所有权、信息的保密性以及使用密码的规则等。

2. 了解使用的数据库类型，同时，使用流程图详细地描述业务规则，最后，检验实体关系模型是否与数据库物理模型相一致。

3. 确定信息系统资源，如开展网上交易业务的数据和敏感度等如何受到保护，对业务主机、小型和微型计算机，找出所有的应用程序并检查安全机制。

在对数据库进行审计时，确保数据库中以下几点安全措施得到实施：

（1）唯一的用户 ID 分配给所有使用者；

（2）终端自动登录 30 分钟后在没有操作的无人值守开始运行；

（3）用户被迫更改密码，其周期至少每隔 90 天进行一次；

（4）使用过的旧密码不能再被使用。

4. 选择无敏感的数据，对数据库、存储程序和触发器的访问方式进行分析，确认其访问过程得到适当控制。

5. 选取不同用户所对应的角色访问数据库，测试数据库是否给予用户合理的角色和安全级别；确定所有用户或用户组的访问权限被适当复核，有备份和灾难恢复程序来确保数据库的可用性和可靠性。

6. 审查在数据并发过程中，有适当的机制和程序来确保数据处理过程的一致性和完整性。

7. 审查访问数据库的信息在传输过程中是否得到了适当的控制，确保信息的保密性、可靠性和完整性。

案例9－1　　某商业银行信息系统风险评估

一、系统概述

某商业银行新核心信息系统是为银行解决金融产品的设计、管理及服务问题的应用系统，主要职能是完成金融产品的管理、银行与客户的交易处理以及会计核算处理，提供以客户为中心的交易处理和服务支持，详细记录银行客户账户的所有交易细节、所购买的产品和服务的相关属性，以及会计核算处理信息且其他外围业务系统和管理实现关联。该商业银行的新核心信息系统由四个子系统构成，分别为柜员系统、支行管理、报表系统和数据中心管理。

二、评估内容

本次信息系统安全风险评估内容包括物理安全、网络安全、主机系统安全、应用安全、数据安全等五方面。

三、评估范围

(1) 核心交换机；(2) 汇聚路由器；(3) 第三方路由器；(4) 防火墙；(5) 防病毒服务器；(6) 应用服务器；(7) 数据库服务器；等等。

四、评估结果

在风险评估过程中发现了很多问题，确定了该商业银行信息系统存在的风险点，如信息安全策略自身存在漏洞，信息安全策略没有得到很好的执行，未对数据的敏感程度进行合理分级，操作系统的运行日志记录不规范，等等。根据评估结果分别从物理安全、网络安全、主机系统安全、应用安全和数据安全方面给出了系统安全整体的整改建议，使该商业银行对本单位信息系统安全状况有了比较全面的了解，为下一步的工作明确了方向。

第四节　信息系统运营与维护审计

一、信息系统运营与维护概述

信息系统运营与维护是指信息系统处于日常工作状态下，单位或组织对信息系统进行管理的一种方式。由于信息系统在农村合作金融机构业务中的重要性与日俱增，且信息系统规模日益增大，运营日趋复杂，因此，如何保证信息系统的正常运营，并实施有效管理与控制，对农村合作金融机构的经营战略和业务目标的实现至关重要。

农村合作金融机构信息系统的运营与维护，其内容主要涉及：（1）信息系统运营的管理；（2）信息系统变更管理；等等。下面分别对这些内容进行阐述。

二、信息系统的运营管理与审计

信息系统的运营管理包括对信息系统操作的管理、服务水平的管理、问题处理程序的管理、支持/服务台的管理等内容。

（一）信息系统操作管理与审计

信息系统管理者对信息系统的所有操作负完全责任。此外，还要确保系统资源的可用性；依据农村合作金融机构整体业务策略，建立所有与信息系统操作相关的所必须遵循的标准程序。

操作员的工作职责主要包括：

1. 不正常中断后重新启动应用系统；
2. 及时备份计算机文件；
3. 监控信息处理设备未授权访问；
4. 监督 IT 部门与业务部门的管理层工作计划的遵守情况；
5. 参与灾难恢复与业务持续计划；
6. 受限制地访问计算机应用软件、数据及公用程序。

要做好信息系统的操作管理，主要应采取的管理控制措施包括：

1. 检查值班工作的详细计划；
2. 监控操作过程，确保遵循标准；
3. 审核在系统关机与软硬件重新启动期间的控制台日志；
4. 审核每日操作员日志；
5. 确保信息系统在微小的系统故障时都能及时复原；
6. 监控系统绩效及资源使用，最大化利用计算机资源；
7. 监控设备环境安全及变更，以保证设备在合适的状态中工作。

内部审计人员通过对操作管理控制措施的审查和评价，保证计算机操作遵守相应的规程，系统的故障能够得到及时排除和恢复，从而保证系统可靠、有效地运行并满足企业的业务需求。

（二）服务水平管理与审计

信息中心（科技处）是为农村合作金融机构各业务单位（部门）提供信息系统应用有效服务的专业部门。在信息系统应用过程中，为了能有效支持农村合作金融机构业务目标的实现，有必要对信息中心及其服务的状况进行监督控制。

为了对服务水平实施有效的监督与控制，通常运用各种工具记录有关情况，以衡量服务的正确性、完整性、及时性及对系统处理结果的适当分发。这些工具主要有：

1. 系统异常报告；
2. 操作员问题报告；

3. 输出、分发报告；
4. 控制台日志；
5. 操作员工作安排记录。

内部审计人员通过检查有关文档、询问、进行实地测试等方式检查和评价有关问题处理情况、提供服务情况等，确保信息中心能及时、高效地提供服务，以保证信息系统支持农村合作金融机构业务目标的实现。

（三）问题处理程序管理与审计

农村合作金融机构信息系统一旦出现异常，将会给业务运行带来影响，严重的将会使农村合作金融机构产生无法挽回的损失，因此，在对信息系统运行出现的问题进行管理尤为必要。

当对系统异常状况进行检查、记录、控制、解决及报告时，由于信息系统软硬件及其相互关系相当复杂，应设计一套机制以检查及记录任何异常现象。这套机制包括：

1. 应建立错误日志（包括程序错误、系统错误、操作错误、通信错误、硬件错误）；
2. 制定适当的问题上报程序；
3. 制订问题解决程序方案。

内部审计人员通过审查了解有关错误日志记录的及时性、完整性，问题处理的职责划分，问题处理程序的适当性，以及追踪实际处理过程等。以审查和确认问题处理程序措施的有效性，并针对存在的问题提出改进建议。

（四）支持/服务台管理与审计

为保证农村合作金融机构信息系统的正常运营，作为信息技术人员必须及时提供技术保障并协助解决信息系统应用中出现的问题。此外，信息技术人员还有责任做好系统有关的技术方面的服务和管理。主要包括：

1. 找出计算机问题并采取适当的改正措施；
2. 按规定提出问题报告，并确定问题及时解决；
3. 回答有关特定系统的查询；
4. 基于组织需求和计算机配置，设计并执行软件变更，以提高系统效率；
5. 为远程通信提供技术支持；
6. 控制和维护供应商对系统软件的变更实施。

服务台功能主要包括：

1. 立案并记录用户提出的包括硬、软件的各项问题；
2. 根据优先顺序将问题向上汇报；
3. 追踪尚未解决的软、硬件问题；
4. 将已解决的问题归档并通知相应的负责人。

内部审计人员通过对支持/服务台的管理以及各类文档进行检查，评价支持/服务台管理的规范性以及处理问题的时效性，最终得出审计结论，以促使信息技术部门能够为系统提供有效的技术支持和服务。

三、信息系统的变更管理与审计

当农村合作金融机构业务模式（如数据大集中、网上银行应用等）或信息系统的环境发生变化时，将会导致信息系统的变更。为了降低信息系统变更所导致的风险，有必要对其进行管理。

（一）信息系统的变更管理

为了对系统变更进行有效控制，避免其带来的负面影响，应当建立一个标准流程来实施和记录变更，保证变更过程等得到适当的授权与管理层的批准，并对变更进行测试。

对系统变更的管理控制措施主要包括：

1. 变更请求需要经最终用户和管理层同意；
2. 用户需要采用正式书面申请信函，向系统管理层表达变更申请；
3. 变更申请表的格式、内容应该保证所有变化都考虑在内，并为每个申请指定一个唯一的控制人员，将变化申请信息录入计算机系统；
4. 变更程序需要遵循与全面系统开发项目同样的过程，保证新功能满足需求且不影响其他模块的功能；
5. 用户对系统测试结果和文档的充分性表示满意后，需要得到用户管理层的批准；
6. 所有变更请求和相关信息作为系统的永久文档由用户和维护人员保留；
7. 当变更程序的程序员也是系统的操作者时，必须遵循变更管理步骤，且管理层还要安装自动变更控制软件，防止未经授权的程序变更；
8. 在紧急变更的情况下，要能够使系统问题得到及时解决或紧急修补，以保证系统的完整性；
9. 为保证有效性，所有与系统变更相关的文档都需要及时更新。

对于信息系统发生的紧急变更，管理者需重点关注：

1. 制定合适的紧急变更的处理流程；
2. 对获得特殊登录 ID 号的紧急变更处理授权人员进行监督、控制；
3. 制定紧急变更事后跟踪程序。

当需要将变更的信息系统移植到生产环境时，需重点关注：

1. 对系统要进行授权访问控制；
2. 对数据文件转换或移植进行控制；
3. 对员工使用修改后的软件（系统）提供培训支持；
4. 为修改后的软件（系统）提供技术支持，如电话、邮件、在线帮助等；
5. 风险一旦发生需要采取的恢复措施。

（二）信息系统的变更审计

在评估程序变更审计中，内部审计人员需要审查是否有适当的控制措施能够保护应用程序和系统的有效运行，以防止未经授权的变更。为此，内部审计人员应重点关注和审查：

1. 是否对程序库的访问控制进行了适当限制；
2. 变更申请是否有规范的报批流程并文档化；
3. 变更潜在影响（风险）的评估；
4. 变更是否经过用户和项目管理人员的审核和批准；
5. 变更涉及的各个方面（环节）均已经过控制/操作人员的测试、审核及批准；
6. 紧急变更控制及恢复措施的有效性；
7. 对用户是否进行了培训，用户是否能适应新系统；
8. 变更工作准备、流程和操作说明文档等是否都已建立并且完备；
9. 信息系统的变更如需进行数据转换或移植，转换过程的准备和操作说明文档是否完整、规范，且经过用户管理人员审核及批准。

当系统的变更经授权后，进入系统的持续开发和维护阶段。在此阶段，信息系统内部审计人员应该重点关注对流程和迁移程序的审计，主要工作包括：

1. 当用户提出系统变更需求时，应有授权、优先排序及跟踪的机制；
2. 在日常工作手册中，是否明确指出紧急变更程序；
3. 变更控制程序是否同时被用户及项目开发组所认可；
4. 变更控制日志是否确认所记录的变更都已完成；
5. 对产品源代码和可执行代码模块进行评估，以评价安全访问限制是否充分；
6. 评估单位在处理紧急情况下程序变更的流程是否合理、合规；
7. 对紧急情况下登录信息系统的安全访问进行评估，以评价使用安全访问控制是否充分；
8. 评估变更需求是否被记录在适当的申请文件中；
9. 确认现存文件均已反映变更后的系统环境；
10. 评估系统变更测试程序的适当性；
11. 复核测试计划与测试结果等证据，以确认该测试程序是依据组织相关标准而定的；
12. 复核源代码与可执行代码，确保程序的完整性；
13. 复核产品可执行模块，确保有且只有唯一与源代码对应的最新版本；
14. 审查由于系统的变更而导致整个变革管理流程在时间、成本、效率以及用户满意度方面是否还有需改善之处。

第五节 灾难恢复与业务持续性计划审计

2001 年 9 月 11 日上午，两架商用民航客机撞击位于纽约的世贸大厦，导致双塔坍塌，2 700 余人丧生。在众人关注生命损失的时候，一个不为人所注意的信息灾难也迅速蔓延。世贸双子塔地下室里面是 400 多家公司的数据中心，里面运行着上千台服务器、存储器、磁盘阵列，其中，就包括大型国际投资银行 M 公司的数据中心。M 公司数据中心里面的数据十分重要：它包括机构客户和个人用户的所有私密资料如客户名、社会保险号（对个人客户）、客户通信地址、投资头寸、投资评级等，除此之外，该中心数据还包括M公司本身的重要敏感信息。这些数据如果丧失，将导致M公司的运营陷入极度困境。幸运的是，M公司在“9·11”事件发生的前一个星期，刚刚部署并实施了一套复杂、高端、昂贵的灾难恢复解决方案。由此可见，灾难恢复与业务持续性计划对银行的可持续发展相当重要。

一、灾难恢复与业务持续性计划

（一）灾难恢复

1. 灾难恢复与灾难恢复规划。灾难恢复指自然或人为灾害后，重新启用信息系统的数据、硬件及软件设备，恢复正常商业运作的过程，是确保信息和信息系统安全的一项重要措施。

灾难恢复规划是确保业务连续发展规划的一部分，其核心是对企业或组织的灾难性风险作出评估、防范，特别是对关键性业务数据、流程予以及时记录、备份、保护。

2. 灾难恢复规划的组织机构及其职责。由于信息系统运行环境的复杂性，农村合作金融机构必须实施并结合其日常组织机构的具体情况，建立一个灾难恢复组织机构，并明确其职责。在灾难恢复组织机构中，一些人可负责两种或多种职责，一些职位可由多人担任（灾难恢复预案中应明确他们的替代顺序）。

灾难恢复的组织机构通常由农村合作金融机构的管理、业务、技术和行政后勤等人员组成，分为灾难恢复领导小组、灾难恢复实施小组和灾难恢复日常运行小组等。其中，实施小组的人员在实施任务完成后可成为日常运行小组的成员。

灾难恢复领导小组是实施灾难恢复规划工作的组织领导机构，组长应由农村合作金融机构的高层领导担任，领导和决策灾难恢复规划等重大事宜。灾难恢复实施小组的主要职责是负责灾难恢复的需求分析、提出灾难恢复策略和等级、灾难恢复策略的实现、制订灾难恢复预案等。灾难恢复日常运行小组的主要职责是负责灾难备份中心日常管理、灾难备份系统的运行和维护、灾难恢复的技术支持、灾难恢复预案的教育、培训和演练、维护和管理灾难恢复预案、突发事件发生时的损失控制和损害评估、灾难发生后信息系统和业务功能的恢复等。

农村合作金融机构可聘请外部专家协助本单位灾难恢复规划工作，也可委托外部机构（如专业公司）承担实施小组和运行小组的部分或全部工作。

3. 灾难恢复方式。

（1）数据备份系统。数据备份系统一般由数据备份的硬件、软件和数据备份介质（以下简称介质）组成，如果是依靠电子传输的数据备份系统，还包括数据备份线路和相应的通信设备。数据备份系统可由农村合作金融机构单位自行建设，也可通过租用其他机构的系统而获取。

（2）备用基础设施。备用基础设施是灾难恢复所需的、支持灾难备份系统运行的建筑、设备，包括介质的场外存放场所、备用的机房及工作辅助设施，以及容许灾难恢复人员连续停留的生活设施等。

通常，有以下三种方式来获取备用基础设施：

①由农村合作金融机构单位自行建设；

②多方共建或通过制定合作协议获取；

③租用商业化灾难备份中心的基础设施获取。

（3）备用数据处理系统。备用数据处理系统是一个备用的计算机处理信息系统，当主数据处理系统发生意外时立即进入工作状态，从而确保农村合作金融机构业务的正常开展。通常，有以下三种方式来获取备用数据处理系统：

①事先与有关厂商签订紧急供货协议；

②事先购买所需的数据处理设备并存放在灾难备份中心或安全的设备仓库；

③利用商业化灾难备份中心或签有互惠协议的机构已有的兼容设备。

（4）备用网络系统。备用网络系统包含备用网络通信设备和备用数据通信线路，备用网络通信设备可通过上述的方式获取；备用数据通信线路可使用自有数据通信线路或租用公用数据通信线路。

（5）技术支持能力。可选用以下几种方式获取技术支持能力：

①灾难备份中心设置专职技术支持人员；

②与厂商签订技术支持或服务合同；

③由本单位技术人员兼任。应考虑到灾难发生时，在交通和通信不正常的情况下，技术支持人员可能无法提供有效支持的情况。

（6）运行维护管理能力。可选用以下灾难备份中心的运行维护管理模式：

①农村合作金融机构自行运行和维护；

②委托其他机构运行和维护。

（7）灾难恢复预案。可采用以下方式，完成灾难恢复预案的制订、落实和管理：

①由农村合作金融机构单位独立完成；

②聘请外部专家指导完成；

③委托外部机构完成。

案例9-2　农信银共享灾备系统：农村合作金融机构信息化安全的保障

农信银共享灾备系统是农信银资金清算中心配合股东单位暨全国省级农村信用联社、农村商业银行（以下统称成员单位）为增强核心业务系统抗风险能力，确保系统连续安全稳定运行，于2009年组织研究论证，2010年10月正式启动开发建设的可供多家成员单位共享的异地灾难备份系统。该系统采用集中开发、运营的资源共享模式，建设专门的研发和系统运维队伍，大大节省成员单位综合业务系统异地灾备系统建设成本和人力投入。

该系统建设和开通运行以来，承建单位和农信银资金清算中心、成员单位技术人员克服了难度大、标准高等重重困难，经过艰苦努力，目前，多层次、全异构的农信银共享灾备中心已正式启用，完全具备了RS/6000、AS/400系统环境的接管能力，并通过逻辑分区和虚拟化技术实现各系统隔离。

灾难备份系统建设是金融机构核心业务系统提高抵御风险能力、增强市场竞争力、保持服务连续性和可靠性的重要前提。近年来，伴随着农村中小金融机构深化改革和快速发展，全国省级农村金融机构逐步完成了综合业务系统数据大集中，核心业务系统已成为支撑农村中小金融机构业务运营的基础业务系统。随着这种依赖性的不断增强，数据大集中模式对核心业务系统的稳定性提出了更高要求，一旦数据中心发生毁灭性灾难，受到影响的将是全辖范围内全部营业机构和几乎所有业务，这将给农村中小金融机构造成巨大的经济损失和声誉损失，严重的甚至可能引起社会安定问题。

如何确保核心业务系统运行安全和数据安全，提高核心业务系统风险防范能力，已成为农村中小金融机构当务之急。农信银资金清算中心本着全力服务“三农”、服务成员单位的宗旨，按照中国人民银行、中国银行业监督管理委员会有关银行业重要信息系统安全监管要求，积极开发建设了农信银共享灾备系统。目前，湖南、贵州、海南、内蒙的农村信用联社等，正在进行农信银共享灾备系统应用测试，并将陆续正式开通运行。

（二）业务持续性计划

1. 业务持续性计划。业务持续性计划是指农村合作金融机构信息系统在发生灾难事件时，能够减少和避免关键业务中断，维持农村合作金融机构业务正常运营的一种计划。

一个有效的业务持续计划应该包括识别、减少破坏事件的不利后果，保证对关键业务的及时恢复，增强数据中心的可用性和灵活性等内容。在业务持续计划的规划、实施、测试、检查等各个阶段，都应该包括以下方面的内容：

（1）每个阶段的目标和需求；

（2）执行运营及任务的替代设施；

（3）实施恢复时的重要信息资源；

（4）负责执行工作的人员及其责、权、利；

（5）实施时需要的其他资源；

（6）每个恢复流程的步骤、先后次序及时间。

2. 业务影响分析。业务影响分析是分析业务功能及其相关信息系统资源、评估特定灾难对各种业务功能的影响过程。

在进行业务影响分析时，首先需要了解农村合作金融机构单位的整体情况、关键业务以及关键业务处理流程和处理关键业务所使用的IT资源。应该重点关注如下问题：

（1）分析业务功能和相关资源配置。分析农村合作金融机构单位的各项业务功能及各项业务之间的相关性，确定支持各种业务功能的相应信息系统资源及其他辅助资源，明确相关信息的保密性、完整性和可用性要求。

（2）评估中断影响。采用定量/定性分析方法，对各种金融业务功能中断所造成的可能影响进行评估：

①定量分析法。以量化方法，评估业务功能的中断可能给农村合作金融机构单位带来的直接经济损失和间接经济损失。

②定性分析法。以文字描述等非量化方法，评估业务功能中断可能对农村合作金融机构的声誉以及内部事务等造成的影响，这些影响是多方面的。

（3）确定灾难恢复目标。根据风险分析和业务影响分析的结果，确定灾难恢复目标。具体内容包括：

①关键业务功能及恢复的优先顺序；

②灾难恢复的时间范围，即灾难发生后，信息系统或关键业务功能从停顿到必须恢复的时间要求。

二、灾难恢复与业务持续性计划审计

农村合作金融机构必须执行业务持续性计划的管理程序，通过采用预防性和恢复性措施，将灾难或者安全事故所导致的破坏减少或降低到一个可接受的水平（程度）。

针对灾难恢复与业务持续性计划，信息系统内部审计人员的任务包括：

1. 审查灾难恢复与业务持续性计划并将它们与相应的标准和法律、法规进行比较，评估该计划的适用性和时效性；

2. 审查是否以书面形式记载了业务持续性计划，并检查业务恢复计划是否经过有关组织的充分讨论；

3. 访问灾难恢复与业务持续性计划的关键或重要参与人，验证他们的电话号码和联系地址是否正确，了解所有的人员是否都明白各自的职责，并且拥有详细描述其职责的最新文档；

4. 审查文件备份的程序，以确保备份系统中程序和数据文件被轮换到一个安全可靠的异地储存地点，考虑是否采取定期清点备份复制品；

5. 审查备份编目是否保存在能避免灾难和便于访问的位置，以确保灾难恢复团队应当在可能不会受到灾难威胁的地方，如办公室和家中保存有便于访问的当前恢复计划的副本；

6. 审查对先前信息系统及所有用户的测试结果，验证业务持续性计划的有效性，确保灾难发生时可迅速恢复关键业务；

7. 审查异地存储设施和它的内容、安全和环境控制，以评估并确认异地存储的适当性；

8. 审查应急措施、员工培训、测试结果，评估在紧急情况下信息系统及其所有用户的有效反应能力；

9. 审查并评估业务持续性计划手册的更新程序是否得当，更新和发放是否及时、有效，对应急员工手册的维护责任是否已书面化，等等。

第六节 信息系统内部控制审计

信息系统内部控制指的是在农村合作金融机构内部，由于组织或业务实施等方面的原因所导致的信息失真、不合规、不合法等而采取的一系列控制手段，其目的是确保农村合作金融机构信息资产不受损失。

在信息化应用日益普及的今天，任何一家企业、事业单位或其他经济组织，无论其规模大小和业务性质怎样，也无论其采取何种信息处理模式，在其业务处理系统中，总是在不同程度、不同方面地存在着信息系统内部控制问题，因此，讨论信息系统内部控制及其审计不仅十分必要而且具有重要的现实意义。目前，信息系统内部控制审计也是实务界重点关注的内容。

一、信息系统内部控制审计内容和步骤

（一）信息系统内部控制审计内容

依据信息系统审计准则，信息系统内部控制审计的内容包括对系统一般控制和应用控制的完善性和有效性进行审计。所谓一般控制是指对计算机信息系统的构成要素（包括人、计算机、通信线路、系统软件、应用程序、数据文件等）和系统环境（包括组织结构、系统开发与维护、环境安全等）实施的控制。一般控制是应用控制的基础，适用于整个计算机信息系统，它为信息系统提供良好的工作条件和必要的安全保证。所谓应用控制是指针对信息系统的各功能子系统（或称功能模块）的输入、处理和输出过程中的敏感环节和控制要求所实施的控制。应用控制可保证特定的子系统（或称功能模块）的输入、处理和输出的安全、正确，包括输入控制、处理控制和输出控制。不同的计算机应用（如账务处理、工资核算、固定资产管理等），其敏感环节和控制要求不同，因此应用控制也不尽相同。

（二）信息系统内部控制审计步骤

在计算机信息处理条件下，审计人员对信息系统内部控制的审查和评价步骤与手工条件下基本相同，按以下三步进行：

1. 了解并描述内部控制。审计人员通过询问、观察、查阅文档资料和跟踪一些业务的处理等方法，了解被审农村合作金融机构内部控制的措施有哪些，其控制目标是什么，并在工作底稿中描述这些控制。手工条件下的内部控制描述方法——文字描述法、内部控制调查表法和流程图法，同样适用于信息系统内部控制审计的情况，只不过具体的控制措施不同，描述的内容当然会不相同。

内部控制调查表法由审计人员设计成调查表，交由农村合作金融机构有关人员填写或由审计人员根据调查结果自行填写。表 9－2 为某农村合作金融机构计算机机房设备内部控制管理调查表的范例。审计人员通过该调查表可以大致了解计算机机房运行的安全情况，从而对计算机机房的安全风险有一个初步的认识，进一步明确风险评估、控制以及控制测试的范围。

表 9 – 2　　某农村合作金融机构计算机机房设备内部控制管理调查表

序	控制措施	调查结果			备注
		是	否	不适用	
	机房建设				
1	机房建设和改造通过有关部门的安全审批，通过有关部门组织的安全验收	√			
2	机房按规定合理地划分为生产区、通信区、辅助区等区域	√			
3	机房配备有防静电、防水、防盗、防鼠害等设施；安装防雷系统，设备安全有效；有入侵报警措施，报警措施有效	√			
4	机房各类接地电阻是否符合有关规定，采用综合接地的是否达到有关规定要求	√			
5	机房是否配有应急照明设施和安全出口指示灯	√			
6	机房是否存放易燃、易爆等危险物品及其他无关物品		√		
	供电、空调、消防管理				
7	机房是否采用双回路供电：有无配置不间断电源（UPS）和发电机，运行是否正常，是否能达到业务应用系统持续运行的要求	√			
8	是否定期对 UPS、电源组运行维护；UPS 是否定期进行实际负载下的放电检测。蓄电池是否定期进行一次静态测试，是否每半年至少进行一次充放电操作	√			
9	电源线缆敷设是否规范，计算机与其他电器（如空调，吸尘器等）是否使用同一插座板	√			
10	机房内温度、湿度是否符合国家标准以及相关计算机设备要求；是否指定专人负责机房空调的维护和管理；是否查看过滤网、加湿器、温湿度探测器等工作状态，是否每天定时检查空调的运转情况和机房温度、湿度数值；对维护和检查情况是否进行记录		√		
11	机房装修是否采用了耐火材料；消防设施和器材是否经过消防部门的检查验收；机房消防系统工作状态是否正常；是否配备了规定数量的手动消防器材，是否放置在明显位置；是否组织过消防演练	√			
	出入管理				
12	是否建立并严格执行机房出入登记制度，非机房工作人员进出机房是否经机房主管部门领导批准	√			
13	外来人员进入机房是否经过批准并办理登记，是否由相关人员全程陪同；是否存在非工作时间未经审批进入工作场所的情况	√			
14	机房是否安装门禁系统，门禁系统运行是否正常；是否制定门禁系统管理规定；门禁口令管理是否规范	√			

续表

序	控制措施	调查结果			备注
		是	否	不适用	
15	门禁权限及有效刷卡设置是否合理、安全、有效；门禁卡制作、发放控制是否合理、安全、有效，对调离工作岗位、休假人员的门禁卡以及临时发放的门禁卡是否及时收回	√			
16	门禁系统进行检修或临时停用是否经过批准，是否有替代措施：门禁系统的信息资料是否至少保有一年，是否妥善保管，保存是否完整	√			
17	机房是否安装视频监控装置；监控设备安装是否符合安全规范；是否对机房实行分区监控，监控系统是否对核心区24小时不间断监控，是否存在监控失效或监控死角	√			
18	监控系统进行维护是否经过批准，是否采取有效的替代措施；监控信息是否进行了必要的备份，监控信息资料是否至少保存三个月，是否妥善保管，保存是否完整	√			
	网络管理				
19	是否制订了机房网络建设方案，并经过有关部门的审批，网络建设是否经有关部门验收	√			
20	是否有机房网络拓扑结构图，机房信息节点是否与拓扑图符合，是否存在严重的飞线现象	√			
21	网络管理系统，病毒防范系统，非法外联监控系统，入侵检测和漏洞扫描系统运行是否正常，管理是否安全有效，是否能有效发挥安全保障作用	√			

2. 符合性测试。了解并初步评价了内部控制措施后，如果内部审计人员希望依赖系统的内部控制，则要对内部控制进行符合性测试。信息系统的内部控制包括由人工执行的制度控制和由计算机执行的程序控制。对人工执行的制度控制，一般采用人工审查的方法。审计人员可通过询问有关人员，观察有关业务的实际执行情况，检查有关的凭证、记录或报告，测试有关的控制是否有效执行。对由计算机执行的程序控制，常采用计算机辅助审计技术来进行。

3. 评价内部控制。符合性测试后，审计人员可以评价被审农村合作金融机构内部控制是否达到了信息化条件下应有的控制目标，内部控制是否有重大缺陷，有无过控或欠控之处，已设立的控制是否有效执行等；根据信息系统应有的内部控制和被审金融机构控制的薄弱环节准备管理建议书要点，并适当调整实质性测试的计划。一般来说，内部控制越强，则所需做的实质性测试工作就越少，审计成本也会较低。

二、控制矩阵在内部控制审计中的应用

审计人员对计算机信息系统的内部控制进行审计时，首先，要审查清楚信息系统设置了哪些控制措施；其次，要判别在这些控制措施中哪些控制是必需的、必不可少的，哪些是多余的或可有可无的，控制是否充分、恰当，有无过控制或控制不足等。因此，对信息系统控制进行全面了解就显得十分必要。

对计算机信息系统的内部控制进行审计，其主要功能是检查信息系统中是否设置了适当的控制措施，发现并纠正信息系统中多余或不足的控制，提出增加或减少某些控制措施的建议，以保证农村合作金融机构资产的安全，保证系统对信息的处理符合有关法规和制度的规定，同时，信息及时、准确、相关、完整、安全，而且控制成本在合理、合适的范围内。这里引入"控制矩阵"概念，介绍其编制方法及利用其进行计算机审计的步骤。"控制矩阵"的应用将有助于改善和丰富农村合作金融机构对内部控制审计的思路和手段。

（一）控制矩阵（control matrix）

控制矩阵是一个由控制目标及其相关控制措施所组成的列表，是为了帮助研究、开发、运行、管理和审计人员全面、透彻地了解某一特定信息系统的控制情况，分析其优缺点，以便采取相应措施来加强对信息系统的控制，以确保信息系统目标顺利实现而采用的一种系统控制分析工具。通过控制矩阵，可以为某一特定信息系统的控制情况建立起有效的评估标准，从而有利于我们对现有信息系统控制的分析、评价及改进。

一个完整的控制矩阵如表9－3所示，包括三个基本元素：

（1）控制目标。分为经营系统的控制目标和信息系统的控制目标两类。

（2）控制措施。指为了确保控制目标的实现所应采取的各种合理、有效的控制措施。

（3）单元内容。在控制矩阵中，位于某项控制措施和控制目标行和列的交会处的矩形方框内容被称为单元内容。依据单元内容中是否打钩，我们可以清晰地了解已有的每一个控制措施对哪些控制目标是有效的；每一个控制目标已经有了哪些控制措施，或者根本没有控制措施；哪些控制目标的控制措施过多，是否控制过了，可否有必要去掉某些控制措施；哪些控制措施比较有效，能对较多的控制目标起作用；哪些控制措施效果不大，只对少数目标起作用，是否可把它去掉不用，以降低控制成本。

（二）控制矩阵的编制方法

一般来说，编制系统的控制矩阵，可以遵循以下步骤：

1. 对系统进行全面、透彻的分析和深入的了解。了解和分析的内容包括系统的功能、任务、目标、业务处理的程序、步骤以及易发生错误和舞弊的环节。可通过分析系统流程图、数据流程图、功能结构图及对系统的有关文字描述等方面而得出。

2. 定出系统控制目标。在第一步完成后，列出为了保证系统总目标的实现，对系统

进行控制所应达到的控制目标，包括经营系统的控制目标和信息系统的控制目标。在列控制目标时，必须确保所列的控制目标是为实现系统总目标服务的，不要将一些对实现系统总目标无关的控制目标列入控制矩阵，更不能使系统的某些总目标没有相应的控制目标来保证其实现。控制目标的完整列示对于保证所画的控制矩阵的准确和完整十分关键。

3. 在对现有的信息系统进行调查分析的基础上，列出系统现有的控制措施。

4. 根据每一项措施对那些控制目标所起作用，在相应的单元内容中打“√”。

5. 分析这些单元内容所反映的状况，判断控制系统是否恰当地对所有的控制目标进行了必要的控制，把分析结果填入“原有控制措施分析底稿”上，如表9－3所示。最后反复推敲，提出处置建议，填入分析底稿的处置建议栏。

6. 针对分析底稿中要修改的控制措施，扩充控制矩阵的行数，增加修改后的控制措施栏，填入修改后的控制措施，并根据每一项措施针对的控制目标，在相应的单元中打“√”。

7. 针对系统控制的不足，提出需增加的控制措施，扩充控制矩阵填入新增加的措施，并根据每一项措施针对的控制目标，在相应的单元中打“√”。

8. 最后，在控制矩阵的底部，对需要说明的事项（如控制目标的详细内容等）以注释的形式进行详细的说明。

（三）控制矩阵的使用方法

控制矩阵是我们分析某一控制系统是否有效、完整和可靠等指标的一种有效的系统控制分析工具，它具有简单、清晰、明了等特点。

在使用“控制矩阵”时，填列第一部分“原有控制措施”的过程，就是我们对现有系统的有效性和控制效率进行评价的过程。通过对“原有控制措施”的填写，我们可以清晰地看出现有系统已采用的控制措施，它们对目标的效果等情况。那些系统不可或缺的控制措施和能同时对多个目标起作用的控制措施构成原有控制系统的主要优点，那些过控制、控制不足或不符合成本—效益原则的控制措施，则构成原有控制系统的主要缺点；在我们对现有系统提出改进意见时，要注意保留原有的优点，对于缺点则根据情况分别采取“增”、“删”、“改”三种方式，把修改后的控制措施和增加的控制措施分别填入第二部分“修改过后的控制措施”和第三部分“增加的控制措施”，然后分析填列它们相应的单元内容，最后就可以得到一个控制目标明确、控制措施完善的“控制矩阵”。

案例9－3　　控制矩阵在某农村合作金融机构的应用

按照控制矩阵的编制步骤，审计人员通过向某农村合作金融机构有关管理部门和业务处理部门的相关人员进行调查和询问、查阅系统文档资料、跟踪汇出汇款业务的处理流程，现场了解农村合作金融机构内部控制执行情况，绘制出了某农村合作金融机构汇出汇款业务系统的控制矩阵，如表9－3所示。

表 9－3　　　　某农村合作金融机构汇出汇款业务系统的控制矩阵

控制目标 / 控制措施		经营系统控制目标				信息系统控制目标							
		确保高效操作		确保资源安全	确保资源安全	确保凭证输入			确保发报授权		系统码表		
		A (1)	B (2)	(3)	(4)	IV (5)	IC (6)	IA (7)	AA (8)	AV (9)	UA (10)	UC (11)	UV (12)
原有控制措施	(1) 审核经柜面转来的原始凭证	√											
	(2) 根据原始凭证不同业务类型选择正确报文类型												
	(3) 在清算系统主机板中输入汇款信息，并复核报文					√	√	√					
	(4) 核对无误后授权发报		√						√	√			
	(5) 只有系统授权的操作员才可在授权范围内使用系统				√						√	√	√
	(6) 打印汇出联机清单，并核对清单与原始凭证的金额及笔数，未经批准的人不得接触系统的输出资料				√								
	(7) 对原始凭证、会计传票、系统业务清单、会计账表的检查和核对					√	√	√					

注：A——及时开出发票，售出货物，以便加速资金周转；B——让客户尽快提货或尽快把货物发运给客户，少占仓库，减少库存资金积压；IV——输入的有效性（Input Validity）；IC——输入的完整性（Input Completeness）；IA——输入的准确性（Input Accuracy）；AA——授权的准确性（Authority Accuracy）；AV——授权的有效性（Authority Validity）；UA——更新的准确性（Update Accuracy）；UC——更新的完整性（Update Completeness）；UV——更新的有效性（Update Validity）。

【复习思考题】

1. 简述农村合作金融机构信息系统的风险。
2. 计算机信息系统审计的内容有哪些？常见的信息系统审计方法是什么？
3. 简述农村合作金融机构实施信息系统审计的必要性。

4. 信息系统战略规划的作用是什么？

5. 内部审计人员在进行信息系统战略规划与组织结构审计时，要重点关注的内容有哪些？

6. 信息系统基础设施包含哪些内容？

7. 内部审计人员在进行信息系统基础设施审计时，要关注的内容有哪些？

8. 简述信息系统运营管理与审计的主要内容。

9. 什么是灾难恢复？有哪些灾难恢复方式？

10. 针对灾难恢复与业务持续性计划，信息系统内部审计人员的主要任务有哪些？

11. 什么是信息系统内部控制？

12. 试以农村合作金融机构信息化应用为例，简述开展信息系统内部控制的必要性。

13. 简述控制矩阵的定义及其三要素。

【参考文献】

[1] 黎朝晖：《商业银行计算机网络系统的风险与审计》，载《南方金融》，2008（2）。

[2] 陈景：《信息系统审计在商业银行审计中的应用研究》，载《山东工商学院学报》，2009（2）。

[3] 孙强：《信息系统审计——安全、风险管理与控制》，北京，机械工业出版社，2003。

[4] 蔡帼娅：《IT 审计在商业银行中的研究——应用 COB IT4. 0 标准》，首都经济贸易大学学位论文，2008。

[5] 赵立洋：《商业银行信息系统安全审计问题研究》，天津财经大学学位论文，2009。

[6] 张峰、王新庄：《基于故障树分析法的商场信息系统风险评估》，载《商业现代化》，2007（2）。

第十章　内部控制与风险管理

【本章概要】

内部控制是现代企业经营管理的重要形式，是企业或经济单位为了有效地进行业务经营和管理活动而制定并实施的一系列相互联系、相互制约的程序、措施、手续和方法的总称，是企业或经济单位内部的一种自我约束、自我调节的管理机制。农村合作金融机构作为金融企业，既有一般企业的共性，也有经营货币的特殊性，因而其内部控制的主要目的除了保证经营目标的实现外，还强调防范风险。农村合作金融机构与其他金融企业都是靠吸收风险而产生和发展，同时也可能因风险控制不力而发生了损失以至破产，风险管理始终是农村合作金融机构经营管理中最重要的内容。根据风险管理理论，风险管理包括风险识别、风险分析、风险衡量、风险评估和风险控制等若干过程。风险评估同时也是农村合作金融机构内部控制系统的重要组成部分，是进行有效内部控制活动的基础，只有正确识别风险和评估风险，才能有针对性地开展内部控制活动。风险控制就是对风险识别和风险评估之后测出的风险进行处理和控制的过程，是金融企业风险管理的重要内容。本章将系统地介绍商业性质银行内部控制的概念、原则、过程、内容等基本理论，并结合风险管理的相关知识介绍商业性质银行的风险评价和控制。

【要点提示】

- 农村合作金融机构内部控制的含义、内涵、特征等；
- 农村合作金融机构内部控制的组成要素、管理要素和内部控制的管理控制、会计控制、内部稽核控制三大类主要内容；
- 农村合作金融机构的风险识别方法、风险评价方法、风险控制方法以及农村合作金融机构风险管理的基本思路。

【内容架构】

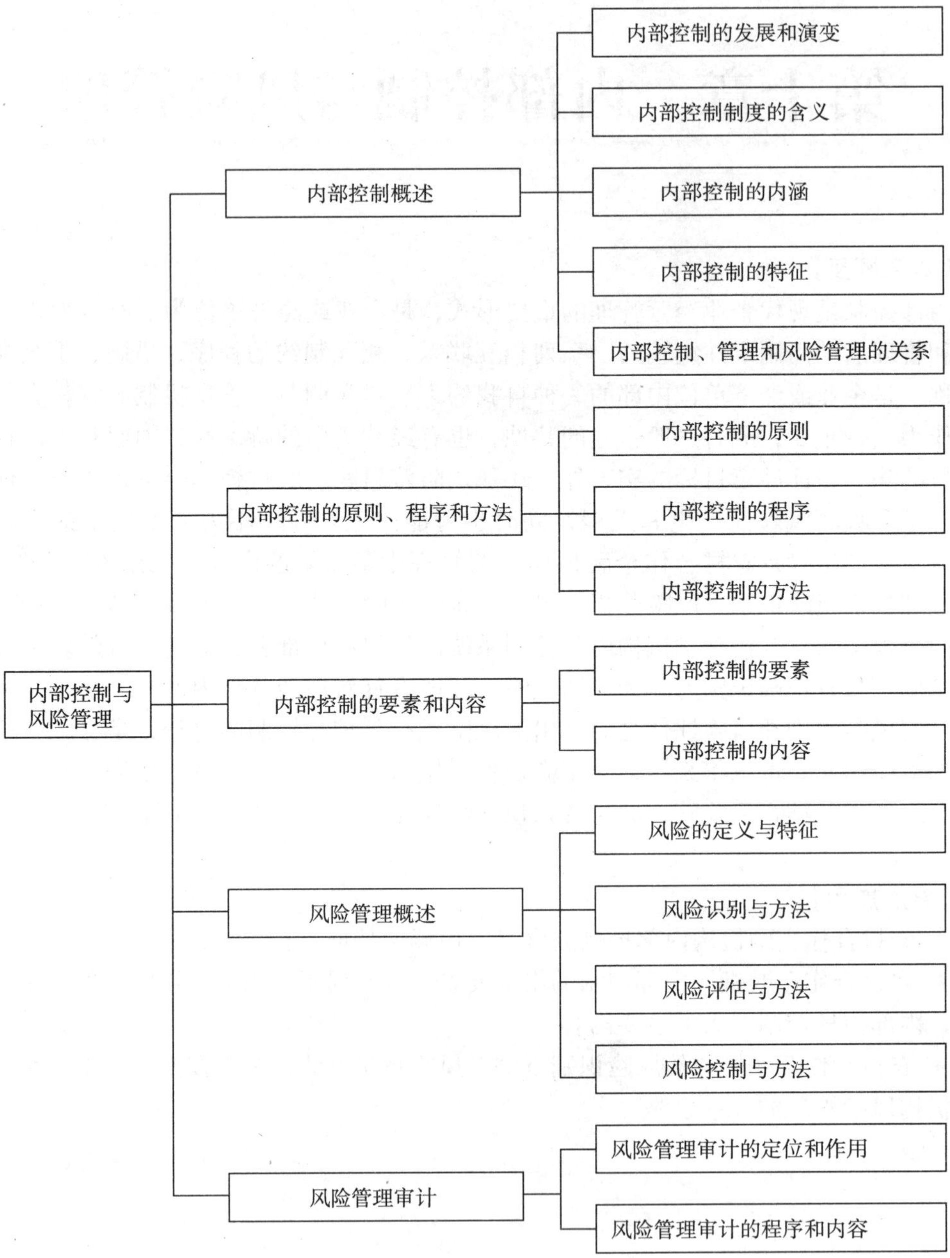
内部控制与风险管理
内部控制概述
内部控制的发展和演变
内部控制制度的含义
内部控制的内涵
内部控制的特征
内部控制、管理和风险管理的关系
内部控制的原则、程序和方法
内部控制的原则
内部控制的程序
内部控制的方法
内部控制的要素和内容
内部控制的要素
内部控制的内容
风险管理概述
风险的定义与特征
风险识别与方法
风险评估与方法
风险控制与方法
风险管理审计
风险管理审计的定位和作用
风险管理审计的程序和内容

第一节　内部控制概述

一、内部控制的发展和演变

内部控制理论的发展大致经历了四个阶段：20 世纪 40 年代以前的内部牵制；20 世纪 40 年代末至 70 年代的内部控制；20 世纪 80 年代末至 90 年代初的内部控制结构；20 世纪 90 年代的内部控制系统。

（一）20 世纪 40 年代以前的内部牵制

内部控制系统最初的形式是内部牵制系统。在 20 世纪 40 年代前，内部牵制的概念较为常用。根据《柯氏会计辞典》的解释，内部牵制是指："以提供有效的组织和经营，并防止错误和其他非法业务发生的业务流程设计。其主要特点是以任何个人或部门不能单独控制任何一项或一部分业务权力的方式进行组织上的责任分工，该项业务通过正常发挥其他个人或部门的功能进行交叉检查或交叉控制。设计有效的内部牵制以便使各项业务能完整、正确地经过规定的处理程序，而在这规定的处理程序中，内部牵制机能永远是一个不可缺少的组成部分。"

实践中内部牵制大致可分为以下四类：

1. 实物牵制。例如，把保险柜的钥匙交给两个以上的工作人员持有。如果不同时使用这两把以上的钥匙，保险柜就不能打开。
2. 机械牵制。例如，保险柜的大门若不是按正确程序操作就不能打开。
3. 体制牵制。采用双重控制预防错误和舞弊的发生。
4. 簿记牵制。定期将明细账与总账进行核对。

从内部牵制的定义和种类，我们可以看出，内部牵制是基于以下两个基本假设：

1. 两个或以上的个人或部门无意识地犯同样错误的机会是很小的；
2. 两个或以上的个人或部门有意识地合伙舞弊的可能性大大低于单独一个人或部门舞弊的可能性。

业务实践证明这些假设是合理的。内部牵制机制确实可以有效地减少错误和舞弊行为的发生，因此内部控制理论发展至今，内部牵制仍然具有重要的地位，并逐步演化为组织机构控制、职务分离控制的基础。

（二）20 世纪 40 年代末至 70 年代的内部控制

20 世纪 40 年代，美国民间审计在开展审计业务时，愈来愈依赖于内部控制的可靠性程度，对内部控制进行评价已成为审计工作的出发点。1949 年，美国民间审计组织——美国会计师协会出版了《内部控制——调整组织的各种要素及其对管理当局和独立职业会计师的重要性》，首次对内部控制作了权威性定义："内部控制包括组织机构的设计和企业内部采取的所有相互协调的方法和措施。这些方法和措施都用于保护企业的财产，检查会计信息的准确性，提高经营效率，推动企业坚持执行既定的管理政策。"

但是对注册会计师来说，该定义过于宽泛，从内部控制评审作为注册会计师的一种法律责任考虑，注册会计师要求对内部控制定义进行修改。1958 年 10 月美国会计师协会发布的《审计程序文告第 29 号》正式以文告的形式对内部控制重新进行了表述："内部控制从广义上说包括会计控制和管理控制。"内部会计控制包括组织规划的所有方法和程序，这些方法和程序与财产安全和财物记录可靠性有直接的联系。这个控制包括授权与批准制度、事务记录和审核与从事经营或财产保管职务分离的控制、财产的实物控制和内部审计。内部管理控制包括组织规划的所有方法和程序，这些方法和程序主要与经营效率和贯彻管理方针有关，通常只与财务记录有间接关系。这些控制一般包括统计分折、工作节奏研究、业绩报告、员工培训计划和质量控制。

1972 年，加拿大特许会计师协会会员手册也对内部控制进行了明确的表述：内部控制是指企业管理当局所制定的一系列组织、计划和调节控制的制度，以便尽可能确保经营活动有秩序和有效地运行，实现保护企业财产、提高会计信息可靠性和及时提供正确的财务报表的目标。

（三）20 世纪 80 年代末至 90 年代初的内部控制结构

20 世纪 70 年代后期以来，西方会计审计界研究的重点逐步从一般定义向具体化内容深化。1988 年 4 月美国注册会计师协会发布的《审计准则公告第 55 号》，规定从 1990 年 1 月起以该文告取代 1972 年发布的《审计准则文告第 1 号》。《审计准则公告第 55 号》文告首次以"内部控制结构"一词取代原有的"内部控制"，认为"企业的内部控制结构包括为提供取得企业特定目标的合理保证，而建立的各种政策和程序"，并提出内部控制结构由三部分组成，即控制环境、会计制度和控制程序。此次文告的两大变化是：一是正式将控制环境纳入内部控制的范畴，对控制环境重要性的认识提高到应有的高度；二是不再区分管理控制和会计控制，以前主要是注册会计师为明确审计责任而做这样的划分，随着实务和理论研究的发展，发现这两者往往是相互联系、不可分割的。

（四）20 世纪 90 年代的内部控制系统

20 世纪 90 年代初以来，世界经济一体化进程加快，跨国公司蓬勃发展，企业管理日益复杂，经营风险提高，内部控制已成为企业管理科学化的重要标志。1992 年，美国注册会计师协会与美国会计师协会、高级财务管理人员协会、内部审计师协会以及管理会计师协会共同组成的 COSO 委员会，出版了《内部控制的整体框架》，提出"内部控制系统"的概念。指出：内部控制是由一个企业董事会、管理人员和其他职员实施的一个过程，其目的是为提高经营活动的效果和效率，确保财务报告的可靠性，促使其与可适用的法律相符合提供一种合理的保证。正式提出内部控制系统由五部分组成：控制环境、风险评估、控制活动、信息与交流和监督。1995 年，美国注册会计师协会在前一阶段内部控制结构的基础上发布了《审计准则公告第 78 号》，并规定自 1997 年 1 月起取代《审计准则公告第 55 号》。

二、内部控制制度的含义

内部控制制度是企业或经济单位，为保证实现经营管理目标，促进单位内部各职能部门及内部各层员工之间，在经营与管理活动中关系与行为的相互联系与制约的制度、组织、措施、方法及程序的总和。对于商业银行而言，一般有如下的认识：

1. 英国银行界认为，内部控制制度是管理层为了有序、有效地开展业务而建立起来的各种控制机制，用以确保贯彻管理政策，保全资产或各种记录的完整与准确。

2. 新加坡银行界认为，内部控制制度是管理层为了把错误和虚假降到最低，并有效地进行控制而建立的对业务经营活动的检查和相互制约的机制。

3. 巴塞尔银行监督管理委员会于1998年提出了银行内部控制系统的框架和13项原则。其中对内部控制的定义进一步强调董事会和高级管理层对内部控制的影响，强调组织中所有各级人员都必须参加内部控制的过程。

4. 我国银行界认为，商业银行内部控制制度是商业银行在经营管理活动中，为保证管理有效，保障资产安全完整，保证会计资料准确、真实，为实现其经营目标以及鼓励遵守既定的管理政策而采取的所有相应的方法、手段和措施的总称。中国人民银行1997年公布的《加强金融机构内部控制的指导原则》中指出，金融机构的内部控制是金融机构的一种自律行为，其内部控制制度是金融机构为完成既定的经营目标而制定和实施的涵盖各项业务活动，涉及内部各级机构、各职能部门及其工作人员的一系列具有控制职能的方法、措施和程序的总称。中国人民银行在2002年4月公布的《商业银行内部控制指引（征求意见稿）》中指出，内部控制制度是商业银行为实现经营目标，通过制定和实施一系列制度、程序和方法，对风险进行事前防范、事中控制和事后评价的动态过程和机制。

从开展的业务和承担的风险来看，农村合作金融机构也属于商业银行的性质。农村合作金融机构的内部控制是其为实现经营目标，通过制定和实施一系列制度、程序和方法，对经营活动中的风险进行事前防范、事中控制和事后评价的动态过程和机制。农村合作金融机构的内部控制是一种自律行为，是为完成既定的经营目标而制定和实施的涵盖各项业务活动，涉及内部各级机构、各职能部门及其工作人员的一系列具有控制职能的方法、措施和程序的总称。

三、内部控制的内涵

农村合作金融机构内部控制的概念包括下列几个方面的内涵。

1. 农村合作金融机构内部控制的目标包括三个层次。第一层次是防范经营过程中的风险；第二层次是保证资产的安全，会计记录的完整、真实和经营环节的规范；第三层次是为实现经营目标和经营效益提供合理保障。

2. 农村合作金融机构内部控制的客体是其全部经营管理活动，对它的所有业务活动都要进行规范和控制。因此，农村合作金融机构内部控制是一个有既定目标的制度、组织、方法、程序的体系，而不是一种狭义的管理制度。

3. 农村合作金融机构内部控制的主体涉及自身业务部门和内审部门、中央银行和银监会及外部审计机构5个方面。

（1）建立健全有效的内部控制是农村合作金融机构董事会和高级管理层的基本职责

之一；

（2）内部审计是对内部控制措施的补充，其职责在于独立地评价内部控制的完善程度、有效性和效率；

（3）中央银行和银监会作为金融行业的监管当局，有责任对农村合作金融机构建立完善内部控制或内部控制制度执行情况进行监督管理，对未能及时有效的建立和完善内部控制的农村合作金融机构采取一定的监管措施；

（4）外部审计除独立评估农村合作金融机构的内部控制外，还要对内部审计的有效性作出评价。

农村合作金融机构内部控制的主体相互联系、共同作用，确保内部控制体系的合理、有效，保证内部控制切实发挥防范金融业务风险的作用。

四、内部控制的特征

农村合作金融机构的内部控制是其管理控制理论体系中一个重要分支，是管理过程中不可或缺的基本环节之一。农村合作金融机构的内部控制具有以下特征：

1. 农村合作金融机构的内部控制是一个有机运作的系统。它不仅是内部某些单独的管理制度和办法，也不只是内部各种管理制度的综合，而是农村合作金融机构经营管理活动自我协调和制约的一种机制，是存在于各种管理制度中的一种有机控制的体系。因此，衡量农村合作金融机构内部控制的程度及其有效性，不仅要考察其内部控制制度是否全面、科学、完整，内部控制要素是否齐备，还要看其内部控制制度运作的环境是否有利以及系统运行是否正常，功能发挥是否有效。所以，在设计农村合作金融机构内部控制系统时，必须兼顾完整性、系统性和有效性。

2. 农村合作金融机构的内部控制是一种事前防范。内部控制从技术类型上可划分为事前控制（前馈控制）、事中控制（内馈控制）和事后控制（反馈控制）。农村合作金融机构经营风险的多发性、连带性与易于扩散的特点，决定了农村合作金融机构的内部控制必须努力做到事前防范，所以内部控制制度体系和控制程序的设计必须建立在前馈控制的基础之上，并广泛运用信息管理技术和预测技术。

3. 农村合作金融机构内部控制既要处理经常性、预期的事项，又能对突发性事件进行基本控制，提供一些原则性的规定。农村合作金融机构内部控制的设计既是基于对经营管理现状，特别是问题与风险的认识与处理，更是为了防止问题的发生，所以它具有常规性与预期性特点。同时，完善的理想化内部控制还要具有灵活性的特点，即使在计划执行过程中，出现了未预见的情况或计划发生重大错误的情况下，也能发挥一定的作用。一个真正有效的控制系统，还要能够预测未来，及时发现可能出现的偏差，预先采取措施，而对于突发性的全局性事件，还要能够提供原则性规定，并配合有关手段进行特殊控制处理。

五、内部控制、管理和风险管理的关系

（一）农村合作金融机构内部控制与管理的关系

从管理学的角度看，管理包括计划、组织、领导和控制四种职能。计划职能包含确

定组织的目标，制定整体战略，逐层分解计划，协调使各种活动一体化以服务于目标的实现；组织职能包括确定组织要完成的任务，选择执行任务的合适人选，将任务合理分类、有效组合以利于任务的实施等内容；领导职能是指管理者如何激励下属，指导他们开展活动，选择最有效的沟通渠道，解决组织成员之间的冲突等；管理者履行的最后一项职能就是控制职能，为了保证事情按照既定的计划进行，管理者必须监控组织的绩效，必须将实际的表现与预先设定的目标进行比较，如果出现了任何显著的偏差，管理的任务就是使组织回到正确的轨道上来，这种监控、比较和纠正的活动就是控制职能。

因此，一方面，控制是管理的一种职能，管理包括控制；另一方面，控制与管理的其他职能相互依存，相互联系。控制与计划是相伴而生的，控制的目的就是修订和调整计划，管理的其他职能与控制也密不可分。所以控制是贯穿于其他管理职能之中的一项重要职能。

（二）农村合作金融机构内部控制与风险管理的关系

农村合作金融机构经营活动中面临各种各样的风险，风险管理是指采用一系列方法，全面了解和识别这些风险，并采取措施有效地进行防范。风险管理是在保证收益的情况下，尽量使风险最小化，它是通过比较、检查各种可供选择的方案和预测各种方案的可能结果，选出最佳方案。即通过风险分析、风险评估、风险控制等方法，预防、回避、排除或转移经营中的风险，从而减少或避免经济损失。

农村合作金融机构的内部控制主要是强调制度上的安排，通过建立一套严密的制约机制来防范和控制风险。比如，规定分工牵制制度和组织结构的设置，可以有效地控制管理风险，防止员工的过失和舞弊。再如，目标控制可以确保农村合作金融机构按照一定的目标开展业务，防止风险过大。同时，它的内部控制不仅仅是以控制风险为唯一目的，还要确保农村合作金融机构自身发展战略和经营目标的全面实施，确保财务报告的可靠性，确保国家法律、法规和中央银行监管规章的贯彻执行。可见，风险管理是农村合作金融机构内部控制的重要内容，但其内部控制所涵盖的内容已远远超过了风险管理的范畴。

第二节　内部控制的原则、程序和方法

一、内部控制的原则

中国人民银行颁布的《加强金融机构内部控制的指导原则》对金融机构构建内部控制机制时应遵循的原则作了明确的规定，即金融机构要按照合法、合理、稳健的要求，确定明确的经营方针，建立“自主经营、自担风险、自负盈亏、自我约束”的经营机制，坚持资金营运“安全性、流动性、效益性”相统一的经营原则。农村合作金融机构作为金融机构，其内部控制也应该遵守这些原则。

（一）有效性原则

有效性原则是指内部控制制度包括最高决策层所制定的业务规章和发布的指令，必

须符合国家和监管部门的规定和要求，必须具有高度的权威性，必须具有可操作性，成为所有员工严格遵守的行动指南。执行内部控制制度时不能有例外，任何人（包括董事长、总经理）不得拥有超越制度或违反规章的权力。有效性原则是保证农村合作金融机构"以制度立行"的根本，制度不落实或执行制度有例外，都可能使农村合作金融机构及其分支机构因违反国家的金融政策、法律法规及内部规章制度而受到处罚，影响其经营管理活动，严重时甚至会影响其声誉和公众形象，引发金融危机。

（二）审慎性原则

审慎性原则是指内部控制制度的核心是有效防范各种风险，任何制度的建立都要以防范风险、审慎经营为出发点。内部控制最初是用来查错防弊的，后来，随着企业组织的日益复杂，对内部管理的要求越来越高，内部控制的事前防范作用才开始体现出来。现在，农村合作金融机构的内部控制主要是为了保证其顺利开展各项经营管理活动，防止业务处理及管理活动中出现违规情况，所以内部控制必须以有效防范各种风险为出发点。

（三）全面性原则

全面性原则是指内部控制制度必须渗透到农村合作金融机构的各项业务过程和各个操作环节，覆盖所有的部门和岗位，不能留有任何死角。农村合作金融机构经营管理活动中出现的任何微小问题最终都有可能引发资金损失，严重影响其形象。因此，内部控制不能有任何疏漏，必须囊括所有业务过程、所有操作环节和所有的管理活动。

（四）及时性原则

及时性原则是指农村合作金融机构在设立新机构或开办新业务品种时，必须树立"内控优先"的思想，首先要建立健全内部控制制度，采取有效的控制措施。设立新的机构或开办新的业务品种，如果没有相应的内部控制制度去规范业务和管理活动，则农村合作金融机构的经营活动一开始就会陷入无序状态，不但影响其经营效率与经营业绩，而且在内部失控的情况下，即使时间短暂，也有可能造成严重的后果。所以，许多国家的金融监管机构都主张新机构成立开始，或新业务品种推出之时，就有健全的内部控制制度。如德国银行管理局颁布的"信用机构金融交易业务管理的基本要求"中，就以制度完善和风险控制系统健全作为监管当局或管理层批准开展新金融工具和新金融市场交易的必备条件之一。

（五）独立性原则

独立性原则是指内部控制的检查和评价部门必须独立于内部控制的建立和执行部门，直接的操作人员和直接的控制人员必须适当分开，并向不同的管理人员报告工作；如果存在管理人员职责交叉的情况，要为负责控制的人员提供可以直接向最高管理层报告的渠道。内部控制作为一个独立的体系，必须独立于其所控制的业务操作系统和管理活动，这也是内部控制的基本要求之一。内部控制制度的建立和执行部门同时又对其建立和执行情况进行检查、评价。若不能站在公允的立场上进行，则会影响内部控制的严肃性和有效性。目前我国农村合作金融机构在大多数情况下，是由内部稽核部门对业务部门及分支机构的内部控制进行检查和评价，或由业务管理部门对所属分支机构的内部控制状况进行检查和评价。

二、内部控制的程序

如图 10－1 所示，内部控制工作的程序大致是：根据需完成的任务和目标评估风险→根据风险评估设计内部控制系统→由有关部门和人员执行控制系统→依据标准对内部控制设计的适当性和执行的有效性进行测试和评价→分析差异及例外事项→采取适当的改进措施。

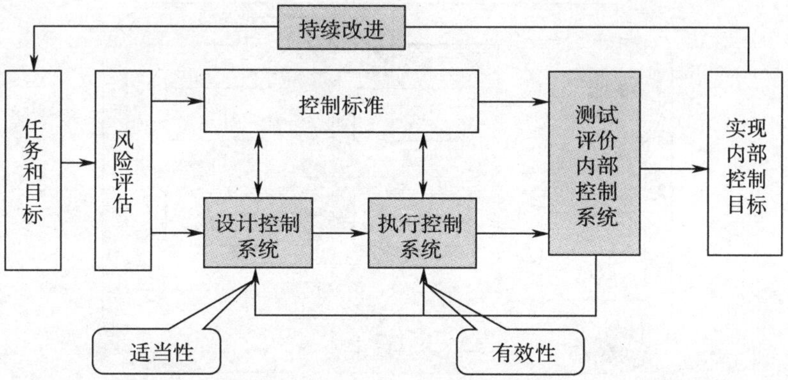

图 10－1　内部控制程序

内部控制过程首先是设计控制标准。控制标准是用来衡量实际绩效而预先确立的依据，标准代表了组织的计划目标、规范制度等。控制标准应能反映出一个单位的本质，以满足组织及管理者的需要。不管目标是以量或质来表示，都可以引用为标准，用来衡量组织中各环节的工作绩效。确立标准，一是确立目标，二是制定保证目标实现的各项制度。前者是控制的关键，因为目标是控制最明确、最具体的客体，没有具体的目标也就无所谓控制。因此，实施内部控制，首先是应该建立和确定需要控制的目标。内部控制目标是否系统、完整、明确、具体，关系到内部控制的成败。一个单位应该控制的内容很多，但应该选择主要问题作为控制的目标，应该对关键的环节实施控制，同时要对控制对象进行有层次的分类，区别特殊和一般。

其次是衡量结果。衡量结果是根据已确立的标准，衡量所指定任务的执行轨迹和实际完成状况，其关键是要正确计量内部控制目标的实际执行结果，然后将信息及时、准确地提供给组织主管以便采取纠正措施。

再次是识别并分析差异。差异是指控制目标与实际执行结果的差距，或者说是执行结果偏离控制目标的现象。分析时，主要是找出形成差异的各项因素，以及分析各项因素对差异的影响程度。由于差异多种多样，其影响程度和检查起来的难易程度都不一样，因此进行差异调查分析和进行纠正时，必须考虑其经济效果。

然后是进行检查与评价。检查与评价是指对内部控制实施确立标准、计量结果、分析差异、采取措施等全过程进行全面的检查与评价。首先要对内部控制设计的适当性进行检查、测试，同时还要对内部控制执行的有效性进行检查、测试，然后将上述两种检查、测试结果进行综合评价。

最后是采取纠偏行动。虽然制度本身也是一种纠正偏差，保证目标实现的措施，但这只是一种预测防范的措施，如果不履行已规定的制度，还会同样出现偏差，控制应该要引导出纠正的措施。即根据标准衡量绩效的方法，通过差异分析，找出客观上和主观上的原因，发现问题之所在，然后制定出纠正的办法。

综上所述，内部控制是一个持续的过程，在这个过程中主要包括内部控制的设计、执行、评价和改进四个环节（如图 10 -2 所示）。

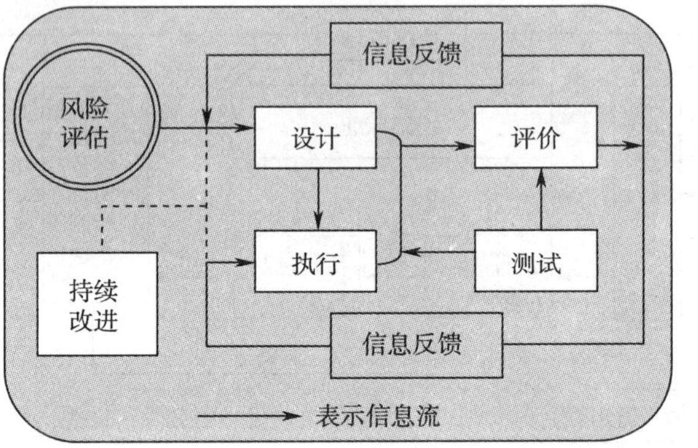

图 10 -2　内部控制的设计—执行—评价—改进过程

（一）内部控制的设计

内部控制设计是指制定或建立内部控制制度。内部控制制度不仅包括通常意义上的规章制度及授权授信规定，还包括指导各项经营和管理活动的操作手册、处理程序等。内部控制制度是内部控制理论、原则、方法、内容的书面体现，内部控制制度涵盖经营管理的各个方面。设计完善的内部控制制度是进行内部控制的基础，制度设计的好坏将直接影响内部控制功能。

在内部控制设计之前还需要对风险进行评估。内部控制系统的设计主要依据是对风险评估，在某些情况下甚至完全由风险决定。风险评估是内部控制设计者对组织在实现经营目标过程中可能会遇到哪些麻烦和阻碍的推测和判断。在这些可能会遇到的麻烦中，有些是以往的经验的总结，如自己曾遇到过的，或别人遇到过的事件，有些需要根据以往的经验教训进行适当的推断。

所有内部控制都是针对风险来设计的，风险越大，设计的控制措施就越多、越严密，在农村合作金融机构重要风险领域，还要设置多重控制措施。内部控制与风险是一对矛盾，风险是矛，内部控制是盾，要制造一个有效的盾，就要了解矛的性能。所谓内部控制适当性就含有内部控制和风险这对矛盾保持某种平衡状态的意思。相对于风险而言，内部控制的设计既不要滞后也不要超前，既不要不及也不要过度，而应当恰到好处。如果内部控制设计滞后和不及就不能有效地防御风险，如果超前和过度就会造成不必要的耗费，事实上成本过高的内部控制本身就是一种风险。而实务中，不可能完全准确的评估农村合作金融机构面临的风险，这必将使初始制定的内部控制制度或严或松，在内部控制执行过程中应根据风险的进一步识别而调整内部控制制度，因此，农村合作金融机构内部控制和风险是动态平衡的一对矛盾。

内部控制和风险的双方都是人，设计和执行内部控制的往往是银行内部的人，而制造风险的人可能是银行外部的人，也可能是银行内部的人，甚至是银行内部控制的设计者或执行者。他们之间存在博弈，双方用的都是对抗性思维，因此，对银行内部控制系统的设计者而言，学会运用科学的思维方法至关重要。

设计控制系统应考虑的问题主要有：

第一，根据组织规模、经营特征，确定哪些业务采取一般控制方式，哪些业务采取特殊控制方式，制度应反映出组织的形态特征。

第二，根据单位组织机构设置与人员数量素质情况，确定哪些业务采取综合部门控制，哪些业务采用业务部门控制，或实行两方面结合控制，制度应反映出组织机构中所采取措施的责任所在。

第三，根据具体业务性质及涉及面、复杂程度与危险程度，确定是进行程序控制，还是进行纪律控制、监督检查控制，或者是采用综合控制，特别要注意预防方式、自检与纠正控制的设计。

第四，根据方便使用的原则，哪些制度用文字说明形式表达，哪些制度用组织系统图或业务流程图表达，或图文并用。

第五，注意制度设计的适当性、可操作性、经济性与有效性，尽量避免繁杂、不适用、低效和浪费。

内部控制设计是否成功，主要视其是否制定了恰当的控制标准。控制标准是用来衡量实际绩效而预先确立的依据，它代表了农村合作金融机构的计划目标和为实现目标、控制风险所制定的规章制度。农村合作金融机构要制定自身长短期目标，各业务部门也要依照总体目标提出各项业务的具体控制目标，但要注意业务活动目标与全行整体目标和战略计划的关系；注意各业务活动目标之间的相互关系；业务活动目标与所有重要业务程序的关系；业务活动目标的针对性；实现目标的资源和成本；为实现目标所承担的责任等。目标是控制最明确、最具体的客体，没有目标也就没有控制。而且，为实现目标所制定的各项规章制度必须系统、完善，具有可操作性，并逐步对这些内部管理制度和业务规章，机构和岗位设置，以及决策程序经常进行清理检查，逐步建立、修改、补充和完善，对已经过时的制度要予以废止，并将这项工作作为一项长期性的工作来抓，定期整理、装订有关制度性文本。

由于金融行业的特殊性，如货币交易容易发生差错，为降低货币交易风险，确保不必要的控制失误对信贷活动的重大影响，所以农村合作金融机构内部控制具有自己的特殊规则，这些规则主要是：

（1）双重控制。无论何时何地，只要有可能，货币和有价证券必须置于双重控制之下。即保存这些钱财的保险库钥匙，必须由两个部门或两个人共同执掌，同开同关，同进同出，相互监督，共同负责。

（2）钱账分开。无论何时何地，只要有可能，货币处理和账务处理都必须分开，由不同的人负责，建立双重会计责任制，做到账款相符。

（3）换人复核。必须坚持双人复核、授权复核把关。

（4）日清月结。任何会计出纳工作环节，都必须坚持按日结清账款，按旬、按月编制报表，做到账表平衡，账表一致，及时上报。

（5）信贷三查。贷前调查、贷时审查、贷后检查是发放贷款必须严格遵守的规则。

（6）密押代号。凡机密的业务指令和业务报告，必须坚持采用密押和代号，专人保管，专人使用，经常更换，一旦泄露及时销毁。

（7）岗位轮换。不要让一个人不间断地长期从事一个岗位，要实行岗位轮换，这样既有助于提高工作人员能力，又有助于防止利用职权舞弊。

（8）连续休假。重要岗位的工作人员每年至少有两周时间须强制离开岗位连续休息，以便进行岗位替代及进行必要的审计。

这些规则是农村合作金融机构多年的经验积累，也是它设计各项业务内部控制的原则。这些原则在本书有关农村合作金融机构业务稽核和审计的各个章节均已涉及，本章不再赘述。

（二）内部控制制度的执行

内部控制制度建立起来以后，就必须执行，执行过程是内部控制的关键环节。整个农村合作金融机构从上到下，都必须有计划、有步骤、有组织地执行已有的内部控制制度，如果制度得不到执行，那么，即使制度设计得再完美，再符合实际，也是徒劳无效的。

农村合作金融机构在经营活动过程中贯彻执行已制定的各项制度，按照制度的规定进行计划、组织与调节经济活动及具体业务，才能达到有效控制的目的，以促成管理方针与目标的实现。内部控制贯彻执行的主体，不仅仅是农村合作金融机构最高管理当局和各职能部门，它应包括农村合作金融机构中各个层次的管理人员及全体员工。对内部控制整体而言，制度执行者，同时也是制度指向的客体。内部控制制度制定后，对组织内部全体成员具有约束力，要求组织内部全体成员遵守，包括内部控制制度的制定者和执行者，这就使内部控制的主体与客体存在同一性。这种同一性的存在加大了内部控制制度贯彻与执行的难度，因此要特别注意以下问题：

（1）内部控制的有效执行特别需要一个良好的控制环境，要在农村合作金融机构内部营造一种浓厚的控制氛围。要广泛、深入、持久地宣传内部控制对单位管理与个人切身利益的关系，使全体管理人员与职工理解贯彻执行制度的意义，清楚最高管理层的决心、意向与要求，明确本职工作的地位与影响力。

（2）制定贯彻执行的切实措施，除宣传教育外，还要进行培训和模拟实验，使每个岗位的人员都清楚自己遵循的制度和规定，明确其遵守与违反的界限，并提高自我监督与对他人监督的意识，克服执行制度的随意性。

（3）组织各阶层管理人员，特别是高层管理者要自觉遵守与自己有关的各项控制制度，要自觉接受违反制度后的应有惩罚，大事化小、小事化了会破坏制度的严肃性和权威性。

（4）注意制度执行中的检查与调节工作，一旦发现违反制度的行为，应按规定进行严肃处理，决不能姑息迁就，严格按制度执行。执行中如发现不协调的环节，应及时调节，保证整个制度执行畅通无阻。

（三）内部控制制度的评价

《企业内部控制基本规范》第四十六条规定，企业应当结合内部监督情况，定期对内部控制的有效性进行自我评价，出具内部控制自我评价报告。内部控制制度的评价是指对农村合作金融机构内部控制制度的健全性、有效性、充分性和执行情况进行分析、评价。外部审计和内部稽核部门对农村合作金融机构内部控制制度建设情况进行评价时，主要集中于有无制度、制度是否完善、制度执行情况如何等主要方面。对农村合作金融机构的内部控制状况进行评价以后，若存在漏洞或错误之处，立即反馈至制定内控制度的部门，以便对制度进行修改和补充。

内部控制的评价过程需要完成下列主要工作：

（1）衡量结果。衡量结果即是衡量内部控制制度的执行情况，正确计量内部控制目标的执行结果，将这些信息及时、准确地向有关部门反馈，以便及时纠正错误，堵塞漏洞。

（2）分析差异。即分析控制标准及执行情况之间的差异，通过差异的分析，找出主客观原因，并根据问题和差距的大小，采取必要措施，逐步进行解决。

（3）综合检查与评价。即在上述内部控制制度执行情况及其差异分析检查的基础上，对农村合作金融机构内部控制制度进行全面的检查与评价。

内部控制评价质量的高低，一是取决于评价人员的专业技术水平，二是取决于有无适当的评价方法。内部控制评价要注意的问题有：要重视对内部控制系统的研究，在充分调查研究的基础上，做好对现行制度的描述工作；将现行制度与理想模式进行比较，借以发现差异与薄弱环节；着重对制度中的缺陷进行深入细致的分析，并测试缺陷可能造成的影响；提出弥补缺陷及改进的措施与备选方案；评价后要提出报告，主要说明存在的问题、改进建议、补救措施、进一步检查的范围与方法。

（四）内部控制的持续改进

内部控制与风险是一对矛盾，这对矛盾随着时间和环境的变化而相互不断地进化。矛盾双方的进化是一个相互交替和持续不断的过程。因此内部控制系统必须持续地改进，只有这样才能使内部控制和风险这对矛盾保持某种平衡状态。持续改进也可以说是矛盾双方博弈的结果。

所以，内部控制过程还有一个不可缺少的环节，那就是在检查、评价以后必然紧跟着改进行动。通过对内部控制系统的测试、评价，及时发现它的缺陷和薄弱环节，而且只有及时地加以改进，内部控制才能起到防御风险的作用。如果只检查、评价，而没有相应的改进行动，那么这个内部控制过程也是不完整的。所以说，内部控制过程应该有四个环节，即设计—执行—评价—改进。

（1）设计：根据经营目标设计政策和程序；

（2）执行：执行上述政策和程序；

（3）评价：检查、评价政策程序设计的适当性和执行的有效性；

（4）改进：根据评价的结果而采取的改进行动，包括激励和约束措施。

上述内部控制的“设计—执行—评价—改进”是一个有机的整体，是一个循序渐进的过程，也是一种持续的过程。这四个环节也体现了PDCA工作原理在农村合作金融机构内部控制活动中的具体应用。所谓PDCA工作原理或模式可简述如下：

P—策划（Plan）：根据业务要求和组织的方针，为提供结果建立必要的目标和过程；

D—实施（Do）：执行上述设计；

C—检查（Check）：根据方针、目标对内部控制进行测试和评价；

A—处置（Act）：采取措施，以持续改进过程业绩。

这个原理类似于我们经常讲的抓制度建设，抓制度落实，抓制度检查和抓问题的整改等工作环节，这是我们所熟悉的工作方法。

农村合作金融机构内部控制制度就是在设计、执行、评价和改进中不断成熟、逐渐完善的。所以内部控制的过程同时也是不断提高内部控制水平的过程。

（五）内部控制与银行的管理层次

农村合作金融机构设置内部控制系统的目的是为了完成其经营目标。现代管理的思维方式往往是：确立组织的经营目标，评估实现目标的风险，根据风险评估设计内部控制系统，执行内部控制系统，评价控制系统的适当性和有效性，根据评价结果采取改进行动。农村合作金融机构的内部控制就是这样一个反复循环的过程，也是一个需要不断改进的过程。

农村合作金融机构内部控制系统的设计和执行在其内部的不同管理层次有不同的分工。从图10－3中可见，在组织中层次越高，设计的职责越多，执行的职责越少；层次越低，设计的职责越少，执行的职责越多。如用数学的方式来表达就是，内部控制的设计与管理层次成正比，内部控制的执行与管理层次成反比。比如，农村合作金融机构董事会的职责是设计重大的方针政策，方针政策也是农村合作金融机构的内部控制；高级管理层的职责是执行董事会的方针政策，并设计相应的控制系统；中低级管理层的职责主要是执行高级管理层制定的有关政策和程序，并设计一些具体的控制措施；最基层的操作人员只负责执行与自己岗位有关的操作规程和内控制度。

图10－3还同时表明，审计系统的功能是对农村合作金融机构内部控制系统设计的适当性和执行的有效性进行独立的测试和评价。审计师的内部控制评价工作涉及农村合作金融机构的各个层面，包括决策层、管理层、执行层。内部控制活动与管理层次的关系要求审计师在对农村合作金融机构内部控制的设计和执行进行测试评价时，对不同的层次应当找不同的侧重点。对决策层而言，侧重点应在重大内部控制设计的适当性方面；对高级管理层而言，侧重点应当包括重大方针执行的有效性，以及为执行这些方针所设计的政策和程序的有效性；对中低管理层来说，则重在执行内部控制的有效性方面；对执行层而言，侧重点是与执行内部控制有效性相关的事项。

三、内部控制的方法

有了内部控制的程序，如果没有恰当的控制方法，也是达不到控制目的。内部控制

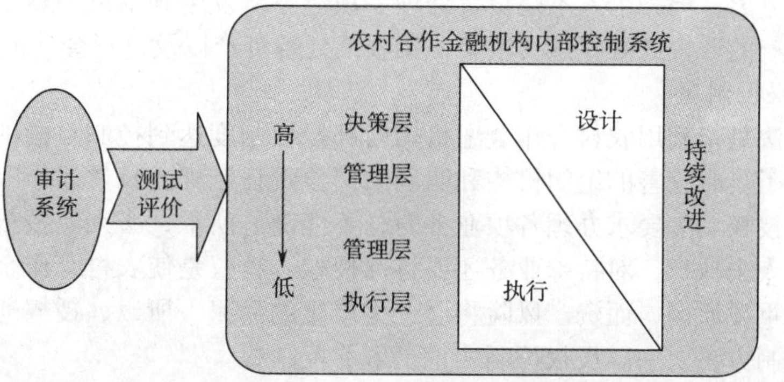

图10－3 内部控制与农村合作金融机构管理层次的关系

方法是指实施控制行为、达到控制目的的手段。随着现代农村合作金融机构的不断扩展和业务品种的日益增多，内部控制的方法也越来越多。概括起来，农村合作金融机构现阶段的内部控制方法主要有以下几种。

（一）目标控制法

目标控制法是指农村合作金融机构的管理工作应遵循其创建目标，分期对各项业务制订切实可行的计划，并对计划执行情况进行检查的方法。目标控制法是一种事前控制法。

（二）组织控制法

组织控制法是指农村合作金融机构利用其组织机构的设置来达到内部控制目的的方法。在设计组织机构时，对组织机构各层次制定明确的岗位职责，建立各层次、各部门之间相互联系和相互制约的机制和方法，同时对各层次、各部门履行职责情况进行考核。组织控制法是一种事前控制法。组织控制可分为四种类型：

1. 目标、授权和责任。组织通过制定目标、授权和责任的声明，为其内部的各分支机构或部门的活动提供指南。声明的内容包括所要承担的职能、被授予的权限以及具体的责任。

2. 组织结构。组织往往被划分为多个组成部分，如信贷、营销、风险管理、内部审计、财务、研发等，这些各司其职的不同部门，结合起来成为一个整体，为实现组织的整体目标而努力。划分组织结构不但要把组织划分为几个相对独立的部分，而且要明确各部分之间在业务活动和信息沟通的内在联系。描述组织结构最常用的方法是组织结构图。

3. 决策授权。在划分了组织结构以后，就要为组织的各组成部分授予一定的决策权力。

4. 工作说明，包括相关职责的分离。组织控制的最具体的层次是书面的工作说明。组织一般应详细地说明每个工作岗位的工作要求，包括具体的职责、工作的汇报和担任该工作的资格。员工拥有过多权力，就会做以权谋私、损害组织利益的事。职责分离须在职能部门层次和员工层次上实行有效的职责分离。首先是职能部门的分离。其次是员工个人职责的分离，同一个人不能负责处理一项业务从发生到结束的整个过程，即不能同时负责对资产的取得或处置进行决策、接收或处置资产以及进行会计记录等。

（三）授权控制法

授权控制法是指利用农村合作金融机构内部授权制度达到控制目的的方法。农村合作金融机构除了具有完善的组织机构和明确的岗位责任制外，日常运作中还必须有严格的授权制度。授权制度要求办理各项业务时，不能随心所欲，必须有授权人授权，由被批准和被授权人去执行，对特殊业务还要特殊授权。越权是使农村合作金融机构资产遭受风险的一个重要原因，而资产风险将会产生严重的后果，所以，授权通常被认为是最重要的内部控制方法之一。授权控制法也是事前控制法。

（四）程序控制法

程序控制法也叫标准化控制。是指将各项业务处理过程用文字说明或流程图的方式表示出来，形成制度，颁发执行。这样，可以避免职责不清、相互扯皮现象，使工作有标准的程序和规定，能够做到有序运行。程序控制法也是一种事前控制方法。

（五）措施控制法

措施控制法也可以理解为所有的控制方法，是指达到某种控制目的而采取的具体措施。措施控制法主要包括方针政策控制措施（合法性措施）、记录控制措施（可靠性措施）和财产控制措施（安全性措施）。这些控制措施都是以特定的控制目标为对象的。措施控制法是一种事中控制方法。

（六）检查控制法

检查控制法是指对内部控制制度的建立、完善、贯彻和执行情况进行的监督和检查。检查内容是内部控制制度的有效性、充分性和可行性。检查控制法是一种事后控制方法。常用的检查控制法关注如下几个方面：

1. 对员工的检查。每年至少开展一次员工业绩检查活动。在检查中，员工的主管一般要做好三项工作：检查员工过去的工作情况；指出需要改善的问题；定出改进工作的目标和计划。

2. 对经营和项目的内部检查。主管人员要定期对其所管辖的经营和项目进行检查，以确定这些活动是否有效果，检查的频率根据活动的内容而定。

3. 外部检查。组织内部的会计控制和财务报表由外部审计师实施外部检查。此外，还要接受政府监管部门的定期检查。我国农村合作金融机构的政府监管部门是中国人民银行。外部检查通常侧重于组织经营活动的某些方面。

4. 同行业检查。

第三节　内部控制的要素和内容

一、内部控制的要素

（一）农村合作金融机构内部控制系统构成要素

农村合作金融机构内部控制系统是管理控制系统中的一个子系统，它是为了贯彻执行农村合作金融机构管理层的经营方针和决策，实现总体经营目标，维护财产的完整和各项业务活动及会计记录的正确、可靠，保证财务收支的合法性，提高经营效益而形成的内部自我协调和制约的控制系统。

农村合作金融机构内部控制系统主要有以下六个方面的构成要素：

1. 组织机构。指在农村合作金融机构内部设立的职能部门和机构。合理的组织机构既是现代化农村合作金融机构发展的内在要求，也是实行内部科学管理的前提，它不仅有利于内部管理效率的提高，而且可以达到相互制约、相互协调、自动防范和纠正错误、弊端的目的。

2. 岗位责任。农村合作金融机构内部的各种人员，在合理的组织机构的基础上，将各部门的业务活动细化为各个具体的工作岗位，然后再按照岗位确定职责和权限，做到定岗、定责、定职、定编、定人。从而建立起农村合作金融机构内部的相互制约、相互督促的工作网络。

3. 业务程序。即在农村信用社等农村合作金融机构内部为达到一定的控制目的，由总社授权各职能部门按照自身的业务规律制定的各项具体操作规程和核算手续。

4. 人员配置。即在农村合作金融机构内部为适应现代化经营需要，按要求配备其自身素质能力能够承担并胜任各自岗位任务的员工队伍。农村合作金融机构内部各种控制功能的发挥，在很大程度上取决于人员素质的优劣。

5. 检查标准。即按标准化和业务处理程序，设计制定的各项业务检查标准制度。

6. 内部稽核。即为了适应业务发展和内部管理的需要，在农村合作金融机构内部配备相应的内部稽核人员，对各项经营管理活动和经济责任的履行情况进行监督、鉴证和评价。

（二）农村合作金融机构内部控制管理要素

农村合作金融机构内部控制系统构成要素是实施控制的载体，其与管理要素有机结合，才能构成完整的内部运作机制。内部控制的管理要素包括控制环境、风险评估、控制活动、信息与交流、监督与评审五个方面。

1. 控制环境。农村合作金融机构内部控制环境是指对内部控制的建立和执行过程有重大影响的各种因素的总称。它是推动工作的发动机，是所有其他内部控制组成部分的基础。具体来说，控制环境又包括以下五方面的内容。

（1）管理理念。管理理念是指管理人员在思想理念及实际行动上对内部控制的重视程度。如管理人员对业务风险的识别、重视程度，对风险采取的分析、评估和控制方法；管理人员为实现经营管理目标，对内部控制的重视程度；全社是否围绕一个明确的管理理念经营管理等。

（2）管理层。一个农村合作金融机构如果有一个好的管理层，就为该行创造了一个良好的控制环境。好的管理层包括两方面含义：一是领导者自身要有正确的道德观和价值观，有一定的责任心和敬业精神，要带头认真执行农村合作金融机构的各项规章制度；二是要有正确的管理方式，以科学的管理方法使农村合作金融机构的运作规范化、科学化，并在稳健经营的基础上发展壮大。

（3）组织结构。农村合作金融机构的组织结构是否合理至关重要，组织结构合理能够使各部门职责分明，既相互联系又相互制约，有完善的授权授信机制，能够保证部门和分支行之间方便、快捷、准确地沟通信息，能够在农村合作金融机构内部建立有效的监督机制。

（4）人事政策和员工素质。农村合作金融机构要有合理的人员招聘、录用、使用、晋职、解聘政策，能够充分调动员工的积极性，注重提高员工业务素质和政治素质，有明确的员工培训计划，使员工有较强的敬业精神和职业道德，在良好的氛围中充分发挥主观能动性，努力工作。科学的人事政策能合理利用人力资源，在降低人力资源成本的同时提高工作效率。

（5）外部环境。现代农村合作金融机构是一个开放的系统，会受到外界有关部门和各项因素的干扰和影响。其中，有关部门主要是指政府部门、中央银行、社会监督等部门；各项因素是指国内外经济形势、法律环境、社会公众要求甚至自然灾害等。这些部门和因素对农村合作金融机构内部控制制度的制定和执行都会产生影响。如为了降低农村合作金融机构的经营风险，国家规定必须进行分业经营，所有与存放款等传统农村合作金融机构业务无关的业务都不能经办，则其内部控制的外延就比可以进行多种经营时要小得多；又如，每当社会经济的发展进入低谷时期，企业经营艰难，企业的欠息增加，农村合作金融机构不良资产增加，这时，农村合作金融机构就会严格控制授信额度，增加催收欠息和逾期贷款的措施和办法。

2. 风险评估。为达到一定的经营目标而识别和分析风险，是风险管理决策的基础。风险评估时，评估人员要重视设立目标、分析风险和环境变化等方面的管理程序。风险评估包括对风险点进行选择、识别、分析和评估的全过程。

分析重要风险要素和风险控制点。农村合作金融机构首先要清楚在其经营管理过程中会出现的风险，风险要素和风险点的罗列要细致、全面，既要考虑内部风险，又要考虑外部因素引起的风险；既要考虑静态风险，又要考虑动态风险；既要考虑操作风险，又要考虑体制和政策风险。对风险进行分析和评估，要事先对风险点进行评估，识别风险产生的原因及表现形式；识别每一重要业务活动目标所面临的风险；估计风险的概率、频率、重要性和可能性；风险所造成的危害。风险识别的目的是能够在业务开展前，测定出风险指标，并能够在业务发生后对风险进行跟踪监测。

3. 控制活动。控制活动就是确保管理方针得以实现的一系列制度、程序和措施。包括高层检查、直接管理、信息加工、实物控制、工作指标和职责分离等。即管理人员要为每一重大活动设立目标，并针对与这些目标相关的风险，列出所要采取的活动和措施，如完善制度、加强相互制约、健全奖惩机制、加强员工培训等。控制活动要与风险评估过程联系起来，要针对每一项重要业务活动，要保证管理指令的执行。

4. 信息与交流。要使控制活动有力地开展下去，农村合作金融机构必须及时获取内外部信息，包括反映经营管理状况、法律与法规执行情况、财务报表资料等内部信息，以及其他有关外部信息，并使这些信息充分交流，如内部各部门之间、总社与分支机构之间，以及分支机构之间的相互交流，农村合作金融机构与客户、政府部门、中央银行之间的交流等。通过信息的获取和交流来实现和完善自身的目标，采取必要的控制活动，及时解决存在的问题。

5. 监督评审。为了保证内部控制的有效性、充分性和可行性，必须考虑对内部控制制度进行持续性评价和单项制度的分别评价，主要内容包括：

（1）组织体系是否健全，决策系统、执行系统、监督系统和支持保障系统作用发挥如何；

（2）领导层对内部控制的认识如何，其内控态度是否积极；

（3）是否有相应的管理制度和操作规程，这些制度和规程是否完善；

（4）是否具有明确的岗位责任制；

（5）授权、分工协作和相互制约机制是否健全；

（6）指标制定和完成情况如何，是否设有完善的奖惩机制；

（7）员工对内部控制制度是否充分理解，执行情况如何；

（8）职位轮换和员工培训情况如何；

（9）计算机、人事管理、信息管理、安全保卫等支持保障系统是否有效；

（10）内部稽核体系是否健全，独立性和权威性如何，稽核频率和覆盖面是否足够等。

二、内部控制的内容

农村合作金融机构内部控制主要分为管理控制、会计控制、内部稽核控制三大类，每类所包括的内容都十分丰富。

（一）管理控制

农村合作金融机构管理控制指其管理层在授权处理业务的决策过程中所采取的既相互联系又相互制约的各种规章制度、程序、手续和方法。它是根据一定的经营方针，为合理而有效地进行管理活动而设定的。管理控制又包括组织结构控制、岗位责任制和风险控制三部分。

1. 组织结构控制。农村合作金融机构的组织结构包括决策系统、执行系统、监督系统三个系统。三个系统各有其主要职责，但又相互制约、相互协调，形成一个高效运作的大系统，既能够科学、民主地进行决策，高效、快捷地开展各项经营和管理活动，又能够由独立的、有权威的部门进行监督，只有这样，才能保证农村合作金融机构快速、稳健地发展。那么，农村合作金融机构应该建立什么样的组织结构才能达到上述目的呢？中国人民银行在《关于进一步完善和加强金融机构内部控制建设的若干意见》提出了具体的要求：金融机构要建立起与社会主义市场经济体制相适应的现代金融企业决策程序和制度，保证决策的民主和科学性，增强透明度，建立董事会、监事会、信贷审查委员会、资产负债比例管理委员会及必要的决策咨询机构，明确各自的职责权限，健全议事规则，完善监督机制，由首席执行官负责，绝不允许少数人独断专行。各金融机构要实行内部控制责任制，由首席执行官负全责，建立独立和超脱于经营之外的内部控制委员会，充分发挥监督职能。要科学地设置内部组织结构，按照相互协调、平衡制约的原则，配置业务部门、管理部门和监督部门，特别要保证对要害部位和重要岗位有充分的制约和监督。

2. 岗位责任制。内部控制是利用分工来达到控制目的的。即将每项业务活动分解为不同的环节，分设不同的岗位，由不同的人员负责办理。同时，明确规定每个岗位工作人员的工作范围、职责和权限，使他们各司其职、分工协作、相互监督、相互配合，使各业务部门的活动和每项工作紧密衔接，从而保证各项业务及管理活动的顺利完成。这就是岗位责任制。可见，科学、完善的岗位责任制能够使农村合作金融机构各个岗位成为相互制约、相互监督、低风险、高效率运行的有机整体。

岗位责任制渗透于农村合作金融机构内部的各个部门和各家分支机构，贯穿于各项业务的始终。可以说，没有岗位责任制，农村合作金融机构将无法正常开展经营管理活动。通常，农村合作金融机构的岗位责任制包括以下几个方面的内容：

制定各项业务的操作规程；明确规定每个岗位工作人员的职能、责任和权利；建立三道防线；建立严格的授权制度；凡需不同部门共同办理的业务，岗位职责一定要按相互监督、相互制约的原则设立。

3. 风险管理控制。农村合作金融机构经营货币的特殊性，决定了其经营过程中风险随处可见，无时不在，潜在的风险一旦成为现实，就会造成大量的资金损失。因此，农村合作金融机构管理控制的另一个重要内容就是管理风险，控制风险发生。根据农村合作金融机构的业务性质及特点，风险管理控制的主要内容如下：

第一，信贷风险管理控制。按照“审贷分离、分级审批”的原则设置信贷业务操作部门或岗位、信贷业务管理部门或岗位、贷款审批组织及信贷业务稽审组织；明文规定各部门或各岗位的职责及权限；建立完善的信贷风险预警机制，明确有关人员的责任，做到“有责必究，落实到人”。

第二，交易风险控制。主要是资金交易的风险控制，包括同社拆借和外汇买卖两种业务。同社拆借内部控制的主要内容是拆借对象、拆借期限、拆借合同、拆入拆出资金比例、拆出资金来源及拆入资金用途等必须符合有关法规和规章的要求。外汇买卖内部控制的主要内容是建立完善的外汇买卖业务操作细则；外汇买卖交易必须实行部门职能制约，交易部门负责交易操作、结算部门负责交易的确认及交收和结算工作并分属不同的主管；损益报告必须包括已实现损益及未实现损益两部分。

第三，计算机系统风险控制。农村合作金融机构实现电子化处理后，原来的手工控制变成了手工控制与电脑控制相结合或全部由电脑自动进行控制。电子化处理数据集中，且大多集中在一个部门，传统的内部牵制多数已失去了作用，很容易出现差错及舞弊。因此，计算机风险控制的内容多而复杂，主要有：

（1）制度控制。主要是建立严格的职责分离制度，包括电脑部门和业务部门的职能分离，程序开发人员、系统管理人员、硬件维护人员、资料保管人员、业务操作人员的职能分离；建立严格的管理制度、业务规程及科技人员培训制度；计算机系统的稽核应由既懂计算机又懂稽核业务的专业人士承担。

（2）系统开发。系统开发必须符合国家有关法律、法规和国家金融行业软件工程标准且经过稽核部门的确认；必须具有完整的技术资料并作为机密档案保存；采用商业软件应经过科技和稽核部门测试确认，其关键技术由内部科技人员自己掌握；购买的系统设备应在合同中明确厂商的责任，租用公共网络时应明确网络经营机构的责任；系统正式运行前，首先要经过测试运行，并通过业务、科技、稽核部门的联合检查及法人的审批。

（3）网络管理。所有网络终端雇用和网络用户均要经过授权，密码授权经过批准且密码控制按权限因人而异；系统应具有后台监控和记录功能、预警功能，并不为操作人员所察觉和修改；硬件维修和修改系统软件应该经过授权批准；制定有效的防范病毒措施；系统投入运行后要进行定期或不定期的稽核检查；要备有系统启动软盘并适当进行排除故障和灾难恢复的演习。

（4）操作控制。接单和复核由不同人员承担；系统用户只能在授权范围内输入、输出数据；建立修改业务记录的授权制度；密码口令严格执行保密规定。

（5）机房管理。严格限定进入机房的人员并建立全面的机房记录制度；严格限制使用机房设备和查看文件人员；制定完善的机房安全措施。

（6）数据管理。建立系统数据资料备份及重要数据的密级制度；重要数据实行异地远距离存放；制定文件资料、软件数据的借阅制度。

第四，安全保卫控制。农村合作金融机构日常经营接触到大量的现金、有价单证、重要空白凭证等，一旦出现问题，将导致直接的经济损失。因此，加强安全保卫工作是防范金融风险的重中之重。农村合作金融机构安全保卫控制的主要内容是：

（1）组织体系建设。安全保卫部门实行安全保卫工作领导责任制并配备专职人员及充足的警力。库房安全保卫制度，实行双人管理、双人临库、双人保管钥匙、双人值班及交接班登记制度，严格控制非管库人员进入库房。

（2）现金运送安全保卫制度。运钞前检查运钞车车况、武器装备；远途运送大宗现金要派护卫车；应使用专用运钞车运钞，未配置专用运钞车的基层金融单位运钞时，车内应设有坚固的防护装置存放现金箱（包）并锁定；押钞人员必须严格遵守保密和安全押运纪律；运钞途中发生故障或交通事故，不能即刻修复或及时处理的，随车人员应保护现场、保护现金，并与附近金融单位或公安机关取得联系，采取措施，确保安全；运钞车到达目的地后，清点核对箱（包）数，办理完交接手续后，押运人员方可离开。

（3）要害部位的管理制度。安全保卫部门和分支机构要建立要害部位档案，包括要害部位登记表，各类人员花名册，各种安全保卫、保密制度和安全防范资料；要害部位登记表中应登记金库、电脑机房、通信机房以及存放枪支弹药、机要档案、密押、安全检查及隐患整改情况。

（二）会计控制

会计控制是指农村合作金融机构内部应用会计方法和其他有关方法，对财务会计工作和有关经济工作所进行的控制。它包括会计基本制度、具体业务会计处理控制制度。各部分的主要内容如下：

1. 会计基本制度。农村合作金融机构会计基本制度是规范其会计业务活动的指南，是从事具体会计业务时必须遵循的准则、制度、办法、规定和章程等的总称。具体包括会计账务组织、会计账务处理、重要空白凭证及有价单证管理、会计检查辅导与分析、会计机构的设置和会计人员的配置等。

第一，会计账务组织。农村合作金融机构的账务分为明细核算和综合核算两个系统。明细核算是对各项业务具体对象的资金增减及财务收支的详细记录，由分户账、登记簿和余额表组成。其主要控制内容是：按户设立分户账；及时记账、认真对账；每天填制余额表；旬末、月末核打累计数与总账的该科目余额核对。综合核算是按科目进行核算，以反映各科目资金的增减变化情况，并对明细核算进行统计和监督的一种核算方法，其主要控制内容是及时记账、认真对账、结清余额、日记账的发生额及余额各自平衡。

第二，会计账务处理。农村合作金融机构的账务处理是指从填制和审核凭证开始，经过复式记账、登记账簿、核对账簿直至轧平当日账务的整个过程。会计账务处理的主要控制内容包括记账顺序，账账、账款、账据、账实、账表、内外账务"六相符"等。目前尤其要注意电算化条件下的会计系统的程序与控制，要尽可能防范会计系统风险。

第三，重要空白凭证及有价单证的管理。重要空白凭证是指无面额的，经农村合作金融机构、其他金融机构或单位填写金额并签章后具有支付效力的空白凭证。有价单证是指待发行的印有固定面额的特定凭证。

重要空白凭证及有价单证管理的内部控制要点如下：

（1）重要空白凭证及有价单证的保管。设置重要空白凭证及有价单证登记簿；重要空白凭证入专库（柜）由专人负责保管，坚持"证印分管、证押分管"原则；有价单证视同现金保管，实行"证、账分管"，需要加盖印章的，还要严格执行"证、印分管"。

（2）重要空白凭证及有价单证的出入库。重要空白凭证凭供货单位的发货票或上级调拨单清点验收入库；出库须经上级调拨单位或本单位使用部门加盖预留印鉴并经会计主管在领用单上签章方能办理；出入库均要及时在登记簿中登记；有价单证应视同现金调出、调入，并进行日常管理。

（3）重要空白凭证及有价单证的领用。业务柜组领用重要空白凭证及有价单证时，应办理领用手续，及时登记；柜组内领用重要空白凭证时，要在登记簿上签收；开户单位购买支票等重要空白凭证时，应填写领用单并加盖全部预留印鉴；农村合作金融机构应将起讫号码及时记入该单位存款账户的账页上。

（4）重要空白凭证及有价单证的签发。签发重要空白凭证时要进行销号控制；属于农村合作金融机构签发的不得预先盖好印章备用；使用计算机打印重要空白凭证时，只能在原有重要空白凭证上填空打印；有价单证的发售或签发应坚持先收款后办理的原则并进行销号控制。

（5）重要空白凭证及有价单证的核算。重要空白凭证及有价单证均纳入表外科目核算；按凭证种类设置分户账；以一本（或一张）为记账单位进行单式记账；坚持定期进行账实核对。

（6）重要空白凭证及有价单证的注销与销毁。单位销户时，应要求其将剩余支票和其他重要空白凭证交回登记注销；农村合作金融机构对单位交回的以及停止使用的重要空白凭证应作明显作废标记，造具清单，妥善保管，经主管领导批准后集中销毁；已经兑付、停止使用或注销作废的有价单证，应作出明显作废标记后缴送出纳库房登记保管；需要销毁时，应由出纳部门造具清单，经会计部门核对、报主管领导批准后统一销毁。

（7）重要空白凭证及有价单证的印制。重要空白凭证及有价单证需由中国人民银行或经其授权后由总社（总部）指定厂家印刷；凭证及单证上要印具号码；按顺序发售和使用。

第四，印章、密押（押数机）管理。印章、密押（押数机）管理的内部控制要点是：各种业务印章应该统一颁发或经授权刻制；印章严格在规定的范围内使用；实行印章、密押（押数机）、凭证三分管；换人管理时要办理交接手续；临柜人员临时离岗时应收藏好印章及密押（押数机），上、下午营业终了后，印章和密押（押数机）锁入保险箱入库保管。

第五，会计交接管理。会计主管人员交接时，应由行长（经理、主任）监交，一般会计人员交接时，由会计主管人员或被授人监交；交接时，移交人员逐一开列移交清单，接手人员逐一清点核对签收，移交清单经交接双方和监交人签章后作为会计档案保管；会计人员临时离职时，应由称职人员代理工作并办理交接手续。

第六，会计档案管理。会计档案由专人专库（箱）保管；会计档案管理制度中明确规定会计档案的保管范围、保管期限、装订规格、收交及调阅登记手续等；销毁会计档案时，应经有权部门批准、指定监销人员并由县级以上农村合作金融机构负责销毁；销毁后报上级农村合作金融机构和当地档案机关备案。

第七，会计检查辅导与分析。会计部门配备相应的检查、辅导人员；定期或不定期地检查会计账务和财务情况，辅导会计人员，提高会计工作质量；会计部门坚持定期或不定期地对资金结构、资金流量及增减变化情况、资金清算、联行往来、同城清算、财务收支、利润增减变化情况、财产管理情况等进行分析，积累会计数据和有关资料，为决策服务。

第八，会计机构的配置与会计人员的设置。按照《会计法》、行业会计准则的有关规定设置会计机构、配备和调动会计人员；会计人员凭会计证上岗；建立健全会计人员岗位责任制并在实际工作中严格执行。

2. 具体业务会计处理控制制度。农村合作金融机构的业务种类繁多，办理任何业务都需要进行会计处理，都牵涉到内部会计控制的问题。但是，无论哪种具体的会计业务，首先都必须遵循上述会计基本制度，然后才是按各项业务的具体特点制定一些具有特定目的的内部会计控制措施。就会计业务来看，主要是结算业务、现金出纳业务、财务收支业务、储蓄业务等。除了前述基本会计制度以外，其他的内部控制措施主要包括制定科学、合理的岗位责任制，实行严密的内部牵制制度，坚持复核制度，坚持日清月结，进行账实、账款、账账、账据、账表、内外账务核对等。

（三）内部稽核控制

内部稽核控制是指农村合作金融机构的内部稽核部门站在独立的立场来检查监督其

各项经营管理活动，帮助各管理层进行内部控制。主要控制内容包括农村合作金融机构是否设立内部稽核机构，稽核人员组成如何，稽核的覆盖面和频率如何，稽核的作用和效果如何，它是农村合作金融机构内部控制的重要组成部分。

1. 稽核机构和人员组成。一般情况下，农村合作金融机构都有单独的内部稽核机构，有些信用社、支行即使没有稽核机构，也应该有专职或兼职稽核人员。内部稽核部门要有独立的地位、一定的权威和相应的权力，一般是由董事会或行长（总经理）直接领导，要得到领导的有效支持；内部稽核部门要能够获得广泛的信息资料，甚至能取得高层的保密资料；内部稽核部门不能直接参与农村合作金融机构的经营和管理，也不应对任何业务或管理职能负责。内部稽核人员结构要合理，要有较高的政治素质和业务素质，要坚持原则，秉公办事，要有敬业精神和良好的职业道德。

2. 稽核覆盖面和频率。稽核部门要有科学的计划，有年度的稽核项目和项目的实施方案，实际执行中要按方案严格执行。要有一定的稽核覆盖面和稽核频率，要覆盖主要业务和重要风险点。

3. 稽核工作的主要内容。监督农村合作金融机构内各部门、各分支机构认真贯彻执行国家的方针、政策、财经法规和内部制定的经营方针和有关的规章制度；监督检查资金、财产的安全与完整；监督检查财务收支计划、信贷计划和信贷合同的执行情况；监督会计资料及经济信息的真实性与正确性；评价内部控制制度的健全性及被遵循程度，促进完善内部控制；评价经营目标的可行性和效益性；评价各部门、各分支机构及其负责人的业绩、相互沟通与合作的能力；办理本机构领导、人民银行稽核部门及国家审计机关委托的稽核事项；配合外部稽核部门、国家审计机关及社会审计组织对本单位的稽核。

4. 稽核的作用和效果。内部稽核控制的主要目标是内部控制制度，其次才是会计及其他信息资料和具体的业务活动。所以，衡量内部稽核作用的效果，要看内部管理的全过程，要从总体上对管理过程及经济责任进行全面审查和评价。

本书前面的章节已经对相关的控制进行了阐述，这里不再赘述，由于农村合作金融机构风险管理极为重要，本章仅对风险管理控制进行详细的阐述。

第四节　风险管理概述

19 世纪，随着人类工业化进程的发展，企业风险管理的思想开始萌芽。到 19 世纪末 20 世纪初，企业步入大型化发展阶段，生产过程中的微小事故随时有可能引发连锁反应并造成巨大灾难，企业管理者进一步认识到风险的影响。直到 20 世纪 50 年代，风险管理才发展成为一门学科。1960 年，在美国的亚普沙那大学企业管理系开设了世界上第一门风险管理课程。之后风险管理在欧美企业得到了应用和研究。在 20 世纪 80 年代后期，我国少数企业开始试用国外的先进经验去识别、估测、评价和控制风险，取得了较为满意的成绩。人们的风险管理意识逐渐提高，科学的风险分析方法和控制手段逐步得到推广和应用。

随着农村合作金融机构经营环境的不断变化及银行间竞争的日益激烈，尤其是世界金融自由化与全球化的影响，农村合作金融机构经营的风险不断增大，风险管理逐步上升为经营管理中一个重要的组成部分。随着金融体制改革的深化和金融市场的发育，以及外国商业银行纷纷在中国金融市场抢滩登陆，在我国农村合作金融机构中建立系统的、科学的风险管理系统已成为一项紧迫的任务。

风险管理是研究风险发生规律和风险控制技术的一门新兴管理学科。从本质上讲，它是指应用一般的管理原理去管理一个组织的资源和活动，并通过运用各种风险管理技术，以有效控制和处置风险管理主体所面临的各种风险，期望达到以最小的成本获得最大安全保障的目标。风险管理包括风险识别、风险分析、风险衡量、风险评估和风险控制等若干过程。本节将从农村合作金融机构内部控制的角度来讨论其风险管理中风险识别、风险评估和风险控制的方法、途径。

一、风险的定义与特征

风险是指企业在经营过程中，由于事前无法预料的不确定因素的影响，使企业的实际收益与预期收益产生背离，从而导致企业蒙受经济损失或获取额外收益的机会和可能性。

农村合作金融机构作为经营货币信贷业务活动的企业，与一般工商企业及其他经营单位相比，最显著的特点是负债经营，即利用客户的各种存款及其他借入款作为主要的营运资金，通过发放贷款及投资等业务获取收益，自有资本占资产总额比率远低于其他行业。这一经营特点决定了农村合作金融机构本身即是一种具有内在风险的特殊企业。因此，风险管理在农村合作金融机构经营管理中占有十分重要的地位。农村合作金融机构风险具有如下特点：

1. 农村合作金融机构风险的主体是特殊商品。农村合作金融机构也是企业，但农村合作金融机构是从事货币经营的特殊企业。无论是商品生产还是商品流通，或其他行业，除金融机构外，没有一个行业是专门从事货币经营的。经营对象的这一特点导致农村合作金融机构风险的直接主体是货币资金，是特殊的商品，风险的主体具有特殊性。

2. 农村合作金融机构风险的客体主要是农村合作金融机构的客户。农村合作金融机构风险是对其全部资财而言的，风险来自多个方面。但主要原因之一是，因为诸多因素的影响，与农村合作金融机构发生信用往来的客户不能按期如数偿还贷款和利息而引起的。由此可见，它的风险来源除了像一般企业那样由自身原因造成外，还有一个主要的来源那就是借款人的原因，亦即农村合作金融机构风险的客体主要是其客户。

3. 农村合作金融机构的流动性风险大。从农村合作金融机构本身来看，它具有无限创造货币的冲动，但是安全性是其创造货币的一大制约。在流动性和安全性的要求下，农村合作金融机构需要有足够多的流动性资产来应付债权人的提款要求，以增强支付能力。农村合作金融机构的信用创造职能使其比其他一般性企业具有更大的流动性风险。农村合作金融机构的货币创造越多，流动性风险越大。

4. 农村合作金融机构风险涉及面广，损失巨大。由于农村合作金融机构风险的主体和客体不同于其他行业，经营货币本身就是一种风险极强的活动，特别是农村合作金融机构资本金大，辐射力强，渗透面广。而贷款对象错综复杂，市场变化莫测，故风险要比其他行业大。此外，农村合作金融机构具有信用创造职能，通过这一职能，信用活动风险被成倍扩大，并形成连锁反应，对存款人乃至整个经济体系形成极大的潜在风险。

二、风险识别与方法

风险的识别是指从企业外部纷杂的风险环境和内部经营环境中识别出可能对企业经营带来意外损失的风险因素，它是风险管理的第一步，也是最重要的一步。因为风险识别为风险测量、风险分析、风险评价与风险控制等确定了方向与范围，如不能正确地识别风险因素，就根本谈不上有效的管理。

风险识别这一环节的工作，要求对各种可能出现的风险进行系统的、连续的识别与分类。风险是多种多样的、错综复杂的，无论是潜在的还是实际存在的，静态的还是动态的，内部相关的还是外部相关的，风险是否客观存在等，都要做系统的分析与归类。

通过风险的识别，不仅要确定农村合作金融机构经营管理中存在哪些风险，还要找出引起这些风险的原因。一般说来，正确地识别存在什么风险，也就意味着找到了引起这些风险的主要原因。但由于农村合作金融机构业务本身的多样化和引起这些风险原因的复杂性，而且各种风险可能是交织在一起的，更增加了识别风险的难度，因此，识别农村合作金融机构风险时必须采用科学的方法，避免简单化与主观臆断。

由于风险的类别与引起风险的原因不同，识别风险的方法也就不同。通常使用的方法主要有两类：第一类是财务报表分析法，它是在农村合作金融机构经营管理中最直接、最方便的识别风险的方法；第二类是风险环境分析法，该类方法主要是从农村合作金融机构经营管理的内部环境和外部环境出发，识别有关的不确定性因素。具体说来，一般常用下面几种风险识别方法：

（一）财务报表分析法

农村合作金融机构的财务报表主要有资产负债表、损益表和财务状况变动表等，通过财务报表，可以获得各种风险指标，如流动性风险比例、利率风险比率、信用风险比率、资本风险比率等。进行财务报表分析，不仅要分析风险指标的状况和变化，而且要对农村合作金融机构整个财务状况进行综合分析。除了进行静态分析，如比率分析、比例分析，还要进行动态分析，如时期比较分析、趋势分析等。就具体的业务，还要对与之往来的金融机构或客户的财务报表进行风险分析。采用综合、系统的财务报表分析方法，才能够准确地确定农村合作金融机构目前及未来经营的风险因素。

（二）风险树搜寻法

这种识别方法是以图解的形式，将农村合作金融机构风险逐层予以分解，最终找到自己所承受的风险的具体形态。鉴于风险分散后的图形呈树枝状，故称风险树。采取这种建立风险树的识别方法，农村合作金融机构可以清晰、准确地判明自己所承受风险的具体形态及其性质，从而简单、迅速地认清自己所面临的局面，为以后的相关决策提供科学的依据。

（三）专家意见法（德尔菲法）

专家意见法，又称德尔菲法。采用这种方法时，由农村合作金融机构风险管理人员制订出一套调查方案，确定调查内容，以发放调查表的方式连同农村合作金融机构经营状况的有关资料一起发给若干名专家。专家们根据调查表所列问题并参考有关资料各自独立地提出自己的意见。风险管理人员汇总整理专家们的意见，并把这些不同意见及其理由反馈给每位专家。然后多次反复使意见收敛，由风险管理人员决定在何时停止，将意见汇总成基本趋于一致的结果。这些识别风险方法的特点是：专家各自提出意见，互不干扰，使各种意见能够充分地表达出来。通过反馈各种意见，使各个专家从各种意见中得到启发，从而达到集思广益的效果，逐步地得出对经济风险比较正确的看法。

（四）风险推导法

风险推导法是指通过对某业务的各个主要环节上掌握的要素信息作出直接的逻辑推理，结合实际情况，分析鉴定风险的可能及主要特性。图 10－4 是中国工商银行投行部前经理刘向东对 1996 年商业银行进入国债回购市场所面临的资产风险所进行的推导。

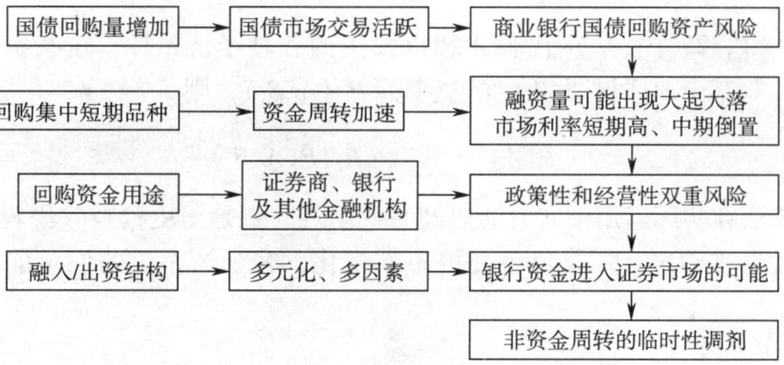

图 10－4 商业银行国债回购资产风险的识别

三、风险评估与方法

风险评估是内部控制系统的重要组成部分，是进行有效内部控制活动的基础，只有正确地识别风险和评价风险，才能有针对性地开展内部控制活动。风险估价是风险的量化过程。通过风险识别，农村合作金融机构在准确判明自己所承受的风险性质上是何种具体形态之后，随之需要进一步把握这些风险在量上可能达到何种程度，以便决定是否加以控制。

风险估价方法主要包括客观概率法、主观概率法、统计估值法、假设检验法、回归分析法、敏感性分析法和 VaR 法等。风险估价方法很多，但无论何种方法，都贯穿着概率思想，概率思想在几乎所有的风险估价方法中都有所体现。既然风险源于经营活动的不确定性，那么认识和评价风险的最直接的想法就是找出这些不确定性发生的概率。如客观概率法是直接通过历史资料计算风险出现的概率；主观概率法是通过有实际经验的专家和实际管理者来预测未来最可能发生的风险状况及其概率；敏感性分析都在定量模型中或多或少加入随机变量以代表不确定性，并假设这些随机变量符合某些统计规律，从而把确定的经济发展规律与不确定的现实结合起来；VaR 方法也是利用概率论与数理统计来估计风险的综合方法。农村合作金融机构风险估价的方法主要有以下几种：

（一）客观概率法

在大量的试验和统计观察中，一定条件下某一随机事件相对出现的频率是一种客观存在，这个频率就称为客观概率。人们对其一随机事件可能出现的频率所做的主观估计，就称为主观概率。

农村合作金融机构在估计某种经济损失发生的概率时，如果能够获得足够的历史资料，用以反映当时的经济条件和经济损失发生的情况，则可以利用统计的方法计算出该种经济损失发生的客观概率。这种方法叫做客观概率法。如果用 A 代表农村合作金融机构业务发生某种经济损失的随机事件，N 代表统计观测次数，M 代表 A 发生的次数，$P(A)$ 代表 A 的概率，则

$$P(A) = \frac{M}{N}$$

设 B_i（$i=1, 2, \cdots, n$）代表 A 赖以发生的各种经济条件，这些条件之间相互独立，且仅当 A 与某个 B_i 同时发生时的概率为 $P(A/B_i)$，则

$$P(A) = \sum_{i=1}^{n} P(B_i)P(A/B_i)$$

客观概率法在实际运用中有时会遇到一些困难。一是历史资料收集较为困难，其准确性和全面性也难确定。二是经济环境不断变化，客观概率法的假定前提往往不能成立。

（二）主观概率法

主观概率法是指农村合作金融机构选定一些专家，并拟出几种未来可能出现的经济条件提交给各位专家，由各位专家利用有限的历史资料，根据个人经验对每种经济条件发生的概率和每种经济条件下农村合作金融机构某种业务发生经济损失的概率作出主观估计，再由农村合作金融机构汇总各位专家的估计值进行加权平均，根据平均值计算出该种经济损失的概率。

（三）统计估值法

利用统计得来的历史资料，可以确定在不同经济条件下，某种风险发生的概率；或是在不同风险损失程度下，某种风险发生的概率。利用统计方法，可以估计风险平均程度（样本期望值）和风险分散程度（样本方差）。估计方法可以采用点估计或区间估计。点估计是利用样本来构造统计量，再以样本值代入估计量求出估计值。但是由于样本的随机性，这样的估计值不一定就是待估计参数的真值。那么，它的近似程度如何？误差范围有多大？可信程度如何？这些问题就要采用区间估计来解决。区间估计用来表达在某种可信程度上某种风险发生的条件区间。

（四）假设检验法

对未知参数的数值提出假设，然后利用样本提供的信息来检验所提出的假设是否合

理。这种方法称为假设检验法，像统计估值法一样。假设检验法适用于统计规律稳定、历史资料齐全的风险概率估计。假设检验法是概率性质的反证法。对风险参数的假设检验的基本思路是，首先提出假设 H、然后构造一个事件 A，使它在假设成立的条件下概率很小。再做一次试验，如果 A 在一次试验中居然发生了，则拒绝接受 H。这是因为“小概率原理”认为，概率很小的事件在一次试验中是几乎不可能发生的。因此，如果 A 发生了，说明假设 H 不合理，因此应该拒绝接受假设 H。否则，接受假设 H。

（五）回归分析法

回归分析法是通过建立间接风险与直接风险因素之间的函数关系，来估计直接风险因素的方法。例如，利率风险的直接风险因素是利率水平的变动，而影响利率水平的有货币市场供求状况、中央银行利率政策等多种间接风险因素。如果设直接风险因素为 Y，间接风险因素为 x_1，x_2，…，x_n，则回归模型为

$$Y = b_0 + b_1x_1 + b_2x_2 + \cdots + b_nx_n + u$$

其中，b_0，b_1，…，b_n为回归系数，u 为随机扰动项。回归系数可以根据历史资料用最小二乘原理求出，从而得出回归方程：

$$Y = b_0 + b_1x_1 + b_2x_2 + \cdots + b_nx_n$$

利用回归方程即可进行点估计和区间估计并进行风险估计。回归分析可以是一元的，也可以是多元的；可以是线性的，也可以是非线性的。在间接风险因素与直接风险因素之间存在非线性相关关系的情况下，若关于未知参数是内在线性的，则可以用变量替换的方法转变为线性模型进行回归；若关于未知参数是内在非线性的，则可以直接进行非线性回归。

（六）敏感度分析法

敏感度分析是用于衡量风险因素的微观变动对风险权益的影响的定量风险评估方法，也可以说是用来计算风险损益对风险因素的弹性。这种弹性称为敏感度，以百分点为单位，即求出当某风险因素（如利率、汇率等）变动一个百分点时，风险损益将变动几个百分点。它通常以表示风险因素与风险损益之间因果关系的模型为基础，所以和前面几种评估方法一样，也要求历史资料的连续性、完整性和可比性。比较各个敏感度的大小，可以得出哪一种风险因素对农村合作金融机构损益的作用最大。

（七）VaR 方法

VaR 方法指公开正常的市场条件和给定的置信水平下，金融参与者在给定的时间内的最大期望损失。VaR 方法是一种利用概率论与数理统计来估计风险的方法。它综合考虑了风险来源的敞口和市场逆向变化的可能性，在传统风险评估技术的基础上取得了重大进步，是目前西方商业银行使用比较多的一种风险评估方法。其内容较为复杂，这里不作详细介绍。

四、风险控制与方法

农村合作金融机构靠吸收风险而产生和发展，同时也可能因风险控制不力而发生亏损甚至出现倒闭，风险管理始终是农村合作金融机构经营管理中最重要的内容。在风险

管理中，风险控制就是对风险识别和风险评估之后测出的风险进行处理和控制的过程，风险控制既是农村合作金融机构风险管理的重要内容，也是其内部控制的核心内容。风险控制方法包括风险回避与承担、风险补偿、风险转移、风险分散等，下面我们逐一进行分析。

（一）风险回避与承担

风险的回避与承担是一种事前控制，是指决策者考虑到风险的存在，主动放弃或拒绝承担该风险。风险回避是一种保守的风险控制技术，回避了风险损失，同样也意味着放弃了风险收益的机会。但当风险很大，一旦发生损失将极为严重，农村合作金融机构很难承担时，这一措施还是有效的。选择风险回避或承担实际上是一个风险决策的过程，是在风险决策分析的基础上按照管理者自己的风险效益偏好，选择使目标最优化的方案。选择风险回避还是风险承担与风险决策期望收益、边际收益和风险效用等变量有关系，风险决策的期望收益越高，边际收益与边际成本的比例越高，风险效用越大，就越倾向于选择风险承担；反之，则选择风险回避。

风险回避与承担决策可以应用到农村合作金融机构各种业务领域。例如，在农村合作金融机构信贷业务中，其信贷业务部门或信贷审查部门在调查分析贷款企业的资信、还款能力、未来发展等对贷款的收益和风险作出整体判断后，如果认为风险大于收益，则选择不贷款；反之，则选择贷款。

（二）风险补偿

风险的补偿是指农村合作金融机构用资本、利润、抵押品拍卖收入等形式的资金补偿其在某种风险上遭受资产损失的一种控制技术。风险的补偿传统上应用于农村合作金融机构贷款的呆账和坏账的抵补，主要方法包括抵押贷款、金融产品定价、提取各种准备金和保持适当资本等。随着银行业的全球化和证券化，风险的补偿也推广到金融市场交易等新业务领域。

1. 抵押贷款。抵押贷款是以借款客户的全部或各部分资产作为抵押品的放款，当借款人不能按照抵押贷款合同如期履约偿付贷款本息时，放款农村合作金融机构有权接管、占有抵押品，在进一步的延期、催收均无效时，有权拍卖抵押品，以此收益弥补其呆坏账损失。

2. 金融产品定价。以贷款为代表的金融产品定价贯彻风险与收益成正比的原则，设计的金融产品使农村合作金融机构的目标收益能够适当地反映和抵补其所承担的风险程度。贷款定价主要是确定贷款利率水平，对于风险小、知名度大的企业给予优惠利率，其他中小企业却因其信誉水平不甚可靠而必须负担较高的利息负担。

3. 提取一定比例的呆坏账准备金。提取一定数额的呆坏账准备金是指农村合作金融机构从营业收入、利润、资本中提取一定数额的呆坏账准备金，用于抵补和冲销农村合作金融机构放款的呆坏账损失，是信用风险的补偿方法。呆坏账准备金的过多提取使农村合作金融机构的盈利能力下降，过少提取又不能满足风险损失的补偿需要。

4. 保持一定数量的法定准备金和超额储备。法定准备金是指农村合作金融机构依据中央银行规定的法定准备金率按期向中央银行缴存的准备金，是央行监管的重要内容，是外部对农村合作金融机构实行的一种强制性风险补偿机制。超额储备是农村合作金融机构在中央银行的头寸超过法定准备金的部分。超额储备和法定准备金是农村合作金融机构资金流动性的保障，它们过多会影响农村合作金融机构的盈利水平，过少又可能使农村合作金融机构面临严重的流动性风险。美国商业银行的超额储备大概是存款的1%～3%，而我国商业银行的超额储备率一般都在5%以上。

5. 保持适当的资本准备。资本是农村合作金融机构安全的最后防线，保持必要的资本充足率是抵御农村合作金融机构在某种风险上遭受资产损失的一种最有效的风险补偿方法，是现代商业银行风险控制最常用的方法之一。20世纪80年代以后，随着世界范围内的金融自由化和金融创新，银行风险急剧增大，银行倒闭案大量出现，为了确保银行的安全稳定，各国的商业银行和监管当局逐步认识到资本在风险补偿控制中的地位和作用，对资本充足率管理给予了高度重视，特别是巴塞尔银行监管委员会在资本充足率管理方面做了大量的工作，并制定了一系列的国际标准来指导各国商业银行进行有效的资本充足率管理。目前，资本充足率管理已成为现代金融监管的核心内容，也是现代农村合作金融机构风险控制的重要方法之一。

（三）风险转移

风险转移也是一种事前控制，即在风险发生之前，通过各种交易活动，把可能发生的风险转移给其他人承担。风险转移是风险和收益之间的重新安排。风险转移主要通过以下几种途径来实现：

1. 担保。有担保的放款将本由农村合作金融机构承担的客户信用风险转嫁给担保人，但农村合作金融机构在转移风险的同时，又承担了担保人的资信风险，所以用“担保”来转移风险，效果好坏取决于担保人的资信，如果担保人与借款客户的资信水平同样差，那么就等于没有担保。因此，农村合作金融机构在发放担保贷款时一般都要求担保人资信明显优于被担保人，并必须对担保人的资信进行严格审查。

2. （出口）押汇下的保函。信用证项下的（出口）押汇具有外国进口商拒付或者开证行挑剔不符点而拒付的风险，因此农村合作金融机构在做押汇议付时，一般要求出口商对单据的不符点出具保函，保证由于这些不符点造成的拒付均由出口商全权负责，农村合作金融机构有权追回全部议付款和利息。

3. 金融衍生工具。20世纪70年代初以来随着布雷顿森林体系的解体，特别是80年代以来的金融自由化，金融市场的价格大幅波动，骤然放大的金融业风险对风险管理提出了挑战。为了实现对农村合作金融机构风险的有效控制，金融机构设计了包括期货、期权、互换等一系列的金融衍生工具来规避和转移市场风险。金融衍生工具成为转移风险的一种有效手段，对金融机构的风险控制具有重要的作用。

（四）风险分散

证券投资的资产选择理论和马柯维茨模型是风险分散的经典理论，它们不仅适用于证券投资，更阐明了风险分散的基本原理，对农村合作金融机构风险分散也同样适合。按照资产选择理论，风险分散的最通俗表达就是“不要将全部鸡蛋放在一个篮子里”。但是真正的风险分散理论和实践却远不止这么简单，需要解决任何两种以上资产组合都可有效地分散风险，什么样的资产组合可以有效地分散风险，分散风险的标准是什么等一系列问题。马柯维茨模型分析的结果表明，呈线性负相关的多种资产收益与各自期望收益的偏离能够相互抵消，资产组合的总风险减少，能够起到一定的风险分散和抵补之效果。所以，农村合作金融机构在资产经营中，应选择不相关或负相关的资产形成资产组合，才能有效地实现风险的分散。

农村合作金融机构的风险分散策略一般有两种：随机分散策略和有效分散策略。随机分散策略，就是单纯依靠资产组合中每种资产数量的增加来分散风险，但每种资产的选择是随机的；而有效分散策略，就是运用资产组合的理论和有关模型对各种资产选择进行分析，根据其各自的风险—收益特性和相互之间的相关性，组成在一定风险水平上期望收益最高，或者在一定期望收益水平上风险最小的有效组合。由于有效分散风险的策略要求准确地预测数据、复杂的计算技术和高昂的实施成本，所以随机分散受到更多农村合作金融机构和银行的欢迎，只有一些发达国家的大银行才运用先进的计算机技术来采取有效分散策略。

西方商业银行所采取的风险分散方法主要有以下几种：（1）资产种类上的风险分散。商业银行的资产有贷款、证券投资、房地产投资等多种类型；贷款又有“批发”贷款、“零售”贷款、项目贷款等多种形式；证券投资有国库券、长期公债、股票等多种投资工具。在各种资产或同一类资产的不同形式之间进行资产组合，可达到分散风险目的。（2）客户授信额度上的风险分散。贷款的信用风险分散最基本的一点就是金额分散，即实行授信制度，使商业银行对某一客户的授信控制在一定额度之内，以实现分散风险的目的。（3）资产币别上的风险分散。随着西方货币的自由兑换和跨国银行限制的放松，银行通过持有不同币别的资产来抵御外汇市场汇率的波动也是现代商业银行分散风险的一种普遍做法。

上述风险控制的手段在农村合作金融机构中均有应用，结合上述手段合理地进行内部控制制度的设计，可以有效地控制风险，为农村合作金融机构的健康发展提供保障。

第五节 风险管理审计

目前，金融机构内审与风险管理的定位常常混淆，管理者碰到风险管理的问题，自然将责任与义务直接划归内审部门，而实质上，内部审计与风险管理职责和定位上有着明显的区别。

一、风险管理审计的定位和作用

国际内部审计师协会在其制定并修改的《内部审计实务标准》及《职责说明》中认定：“内部审计应该就管理层的风险管理过程的充分性和有效性进行检查、评估、报告，并提出改进意见。”这个定义将内部审计的范围延伸到风险管理和机构治理，把风险管理视为内部审计的重要内容和重要职责。即风险管理是内部审计的一项新的内容、一个新的领域，而内部审计则是风险管理的一种方法、一种手段。但是，内部审计本身不负有风险管理的责任，而只是对风险管理过程进行确认和评价，这是内部审计在风险管理中担当的再监督职能以及其本身相对独立性的特性决定的。内部审计部门不应代表管理层对风险进行管理，不应成为风险管理措施的设计者和执行者。在实际操作中，应严格区分内审部门和风险管理部门的职责和权限，即内部审计不直接拥有对已经确认的风险进行管理的权利和义务，也不应对风险反应作出决定。内部审计作为对风险管理的再监督人，可以参与风险管理决策。从这个意义上来看，风险管理审计其实是对风险管理过程的审计监督。

从部门具体职责和操作内容方面看。风险管理部门实现组织对经营活动进行管理和控制的部分职能，对风险进行事中控制；而内审部门属于风险管理的监督反馈系统，对风险管理执行部门执行政策的结果进行检查和评价，同时评价执行过程和相关内部控制制度的健全性和有效性。内部审计属于事后控制，是对管理活动和控制活动的控制，审计报告应以风险管理过程为主要内容，而非风险本身。

建立动态、持续有效的全面风险管理是金融机构努力的方向。内部审计部门是金融机构全面风险管理的第三道防线，它以固有风险的管理状况为审计客体，针对风险管理的构成要件、构成机制及其效果进行认定和评价，肯定优点、指出缺点，提出纠正负偏差和改进风险管理的建议。金融机构内部审计参与风险管理的内涵正不断延伸，参与程度也逐渐加深。相对于传统的内部审计，其目标更明确、范围更全面，内容也发生了根本性的转变。

例如，花旗银行的审计部就对各分行、各业务部门指定的风险程度测定标准，并将标准转化为数学模型输入计算机系统，自动定期地对各审计对象的风险程度打分，根据打分结果确定审计计划；汇丰银行将内部审计部门的审计评级和审计时间都纳入了风险计算器（Risk Calculator，RC）分数的计算范围，通过 RC 的高低来确定内部审计工作内容；瑞士信贷银行的内部审计部门会对业务发展进行持续监测，对其关键风险指标体系（KRI）进行审视和更新，及时修正风险评估结果。

二、风险管理审计的程序和内容

风险管理审计就是指审计人员通过一定的方法和程序，检查被审计部门环境建设、风险识别、评估和管理的能力，以及面对风险情况下采取行动的能力，进而评价其是否通过风险管理实现既定的目标。根据我国《内部审计具体准则第 16 号——风险管理审计》，内审机构和人员应当充分了解组织的风险管理过程，审查和评价其适当性和有效性，并提出改进建议。因此，对风险管理过程的监控已成为内审的职责。就农村合作金融机构而言，其风险管理审计的程序和内容主要包括以下几个方面。

（一）审定环境

审定环境主要包括了解农村合作金融机构风险管理的战略目标（应围绕如何更好地履行农村合作金融机构职责来设计）和各类具体的管理目标，并在此基础上设定监控的目标、范围和重点。审计人员在了解目标体系后，还应考虑行领导的风险偏好，他们对风险的态度将会影响到农村合作金融机构具体业务的布置，只有将固有风险限定在一个可接受的水平时，这些业务才有助于整体战略目标的实施。内审部门在监控过程中，应该通过检查及时发现风险控制的漏洞和薄弱环节并提出建议，促进被审计部门自我改进、自我完善风险防范能力，使农村合作金融机构风险管理的环境得到优化。

（二）风险的重新识别与评估

首先，收集风险数据及风险资料。在此阶段审计人员深入被审计对象基层，通过当面访谈、发放调查表、召开座谈会等方式收集相关信息，调查、分析、研究各部门或各业务运行的特点，充分占有相关的风险数据和风险资料。

其次，审计人员利用前期收集到的数据、资料，以特定的方法建立相关的风险模型，对业务部门的风险分析结果进行再识别，并充分考虑业务的重要性、业务的性质和风险发生的可能性及其影响程度，采用定性判断或通过数量统计进行定量分析，对风险进行排序，划分高、中、低不同的风险等级，确定了风险的轻重缓急程度，从而使业务部门制定的风险应对措施有所侧重，为保证核心风险能够得到重点监控奠定基础。同时通过对不同业务流程图的分析，认识业务流程，识别和记录风险控制关键点，为下一步审计测试做好准备。对于农村合作金融机构而言，金融管理、会计、信贷、信息系统、安全保卫等都是高风险业务。

（三）开展审计测试

一是测试风险反应，即测试管理层对风险和收益的权衡是否合理和可接受。如果风险与收益的关系在现有的量值和概率水平上可以接受，那么风险反应可划为“接受”；如果风险的量值和概率非常大，超出了风险偏好，则风险反应表现为通过一系列控制活动规避风险或从源头上预防风险，将不可接受的“固有风险”转化为“剩余风险”。

二是测试风险控制和管理措施是否能达到预期目标，并确定不能达到目标时的潜在影响。审计人员可依据建立的模型和所收集到的数据对风险控制和管理过程进行测试，验证其有效性；当控制和管理过程不完善或运行不顺畅时，则要执行实质性测试，以便推算或预测潜在的影响。同时对不完善的风险管理措施进一步分析其原因，找出解决方案。

（四）评价风险管理能力

风险管理能力是农村合作金融机构综合能力的体现，它主要表现在对风险的管理、应变和承受能力等。内审部门在完成风险评估和审计测试后，根据流程分析和审计测试的结果，描述被审计单位在各领域风险中的具体表现特征，最终得出其政策设计的适当性、执行的有效性和风险损失处理的合理性等风险管理能力值。将得出的风险管理能力值与设定的期望值进行比较，找出差异。对于缺乏有效措施的风险管理，内审部门提出完善风险管理建议，并及时向管理层报告，与业务部门沟通，以使业务部门清楚风险状况，采取恰当措施回避、转移、降低风险，使风险应对措施有的放矢，避免风险的发生。

所以，内审通过合理监督农村合作金融机构风险管理过程，不仅可以纠正业务部门在风险管理过程中存在的偏差，督促业务部门建立全员参与的风险管理框架，其最后形成的报告还能让机构领导对全社风险状况有一个总体层面的认识，从而形成从上至下、涉及各项业务活动的全方位风险防御网，最终为农村合作金融机构业务的正常有序运转提供保障。

【复习思考题】

1. 什么是内部控制？农村合作金融机构内部控制制度的内涵是什么？
2. 农村合作金融机构内部控制应该坚持哪些原则？
3. 内部控制的程序是什么？控制标准的作用是什么？
4. 内部控制的方法有哪些？哪些是事前控制、事中控制或事后控制？
5. 内部控制系统的组成要素有哪些？内部控制管理要素有哪些？
6. 农村合作金融机构内部控制包括哪些内容？如何进行管理控制？
7. 农村合作金融机构风险的特征有哪些？
8. 如何进行农村合作金融机构风险的识别、评估和控制？
9. 农村合作金融机构风险管理审计的内容是什么？

【参考文献】

［1］于敏：《城市商业银行内部控制审计》，沈阳，辽宁人民出版社，2005。

［2］汪叶斌、廖道亮：《银行内部控制原理与评价》，大连，东北财经大学出版社，2002。

［3］卢鸿：《现代商业银行内部控制系统论》，北京，中国金融出版社，2001。

［4］李桂荣、郑师有：《金融审计》，北京，中国金融出版社，2000。

［5］彭江平：《商业银行风险管理的理论与系统》，成都，西南财经大学出版社，2001。

［6］赵其宏：《商业银行风险管理》，北京，经济管理出版社，2001。

［7］容玲：《以风险管理为监控内容的央行内部审计及其创新》，载《审计月刊》，2008（10）。

［8］郭佳：《金融危机下的商业银行风险管理内部审计》，载《审计月刊》，2010（11）。

主编简介

许莉，女，1964 年生，江苏省南京市人，南京审计学院国际审计学院教授，江苏省审计学会理事，江苏省金融会计学会暨江苏省会计学会金融分会学术顾问，中国审计学会会员，主要研究方向：金融会计与审计、内部控制。

主持及以主讲教师身份参与的“银行会计学”、“审计学原理”、“政府审计”课程先后被评为“江苏省高等学校精品课程”；参与国家社会科学基金、财政部重点研究课题、人民银行总行科研课题各一项，主持完成“江苏金融审计与金融监管的协调机制研究”等省市课题6 项；在《财贸经济》、《审计研究》、《会计研究》、《审计与经济研究》、《上海金融》等权威及核心期刊发表论文 50 多篇，其中多篇被人大复印资料全文转载；副主编或参编教材、专著等 8 部。曾获中国人民银行优秀电化教学奖，获中国审计学会、江苏省内审协会、江苏省金融会计学会、南京市自然科学等优秀学术论文奖。2008 年在国家审计署挂职锻炼，直接参与审计项目 4 项。